Der Einfluss von Johannes Cassian auf die Benediktsregel – ex oriente lux

Mark-Oliver Baumgarten

Der Einfluss von Johannes Cassian auf die Benediktsregel – ex oriente lux

Eine Untersuchung im Bereich der Institutionenlehre

PETER LANG

Lausanne - Berlin - Bruxelles - Chennai - New York - Oxford

Bibliografische Information der Deutschen Nationalbibliothek.
Die Deutsche Nationalbibliothek verzeichnet diese Publikation in der Deutschen Nationalbibliografie; detaillierte bibliografische Daten sind im Internet über http://dnb.d-nb.de abrufbar.

Umschlagabbildung:
Die Ikone des Hl. Johannes Cassian wurde mit freundlicher Genehmigung der Benediktinerabtei Plankstetten, DE-92334 Berching (www.kloster-plankstetten.de) und die Ikone des Hl. Benedikt von Nursia mit freundlicher Genehmigung der Benediktinerabtei Niederaltaich DE-94557 Niederaltaich (www.abtei-niederaltaich.de) verwendet.

Die aus der Untersuchung hervorgegangene Arbeit wurde 2022 als Dissertation von der Theologischen Fakultät der Universität Luzern, Schweiz, zur Erlangung des akademischen Grades eines Doktors der Philosophie in theologischen Studien angenommen. Für die Zwecke der Publikation wurde der Text überarbeitet.

ISBN 978-3-0343-4794-5 (Print)
E-ISBN 978-3-0343-4795-2 (E-PDF)
E-ISBN 978-3-0343-4796-9 (E-PUB)
DOI 10.3726/b21376

Verlegt durch Peter Lang Group AG, Lausanne, Schweiz

info@peterlang.com - www.peterlang.com

Vorwort

von Erzpriester Prof. Dr. Stefanos Athanasiou, Lehrstuhlinhaber des Lehrstuhls für Systematische Theologie an der LMU München und Priester der griechisch-orthodoxen Gemeinden in Bern und Zürich der Metropolie der Schweiz des Ökumenischen Patriarchats, Konstantinopel

Das Mönchtum ist bis heute besonders in der orthodoxen Kirche eine Messlatte, an der die Spiritualität und die Gebetspraxis gemessen werden. Die monastische Autorität ist v.a. eine hagiologisch-pastorale und diakonische Autorität, die als Basis das asketische Gebetsleben hat. In diesem Geist verstand sich v.a. in der Alten Kirche das Mönchtum als ein Ort, der fern von der geordneten, juristisch festgelegten Kirchenordnung war. Somit war und ist das Mönchtum gewissermassen ein Symbol der Freiheit gegen jeglichen menschlichen Ordnungszwang und hat zum Ziel, die Freiheit des Menschen in Gott zu erlangen, die sich letztlich in der Theosis bzw. Vergöttlichung ausdrückt. Erst wenn der Mensch es schafft, in seinem Leben das Göttliche widerzuspiegeln, erreicht er nach der orthodoxen theologischen Sichtweise die Freiheit. Somit sind die Spiritualität und das „heilige" Leben die Garanten für die Theosis und die ontologische Freiheit. Der promovierte Jurist Mark-Oliver Baumgarten behandelt in seiner hier publizierten Dissertation über den „Einfluss von Johannes Cassian auf die Benediktsregel" ein Thema, das einerseits eine Brücke zwischen der östlichen und westlichen monastischen Tradition und der juristischen Denkweise darstellt, und andererseits die Symbiose zwischen der rechtlichen und der spirituellen Sicht aufzeigt und damit ein existierendes Desiderat füllt.

Es ist kein Geheimnis, dass einer der wesentlichen theologischen Mentalitätsunterschiede zwischen der östlichen und westlichen Theologie das juristische Denken ist, welches sich im Westen stärker und pointierter durchgesetzt hat als im Osten, wo das mystische Denken und die Spiritualität einen Primat gegenüber dem Nomos errungen hat. Dies festgestellt, kann man der nun vorliegenden Publikation nur mit Ehrfurcht und Interesse begegnen, da Baumgarten ein Spagat zwischen der mystisch-monastischen Praxis einerseits und dem Rechtsdenken in den Ordensregeln andererseits gelungen ist, indem er sowohl die westliche als auch die östliche Sichtweise berücksichtigt und somit die Spiritualität des Nomos und den Nomos der Spiritualität aufzeigt. Es sei mir an dieser Stelle gestattet, meine Zweifel an der geographischen Terminologie zum

Ausdruck zu bringen, die allgemein in der wissenschaftlichen und kirchlichen Welt existiert und die ich im Geiste der Gewohnheit oft selbst benutze. Das alte Ost-West-Denken in der Theologie spiegelt nicht mehr die existierende regionale bzw. geographische Realität wider. Denn es ist eine historische Tatsache, dass die orthodoxe Kirche nicht einfach als Ostkirche angesehen werden kann, sondern seit langem schon als Ost- und als Westkirche existiert, da Millionen von orthodoxen Gläubigen nicht mehr nur als Migrantinnen und Migranten im geographischen Westen leben, sondern seit mehreren Generationen die Gesellschaften des „Westens" mitprägen und mitgestalten. Somit existieren heute orthodoxe Westkirchen – wie natürlich auch umgekehrt katholische bzw. protestantische Ostkirchen entstanden sind. Alle diese Kirchen bringen ihre jeweiligen theologischen Erfahrungen in den Dialog zwischen den Kirchen ein und liefern dadurch neue theologische Denkimpulse und Sichtweisen für den Dialog der Kirchen mit den jeweiligen Gesellschaften.

Johannes Cassian gilt als der Mönchsvater, der den Hesychasmus und die östlich-mystische Gebetspraxis ins Abendland gebracht hat. Baumgarten erinnert durch seine Publikation an dieses prägende Ereignis, welches besonders in unserer heutigen Zeit sehr aktuell ist. Die Frage, die heute viele Kirchen im Westen besonders beschäftigt, besteht in der Prüfung, inwieweit diese sich mit der Gesellschaft oder parallel zu dieser fortentwickeln und somit eine Säkularisierung akzeptieren müssen, um nicht weiterhin an Attraktivität zu verlieren. Es hat sich jedoch erwiesen: Wenn die Kirche – als in dieser, aber nicht von dieser Welt seiende – ihre mystische Ebene aufgibt, verneint sie letztlich ihre eigene Ontologie und verliert damit nicht nur ihre Attraktivität, sondern ihren eigentlichen Sinn. So hoffe ich innigst, dass die Leserinnen und Leser dieses Werkes neben den wissenschaftlichen Erkenntnissen zwischen den Zeilen auch den Geist und die Liebe des Johannes Cassian für die mystische Theologie entdecken werden und somit diese Publikation ihren wissenschaftlichen und ekklesialen Beitrag für den Dialog der Theologie mit der Gesellschaft liefern wird.

Bern, 17. Juli 2023
Erzpriester Prof. Dr. Stefanos Athanasiou

Vorwort

Das Kloster ist eine Institution aus der Antike, die bis heute besteht. Sie ist im Osten des Römischen Reiches entstanden und im Westen des Römischen Reiches übernommen worden. Es handelt sich dabei um einen Transfer von Werten, Ideen, Normen und letztlich von Kultur. Gleichzeitig ist das Kloster bis heute ein verbindendes institutionelles Element zw. Osten und Westen. Einer der wichtigen Überbringer ist Johannes Cassian, ein Oströmer, der im 4. und 5. Jhdt. gelebt, in Ägypten das Klosterleben kennengelernt und in Marseille schliesslich zwei Klöster gegründet hat. Er hat wichtige Bücher in lat. Sprache über das Kloster und das Mönchtum in institutioneller und spiritueller Hinsicht geschrieben. Benedikt von Nursia hat im 6. Jhdt. das Kloster Montecassino gegründet und eine Regel für das Kloster verfasst, die berühmte Regula Benedicti. Diese Klosterregel hat die Ausgestaltung und weitere Entwicklung der westlichen Klöster geprägt.

Als promovierter Jurist beider Rechte und Anwalt bin ich daran interessiert zu untersuchen, wie ethische Prinzipien rechtlich normiert werden können. Die Institution des Klosters bietet einen guten Untersuchungsgegenstand, da Mönche im Kloster nach ganz bestimmten Werten in einer Gemeinschaft leben. Einmal errichtet, hat das benediktinische Kloster eine grosse Anziehungskraft und enorme Strahlkraft nach aussen entwickelt. Gewisse Prinzipien der Regula Benedicti finden sich – in anderer Form – auch im modernen Verfassungsrecht. Das ist eine der vielen Erkenntnisse, die ich gewonnen habe. Es kann nun anderen Forschern (z.B. Juristen, Historikern und Theologen) überlassen bleiben, diese Gemeinsamkeiten zw. dem modernen Recht und der Regula Benedicti genauer zu untersuchen. Die aus meiner Untersuchung hervorgegangene Arbeit wurde 2022 als Dissertation von der Theologischen Fakultät der Universität Luzern, Schweiz, zur Erlangung des akademischen Grades eines Doktors der Philosophie in theologischen Studien angenommen. Für die Zwecke der Publikation wurde der Text überarbeitet.

Ich danke allen, die zum Gelingen dieser Arbeit beigetragen haben. Mein besonderer Dank gilt meinem verehrten Lehrer, Prof. Dr. iur. can. et lic. theol. Adrian Loretan, Professor für Kirchenrecht und Staatskirchenrecht sowie Co-Direktor des Zentrums für Religionsverfassungsrecht an der Universität Luzern, für die wohlwollende akademische Förderung und Beratung. Zu Dank verpflichtet bin ich gegenüber den Mitgliedern der Bruderschaft des Heiligen Grabes (Ιερά Αγιοταφιτική Αδελφότητα), Jerusalem, unter der Leitung Seiner

Seligkeit Theophilos III., dem griech.-orthodoxen Patriarchen von Jerusalem, und insbesondere meinem geistlichen Vater, Archimandrit Bartholomaios Melissinos, Teletarch des griech.-orthodoxen Patriarchats von Jerusalem, für die spirituelle Unterstützung und den akademischen Ratschlag, meinem Freund Erzpriester Prof. Dr. Stefanos Athanasiou, Lehrstuhlinhaber des Lehrstuhls für Systematische Theologie an der LMU München und Priester der griech.-orthodoxen Gemeinden in Bern und Zürich der Metropolie der Schweiz des Ökumenischen Patriarchats, meinem Vater lic. phil. Heinz Hermann Baumgarten und meiner Mutter Birgit Claire-Louise Baumgarten für die wertvollen Ratschläge. Meinen besonderen Dank spreche ich meiner lieben Gattin Gabrijela Ubavić Baumgarten, M.A., für die vielen bereichernden Diskussionen und die aufgebrachte Geduld aus. Widmen möchte ich diese Arbeit meiner lieben Tochter Tara Eleonora Anastasia Baumgarten, welche in der Zeit der Abfassung dieser Arbeit zur grossen Freude der Eltern und der gesamten Familie in Belgrad das Licht der Welt erblickt hat.

Mark-Oliver Baumgarten, Basel, 2023

Inhaltsverzeichnis

Abkürzungsverzeichnis

ABR	The American Benedictine Review
aBV	alte Schweizerische Bundesverfassung vom 29. Mai 1874 (SR 101)
Abs.	Absatz
A.D.	anno Domini
AFZFG	Bundesgesetz über die Aufarbeitung der fürsorgerischen Zwangsmassnahmen und Fremdplatzierungen vor 1981 vom 30. September 2016 (SR 211.223.13)
AJP	Aktuelle Juristische Praxis
allg.	allgemein
a.M.	andere(r) Meinung
Anm. d.	Anmerkung des
Apg.	Apostelgeschichte
AS	Amtliche Sammlung des Bundesrechts
Aufl.	Auflage
Ausg.	Ausgabe
Art.	Artikel
AT	Altes Testament
BBKL	Biographisch-Bibliographisches Kirchenlexikon
BBl	Bundesblatt
Bd.	Band
bearb.	Bearbeitet
begr.	begründet
BGBl.	Bundesgesetzblatt
BGE	Bundesgerichtsentscheid
Bsp.	Beispiel
BV	Schweizerische Bundesverfassung vom 18. April 1999 (SR 101)
ca.	circa
can.	Canon
CHF	Schweizer Franken
CIC	Codex Iuris Canonici
CICiv.	Corpus Iuris Civilis
CSEL	Corpus Scriptorum Ecclesiasticorum Latinorum
Coll.	Collatio(nes)
De Inc.	De Incarnatione
d. Ä.	der/die Ältere

d. Gr.	der Grosse
Dial.	Dialog
Did.	Didache
dies.	dieselbe
d.J.	der/die Jüngere
d.h.	das heisst
dt.	deutsch
E.	Erwägung
Ebda.	Ebenda
Ehem.	ehemalige(r)
eidg.	eidgenössisch
EMRK	Konvention zum Schutze der Menschenrechte und Grundfreiheiten v. 4. Nov. 1950 (SR 0.101)
En.	Endnote
engl.	englisch
Ergänzungsbd.	Ergänzungsband
erl.	erläutert
EU	Europäische Union
ev.	eventuell
Ex.	Exodus
FINIG	Bundesgesetz über die Finanzinstitute (Finanzinstitutsgesetz, FINIG) vom 15. Juni 2018 (SR 954.1)
FINMAG	Bundesgesetz über die Eidgenössische Finanzmarktaufsicht vom 22. Juni 2007 (SR 956.1)
Fn.	Fussnote
franz.	französisch
FS	Festschrift
Gal.	Brief an die Galater
geb.	geboren
gem.	gemäss
gest.	gestorben
gl. M.	gleiche(r) Meinung
griech.	griechisch
GuL	Geist und Leben
f.	folgende (Seite)
ff.	folgende (Seiten)
FS	Festschrift
Hebr.	Hebräer
Hl.	Heilige(r)

h.L.	herrschende Lehre
Hrsg./hrsg.	Herausgeber, herausgegeben
i.Br.	im Breisgau
i.f.	in finem
IKS	Internationale Kirchliche Zeitschrift
inkl.	inklusive
insb.	insbesondere
Inst.	Institutiones
i.S.	im Sinne
ital.	italienisch
JbAC	Jahrbuch für Antike und Christentum
Jhdt.	Jahrhundert
Joh.	Evangelium des Johannes
Jos.	Josua
JStG	Bundesgesetz über das Jugendstrafrecht v. 20. Juni 2003 (SR 311.1)
Kap.	Kapitel
Kol.	Brief an die Kolosser
Komm.	Kommentar
komm. v.	kommentiert von
Kor.	Brief an die Korinther
KuR	Kirche und Recht
KWG	Kreditwesengesetz, neugefasst am 9. September 1998 (09.12.2020 BGBl. I S. 2773)
lat.	lateinisch
liturg.	liturgisch
Lk.	Evangelium des Lukas
m.E.	meines Erachtens
möglw.	möglicherweise
m.a.W.	mit anderen Worten
m.w.H.	mit weiteren Hinweisen
Mt.	Evengelium des Matthäus
n.	numéro/number
Nachw.	Nachwort
n. Chr.	nach Christi Geburt
Nov.	Novelle(n)
Nr.	Nummer
NT	Neues Testament
OJ	Amtsblatt der Europäischen Union

OR	Schweizerisches Obligationenrecht vom 30. März 1911 (SR 220)
PG	Patrologia Graeca, hrsg. v. Jacques Paul Migne
Phil.	Brief an die Philipper
Phlm.	Brief an Philemon
pl.	Plural
Praef.	Praefatio
Ps.	Psalm
RAG	Bundesgesetz über die Zulassung und Beaufsichtigung der Revisorinnen und Revisoren (Revisionsaufsichtsgesetz, RAG) vom 16. Dezember 2005 (SR 221.302)
RB	Regula Benedicti, Text auf Dt. und Lat. gem. Faust, RB (vgl. Literaturverzeichnis)
Rg	Rechtsgeschichte: Zeitschrift des Max-Planck-Instituts für europäische Rechtsgeschichte
Röm.	Brief an die Römer
Rz.	Randziffer
S.	Seite(n) / Satz
Sam.	Samuel
sep.	separat
sing.	Singular
sog.	sogenannt
Sp.	Spalte(n)
spez.	speziell
Spr.	Sprüche
SR	Systematische Rechtssammlung des Schweizerischen Eidgenossenschaft
St.	Sankt
StGB	Schweizerisches Strafgesetzbuch v. 21. Dezember 1937 (SR 311.0)
Thess.	Thessalonicher
Tim.	Timotheus
Trad.	Traduction
u.a.	unter anderem
überarb.	überarbeitet
übers.	übersetzt
URG	Bundesgesetz über das Urheberrecht und verwandte Schutzrechte (Urheberrechtsgesetz, URG) vom 9. Oktober 1992 (SR 231.1)
u.U.	unter Umständen
v. / V.	von / Vers
v.a.	vor allem

v. Chr.	vor Christi Geburt
Verf.	Verfasser
verst.	Verstorben
Vorw.	Vorwort
vgl.	vergleiche
Weish.	Buch der Weisheit
wg.	wegen
EU-WB-RL	EU-Whistleblower-Richtlinie vom 23. Oktober 2019 (OJ L 305)
z.B.	zum Beispiel
ZGB	Schweizerisches Zivilgesetzbuch v. 10. Dezember 1907 (SR 210)
zit.	zitiert
ZThK	Zeitschrift für Theologie und Kirche
zw.	zwischen

Teil I. Allgemeines

1. Einleitung

Johannes Cassian und Benedikt von Nursia haben das westliche Mönchtum und Klosterwesen geprägt. Der erstere verfasst in den 420er Jahren[1] zwei grosse Werke über das östliche Klosterwesen und erklärt dieses einer interessierten lat. Leserschaft. Er beschreibt die Institution des Koinobitenklosters und die spirituelle Ausrichtung des Mönchs. Das Leben als Mönch beruht auf den Grundpfeilern (i) Gebet, (ii) Arbeit und (iii) Schriftlesung. Der letztere verfasst um 540 eine Regel für ein Kloster, einen normativen Text über das Leben als Mönch in einem Koinobitenkloster mit Fokus auf Tagesablauf, Gebet, Arbeit, Lesung, Kompetenzen des Führungspersonals und Sanktionen. Er stellt bestimmte Rechtsprinzipien auf, die auf ethischen Grundwerten beruhen und die spirituelle Ausrichtung der Mönche ermöglichen. Das Kloster ist als eine Gegenwelt zur säkularen konzipiert. Im Kloster gibt es Gleichheit, Gleichbehandlung, Verbot der Willkür, Sicherheit usw. Es herrscht ein Zusammenleben auf völlig anderen ethischen und freiheitlichen Grundlagen, als wie sie in der säkularen Welt existieren. Von Anfang an ist die Institution des Klosters attraktiv, und es gibt sie bis heute. Das Kloster ist nicht nur eine Welt für sich, abgeschottet von der Aussenwelt, sondern erzeugt Strahlkraft nach aussen und wird zu einem Modell für andere Einrichtungen. Schliesslich übernimmt der moderne Rechtsstaat wichtige Prinzipien wie Gleichheit, Gleichbehandlung oder Willkürverbot in die eigene Gesetzgebung und verschafft diesen über seine Rechtsprechung für alle Menschen Nachachtung – Prinzipien, die ursprünglich für das Klosterleben entwickelt und dort in die Praxis umgesetzt worden sind und im Kloster seit über 1.600 Jahren gelebt werden.

Der Oströmer Johannes Cassian bringt dem Westen das Klosterwesen. Seine Lebensgeschichte ist beeindruckend: Aufgewachsen in Kleinskytien am Schwarzen Meer, Mönch in Bethlehem und Ägypten, Kleriker in den Metropolen Konstantinopel und Rom, bekannt mit Patriarchen und Päpsten, schliesslich Klostergründer in Marseille und Schriftsteller. In Bezug auf das Kloster ist er *der* Überbringer christlicher Theorie und Praxis aus dem griech. Osten, dem

---

1 Jahreszahlen beziehen sich auf die Zeit n. Chr., sofern nicht anders gekennzeichnet.

Morgenland, in den lat. Westen, dem Abendland. Aus abendländischer Sicht bringt er das Licht aus dem Osten – ex oriente lux. Er ist damit ein „Entwicklungshelfer“. Johannes Cassian denkt griech., schreibt aber auf Lat.[2] Er überwindet die Sprach- und Kulturbarrieren im Römischen Reich. Er ist sowohl im Westen (katholische Welt) als auch im Osten (orthodoxe Welt) anerkannt. Er ist ein Mensch, der verbindet.

Benedikt lebt in Italien und reist nicht in andere Provinzen. Er lebt zu einer Zeit, als die Ostgoten in Italien die politische und militärische Führung stellen und mit dem Kaiser zunehmend in Konflikt geraten, was zu kriegerischen Auseinandersetzungen führt. Er gründet mehrere Klöster im Tal des Aniane und das berühmte Kloster Montecassino. Das Kloster ist für Benedikt die Heimat, sein Zuhause. Dafür schreibt er seine Klosterregel, die (auch, aber nicht nur) auf den Vorstellungen des Johannes Cassian beruht. Benedikt lässt sich bei der Abfassung seiner Klosterregel nicht nur durch Johannes Cassian inspirieren, sondern bewegt sich auf einer bereits reichhaltigen Tradition. V.a. die Magisterregel dient ihm teilweise als Vorlage.[3] Benedikts Regel prägt das Klosterwesen im Abendland.

Viele Lebensdaten und Zeitpunkte der Abfassung bestimmter Schriften sind nicht gesichert. Für die Datierung hat die Geschichtswissenschaft zwar weitere Hinweise und geschichtliche Zusammenhänge und Ereignisse hinzuzuziehen. Wann genau Johannes Cassian z.B. die Inst. verfasst, ist nicht eindeutig geklärt; ebenso wenig, wann genau Benedikt seine Regel niederschreibt. Die Denk- und Arbeitsprozesse ziehen sich wohl über einen mehr oder weniger langen Zeitraum hin. Ein klares Veröffentlichungsdatum gibt es nicht. Texte können ja auch frühzeitig oder in verschiedenen Versionen in Zirkulation geraten. Der Autor dieser Arbeit übernimmt die gemeinhin tradierten Lebensdaten und Zeitpunkte.

Johannes Cassian verfasst seine Werke auf Lat. Er ist der einzige lat. Autor, der Aufnahme in die griech. Apophthegmata Patrum gefunden hat, und zwar bereits gegen Ende des 5. Jhdt.,[4] also zu einer Zeit, in der westliche Autoren im Osten nicht sonderlich beachtet werden, da es eine eigene reichhaltige griech. Literatur gibt.[5] Aus diesem Grund sind griech. Übersetzungen von lat. Autoren

---

2 Ziegler, Die Collationes, 29.

3 Regula Magistri, Puzicha, RB-Komm., 48. Zum Einfluss der Mönchsliteratur und Regeltradition Jakobs, 7 und 154 ff.

4 Chadwick, 157.

5 Chadwick, 157: „The Greeks had enough to nourish their souls in their own writers and did not often look to translations of authors who wrote in Latin.“

im Osten nicht gefragt, wie Chadwick bemerkt.[6] Die Schriften des Augustinus, ein Zeitgenosse von Johannes Cassian, werden z.B. erst im 13. Jhdt. ins Griech. übersetzt.[7] Was hingegen Johannes Cassian schreibt, ist für den Osten von Interesse, so dass seine Texte bereits im 5. Jhdt. auf Griech. vorliegen und weithin gelesen werden – ein Zeichen dafür, dass er von den östlichen Mönchen von Anfang an als einer von ihnen angesehen wird.[8] Dahlman ist in ihrer philologischen Untersuchung von 2018 zur Ansicht gelangt, dass Johannes Cassian die Inst. ursprünglich sogar auf Griech. verfasst und dann ins Lat. übersetzt habe.[9]

Es ist in der Forschung die Frage gestellt worden, ob Benedikt von Nursia nicht eher eine fiktive Gestalt sei, da ausser der Benediktsvita, verfasst um das Jahr 595 von Papst Gregor, keine Belege für seine Existenz vorhanden seien.[10] Aber es ist, wie Vollmann-Profe zu Recht entgegnet, wenig wahrscheinlich, dass jemand den Gründer eines echten Klosters erfinde, wenn dieser unter den ersten Lesern noch bekannt gewesen sein könne und zudem sein Kloster (d.h. Montecassino) unweit vom Ort der „Erfindung“ (d.h. Rom) gelegen sei.[11] Doch ist auch Gregors Autorenschaft der Benediktsvita seit dem Zeitalter des Humanismus immer wieder angezweifelt worden, weil man dem hochgebildeten Autoren das vermeintlich niedrige Sprachniveau der Dialoge, deren 2. Buch die Benediktsvita enthält, so viel schlichte Naivität punkto Wundererzählungen nicht hat zumuten mögen.[12] Gregors Autorenschaft ist von Clark

6 Chadwick, 142, 157 und 161.

7 Fuhrmann, 141, hält fest, dass Augustinus erst im 13. Jhdt. ins Griech. übersetzt wird. So werden z.B. auch die Werke von Vergil, Ovid, Cicero und Boethius erst im späten 13. Jhdt. ins Griech. übersetzt, wie Herrin, 74, bemerkt. Im Nachgang zur Errichtung des Lat. Kaiserreiches in Konstantinopel infolge des 4. Kreuzzuges von 1204 scheint im griech. Osten die Nachfrage nach westlichen Autoren gestiegen zu sein.

8 Vgl. Chadwick, 157 ff.

9 In Form von zwei Briefen, der erste mit dem Titel „Πρός Κάστορα έπίσκοπον περί διατυπώσεος καί κανόνων τών κατά τήν Ανατολήν καί Αΐγυπτον κοινιβίον“ und der zweite mit dem Titel „Περί τών η’ λογισμών“; Dahlman, Fluidity, 288 ff.; Dahlman, Cassian 98 ff. Das kann auch ein Erklärungsgrund dafür sein, dass Johannes Cassians Schriften so früh Verbreitung und Akzeptanz im griech. Osten gefunden haben.

10 Vgl. Zusammenfassend Schröer, 30 ff. Fried, 393, hält dafür, dass erst die durch die Benediktsvita hervorgerufene, allmählich anwachsende Wirkung letztlich dazu geführt habe, dass die literarische Gestalt des Benedikt in ihrer „Fiktionalität nicht mehr erkannt und für Wirklichkeit gehalten wurde.“ A.M. Wollasch, 30.

11 Vollmann-Profe, 156. Die Historizität des Johannes Cassian ist demgegenüber nie in Frage gestellt worden.

12 Vollmann-Profe, 151; Puzicha, Vita-Komm., 53.

mit Publikationen von 1987 und 2003[13] bestritten worden, was eine breite Diskussion ausgelöst hat. Die neueste Forschung bestätigt hingegen Gregors Autorenschaft.[14]

Der Verfasser dieser Arbeit ist promovierter Jurist beider Rechte und Anwalt und selber christlich-orthodoxer Konfession. Die vorliegende Untersuchung bietet ihm die Herausforderung, sich mit dem Kloster als einer Institution auseinanderzusetzen, die die Entwicklung im lat. Westen nachhaltig geprägt hat und im griech. Osten erfunden worden ist. Es handelt sich dabei um einen entscheidenden Ethik- und Wissenstransfer aus dem Osten in den Westen. Gleichzeitig ist das Kloster bis heute ein verbindendes institutionelles Element zw. Osten und Westen. Für diese institutionenrechtliche Untersuchung hat der Verfasser dieser Arbeit lat. und griech. Originaltexte studiert, insb. die Texte der beiden genannten Autoren, welche das abendländische Klosterwesen entscheidend beeinflusst haben. Dabei berücksichtigt er Gestalt und Gehalt des Klosters, forma et materia, setting and content. Die Arbeit ist ein Beitrag aus rechtlich-spiritueller Sicht.

2. Zur wissenschaftlichen Fragestellung

In dieser Arbeit wird untersucht, (i) was der Begriff der Institution des Johannes Cassian in seinem Werk beinhaltet, (ii) welchen Einfluss der Begriff auf Benedikt von Nursia bei der Abfassung seiner Klosterregel hat und (iii) ob und, falls ja, wie Benedikt von Nursia die Institution des Klosters normativ weiterentwickelt. Die normative Ordnung einer Gemeinschaft folgt einem bestimmten ethischen Wertemassstab. Es geht in dieser Arbeit um das Verhältnis von Recht und Spiritualität am Bsp. des Klosters als Institution für das spirituelle Leben. Die Arbeit untersucht die Institution des Klosters aus rechtlich-normativer und spirituell-ethischer Perspektive. Dabei beschränkt sie sich auf die Entwicklung im Abendland.[15]

13 Clark, Pseudo-Gregorian; Clark, Controversy; Clark, Dialogues.

14 Vollmann-Profe, 152; Puzicha, Vita-Komm., 58 f.

15 Nur am Rande wird auf die Entwicklung des Klosters im Osten und seine Bedeutung sowie auf den Berg Athos („Άγιον Όρος“, Heiliger Berg) hingewiesen. Vgl. weiterführend Hasse-Ungeheuer, 12 ff., und Jacobs, 164 ff.

3. Begriffliches: Institution – Institut

3.1. Allgemeines

Es gibt die beiden Begriffe „Institution“ und „Institut“. Sie werden z.B. in den romanischen Sprachen, im Dt. und Engl. verwendet. Die Begriffe werden nicht in allen Sprachen gleichermassen voneinander abgegrenzt. So kann der eine wie der andere Begriff sowohl Charakteristika einer Organisation, eines Verhaltens oder einer Rechtsfigur beinhalten. Umgangssprachlich wird im Dt. der Begriff „Institut“ für eine organisatorische Einrichtung i.S. eines Gebäudes verwendet (z.B. das „Rechtswissenschaftliche Institut der Universität Zürich“). Der Begriff „Institution“ kann im Dt. sowohl für eine Organisation benutzt werden als auch für ein typisiertes Verhalten, wie es bei den Sozial- und Wirtschaftswissenschaften (allerdings uneinheitlich) der Fall ist.[16] Im Engl. wird der Begriff „institute“ mehrheitlich für Ausbildungsorganisationen und Forschungszentren verwendet, „institution“ für Verhaltensformen, wobei dies im Finanzmarktrecht nicht zutrifft, wie erläutert werden wird.[17] Im Franz. wird der Begriff „institut“ für eine zweckbestimmte Einrichtung und Organisation, v.a. im Bildungs- und Forschungsbereich gebraucht, „institution“ für Verhaltensformen, Bräuche und Organisationen.[18]

3.2. In der Rechtssprache

3.2.1. Die Institution

Die Rechtswissenschaft kennt ebenfalls beide Begriffe. Allerdings wird der Begriff der „Institution“ nicht so häufig, und stattdessen werden andere Begriffe verwendet wie jene der „Anstalt“, der „Stiftung“, der „Körperschaft“ oder der „Gesellschaft“. Eine Anstalt stellt eine Zusammenfassung persönlicher und sächlicher Mittel (Gebäude und Personal) zur dauerhaften Erfüllung bestimmter Aufgaben dar. Sie ist eine dauernden wirtschaftlichen oder ideellen Zwecken gewidmete Einheit. Der Anstaltsbegriff ist von Stiftungen und Körperschaften abzugrenzen: Stiftungen stellen eine Vermögenswidmung mit Rechtspersönlichkeit dar, die von eigens ernannten Organen verwaltet wird.

16 Vgl. weiterführend die Publikationen Huntington, North und Hochloff.

17 Vgl. dazu ausführlich Huntington und North; vgl. auch den Begriff „Social Institutions“ bei Zalta.

18 Etwa die franz. Forschungsstiftung Institut Pasteur für ein „institut“, oder die Heirat als „institution sociale“ bzw. „institution légale“. Beide Begriffe haben eine gemeinsame Schnittmenge.

Körperschaften wiederum sind mitgliedschaftlich verfasste Zusammenschlüsse von Personen, privatrechtliche Körperschaften wie Aktiengesellschaften oder Genossenschaften oder öffentlich-rechtliche Körperschaften wie z.B. die Schulgemeinde oder die politische Gemeinde. Eine öffentlich-rechtliche Anstalt ist eine Verwaltungseinheit, zu der ein Bestand von Personen und Sachen durch Rechtssatz technisch und organisatorisch zusammengefasst ist und die für eine bestimmte Verwaltungsaufgabe dauernd den Anstaltsbenützern zur Verfügung steht.[19] Es wird unterschieden zw. selbständigen öffentlich-rechtlichen Anstalten und unselbständigen öffentlich-rechtlichen Anstalten. Erstere haben eigenes Vermögen und Rechtspersönlichkeit und sind selber Träger von Rechten und Pflichten.[20] Letztere sind organisatorisch aus der Zentralverwaltung (vielfach nur rein buchhalterisch)[21] ausgegliedert, verfügen über eine gewisse Autonomie, sind mit persönlichen und sachlichen Mitteln ausgestattet und zur dauernden Erfüllung einer Aufgabe des Trägergemeinwesens bestimmt, haben aber keine eigene Rechtspersönlichkeit. Ein Spital kann rechtlich organisiert sein als privatrechtliche Stiftung, als privatrechtliche Handelsgesellschaft (z.B. als Aktiengesellschaft) oder als selbständige oder unselbständige öffentlich-rechtliche Anstalt.

3.2.2. Das Institut

Regelmässige Verwendung findet hingegen der Begriff „Institut" – und zwar sowohl für eine Organisation als auch für eine Rechtsfigur.

Für eine Organisation ist der Institutsbegriff v.a. im Finanzmarktrecht üblich, an prominenter Stelle im Schweizer FINIG (Finanzinstitutsgesetz), welches die Anforderungen an die Tätigkeit der *Finanzinstitute* festlegt. Art. 2 FINIG definiert als „Finanzinstitute" (unabhängig von der Rechtsform), z.B. Vermögensverwalter, Fondsleitungen oder Wertpapierhäuser. Auch das deutsche Finanzmarktrecht bezeichnet gem. § 1 Abs. 1 und 1a KWG bestimmte Unternehmen als „Institute", nämlich Kreditinstitute und Finanzdienstleistungsinstitute. Interessant ist festzuhalten, dass in der engl. Rechtssprache „Finanzinstitute" nicht als „financial institutes", sondern als „financial

---

19 Häfelin/Müller/Uhlmann, Rz. 1659.

20 Häfelin/Müller/Uhlmann, Rz. 1664 f. Z.B. die Eidg. Technische Hochschule, Schweizerische Unvallversicherungsanstalt SUVA, Schweizerische Alkoholverwaltung, Schweizerisches Landesmuseum, Zürcher Kantonalbank, Universitätsspital Zürich.

21 Häfelin/Müller/Uhlmann, Rz. 1667. Strafanstalten, Pensionskassen, Gymnasien, kommunale Altersheime.

institutions" bezeichnet werden – so die inoffizielle Übersetzung des Schweizer FINIG (Financial Institutions Act), in Analogie dazu die engl. Übersetzung des KWG (Banking Act), das „Kreditinstitute" mit „credit institutions" bzw. „Finanzdienstleistungsinstitute" mit „financial services institutions" übersetzt.[22] Dies entspricht auch der offiziellen Diktion in der Europäischen Union, wie sich aus einem sprachlichen Vergleich der einschlägigen Richtlinien- und Verordnungstexte ergibt: „Finanzinstitute" sind „financial institutions".[23]

Demgegenüber gibt es den Begriff des *Rechtsinstituts.* Darunter ist eine Rechtsfigur zu verstehen. Diese umfasst die Summe der Rechtsgrundsätze, die durch Gesetzgebung, Rechtsprechung und Rechtswissenschaft zur rechtlichen Beurteilung eines bestimmten Lebenssachverhalts entwickelt worden sind. Rechtsinstitute sind z.B. das Eigentum,[24] der Besitz,[25] das Verlöbnis,[26] die Errungenschaftsbeteiligung,[27] das Testament,[28] die Patientenverfügung[29] oder der Vertrag.[30] Ein Rechtsinstitut ist nicht zu verwechseln mit einem Finanzinstitut.

3.2.3. Die klassische Rechtssprache

In der klassischen juristischen Literatur wird der Begriff „institutiones" für Lehr-, Instruktions- bzw. Einführungsbücher verwendet, wie sich bei den

---

22 Vgl. die inoffizielle Übersetzung des FINIG ins Engl. in der SR, abrufbar unter: https://www.fedlex.admin.ch/eli/cc/2018/801/en, besucht am 12.03.2023. Wie der dt. verwendet auch der ital. Gesetzestext des FINIG den Institutsbegriff: „istituto finanziario"; hingegen vermeidet der franz. Gesetzestext des FINIG den Institutionen- oder Institutsbegriff ganz und verwendet stattdessen den Begriff „établissement financier". Vgl. die inoffizielle Übersetzung des KWG ins Engl. auf der Website der deutschen Bundesanstalt für Finanzdienstleistungsaufsicht (BaFin), unter: https://www.bafin.de/SharedDocs/Downloads/EN/Aufsichtsrecht/dl_kwg_en.html, besucht am 12.03.2023.

23 Vgl. z.B. die Verordnung Nr. 575/2013 des Europäischen Parlaments und des Rates vom 26. Juni 2013 über Aufsichtsanforderungen an Kreditinstitute und Wertpapierfirmen und zur Änderung der Verordnung (EU) Nr. 646/2012 auf Dt. und Engl.

24 Art. 641 ff. ZGB.

25 Art. 919 ff. ZGB.

26 Art. 90 ff. ZGB.

27 Art. 196 ff. ZGB.

28 Art. 498 ff. ZGB.

29 Art. 370 ff. ZGB, in Kraft seit 1. Januar 2013, vgl. Baumgarten, The Right to Die?, 304 ff.

30 Art. 1 OR.

Institutionswerken der römischen Rechtsgelehrten Gaius und Florentinus und bei Kaiser Justinian zeigt.[31] Die Justinianischen Institutionen („Institutiones Iustiniani") sind ein Bestandteil des von Kaiser Justinian 533 und 534 in Kraft gesetzten Corpus Iuris Civilis (CICiv.).[32] Der CICiv. ist ein Gesetzeswerk und besteht aus vier Teilen: (i) den Justinianischen Institutionen, (ii) dem Codex,[33] (iii) den Digesten („Digesta") bzw. Pandekten („Πανδέκται" [zu ergänzen: „βίβλοι"])[34] und (iv) den Novellen („Novellae leges", Nov.).[35] Bei den Justinianischen Institutionen handelt es sich um eine Schriftensammlung zur Einführung in die Digesten. Diese sind als das massgebliche Lehrbuch des römischen Rechts konzipiert und abgefasst worden, haben Gesetzeskraft und treten an die Stelle der als Einführungslehrbuch konzipierten Institutionen des Gaius („Gaii Institutiones"),[36] die Mitte des 2. Jhdt. erschienen

31 Der Rechtsgelehrte Sextus Pomponius verfasst Mitte des 2. Jhdt. für den Einführungsunterricht ein „enchiridium" („ἐγχειρίδιον", Handbuch). Vgl. Kaser, Rechtsgeschichte, 191.

32 Die zusammenfassende Bezeichnung „Corpus iuris civilis" für das Gesamtwerk ist nicht antik, sondern geht auf die Gesamtausgabe des franz. Humanisten Dionysius Gothofredus von 1583 zurück. Vgl. Kaser, Rechtsgeschichte, 246.

33 Der Codex beinhaltet die noch gültigen Kaisergesetze ab der Regierungszeit Kaiser Hadrians. Die erstes Fassung wird am 7. April 529 in Kraft gesetzt, die zweite, leicht revidierte und an die Digesten angepasste Fassung am 29. Dezember 534; Kaser, Rechtsgeschichte, 243 ff.; vgl. zur justinianischen Gesetzgebung auch allg. Hasse-Ungeheuer, 63 ff. Der Justinianische Codex hat seinen Vorläufer im Codex Theodosianus, eine Sammlung des Kaiserrechts seit Konstantin d. Gr., die die beiden Kaiser und Vettern Theodosios II. (401–450) (Ostteil) und Valentinian III. (419–455) (Westteil) mit Gesetzeskraft per 1. Januar 439 erlassen haben; Kaser, Rechtsgeschichte, 232 f.

34 Auch „Codex iuris" genannt; er beinhaltet das Juristenrecht seit der klassischen Kaiserzeit und ist eine Zusammenstellung der Jurisprudenz, d.h. eine Rechtsprechungssammlung und von Gutachten. Die dafür eingesetzte Kommission braucht zur Erarbeitung statt der berechneten zehn Jahre nur drei. Das Werk wird am 16. Dezember 533 mit der in lat. und griech. Fassung veröffentlichten constitutio „Tanta" bzw. „Δέδωκεν" unter dem Titel „Digesta" bzw. „Πανδέκται" per 30. Dezember 533 in Kraft gesetzt. Vgl. Kaser, Rechtsgeschichte, 244 f.; Hasse-Ungeheuer, 64 f.

35 Es ist eine Sammlung von Nachtragsgesetzen des Kaisers Justinian. Diese Novellen ergehen im Jahre 535, werden aber nicht mehr in einer amtlichen Sammlung vereinigt und sind nur in privaten Sammlungen erhalten. Kaser, Rechtsgeschichte, 246.

36 Der Jurist Gaius hat als erster Autor ein systematisches Prinzip für die Darstellung des Privatrechts gefunden. Er hat sein Werk im Jahre 160 abgeschlossen. Es ist das einzige Juristenwerk aus der klassischen Zeit, das uns selbständig, also ausserhalb des Gesetzeswerke Justinians und anderer nachklassischer Sammlungen, ziemlich

sind.[37] Die Institutionen und der Codex sind auf Lat. verfasst, die Digesten auf Lat. und Griech. und die Novellen hauptsächlich auf Griech. Nur den Westen betreffende Nov. wurden auf Lat. erlassen bzw. Nov. mit Geltung im Westen und Osten zweisprachig.[38] Lat. bleibt nicht nur im Westen, sondern auch im griech. geprägten Osten des Römischen Reichs die Rechts- und Verwaltungssprache bis ins 7. Jhdt.[39] Allerdings nimmt die Kenntnis des Lat. im Osten in der breiten Bevölkerung, so z.B. bei den Mönchen, aber auch bei führenden Gesellschaftsschichten und den Beamten ab.[40] Der CICiv. bleibt weitgehend in Kraft bis zur Osmanischen Eroberung des Reiches am 29. Mai 1453 (sog. Fall von Konstantinopel).[41]

3.3. Die Ambivalenz und Austauschbarkeit der Begriffe

Die begriffliche Ambivalenz ist bereits im Lat. angelegt. Das Verb „instituere“ bedeutet nicht nur „hineinstellen“, sondern auch „einrichten“, „errichten“, „beginnen“, „einführen“, „anordnen“, „unterweisen“, „unterrichten“ und

---

vollständig und nahezu unverfälscht erhalten geblieben ist. Die Gaii Institutiones sind eine Darstellung des vorklassischen und klassischen Privatrechts und Zivilprozessrechts. Auch der Jurist Florentinus hat Mitte des 2. Jhdt. ein Institutionenwerk (in 12 Büchern) verfasst. Vgl. Kaser, Rechtsgeschichte, 191 ff. und 245; Hasse-Ungeheuer, 66 ff.; Jacobs, 164 ff.

37 Die Institutionen treten gleichzeitig mit den Digesten am 30. Dezember 533 in Kraft. Kaser, Rechtsgeschichte, 246.

38 Hasse-Ungeheuer, 67. Die meisten Novellen werden im Zeitraum von 535–545 erlassen, Hasse-Ungeheuer, 68.

39 Vgl. Kaser, Rechtsgeschichte, 243 ff. Die Mitglieder der von Kaiser Justinian eingesetzten vorberatenden Kommissionen stammen mehrheitlich, wenn nicht alle, aus dem griech. Ostteil des Reiches, im Wesentlichen aus Konstantinopel („Κωνσταντινούπολις“) und Beirut („Βηρυτός“). Die Kommissionen setzen sich zusammen aus hohen Beamten der Zentralverwaltung, Anwälten und Rechtsgelehrten. Die Gesamtverantwortung und Leitung liegt bei Tribonian (um 485–542), der Justizminister („Quaestor sacri palatii“) und zeitweilig Premierminister („magister officiorum“) ist. Vgl. zum Gesetzgebungsprozess Hasse-Ungeheuer, 63 ff; vgl. zum Aufbau der Zentralverwaltung im Ost- und Westteil des Römischen Reiches Kaser, Rechtsgeschichte, 210 f.

40 Hasse-Ungeheuer, 67, wobei Hasse-Ungeheuer in Fn. 33 ebda. festhält, dass ein Grossteil der Mönche Griech. gar nicht beherrsche, sondern nur die Sprache ihrer Heimatprovinz, z.B. Koptisch oder Syrisch.

41 Herrin, 72; natürlich in griech. Sprache; siehe Herrins Bemerkungen zu den rapide schwindenden Lat.-Kenntnissen im Osten, 74.

„lehren". Aus dem Verb leiten sich zwei Nomina ab: (i) „institutio", das „Einrichtung", „Anordnung", „Anweisung", „Unterweisung" und „Unterricht" bedeutet, und (ii) „institutum", das „das Erschaffene", „Unternehmung", „Vorhaben", „Absicht", „Plan", „Einrichtung", „Sitte", „Brauch", „Anordnung", „Anweisung" und im Pl. „Grundsätze" und „Lehrmeinungen" bedeutet.[42]

Die Ambivalenz der beiden Begriffe „Institution" und „Institut" zeigt sich auch in den Übersetzungen von Johannes Cassians Werk „De *institutis* coenobiorum et de octo principalium vitiorum remediis". Guy übersetzt den Titel ins Franz. mit „*Institutions* Cénobitique" und Egrons mit „Les *institutions* des cénobites et les remèdes aux huit principaux vices", während Ramsey dies mit „The *Institutes* of the Cenobia and the Remedies for the Eight Principal Vices" ins Engl. übersetzt.[43] Johannes Cassian selber verwendet den Institutsbegriff, welcher von Ramsey wiedergegeben wird, während Guy und Egron dafür den Institutionenbegriff gebrauchen. Dasselbe zeigt sich nicht nur im Titel, sondern auch an anderer Stelle, z.B. bei der Übersetzung des ersten Satzes des ersten Buches der Inst. „De *institutis* ac regulis monasteriorum dicturi …" ins Franz. „Ayant à parler des *institutions* et règles des monastères …" bzw. ins Engl. „As we start to speak of the *institutes* and rules of monasteries …".[44]

Benedikt verwendet – anders als Johannes Cassian – nicht den Instituts-, sondern den Institutionenbegriff, wenn er vom Kloster als Einrichtung spricht. Im Prolog 45–46 seiner Regel beschreibt er seine Absicht für das Kloster, eine Institution („institutio") als eine Schule für den Dienst des Herrn zu errichten: „Constituenda est ergo nobis dominici scola servitii. In qua institutione …".[45]

42 Georges, 2642 f.; Stowasser, 240; von Nell-Breuning, 184 f. verwendet nur den Begriff „Institution" und subsumiert darunter sowohl „soziale Gebilde" wie die politische Gemeinde, die Familie oder die Wirtschaftsunternehmung, als auch „Gebilde sachlicher Art" wie das Eigentum, Geld oder Inhaberpapiere. Zur Kirche führt er aus, dass im „Vollsinn des Wortes" die Kirche und ihre Sakramente auch Institutionen seien.

43 Guy, Introduction, 7; Egron, 31; Ramsey, Introduction, 3. Kursive Hervorhebung durch den Autor.

44 Inst. 1.1.1; Guy, Inst. Trad., 35; Ramsey, Inst. Trad., 21. Kursive Hervorhebung durch den Autor.

45 RB Prol. 45–46. Benedikt benutzt diesen Begriff nur ein Mal. Die Glossare zur RB verwenden zu diesem Begriff verschiedene Synonyme wie z.B. „ordinatione", „constitutione" oder „dispositione", Raupach, 164; zu RB Prol. 45–46. Vgl. Puzicha, RB-Komm., 77 f.

Wenn Johannes Cassian für das Kloster den Begriff „Institut“ verwendet, Benedikt hingegen jenen der Institution, und auch in den heutigen Sprachen keine eindeutige Unterscheidung vorgenommen wird, können wir beide Begriffe im Hinblick auf die Bezeichnung einer organisatorischen Einheit und gebäulichen Einrichtung, die für einen ganz bestimmten Zweck organisiert, geregelt und auf Dauer angelegt ist, als deckungsgleich und austauschbar betrachten.

3.4. Das Kloster als Institut

Wer sich spirituell weiterentwickeln möchte, kann das für sich alleine tun. Es ist aber einfacher und zielgerichteter (zumindest am Anfang), wenn man sich zu diesem Zweck mit anderen Gleichgesinnten zusammentut. So entsteht eine Gemeinschaft. Schliessen sich Menschen zu einer Gemeinschaft zusammen, entstehen im Laufe der Zeit Gewohnheiten, Traditionen sowie Denkmuster, die sich verfestigen. Die Menschen einigen sich auf ethische Werte, nach denen sie zusammenleben möchten. Während eine Gemeinschaft sich am Anfang noch wenige Regeln gibt, nehmen diese im Zuge eines Verdichtungsprozesses der Institution in quantitativer und qualitativer Hinsicht bis zu einem gewissen Grade zu. Die Regeln erhalten Normcharakter für die Mitglieder der Gemeinschaft (Innenwirkung) und bilden Unterscheidungsmerkmal oder Abgrenzungskriterium nach aussen (Aussenwirkung). Im Entstehungsprozess des Mönchtums und im Verdichtungsprozess des Koinobitentums erweisen sich Johannes Cassian und Benedikt von Nursia als wesentliche Impulsgeber für den lat. Westen.

Johannes Cassian bringt zu Beginn des 5. Jhdt. das Mönchtum in Form des Koinobitentums vom griech. geprägten Osten des Römischen Reiches in den lat. geprägten Westen und erarbeitet dafür sowohl in institutioneller als auch in spiritueller Hinsicht die theoretischen und praktischen Grundlagen. Darauf aufbauend, erstellt Benedikt im zweiten Viertel des 6. Jhdt. eine Klosterregel, die die wesentlichen Elemente von Johannes Cassian detailliert umsetzt und normiert, indem er dem spirituellen Wachstum und dem Zusammenleben der Mönche Rechnung trägt. Damit entsteht das Koinobitenkloster als eine klar konturierte Institution, in der Mönche gemeinschaftlich zusammenleben, um sich spirituell weiterzuentwickeln.

Die Institution des Klosters findet im Westen Anklang. Die Klosterregel des Benedikt wird zusammen mit der Benediktsvita, die Papst Gregor d. Gr. um 595 verfasst, im lat. Westen verbreitet und setzt sich im Laufe der Zeit als die massgebende Klosterregel im Abendland durch. Sie wird durch die Synoden von Aachen (816–819), angeregt durch die Klosterreformen von Benedikt von

Aniane (vor 750–821) und mit Unterstützung durch Kaiser Ludwig den Frommen (778–840), Sohn und Nachfolger Kaiser Karls d. Gr. (747–814), zunächst im Frankenreich und dann im gesamten lat. Abendland zur alleinigen Mönchsregel verbindlicherklärt.[46]

Das Konzept des Instituts des Koinobitenklosters zeichnet sich dadurch aus, dass das Leben des Individuums und der Gemeinschaft im Kloster nach bestimmten ethischen und spirituellen Werten ermöglicht wird und erfolgen soll. Dabei bilden die ethischen Prinzipien (z.B. individuelle Armut, Gebet, Demut, Gleichheit, Gehorsam) im Wesentlichen den Content. Zudem muss die Gemeinschaft entsprechend organisiert werden (z.B. Führung, Ämter, Tagesablauf, Arbeit, Strafen). Dies bildet im Wesentlichen das Setting. Dafür braucht es gewisse verbindliche Regeln. Die Klosterinstitution entwickelt mit der Zeit eine klare Kontur nach innen und nach aussen. Die Kontur der Klosterinstitution verfestigt sich und wird perpetuiert. Die Institution des Klosters hat nicht nur unmittelbare Wirkung nach innen auf das Leben der Mönche, sondern auch Strahlkraft nach aussen und dient dem Staat und privaten Organisationen als Modell für ihre Einrichtungen.

Natürlich sind Johannes Cassian und Benedikt von Nursia nicht die einzigen, die die Klosterinstitution mitentwickelt haben. Viele weitere Personen wären zu nennen wie etwa Antonios, Pachomios, Basileios, Euagrios Pontikos, Hieronymus, Augustinus, Martin, Honorat und Columban. Der Fokus dieser Arbeit liegt auf Johannes Cassian und Benedikt von Nursia, die beide wesentliche Treiber und Impulsgeber im Prozess der Ausbildung und Konturierung der Klosterinstitution im Westen sind: Johannes Cassian als Überbringer östlicher spiritueller Mönchstradition in den Westen und Benedikt als Verfasser einer Klosterregel, die sich später zur wichtigsten im Westen entwickelt.

---

46 Die RB erhält damit für den lat. Westen eine Bedeutung, die dem Typikon („Τυπικόν“) des 483 gegründeten Sabas-Klosters im Kidron-Tal bei Jerusalem (Mar Saba, „Ἱερὰ Λαύρα τοῦ Ὁσίου Σάββα τοῦ Ἡγιασμένου“) entspricht. Dieses Typikon integriert Vorstellungen des Basileios d. Gr. und ist in der Orthodoxie bis heute massgebend. Basierend darauf und auf griech. Typika, hat der Hl. Sava für die serbisch-orthodoxe Kirche die Typika für das Koinobitentum und Eremitentum verfasst, namentlich das Hilandar-Typikon für das Koinobitenkloster Hilandar („Манастир Хиландар“, „Μονή Χιλανδαρίου“) und das Karyes-Typikon („Карејски типик“, „Καρυές Τυπικόν“) für das Anachoretentum, beide Einrichtungen gegründet um 1199 auf dem Athos-Berg. Auf Basis des Hilandar-Typikon hat er 1208 das Typikon für das Koinobitenkloster Studenica („Манастир Студеница“) verfasst. Vgl. dazu Popovic/Marjianovic-Dusanic/Popovic, 113 ff.

Da die Entstehung des Mönchtums und des Klosters vor dem Hintergrund damals aktueller politischer, wirtschaftlicher, rechtlicher, religiöser und anderer Entwicklungen erfolgt, müssen die beiden Autoren Johannes Cassian und Benedikt von Nursia in ihrem jeweiligen biographischen und historischen Kontext gesehen werden. Ihr Schrifttum zum Klosterleben soll miteinander nach einheitlichem Massstab vergleichbar gemacht werden, um Gemeinsamkeiten, Unterschiede und Weiterentwicklungen festzustellen und auszuwerten. Die Klosterinstitution konturiert sich nach innen und wirkt nach aussen. Die Institution erhält Modellcharakter für andere Organisationen. Gewisse Prinzipien (Content) und organisatorische Massnahmen (Setting), beides Teilbereiche des Institutionenbegriffs, werden vom Staat und privaten Organisationen rezipiert.

4. Methode

Johannes Cassian und Benedikt von Nursia leben im 5. und 6. Jhdt. Ihre persönlichen Lebensumstände sowie die politischen und wirtschaftlichen Rahmenbedingungen könnten kaum unterschiedlicher sein. Um ihr Schrifttum besser zu verstehen, müssen die Autoren im Kontext ihrer Zeit gesehen werden. Das zeigt sich an den Wohnorten, der Mobilität, den Kontakten, dem Klerikertum oder dem Schrifttum. Aus diesem Grunde werden ihre Biographien und der jeweilige Kontext dargestellt. Trotz Unterschieden gibt es eine grosse Gemeinsamkeit: das Koinobitenkloster. Beide sind Gründer und Vorsteher von Klöstern. Sie haben sich mit der Frage, was ein Koinobitenkloster ist und wie ein solches zu organisieren und zu führen ist, auseinandergesetzt.

Sowohl Johannes Cassian als auch Benedikt schreiben auf Lat. Johannes Cassian schreibt für eine grössere interessierte Leserschaft, während Benedikt eine Klosterregel für die Mönche eines bestimmten Klosters verfasst. Johannes Cassians Schrifttum ist als Abhandlung (Inst.) und in Dialogform (Coll.) verfasst und umfangreich. Benedikts Klosterregel ist ein normativer und kurzer Text.

Für den Vergleich des Schrifttums von Johannes Cassian und Benedikt verwendet der Autor dieser Arbeit ein einheitliches Themenraster, welches wie folgt aufgebaut ist:

(i) allgemeine Themen wie Quellen oder Tradition,
(ii) äussere Themen wie Kleidung, Klosterämter, Arbeit oder Sanktionen und
(iii) innere Themen wie Tugendlehre, Gebetshaltung, Beharrlichkeit, Gehorsam oder Schweigsamkeit.

Vor diesem Hintergrund ist auch die Lehre der Laster wichtig, da die Laster mit bestimmten den Tugenden vermieden bzw. bekämpft werden.

Mit dem Themenraster werden Gemeinsamkeiten und Unterschiede sichtbar gemacht. Die jeweiligen wesentlichen Aussagen beider Autoren werden im Einzelnen kurz wiedergegeben und erläutert, zunächst für Johannes Cassian, dann für Benedikt. Im Anschluss daran folgt eine Auswertung. Die Klosterinstitution hat Strahlkraft nach aussen. Gewisse Rechtsprinzipien der RB finden sich schliesslich im modernen Recht. Dies wird am Schluss herausgearbeitet.

Den Anhang zu dieser Arbeit bilden:

(i) eine synoptische Vergleichstabelle der Texte von Johannes Cassian und Benedikt, die nach dem gleichen Themenraster aufgebaut ist (Anhang 1), und
(ii) eine tabellarische Gegenüberstellung der Verfahrens- und Rechtsprinzipien der RB mit dem Schweizer Recht (Anhang 2).

Während im Haupttext dieser Arbeit die Texte von antiken Autoren in der Originalsprache mitsamt Übersetzung in eine moderne Sprache wiedergegeben werden, wird in der Textvergleichstabelle auf die Übersetzung bewusst verzichtet, um diese nicht zu überladen. Die neusprachlichen Übersetzungen finden sich im Haupttext an entsprechender Stelle.

In dieser Arbeit geht der Autor hermeneutisch vor. Er hat die lat. Originaltexte von Johannes Cassian und Benedikt von Nursia, Gregor d. Gr. und anderen Autoren als auch die griech. Originaltexte verschiedener Autoren wie z.B. von Euagrios Pontikos verwendet. Des Weiteren hat er die Bibeltexte auf Griech. (z.B. Septuaginta) und auf Lat. (z.B. Vulgata) studiert, um näher zum Kern des Gedankens vorzustossen. Dazu hat der Verfasser auch Übersetzungen der altsprachlichen Texte in moderne Sprachen wie Dt., Engl., Franz. und Ital. konsultiert. Einzelne Textpassagen hat er selber übersetzt; v.a. dann, wenn ihm die vorliegenden Übersetzungen unpassend erscheinen. Übersetzungen anderer Autoren sind gekennzeichnet. Um Querverweise zu vermeiden, sind Wiederholungen, die sich aus dem jeweiligen sachgebundenen Kontext ergeben, beabsichtigt. Damit wird die Lektüre vereinfacht und das Textverständnis verbessert.

Der griech. geprägte Oströmer Johannes Cassian schreibt auf Lat.[47] Das ist ungewöhnlich, weil das Überschreiten der Sprachbarriere im philosophischen

47 Vgl. aber Dahlman, Fluidity, 288 ff., Dahlman, Cassian 98 ff., die aufgrund einer philologischen Untersuchung von 2018 dafürhält, dass Johannes Cassian einzelne Passagen zunächst auf Griech. verfasst haben muss, bevor der offizielle lat. Text herausgegeben worden ist.

und theologischen Schrifttum nicht oft vorkommt[48] und im griech. Osten gegenüber der lat. Sprache Vorbehalte bestehen (z.B. sprachliche Unzulänglichkeit des Lat., Unschärfe des westliches Denkens).[49] Gleichzeitig eröffnet die Verwendung der lat. Sprache neue Möglichkeiten. Johannes Cassian nutzt dies geschickt.

48 Griech. Kenntnisse im Westen: Am Ende des 4. Jhdt. ist gem. Bertrand die Kenntnis des Griech. im Westen „sicher noch nicht verloren gegangen" (Bertrand, 32) und schliesst nicht aus, dass die Antoniosvita am Kaiserhof in Trier sogar in der griech. Originalsprache gelesen worden sein könnte; Bertrand, 32. In Inst. 5.39. berichtet aber demgegenüber Johannes Cassian von einem aus Italien stammenden Mönch namens Symeon, der kein Griech. versteht („Symeon, penitus Graeci sermonis ignarus, e partibus Italiae commeasset"). So berichtet Johannes Cassian, dass dieser Symeon auf Geheiss seines Abba einen Kodex auf Lat. verfasse, der aber für niemanden von Nutzen sei, da es in der Region keinen Mönch gebe, der dessen lat. Sprache verstehe ["recepit post codicem scriptum, nullius usibus vel commodis profuturum (quippe universis in illa regione notitia lingae huius penitus ignaris) …]". Chadwick, 142, bemerkt im Hinblick auf die erste Hälfte des 5. Jhdt.: „Cassian was numbered among the few western writers who understood Greek." Lat. Kenntnisse im Osten: Euagrios von Antiochien, der die griech. Antoniosvita (entstanden um 356) etwa im Jahr 373 ins Lat. übersetzt, scheint einer der wenigen Menschen im Osten zu sein, der Lat. konnte. Mit Blick auf den Osten hält Chadwick, 157, allg. fest: „The Greeks had enough to nourish their souls in their own writers and did not often look to translations of authors who wrote in Latin." Augustinus wird erst im 13. Jhdt. ins Griech. übersetzt; Fuhrmann, 141. Auch die Werke von Vergil, Ovid, Cicero und Boethius werden erst im späten 13. Jhdt. ins Griech. übersetzt; Herrin, 74. Vgl. auch die im Haupttext nachfolgenden Bemerkung von Euagrios von Antiochien zum Lat. Dass infolge einer Sprach- und Kulturbarriere Verständigungsprobleme entstehen (Stichworte: „Röstigraben" und „outre-Sarine"), ist den Schweizern, die in einem multilingualen und multikulturrellen Land mit mehreren Amtssprachen leben, sehr bewusst. Es sei hier ein berühmtes Bonmot erwähnt: „Les Suisses s'entendent bien, parce qu'ils ne se comprennent pas."

49 Vielleicht sind die Vorbehalte auch Vorurteile, die darauf gründen, dass man die andere Sprache nicht kann oder aufgrund des reichen Schrifttums in der eigenen Sprache auch nicht können muss. Immerhin ist festzuhalten, dass das Lat. nicht nur im West-, sondern auch im Ostteil des Römischen Reiches die Rechts- und Verwaltungssprache bis ins 7. Jhdt. bildet, wie Kaser, Rechtsgeschichte, 243 ff., festhält. Aber Rechts- und Verwaltungsangelegenheit sind nicht das primäre Interesse der Kleriker und Mönche im Osten gewesen; eine Ausnahme ist Euagrios von Antiochien, der vor seiner Klerikerkarriere Beamter und Provinzstatthalter gewesen ist; vgl. Bertrand, 24.

Während Klemens von Alexandrien, Origenes und Euagrios Pontikos auf Griech. schreiben und dabei Begriffe der griech. Philosophie wie des Platonismus und der Stoa verwenden und ihnen einen christlichen Bedeutungsinhalt geben, schreibt Johannes Cassian auf Lat. für eine lat. Leserschaft. Es stellt sich in diesem Zusammenhang die Frage, in welcher Sprache wichtige philosophische und theologische Begriffe formuliert werden sollen. Während die griech. philosophischen Begriffe komplexe und nuancenreiche nichtchristliche und christliche Inhalte aufweisen, die über die Zeit entstanden sind, haben lat. Begriffe diese Bedeutungsschwere und den Nuancenreichtum nicht. In der Tat gibt es Kritik an der Verwendung platonischer Begriffe für christliche Inhalte, da sie eigentlich pagan seien.[50] So stellt sich auch für Johannes Cassian die Frage, wie man damit umgeht. Es bieten sich ihm folgende Möglichkeiten: Einerseits kann Johannes Cassian die griech. Begriffe in Originalsprache oder lat. Transkription verwenden. Andererseits übersetzt er die Begriffe ins Lat. Drittens erfindet und prägt er neue lat. Begriffe. Die Verwendung der originalen Begriffe führt dazu, dass eine weniger gebildete Leserschaft diese gar nicht richtig versteht. Mit der Übersetzung der Begriffe geht die Gefahr der Verwässerung des ursprünglichen Begriffsinhaltes einher.[51] Die Übersetzung des Griech. ins Lat. wird allgemein als Verlust angesehen, wie es z.B. Euagrios von Antiochien (320–393)[52] im Epilog seiner Lat.-Übersetzung der von Athanasios von Alexandrien (299–373) auf Griech. abgefassten Antoniosvita („Βίος καὶ Πολιτεία Πατρὸς 'Αντωνίου") bemerkt: „Itaque prudentes, qui legere voluerint hanc scripturam, obsecramus ut dent veniam, si Graeci sermonis vim exprimere non potuimus, transferentes eum in Latinam linguam, licet contra nostrum propositum haec fecerimus. Sed non quasi invidentes nolebamus facere,

50 Chadwick, 92.

51 Als Bsp. einer solchen Verwässerung kann m.E. in der Übersetzung des Griech. ins Lat. durch Hieronymus von Joh. 1.1–2 gesehen werden: „Ἐν ἀρχῇ ἦν ὁ λόγος, καὶ ὁ λόγος ἦν πρὸς τὸν θεόν, καὶ θεὸς ἦν ὁ λόγος. 2οὗτος ἦν ἐν ἀρχῇ πρὸς τὸν θεόν." – „In principio erat Verbum et Verbum erat apud Deum et Deus erat Verbum, hoc erat in principio apud Deum." Hieronymus übersetzt den Begriff „λόγος" („Logos") mit „Verbum". Das führte zur Reduktion des eigentlichen Bedeutungsinhalts, so dass der Satz für viele Leser in Lat. (und dann in den weiteren auf dem Lat. basierenden Übersetzungen in die modernen romanischen und germanischen Sprachen) fast unverständlich ist und sie eher ratlos zurücklässt, während der griech. Originaltext (nach wie vor) klar und einleuchtend und bestechend ist.

52 Euagrios von Antiochien (320–393) ist ein Spross einer Kurialenfamilie und ehem. Provinzstatthalter. Da Lat. auch im Osten Rechts- und Verwaltungssprache ist, beherrscht Euagrios diese Sprache schon aus beruflichen Gründen. Vgl. Bertrand, 24.

sed sufficienter scientes quantam infirmitatem sustinet Graecus sermo translatus in Latinitatem …" („So ersuchen wir die Umsichtigen, die diese Schrift lesen wollen, um Vergebung, dass wir die Kraft der griech. Rede nicht auszudrücken vermögen, wenn wir sie in die lat. Sprache übersetzen, was wir gegen unseren Vorsatz tun mussten, nicht etwa weil wir hämisch wären, sondern zur Genüge wissen, welche Unzulänglichkeit eine griech. Rede aufweist, wenn sie ins Lat. übersetzt worden ist.")[53] Statt alte Begriffe zu verwenden, kann man auch neue erfinden. Dies ermöglicht eine bewusste Verschiebung des Begriffsinhaltes.

Um etwas besser verständlich zu machen oder zu betonen, verwendet Johannes Cassian durchaus das Griech., wenn es ihm angebracht scheint. Folgende Bsp. machen dies deutlich:

(i) In Coll. 1.5, wo es über Sinn und Ziel des Lebens als Mönch geht, schreibt er: „quod evidentius in Graeco ponitur κατά σκοπόν διώκω, id est secundum destinationem persequor…" – „Im Griechischen wird dies deutlicher ausgedrückt: κατά σκοπόν διώκω, das heisst, ich folge der Bestimmung…".[54]

(ii) In Coll. 9.12. erklärt er die Gebete: „Orationes sunt quibus aliquid offerimus sev vovemus deo, quod Graece dicitur εὐχή, id est votum. Nam ubi dicitur in Graeco τάς εὐχάς μου τώ κυρίω αποδώσω, in Latino legitur: vota mea domino reddam." – „Unter ‚Gebeten' [ist zu verstehen], dass wir Gott etwas darbringen oder geloben, was im Griechischen εὐχή heisst, also Gelübde. Denn wenn es im Griechischen heisst τάς εὐχάς μου τώ κυρίω αποδώσω, … liest man im Lateinischen: ‚Meine Gelübde werde ich dem Herrn erfüllen'."[55]

(iii) In Coll. 24.15 verwendet er die griech. Begriffe, wenn er über die drei Seelenteile, die Platon in seinem Gleichnis des Seelenwagens, das er in seinem Werk „Φαῖδρος" („Phaidros") entwickelt, schreibt: „[Q]uam cum

53 PG 26, 975 f. So Euagrios von Antiochien (nicht zu verwechseln mit Euagrios Pontikos) in seiner „Vita Antonii" von 373, eine Übersetzung der von Athanasios von Alexandrien auf Griech. geschriebenen und um 356 erschienenen Antoniosvita („Βίος καὶ Πολιτεία Πατρὸς Ἀντωνίου"), vgl. auch die Bemerkungen von Ziegler, Leben, 9; Bertrand, 11, 20, 160 ff. (Text der Vita Antonii). Euagrios von Antiochien ist neben Johannes Cassian einer der wenigen griech. (Kirchen-)Schriftsteller, die auch die lat. Sprache beherrschen.

54 Coll. 1.5 (Ziegler, Coll. Trad., 67). Bereits in Coll. 1.2 verwendet Johannes Cassian die griech. Begriffe „σκοπός" und „τέλος", allerdings an dieser Stelle ins Lat. transkribiert: „scopos" und „telos".

55 Ziegler, Trad. Coll., 285.

> sapientissimi quique tripertitae definiant esse virtutis, necesse est ut aut λογικόν, id est rationabile, aut θυμικόν, id est irascibile, aut ἐπιθυμητικόν, id est concuscibile eius aliquo conrumpatur incursu." – „Wenn die bedeutendsten Weisen behaupten, dass die Seele dreigeteilt ist, bedeutet das notwendigerweise, dass entweder das λογικόν, d.h. der vernunftgeleitete Teil, das θυμικόν, d.h. der Teil, der mutwillig bis zum Zorn sein kann, oder das ἐπιθυμητικόν, d.h. der triebgesteuerte Teil, aufgrund eines Ereignisses verletzt wird."

Johannes Cassian verwendet wichtige griech. Begriffe als Fremdwörter wie z.B. „ἀνθρωποπαθος",[56] „νοῦς",[57] „μονάζοντες",[58] „ἀκτημοσύνη",[59] „ἀκηδία"[60] oder „κενοδοξία".[61] Alle genannten Begriffe schreibt er auf Griech., die letzten beiden benutzt er ab der zweiten Nennung in transkribierter Form „acedia" bzw. „cenodoxia". Andere griech. Begriffe transkribiert er von Anfang an wie z.B. monachusé",[62]

56 Inst. 8.4.3 über das Laster des Zorns: „ita igitur et de ira dei vel furore cum legimus, non ἀνθρωποπαθος, id est secundum humilitatem humanae pertubationis, sed digne deo, qui omni perturbatione alienus est." („Thus, when we read of God's anger and wrath, we must not think of ἀνθρωποπαθος – that is, in terms of lowly human disturbances, but in a manner worthy of God, who is free of all disturbance.", Ramsey, Inst. Trad., 195).

57 Inst. 8.10 über das Laster des Zorns: „mens, id est νοῦς sive ratio,". Ramsey, Inst. Trad., 198, übersetzt: „… the mind (that is, νους or reason) …".

58 Coll. 10.5.

59 Coll. 18.7. Die Koinobiten streben nach „ἀκτημοσύνη", d.h. nach Entblössung von allen Dingen und dem Besitz der Armut. Originaltext: „[coinobii] hoc omnibus expetunt votis, ut ἀκτημοσύνη, id est nuditatem omnium rerum ac perpetuam possideant paupertatem…"

60 Inst. 10 über das Laster der Trägheit, des Überdrusses. Inst. 10.1.1. im Originaltext: „Sextum nobis certamen est, quod Graeci ἀκηδίαν vocant, quam nos taedium sive anxietatem cordis poossumus nuncupare." („En sixième lieu, nous avons à combattre ce que les Grecs appellent l'acédia et que nous pouvons nommer le dégoût ou l'anxiété du cœur.", Guy, Inst. Trad., 385).

61 Inst. 11 über das Laster der Angeberei, der eitlen Ruhmes. Inst. 11.1.1. im Originaltext: „Septimum nobis certamen est contra spiritum κενοδοξίας, quam nos vanam sive inanem gloriam possumus appellare…" („Our seventh struggle is against the spirit of κενοδοξία, which we can refer to as vain or empty glory.", Ramsey, Inst. Trad., 241). Vgl. auch Coll. 5, in welcher Abbas Serapion über die acht Hauptlaster und deren Zusammenhänge bzw. -wirken spricht. Vgl. auch Guy, Inst. Trad., 428, Fn. 1.

62 Coll. 18.5.

„anachoreta",[63] „monasterium",[64] „coinobium",[65] „psiathium",[66] „synaxis",[67] „gastrimargia",[68] „filargyria"[69] oder „haeresis".[70]

Für wichtige philosophisch-theologische Konzepte verwendet Johannes Cassian nicht unbedingt die (alten) griech. philosophischen Begriffe, sondern erfindet bzw. prägt neue lat. Begriffe, die später zu Termini technici werden. Hier bietet das Lat. neue Freiheiten, denn das Lat. hat nicht die inhaltliche vielschichtige Bedeutungsschwere, die als Ballast mitschwingen mag. Lat. Begriffe für eine lat. Leserschaft, die des Griech. nicht mächtig und philosophisch nicht (genügend) geschult ist, zu verwenden, ist deshalb zweckdienlich. Johannes Cassian kann damit den Gedanken des Lesers direkt auf das Wesentliche ausrichten. Er kann auf diese Weise eigene Gewichtungen und Prägungen vornehmen. Chadwick führt dazu aus: „[By writing in Latin] the atmosphere feels different. Not only has [Cassian] changed the emphasis at certain important points. In the process of translation [of Greek terminology into Latin] a benefit accrued. Many of the technical terms came down after a history of Greek

---

63 Coll. 18.6, wo er Begriff der Anachoreten erklärt wird. Die Anachoreten folgen dem Bsp. von Paulus und Anton und leben alleine. Als „Anachoret" beschreibt Johannes Cassian einen, der weggeht. Originaltext: „De hoc perfectorum numero et ut ita dixerim fecundissima radice sanctorum etiam anachoretarum post haec flores fructusque prolati sunt. Cuius professionis principes … sactum … Paulum vel Antonium novimus extitisse… diximus disciplina aliud perfectionis genus, cuius sectatores anachoretae id es secessores merito nuncupatur…".

64 Coll. 18.10, wo Johannes Cassian bzw. sein Gesprächspartner Abba Piumun das Mönchtum, dessen Begriffe, Geschichte und verschiedene Lebensformen erklärt.

65 Coll. 18.10.

66 Inst. 4.13.

67 Inst. 4.16.

68 Inst. 5.3 im Originaltext: „Itaque primum nobis ineundum certamen est adversus gastrimargiam, quam diximus gulae esse concupiscentia…" („Il nous faut aborder le premier combat, celui contre la gastrimargie – que nous avons dit être la concupiscence du manger –.", Guy, Inst. Trad., 193)

69 Inst. 7.1 im Originaltext: „Tertius nobis conflictus est adversus filargyriam, quam nos amorem pecuniarum possumus appellare." („Notre troisième combat est contre la 'philargyrie' que nous pouvons appeler l'amour des richesses.", Guy, Inst. Trad., 293).

70 Coll. 24.15: „nam si rationabilem eius partem vitiorum pestis infecerit, … contentionis, haereseos vitia procreabit." („Wenn also die Seuche der Laster den vernunftgeleiteten Teil [der Seele] ansteckt, entwickelt sie daraus die Laster der … Streitsucht und der Irrlehre.") Bei „haereseos" verwendet Johannes Cassian den griech. Genitiv sing. „αἵρεσεως" von „αἵρεσις" und nicht, was auch möglich gewesen wäre, den lat. Genitiv sing. „haeresis".

thinking. Words like *apatheia* and *gnosis* and *theoria* had a non-Christian as well as a Christian history. Their Latin equivalents were free from the faint reminiscence of Stoic or Gnostic or Platonist."[71]

Statt den alten philosophischen Begriff der ἀπάθεια (Apathie) für den anzustrebenden Geistes- bzw. Seelenzustand eines Menschen, der nicht durch Leidenschaften beeinträchtigt ist, d.h. für die Seelenruhe, zu gebrauchen, erfindet Johannes Cassian einen neuen Begriff: die „puritas cordis", die „Reinheit des Herzens".[72] Die puritas cordis ist bei Johannes Cassian ein Schlüsselbegriff, ein zentraler Begriff für Gebet, Spiritualität, innerliche Reinigung, innerliches Wachstum und den Weg zu Gott. Johannes Cassian führt ihn auf das Jesuswort „Selig sind, die reinen Herzens sind; denn sie werden Gott schauen" (Mt. 5.8)[73] zurück.[74] Er verwendet damit einen neuen christlichen Begriff und nicht einen alten aus der heidnischen Philosophie, welcher zuerst hat christianisiert werden müssen, sich des heidnischen Begriffsinhaltes aber nie ganz hat entledigen können. Der puritas-cordis-Begriff ist neu, rein christlich und nicht durch heidnische Begriffselemente belastet. Das gibt sozusagen neuen Schub und neue Prägung. Johannes Cassian betont damit das Herz und das Gemüt gegenüber dem Kopf, der eigenen intellektuellen Verstandesleistung, die beim ἀπάθεια-Begriff mitschwingt, wie Nguyen zutreffend feststellt.[75] Johannes Cassian stärkt dadurch auch das Element der göttlichen Gnade und Hilfe zur Erlangung der innere Ruhe und Ausgeglichenheit. Die Reinheit bzw. Lauterkeit des Herzens wird durch Johannes Cassian ins westliche Mönchtum eingeführt.[76] Der puritas cordis-Begriff wird von Benedikt in die RB aufgenommen, insb. für die innere Haltung beim Gebet.[77] Auch im östlichen Mönchtum wird der Begriff im Zusammenhang mit dem immerwährenden Gebet und für die Entwicklung der hesychastischen Spiritualität prägend.

---

71 Chadwick, 93.

72 Coll. 1.5.

73 „[B]eati mundo corde quoniam ipsi Deum videbunt." (Mt. 5.8).

74 Coll. 1.4.

75 Vgl. Nguyen, 21 f.

76 Puzicha, RB-Komm., 301 f. Puzicha macht darauf aufmerksam, dass Johannes Cassian an anderer Stelle von „integritas mentis" spricht (Inst. 5.6; 5.10). Es geht dort aber um das Laster der Gaumenlust, wo Johannes Cassian darauf hinweist, dass zuviel Wein und Essen einen zum Torkeln und Schwanken bringe und man Integrität und Reinheit von Geist und Körper verliere. Es ist also etwas anderes gemeint.

77 RB 20.3 zur inneren Haltung beim Gebet. Vgl. auch RB Prol. 10, 49; RB 3.7, 4.73, 5.17, 7.18, 19.7, 49.4, 52.4, 64.1.

Teil II. Die Autoren

1. Entwicklungsstränge zur Entwicklung des Mönchtums

1.1. Vom Heros zum Mönch

Die Zeitenwende führt dazu, dass das heroische Zeitalter immer mehr durch das mönchische Zeitalter abgelöst wird. Dieser Prozess dauert ungefähr 500 Jahre. In dieser Zeit verändert sich das Idealbild eines guten Menschen, v.a. für die Männerwelt. Der pagane Heros („ἥρως")[78] wird immer mehr durch den christlichen Mönch („μοναχός")[79] ersetzt. In diesem Prozess erfolgt eine Wendung vom Äusserlichen zum Innerlichen, von der Tatkraft zur Spiritualität, vom Machen zum Sein. Beide Formen werden idealisiert und bewundert und beschreiben eine besondere Nähe zu Gott. Wer so, also ideal, ist, ist durch Gott geschützt, ist ihm bereits zu Lebzeiten nahe und kommt nach seinem Tod zu ihm. So oder so: Bei Gott will man sein, und zwar immer, v.a. nach dem Tod. Und dafür muss man im Hier und Jetzt etwas tun oder etwas werden.

Ein griech. Heros ist im Diesseits halbgöttlicher Herkunft, von einem Gott gezeugt oder mit einer göttlichen Blutlinie. Dionysos ist Sohn des Zeus (Ζεύς) und der menschlichen Prinzessin Semele (Σεμέλη), wird als Gott von Zeus geboren (Schenkelgeburt). Kinder von Göttern mit Menschen (d.h. Halbgötter) müssen eigentlich den irdischen Tod sterben, bevor sie zu Göttern erhoben werden können. Das trifft bekanntermassen etwa auf Asklepios (Ἀσκληπιός), Sohn des Apollon (Ἀπόλλων) und der Prinzessin Koronis (Κορωνίς), und Herakles (Ἡρακλῆς), Sohn des Zeus (Ζεύς) und der Alkmene (Ἀλκμήνη) zu.[80] Ausnahmsweise können Menschen zu Göttern gemacht werden, allerdings erst nach ihrem Tod, wie Dionysios' Mutter Semele und seine Gattin Ariadne (Ἀριάδνη).

Diese Gottesnähe offenbart sich dem Helden wie seiner Umwelt dadurch, dass er grosse Taten (eben: Heldentaten) vollbringt, die übermenschlich sind.

---

78 Bzw. die Heroin („ἡρωίς").

79 Von „μοναχός" für Mönch und „μοναχά" für Nonne.

80 Die Ausnahme scheint Dionysios zu sein. In der griech.-heidnischen Welt ist Dionysios der einzige von einem Menschen (hier der Mutter) abstammende, als unsterblicher, von einem Gott gezeugte und geborene Gott.

Er erfüllt damit sein Schicksal und kann bei Erfolg zu den Göttern kommen bzw. wird zumindest von den Menschen vergöttlicht. Ein antiker Heros zeigt sich mit äusserlichem Reichtum, Pracht und Macht, die er durch seine Ruhmestaten und Abenteuer erreicht, mithin verdient (d.h. als Belohnung für seine Dienste bzw. Taten erhalten) hat. Dabei schreckt der Heros nicht davor zurück, anderen Menschen ein Übel zuzufügen. Er will von den Menschen bewundert und von den Göttern akzeptiert werden, also in den Himmel (Olymp bei den Göttern oder doch zumindest ins paradiesische Elysion[81]) kommen.

Der christliche Mönch sucht auch das ewige Leben bei Gott. Hingegen zeichnet er sich nicht durch grossen äusserlichen Aktivismus aus, sondern durch Verinnerlichung, d.h. Spiritualität. Er zieht nicht in die Ferne, sondern bleibt an einem Ort. Er lebt einfach, von der Hand in den Mund, lehnt Äusserlichkeiten ab, ist demütig und bescheiden. Er steht in einem Kampf gegen innere Feinde bzw. Dämonen, die Laster hervorrufen. Er will tugendhaft werden, frei sein von Zwängen und Begierden. Er führt ein hartes asketisches Leben, das in Stille, Gebet und Meditation ganz auf Gott ausgerichtet ist, und zieht sich dafür aus dem öffentlichen Leben zurück in die Einsamkeit der Wüste bzw. Natur.[82] Bei seinem Kampf geht es um eine innere Reinigung, die seiner Besserwerdung bzw. Heiligung dient, dem Freiwerden von ablenkenden Gedanken und bösen Leidenschaften.[83] Er verinnerlicht eine demütige Haltung (Metanoia, „μετάνοια"). Er sucht einen Zustand der inneren Ausgeglichenheit und Balance, die ihm erlaubt, mit Gott zu kommunizieren und ihn zu erfahren. Bei diesem inneren Kampf erkennt er seine eigene Schwachheit und bittet Gott um Hilfe. Dieser gibt ihm Kraft, für sich und andere Gutes zu tun. In der Einsamkeit gelangt der Mönch mit der Zeit zu der Selbsterkenntnis, die zur Erkenntnis psychischer bzw. geistlicher Vorgänge bei anderen Menschen unabdingbar ist.[84] Der junge Mönch sucht Ratschlag und Unterweisung bei einem erfahrenen Wüstenmönch. Dieser erfahrene Mönch wird als Abbild des

81 In Homers Odyssee ist der Begriff „Οὔλυμπος" (Olymp) eine allgemeine Bezeichnung für den Wohnsitz der Götter. Unter „Elysion" („ἠλύσιον [πεδίον]") bzw. „Elysium" („[campus] Elysius") sind die Elysischen Gefilde zu verstehen.

82 Vgl. Müller, Väter, 217: Der Rückzug in die Wüste ist der Rückzug aus dem Kosmos („κόσμος"), der als bewohntes Kulturland interpretierten Welt.

83 Vgl. Müller, Väter, 218: Das Freiwerden von inneren Gedanken und bösen Leidenschaften ist das Verlassen dieser Zeit („αίων ουτος").

84 Müller, Väter, 239: „Sie haben zumindest zum Erleben innerer Ruhe, zum Erhalt eigener Herzensreinheit, einen Grossteil der geistlichen Kämpfe gegen Gedanken und Leidenschaften bereits gekämpft, die ihre geistlichen Kinder noch vor sich haben."

vergebenden Gottes gesehen, als ein „irdisches Mittel“, „durch das die himmlische Vaterschaft Gottes erfahren wird“.[85] Dieser erfahrene Mönch bzw. geistliche Vater wird als Geistträger gesehen („πνευματοφόρος“); er unterweist den Schüler und kann ihm die Beichte abnehmen.[86] Als solcher wird er mit dem Titel „Geron“ („Γέρων“, Weiser) bzw. „Abba“ („Ἀββα“, Vater) bezeichnet.[87] Der Geron wird mit „Abba“ angesprochen und meist um ein geistliches Wort („ρήμα“) gebeten. Er dient aber auch durch sein Leben als Vorbild. Die meistens sehr stark erfahrungsgeprägten Ratschläge der Geronten dienen als Orientierungshilfe auf dem Weg zum Heil.[88] Die Weisheit, welche die geistlichen Väter lehren, ist nicht nur Ausdruck der Gabe des Heiligen Geistes, sondern auch als ein Niederschlag errungener Erfahrung und persönlicher Klugheit. Sie äussern sich nicht impulsiv, nicht in Rätselworten, sondern in wohlüberlegten Sentenzen. Ihr Charakter ist asketisch-pastoral.[89] Das Heil ist letztlich eine Gabe des barmherzigen Gottes.[90] Weise Mönche werden bewundert und zu Autoritäten; andere Mönche, Kleriker und Laien ersuchen sie um spirituelle Beratung,[91]

---

85 Müller, Väter, 218, m.w.H.

86 Gem. Hörmann, 188, ist die Funktion des Beichtvaters mehr auf das Charisma des Altvaters als auf sein „Amt“ zurückzuführen. Vgl. auch Müller, Väter, 218. Der Beichtvater heisst heute „πνευματικός“, der durch eine Ermächtigung („ενταλτήριον“) des Bischofs sakramental die Sünden vergeben kann. Hörmann, 10, betont, dass eine kräftige Reaktion gegen den Anteil des Mönchtums an der Spendung der Busse erst im 12. Jhdt. erfolgt, als das Beichtvateramt noch ausschliesslich in den Händen der Mönche liegt.

87 Müller, Väter, 218; das weibliche Äquivalent ist die „Άμμα“ (Mutter).

88 Müller, Väter, 219.

89 Hörmann, 25. Hörmann, stellt zu Recht fest, dass die Verwandtschaft mit stoischer Lebensweisheit zum Teil unverkennbar sei; Hörmann, 25.

90 Müller, Väter, 219, m.w.H.: „Das Heil selber war aber nach Meinung der Wüstenväter durch die Befolgung der Ratschläge in Form von ‚guten Werken‘ letztlich nicht zu verdienen, sondern vielmehr ein Geschenk des barmherzigen Gottes.“ Es gibt also keinen Automatismus: Arbeit gegen Heil. Es besteht kein vertragliches synallagmatisches („συνάλλαγμα“) Verhältnis, das als Basis für einen Anspruch auf Heil aufgrund von geleisteter Taten dienen könnte. Das Heil ist kein Verdienst i.S. eines Anspruches auf einen Lohn, sondern stets eine freiwillige Gabe, ein Geschenk Gottes.

91 Der Mönchsvater ist aber nicht vollkommen, sondern selber auf dem Weg. Dies soll er seinen geistlichen Kindern immer wieder deutlich machen, um möglichst nahe bei ihren Problemen zu sein. Andererseits hat er aber seine besonderen Gaben, die er in der Einsamkeit geschärft hat, einzusetzen, nämlich v.a. die Gabe zur Unterscheidung der Geister („διάκρισις πνευμάτων“) und zur Herzenskenntnis („καρδιογνωσία“). Vgl. Müller, Väter, 240.

Lebensbegleitung,[92] Unterweisung und Heilung.[93] Der Abba gibt ihnen Lebensmut und dient als Vorbild.[94]

In diesem Prozess von 50 v. Chr. bis 500 n. Chr. zeigt sich zunächst eine Steigerung der paganen Vergöttlichung von Herrschern. Zunächst erfolgt die Apotheose bzw. Divinisierung erst nach dem Tod des Herrschers (wie bei Gaius Julius Cäsar, der vom Staat nach seinem Tod zum sog. Divus Iulius erhoben wird). Seit der Übernahme der Funktion des ägyptischen Pharao durch Augustus (als Nachfolger von Kleopatra) werden die römischen Kaiser zunächst in Ägypten, dann im östlichen Teil des Reiches und schliesslich im Gesamtreich bereits zu Lebzeiten zu einem Gott (im Lat. wird aber zw. einem „Deus" (Gott) und einem „Divinus" (Vergöttlichter) unterschieden). Der vergöttlichte Herrscher ist in die Göttergemeinschaft aufgenommen und leistet als Gott seinen Verehrern Hilfe. Daraus entsteht der religiöse römische Herrscherkult, mit welchem die ersten 8–10 Generationen von Christen zunehmend in Konflikt geraten. Erst Kaiser Konstantin d. Gr. verzichtet in der ersten Hälfte des 4. Jhdt. auf den Status eines Gottes („Divinus"), lässt sich aber als apostelgleich („ἰσαπόστολος") bezeichnen und begründet damit das christlich-sakrale römische Kaisertum. Kaiser Justinian sieht sich als Stellvertreter Gottes,[95] was ihn auch legitimiert, religionspolitische und v.a. auch Mönchsgesetze zu erlassen.[96] In der 2. Hälfte des 4. Jhdt. bricht sich die Attraktivität des Mönchtums aus verschiedenen Gründen Bahn, so dass v.a. ägyptische Wüstenmönche zur

---

92 Die Gespräche der Wüstenväter haben nicht-direktiven Charakter. Die Wüstenväter weigern sich geradezu, ihren Schülern Entscheidungen abzunehmen, wenn sie darum bitten. Müller, Väter, 249.

93 Es geht dabei aber nicht bloss um Psychotherapie, sondern auch um die „Freilegung und Förderung der Gedanken und Kräfte einer Person, die zu Gott führen, um das Hören auf Gottes Willen." Müller, Väter, 241: Es geht also um Hilfe zur Theosis („θέωσις"), der Vereinigung mit Gott. Die Hochschätzung charismatischer, also mit besonderer pneumatischer Gnade versehene Seelsorger, hält sich in der orthodoxen Kirche bis heute. Müller, Väter, 221.

94 Müller, Väter, 243 f.

95 Hasse-Ungeheuer, 75.

96 Hasse-Ungeheuer, 68–70: Mit dem Mönchtum befassen sich fünf Novellen: Nov. 5, 76, 79, 123 und 133. Mönche und Nonnen tauchen in 12 weiteren Nov. auf, zumeist im Kontext der allgemeinen Kirchengesetzgebung. Die Proömien enthalten inhaltliche Aussagen zum Mönchtum, während die Nov. das Mönch-, Nonnen- und Klosterleben organisatorisch, hierarchisch und rechtlich regeln. Vgl. die Beschreibung und Einordnung der justinianischen Mönchsgesetze bei Hasse-Ungeheuer, 111 ff.

Avantgarde einer neuen und bewunderten asketischen Lebensform werden, zu den neuen Helden.

1.2. Das Mönchtum wird attraktiv

Das Mönchtum im lat. Westen ist ein Import aus dem griech. Osten des Römischen Reiches.[97] Mit „griech. Osten" sind der seit Alexander d. Gr. hellenistisch geprägte Nahe Osten und Ägypten gemeint. Neben der griech. Wissenschafts- und Kultursprache gibt es im Osten wichtige lokale Sprachen wie das weitverbreitete Aramäische (die Muttersprache Jesu) oder das Ägyptische, aus dem sich im 3. Jhdt. das Koptische entwickelt. Insb. in den römischen Provinzen Syrien, zu welcher die Levante gehört, und Ägypten[98] entwickeln sich ab dem 4. Jhdt. christlich-motivierte asketische Lebensformen und Praktiken, die Männer und Frauen ausüben.

Askese („ἄσκησις") meint im ursprünglichen Sinn die künstlerische Bearbeitung eines Gegenstandes, aber auch leibliche Übung und geistige Schulung.[99] Gemeinhardt führt aus: „Ein ‚Asket' war ein Mensch, der seinen Körper im Gymnasium trainierte und auf die Reinheit seiner Seele achtete. Erst in der römischen Kaiserzeit kamen Verzicht und Weltabwendung hinzu."[100] In der Philosophie der Stoa bedeutet Askese die Einübung einer Tugend.[101]

Askese gibt es schon vor dem christlichen Zeitalter. Gem. Gemeinhardt ziehen Gnostiker und Neuplatoniker aus einer dualistischen Sicht von Mensch und Welt die Konsequenz der Weltflucht und Abwertung des Körperlichen. Der

---

97 Davies, 205: „Christian monasticism was entirely oriental at its beginnings."; Dahlman, Cassian, 114.

98 Beide römische Provinzen Syrien und Ägypten haben höchstzivilisierte und sehr ausdifferenzierte alte Gesellschaften mit langer reicher eigener vorrömischer Vergangenheit, Tradition, Religion und Philosophie; sie sind für das Römische Reich in jeder Beziehung bedeutend, z.B. in wirtschaftlicher, kultureller, politischer und militärischer Hinsicht. Antiochia ist das Zentrum Syriens und Alexandria jenes Ägyptens. Diese beiden Städte sind grosse und reiche Metropolen des Römischen Reiches und pflegen seit alters intensiv den gegenseitigen Austausch in Kultur, Wissenschaft und Handel. Es kommt nicht von ungefähr, dass in Antiochien und Alexandrien die wichtigsten christlichen Patriarchate in theologischer, philosophischer und intellektueller Hinsicht des Römischen Reiches entstehen.

99 Salzburger Äbtekonferenz, 34; Gemeinhardt, 41.

100 Gemeinhardt, 41.

101 Salzburger Äbtekonferenz, 34. Asketen sind also „Übende", d.h. „Menschen, die durch Übung ihre Lebensweise in einer bestimmten Art gestalten". Ebda.

intellektuelle Aufstieg zu Gott sei nur möglich über die Kontrolle der Bedürfnisse des Körpers. Die Enthaltsamkeitsaskese werde zum Merkmal für die philosophischen Schulen, mit denen sich das frühe Christentum konfrontiert sehe.[102] Bei „Philosophie" geht es also nicht nur ums Denken und Lehren. Erst „enthaltsames Leben beglaubige die philosophische Lehre, erst beides zusammen mache den Ruf der Weisheit aus."[103] In diesem Sinne wird Askese auch für das Mönchtum wichtig und prägend.

Zentral für das christliche Mönchtum ist das Jesuswort: „Wenn du vollkommen sein willst, geh und verkaufe, was du hast, und gib es den Armen, und du wirst einen Schatz im Himmel haben; dann komm und folge mir nach" (Mt. 19.21).[104]

Dieses Wort gibt dem Ägypter Antonios d. Gr. (251–356) den Antrieb, sich des ererbten Vermögens zu entledigen und in Mittelägypten als Eremit („ἐρημίτης") zu leben. Antonios ist nicht der erste, der diese asketische Lebensform wählt, aber er ist der bekannteste Mönch und geniesst schon zu Lebzeiten hohes Ansehen.[105] Er gilt als Begründer des christlichen Mönchtums.[106] Um 305, während der diokletianischen Christenverfolgung, gründet er die ersten Gemeinschaften christlicher Eremiten. Eremiten ziehen sich aus der Welt in die Wüste („ἔρημος") zurück, um asketisch zu leben, zu beten und zu arbeiten (Arbeit, Gebet und Bibel).[107] Descoeudres bemerkt, dass in Ägypten mit „ἔρημος", eine Einsiedelei oder Einöde, die weitgehend vegetationslose Einöde ausserhalb des bewässerten Kulturlandes im Niltal und in den Oasen gemeint ist.[108] Um Eremiten gruppieren sich Mönche, so dass lose Siedlungen als Wohnstätten solcher Männer entstehen. Diese Gemeinschaften sind mehr oder weniger lose Zusammenschlüsse von getrennt voneinander lebenden Einsiedlern.

---

102 Gemeinhardt, 41.

103 Gemeinhardt 41.

104 Mt. 19.21 griech.: „ἔφη αὐτῷ ὁ Ἰησοῦς εἰ θέλεις τέλειος εἶναι, ὕπαγε πώλησόν σου τὰ ὑπάρχοντα καὶ δὸς [τοῖς] πτωχοῖς, καὶ ἕξεις θησαυρὸν ἐν οὐρανοῖς, καὶ δεῦρο ἀκολούθει μοι." – „Ait illi Iesus: 'Si vis perfectus esse, vade, vende quae habes, et da pauperibus, et habebis thesaurum in caelo; et veni, sequere me'".

105 Vgl. Descoeudres, Mönchssiedlungen, 11.

106 Chadwick, 3: „Persons who had known Antony told stories about him. They were themselves distinguished because they had known him and could speak as eyewitnesses. By 400 he was already a hero of the past. Old men remembered talking to him when they were young."

107 Gemeinhardt, 39.

108 Descoeudres, Mönchssiedlungen, 11.

Die Mönche verbringen ihre Tage alleine mit Gebet und Arbeit.[109] Ein Mönch, der als Eremit bzw. Einsiedler lebt, wird auch Anachoret („αναχωρητής“) genannt.[110]

Eine Generation nach Antonios entsteht durch die Initiative und unter Anweisung des Pachomios (287–347) um 320–325 in Tabennisi in Oberägypten das erste Gemeinschaftskloster des Christentums. Eine solche Institution wird „Koinobion“ („κοινόβιον“) genannt und ist gekennzeichnet durch (i) gemeinsames Gebet, (ii) gemeinsame Arbeit und (iii) gemeinsamen Tisch und kommt unserem Begriff von „Kloster“ recht nahe.[111] Mönche, die zusammen leben, nennt man demzufolge „Koinobiten“.[112] Im letzten Viertel des 4. Jhdt. ist Pachomios' Kloster berühmt, teils wegen seiner Grösse, teils wegen seiner Disziplin.[113] Eines seiner Klöster ist für griech., ein anderes für koptische Mönche.[114] Um 380 gibt es gegen dreizehn pachomianische Klöster, die unter gemeinsamer Führung eines Abtes stehen, welcher in Pabau, ein paar Kilometer von Tabennisi entfernt, residiert. Seine Klosterregel gilt als die erste.[115] Es gibt drei Klöster für Frauen und bei Canopus in der Nähe von Alexandria auch ein Kloster für lat. Mönche, für welche Hieronymus die Klosterregel des Pachomios ins Lat. übersetzt.[116] Die Mönche verfolgen die Ideale Keuschheit, Armut, Tugend und Gehorsam und widmen ihre Tätigkeit der Arbeit, dem Gebet und dem Bibelstudium.[117]

In Unterägypten entwickeln sich in der Sketischen Wüste („Sketis“, „Σκήτις“) „dorf-, manchmal stadtähnliche Siedlungen, wo die Mönche getrennt in ihren Eremitagen oder Zellen leben und sich am Wochenende in der Kirche versammeln“.[118] Die wichtigsten Mönchssiedlungen befinden sich im Hinterland Alexandriens in der nitrischen und sketischen Wüste, v.a. die Siedlung Nitria, sowie deren Ableger Kellia.[119] Während Nitria am Rande der Wüste nahe

---

109 Descoeudres, Mönchssiedlungen, 11: Das benediktinische „Ora et Labora“ – das sich so nirgends in der RB findet – hat seinen Ursprung in der Lebensweise der ägyptischen Wüstenväter.

110 Von Griech. „ἀναχωρεῖν“, „sich zurückziehen“.

111 Vgl. Descoeudres, Mönchssiedlungen, 11.

112 Von Griech. „κοινος βιος“, „gemeinschaftliches Leben“.

113 Chadwick, 5 f.

114 Chadwick, 6.

115 Chadwick, 6.

116 Chadwick, 6.

117 Gemeinhardt, 44.

118 Descoeudres, Diakonie, 22.

119 Kellia kommt von Griech. „κέλλια“ (Zellen), Pl. von „κέλλιον“ (Zelle).

der bewohnten Gebiete im Nieldelta liegt, liegen die Kellia in der sog. inneren Wüste.[120] Die Kellia, die Johannes Cassian während seines Aufenthaltes in Ägypten kennenlernt und die er in seinen Coll. mehrfach erwähnt, ist 338 für jene Mönche gegründet worden, die sich mehr in die Abgeschiedenheit zurückziehen wollen. Zu diesen Eremitenkolonien gehört die abgelegene Sketis. Johannes Cassian erwähnt in Coll. 10.2, dass es in der Sketis vier Kirchen gebe. Das bedeutet, dass vier verschiedene Mönchsgemeinschaften nebeneinander existieren, von denen jede einen Vorsteher und Priester hat. Eine dieser Gemeinschaften wird von Abba Moyses geleitet, dem Johannes Cassian die ersten zwei Unterredungen widmet.[121] Als Priester einer weiteren Gemeinschaft wird Abba Paphnutios genannt, der als einziger der Vorsteher der Mönchsgemeinschaften den Anthropomorphismus um 400 ablehnt, wie Johannes Cassian in Coll. 10.5 berichtet.[122] Ein wichtiger Mönch, der zur gleichen Zeit in der Sketis lebt wie Johannes Cassian, ist Euagrios Pontikos, der auf ihn prägenden Einfluss hat.

Die zweite Hälfte des 4. Jhdt. erlebt das „goldene Zeitalter der Kirchenväter".[123] „Mit den Vätern des 4. und frühen 5. Jhtds. ist eine besonders kostbare Zeitspanne des Gleichgewichts eingetreten zw. einem von der Dekadenz noch kaum berührten alten Erbe, das nun vollkommen assimiliert wurde, und auf der anderen Seite einem gleichfalls zur Reife gelangten christlichen Geist", führt Marrou aus.[124] Die grössten Namen des christlichen Altertums, Seelsorger und Theologen im Osten und Westen, finden sich in dieser Epoche.[125] Diese Männer haben ihre Bildung in Schulen heidnischer Kultur empfangen und stellen diese Bildung dem Christentum zur Verfügung. Die meisten lassen sich erst in reiferen Jahren taufen, obwohl sie aus christlichen Familien stammen. Nach ihrem Studium üben sie einen weltlichen Beruf aus. Alle diese Väter haben eine Art Noviziat bei den Eremiten in der Wüste absolviert und

120 Der um 394 verstorbene Wüstenvater Makarios der Alexandriner war der erste Priester der Kellia. Vgl. Descoeudres, Diakonie, 25.

121 Coll. 1 und 2.

122 Coll. 10.2: „contra ineptam quoque Anthropomorphitarum haeresim longa disputatione disseruit" oder Coll. 10.5: „ita ut haeresis quae dicitur Anthropomorphitarum sub occasione detestandae huius interpretationis emerserit".

123 Hamman/Fürst, 79.

124 Marrou, 306, zit. nach Hamman/Fürst, 79.

125 Zu nennen sind z.B. Athanasios von Alexandrien, Kyrill von Jerusalem, Ephraim der Syrer, Basileios d. Gr., Gregor von Nazianz, Gregor von Nyssa, Johannes Chrysostomos, Kyrill von Alexandrien, Hilarius von Poitier, Ambrosius von Mailand, Hieronymus, Augustinus von Hippo, Euagrios Pontikos, Johannes Cassian.

sind dann nach Hause zurückgekehrt. Die Wüstenmönche haben so indirekt eine enorm starke Wirkung auf Gesellschaft und Staat. Für bestimmte kirchliche Ämter sind sie vorbestimmte Kandidaten, zuerst Priester, dann Bischof. Es ist ein Zeitalter grosser Bischöfe. Sie dienen dem Glauben mit ihrer philosophischen Bildung.[126] Indes beschränkten sie ihre Tätigkeit durchaus nicht auf einen kleinen Kreis von Gebildeten, sondern waren ihrem Volk, der Menge der Armen und Elenden nahe. Nie verbündeten sie sich mit den Mächtigen und Reichen; vielmehr hämmerten sie ihnen die grossen Forderungen der Gerechtigkeit und Menschenwürde ein und legten den Grundstein zu einer christlichen Sozialordnung", führen Haman/Fürst aus.[127] In diese Zeit ist Johannes Cassian hineingeboren worden. Allerdings entscheidet er sich – anders als viele Kirchenleute seiner Zeit – schon früh nach der Schulbildung für ein Leben als Mönch, tritt in Bethlehem einer Mönchsgemeinschaft bei und verbringt viele Jahre als Mönch bei den Wüstenvätern in Ägypten, bis er in Konstantinopel, Rom und Marseille als Kleriker, Klostergründer, Abt und Schriftsteller wirkt und seine Schriften verfasst, welche die weitere Entwicklung des Mönchtums im lat. Westen prägen.[128]

Die Eremiten haben grosse Strahlkraft. Sie ziehen viele Menschen an, arme wie reiche. In der zweiten Hälfte des 4. Jhdt. entsteht eine neuartige Form des Tourismus: Einzelpersonen oder Gruppen reisen zu Anachoreten oder zu den Mönchsgemeinschaften in Unterägypten, um die neue Lebensform der Mönche kennenzulernen, deren Kunde aus den Wüsten des Nillandes sich schon bald in der gesamten christlichen Welt, im Römischen Reich und darüber hinaus, verbreitet. Descoeudres führt aus: „Teils waren es Bildungsreisen, teils Pilgerfahrten mit der Hoffnung auf Stärkung und gelegentlich auf Heilung, und nicht selten waren es Reisen als Initiation und zur Unterweisung für eine eigene Anwartschaft auf diese Lebensform."[129] Die Besucher sind Männer wie Frauen.

---

126 Hamman/Fürst, 79.

127 Hamman/Fürst, 80.

128 Vgl. Brown mit seiner hervorragenden Darstellung dieser Zeit.

129 Descoeudres, Mönchssiedlungen, 12 f., erwähnt Besucher wie Basileios d. Gr., Palladios von Hellenopolis, Johannes Moschos, Sophronios, Johannes Cassian und sein Freund Germanos, Hieronymus, Rufinus von Aquileia, Alypius (ein Vertrauter des Augustinus), der 394 vom nordafrikanischen Thagaste zu einer Reise ins Heilige Land aufgebrochen ist und nach seiner Rückkehr in seine Heimat die erste lat. Mönchsregel, den Ordo monasterii, verfasst, die sich weitgehend am Tagesablauf der Mönche in den Kellia orientierte. Weitere Besucher sind auch Damen der High Society wie Melania die Ältere, ihre Enkelin, Melania die Jüngere, sowie Paula und Eustochium aus dem geistlichen Kreis des Hieronymus, ev. auch die Jerusalempilgerin Egeria.

Die Zahl der weiblichen Besucher scheint nicht gering gewesen zu sein.[130] Rufinus von Aquileia, welcher selber acht Jahre bei den ägyptischen und syrischen Mönchsvätern lebt und 397 nach Rom zurückkehrt,[131] bezeichnet die Siedlung Nitria als die berühmteste aller monastischen Siedlungen Ägyptens („famosissimum in omnibus Aegypti monasteriis locum").[132] Allerdings sind Besucher aus dem lat. Reichsteil sehr selten, wie der Bemerkung des Johannes Cassian in Inst. 5.39 entnommen werden kann.[133]

In einer Zelle leben zwei Mönche, ein Altvater und sein Schüler, die in getrennten Appartments wohnen.[134] Pro Eremitensiedlung gibt es eine Kirche und einen grossen Vorratsraum. Descoudres geht davon aus, dass dieser Raum auch als Speiseraum der Mönche dient.[135] In diesen Kirchenzentren wird ein Turm errichtet, dessen untere Geschosse wohl als Vorrats- oder Wirtschaftskammern und die oberen als Wohnraum des Priesters und Vorstehers dienen.[136] Es sei erwähnt, dass auch Benedikt von Nursia innerhalb des Klosters Montecassino im oberen Stockwerk eines Turms wohnt.[137]

---

130 Descoeudres, Mönchssiedlungen, 13, bemerkt, dass dies den berühmten Wüstenvater Arsenios (gest. 445) zur Bemerkung veranlasst habe, man solle wohl „das Meer zu einem Weg für Weiber machen, die zu mir kommen wollen".

131 Bertrand, 30.

132 Bei Descoeudres, ebda.

133 Inst. 5.39. berichtet Johannes Cassian von einem aus Italien stammenden Mönch namens Symeon, der überhaupt kein Griech. versteht („Symeon, penitus Graeci sermonis ignarus, e partibus Italiae commeasset"). Dieser Symeon verfasst auf Geheiss seines Abba einen Kodex auf Lat., der aber für niemanden von Nutzen sei, da es in der Region keinen Mönch gebe, der dessen lat. Sprache verstehe ["recepit post codicem scriptum, nullius usibus vel commodis profuturum (quippe universis in illa regione notitia lingae huius penitus ignaris) ..."]. Immerhin hält sie den Mönch mit guter Arbeit beschäftigt, was seiner Seele zuträglich sei, wie Chadwick, 67, bemerkt. Vgl. dazu auch Hoch, 53.

134 Descoeudres, Diakonie, 27.

135 Descoeudres, Diakonie, 26. Seit dem 5. Jhdt. untersagen verschiedene Konzilien das Speisen in der Kirche.

136 Descoeudres, 26 f., weist darauf hin, dass der Priester nicht nur die Funktion des Vorstehers hat, sondern auch jene des Ökonomen. Dieser verwaltet die Vorräte für die Mönche und Gäste, ist aber auch für die Vermarktung der von den Mönchen hergestellten Produkte zuständig. Auch in den pachomianischen Koinobitenklöstern ist der Ökonom vielfach identisch mit dem Klostervorsteher. Diese Vorrats- oder Wirtschaftseinrichtung nennt Johannes Cassian in Coll. 21.1 „diaconia".

137 „[I]n cuius turris superioribus se venerabilis Benedictus ... conlocavit ..." (Gregor d. Gr., Buch II der Dialoge, Kap. XXXV, 2). Vgl. auch Descoeudres, Diakonie, 26 und Puzicha, Vita-Komm., 85.

Auch in Syrien leben Mönche als Anachoreten oder Koinobiten. Einer der bedeutendsten Anachoreten ist Simeon Stylites der Ältere („Συμεών ὁ πρεσβύτερος" bzw. „Συμεών ὁ Στυλίτης") (389–459), ein Zeitgenosse von Johannes Cassian, der in Qal'at Sim'an (Simeonskloster) bei Deir Seman (Telanissos) in Syrien „zum Zeichen der Wachsamkeit und des immerwährenden Gebets auf einer Säule"[138] für Jahrzehnte lebt und so grosse Anziehungskraft hat, dass auch hochrangige Politiker seinen Rat suchen. Simeon wird schon zu Lebzeiten eines der wichtigsten und bedeutendsten Wallfahrtsziele der Spätantike.[139]

Johannes Cassian und sein Freund Germanus leben rund 15 Jahre bei den Mönchen in der nitrischen und sketischen Wüste.

Über die Begegnungen und Gespräche mit den ägyptischen Mönchen werden Berichte verfasst, so Ende des 4. Jhdt. die in Griech. verfassten Historia monachorum in Aegypto, ein Reisebericht einer Gruppe von Personen geistlichen Standes, die von Rufinus von Aquileia (345–412), der möglw. wohl selber ein Teilnehmer dieser Reise ist,[140] ins Lat. übersetzt wird. Palladios (364–430)[141] hat eine aufschlussreiche Sammlung von Begebenheiten und kurzen Viten verschiedener Wüstenväter in seiner Historia Lausiaca[142] hinterlassen. Daneben

---

138 Salzburger Äbtekonferenz, 21.

139 Salzburger Äbtekonferenz, 21.

140 A.M. Chadwick, 7.

141 Palladios ist ein Mönchsbischof; er lebt 390–400 bei den Anachoreten in der Wüste, ist Schüler des Euagrios Pontikos (346–399/400), weilt nach den origenistischen Streitigkeiten um 400 bei Patriarch Johannes Chrysostomos in Konstantinopel, welcher ihn zum Bischof von Helenopolis in Bithynien weiht. Neben anderen Vorwürfen wird gerade diese Bischofsernennung von den Anhängern des Patriarchen Theophilos von Alexandria als Argument gegen Johannes Chrisostomos an der Eichensynode vorgebracht. Nach der Absetzung des Johannes Chrisostomos als Patriarch von Konstantinopel reist Palladios – unabhängig von Germanus und Johannes Cassian – 405 nach Rom, um bei Papst Innozenz I. Partei für Johannes Chrysostomos zu ergreifen. Die Parallelen zu Johannes Cassian sind bemerkenswert; beide schreiben im 5. Jhdt. auch Bücher über das ägyptische Mönchtum vor 400. Vgl. zum Verhältnis von Palladios zu Johannes Cassian Chadwick, 31 f., und insb. zu Palladios Häuptli, 1149 ff.

142 Palladios verfasst dieses Werk im Auftrag des Lausos, seines Zeichens Eunuch und sowohl Kämmerer als auch Oberhaupt der Leibwache der Kaiser Arkadios und Theodosios II., des höchsten Beamten des byzantinischen Kaiserhofes. Darin beschreibt er seine Begegnungen und Gespräche mit den frühen Einsiedlermönchen in Ägypten und Palästina und mit deren Bewunderern und Förderern. Vgl. Chadwick, 31, sowie allg. zu Palladios Häuptli, 1149 ff.

entstehen noch ausführlichere Lebensbeschreibungen berühmter Mönche wie die Viten des Antonios, des Paulos und des Pachomios. Etwas später entstehen Sprüchesammlungen berühmter Wüstenväter, die Apophthegmata Patrum („Ἀποφθέγματα Γερόντων" bzw. „Gerontikon", „Γεροντικόν").[143]

Während die genannten Werke, ob biographisch oder nicht, stets ein ethisches Motiv und weniger eine plumpe historische Beschreibung zum Ziel haben, entstehen in dieser Zeit auch jene moraltheologischen Werke, die die ethischen Gründe für ein monastisches Leben beschreiben. Sie sind direkte Predigt und Verhaltensanalyse.[144] Diese moraltheologischen Werke sind eine Innenschau des Menschen mit dem Ziel, den Mönchen zu helfen, ein gutes und kontemplatives Leben zu praktizieren, so dass sie innerlich reifen können.[145] Die wichtigsten Autoren sind Euagrios Pontikos (345–399) und Johannes Cassian (460–435). Der erste schreibt auf Griech. vor 400, als er in der ägyptischen Wüste lebt.[146] Der zweite, ein Schüler des ersteren, schreibt auf Lat. zw. 420 und 430, nachdem er die ägyptische Wüste bereits seit vielen Jahren verlassen hat. In den Coll. vermittelt Johannes Cassian eine tiefgehende Anschauung des vorbildlichen ägyptischen Mönchtums. Mit diesem Text, der sich an ein monastisches und klerikales Publikum im Westen richtet, erscheint nun erstmals eine Darstellung der ägyptischen Wüstenväter auf Lat., und zwar noch mit dem Gehalt einer moraltheologischen (spirituellen bzw. psychologischen) Anleitung für den Leser.[147]

Gegen Ende des 4. Jhdt. erreicht das ägyptische Mönchtum sehr hohe Reputation und enormes Prestige. Kurz nach ihrer Ankunft in Unterägypten um 385 sind Johannes Cassian und Germanus überzeugt, dass sie vor ihrer Ankunft in Ägypten von „Vollkommenheit" noch gar nichts gewusst hätten und es einen grossen Verlust für ihre Seele bedeuten würde, Ägypten zu verlassen.[148] Mönche

---

143 Vgl. dazu Chadwick, 3 ff.

144 Chadwick, 8: „It was direct homily and analysis of behaviour."

145 Chadwick, 8: „It is moral theology, in documents describing the ethical reason for the manner of life adopted by the monks… Both these writers aimed at the same goal, to help monks to practice the good life and the contemplative life. They wished to show men how to climb a ladder of sanctity."

146 Die Werke Euagrios Pontikos wurden sehr bald ins Syrische und Lat. übersetzt. Er gilt als der fruchtbarste geistliche Schriftsteller der ägyptischen Wüste. Seine Schriften gewinnen in den Klöstern des Ostens grossen Einfluss und waren prägend für die Entwicklung der östlichen Spiritualität. Vgl. Smith, 70.

147 Vgl. Descoeudres, Mönchssiedlungen, 13.

148 Coll. 17.2, Chadwick, 14.

sind, wie es ein Enthusiast beschreibt, das gesegnete Licht der Welt, denn ihre Gebete haben drei Wirkungen:

(i) die Welt zu schützen und zu bewahren,
(ii) die Erde erblühen zu lassen und
(iii) die Tore zum Garten Eden, die wegen Adams Sünden geschlossen und durch Christi Tod und Auferstehung aufgemacht worden seien, offenzuhalten.[149]

Die Asketen befinden sich in einem Dilemma: Sie geniessen in der Gesellschaft hohes Prestige. Es werden ihnen herausragende, zuweilen auch übermenschliche Fähigkeiten zugeschrieben. Sie werden als religiöse Autoritäten konsultiert. Man erwartet von ihnen spirituelle Beratung und Unterweisung und auch Heilung. Die Literatur, in der die Entsagung verherrlicht wird, fördert solche Erwartungen. Der Ruf der Weisheit oder Heiligkeit verschafft den Asketen ein grosses Prestige. Man bringt ihnen Verehrung und Dankbarkeit entgegen. Es gilt als ehrenvoll und verdienstlich, sie materiell zu unterstützen. Dieses Prestige erweist sich jedoch als problematisch, da es der asketischen Weltflucht entgegensteht und die Integrität der Prestigeträger untergraben kann. Denn je strenger und erfolgreicher die Askese durchgeführt wird, desto mehr soziale Beachtung findet der Asket. Je berühmter er wird, desto häufiger wird er von Bewunderern und Ratsuchenden aufgesucht und desto gewichtiger wird seine Autorität. Umso schwieriger wird dann aber die Fortführung der weltflüchtigen Praxis, die den Prestigegewinn ursprünglich begründet hat. Sie kann nur gelingen, wenn besondere Anstrengungen unternommen werden, die soziale Einbindung aufzuheben oder zumindest zu reduzieren. Das erweist sich jedoch als schwierig, „denn der Ruhm verfolgt den, der ihn flieht".[150]

1.3. Vom Osten in den Westen – ex oriente lux

Während im Osten das Mönchtum im 4. Jhdt. erblüht und grosse Anziehungskraft gewinnt, ist es im Westen nahezu inexistent. Zwar gibt es durchaus Männer und Frauen, die sich aus der Welt in die Einsamkeit der Natur zurückziehen, um zu kontemplieren. Aber es scheint wohl nicht verbreitet gewesen zu sein. Das Christentum verbreitet sich erst langsam in den grösseren Städten,

149 Chadwick, 13.
150 Freiberger, 83 f., 87, 92 f., 95.

aber nicht auf dem Land. Der wichtigste Mönch im lat. Westen des 4. Jhdt. ist der ehemalige Kavallerieoffizier Martin von Tours (316–397). Es ist möglich, dass Martin als zwanzigjähriger Soldat um 337 in Trier den dorthin verbannten Patriarchen von Alexandria, Athanasios d. Gr., kennenlernt, der ihm über das ägyptische Mönchtum und von Antonios erzählt.[151] Nach seinem Austritt aus dem Militärdienst im Jahre 356 – dem gleichen Jahr, in dem die Antoniosvita des Athanasios auf Griech. („Βίος καὶ Πολιτεία Πατρὸς Ἀντωνίου") erscheint[152] – schart Martin Einsiedler in einer „Mischform von Anachorese und Zönobitentum noch ohne schriftliche Regel"[153] um sich, zuerst 361 in Ligugé (Lucoteiacum), dann 375 in Marmoutier (Maius Monasterium).[154] Nach seinem Tod hat dieses Mönchtum keinen Bestand. Seine Mönche zerstreuen sich. Das hat wohl damit zu tun, dass sich „das gallische Mönchtum oft das müssige Leben jener Provinzoberschicht zum Vorbild genommen hat", die Martin verehrt und unterstützt hat.[155] Mitglieder der gallischen Oberschicht, die Askese betreiben, leben weiterhin von den Erträgen ihrer Landgüter oder, wenn sie auf diese verzichtet und sie der Kirche gestiftet haben, von kirchlichen

151 So die Überlieferung der Benediktinerabtei Abbaye Saint-Martin de Ligugé gem. den historischen Ausführungen auf ihrer Homepage: https://www.abbaye-liguge.fr/historique, besucht am 12.03.2023. Betrand, 29, geht davon aus, dass Athanasios in Trier von Antonios berichtet hat.

152 Gem. Bertrand, 29 und 32, hat Athanasios die griech. Antoniosvita wahrscheinlich auf Bitte von Mönchen aus Gallien und Italien verfasst.

153 Puzicha, Vita-Komm., 37.

154 Sulpicius Severus stellt in seiner Martinsvita, die teilweise bereits zu Martins Lebzeiten entsteht, Martin in bewusster Konkurrenz zu Antonios d. Gr. als das unüberbietbare Vorbild des Asketen und Mönchsbischofs dar. Puzicha, Vita-Komm., 37. Die ägyptische monastische Tradition hat sich schon vor der lat. Übersetzung der Antoniosvita durch Euagrios in Italien und Gallien mündlich verbreitet, wie Bertrand, 30, ausführt. Augustinus berichtet in seinen Bekenntnissen, dass er vor seinem persönlichen Bekehrungserlebnis im Sommer 386 von einem afrikanischen Gast namens Pontician, der in kaiserlichen Diensten steht, besucht wird. Dieser erzählt ihm von Klöstern vor den Toren von Trier und Mailand; Augustinus, Confessiones, 8.6. Betrand, 32, schliesst nicht aus, dass Pontician die Antoniosvita sogar in der griech. Originalsprache gelesen habe. Jedenfalls hat sich die ägyptische monastische Tradition schon vor dem Ende des 4. Jhdt. in Italien und Gallien verbreitet, wie Bertrand, 32, festhält.

155 Brown, 603.

Jahrespensionen, bemerkt Brown sinngemäss.[156] Diese Asketen praktizieren eher einen „Reichtumsverzicht“, aber nicht Armut.[157]

Doch im ersten Jahrzehnt des 5. Jhdt. erfährt das westliche Mönchtum einen Schub, so dass es zu einem bleibenden Institut und einer immer weiter verbreiteten Lebensform wird. Keimzelle des westlichen Mönchtums ist Südgallien, d.h. die heutige Province. Nach dem Fall der Rheinfront im Jahre 406 werden die römischen Grossstädte wie Mainz, Trier, Köln und Reims von einfallenden Germanen zerstört. Nord- und Mittelgallien, dann Aquitanien in Westgallien und Spanien werden regional verheert. Südgallien hingegen bleibt eine sichere römische Welt. Viele Flüchtlinge strömen nach Südgallien auf der Suche nach Überleben und Sicherheit. Das gibt der Mönchsbewegung Auftrieb, denn sie gewinnt grosse Anziehungskraft bei Flüchtlingen aus Nordgallien und Aquitanien, denn in Gemeinschaft ist das Überleben irgendwie sichergestellt. Zwar hat die Mönchsbewegung auch Skeptiker auf Seiten der heidnischen Führungsschicht von Südgallien. Honorat von Arles (350–430), Spross einer römischen Konsulsfamilie, gründet zw. 400 und 410 auf der Mittelmeerinsel Lérins ein Kloster, das viele Männer anzieht und Ausstrahlungskraft gewinnt. Johannes Cassian gründet um 415 ein Doppelkloster in Marseille.[158] Das südgallische koinobitische Mönchtum kann als „Gegenbewegung“ zum eremitischen Martinsmönchtum gesehen werden.[159] Zwar weiss man in Südgallien um die syrischen und ägyptischen Klöster, aber es braucht jemanden, der Erfahrungen

156 Sulpicius Severus lebt auf seinem, der Kirche übertragenen Landgut Primuliacum zw. Toulouse (Tolosa) und Narbonne (Colonia Narbo Martius) in einer asketischen Gemeinschaft. Er erhält als Gegenleistung für die Schenkung von der Kirche eine Pension. Dieses Landgut wird um 406 von kriegerischen Banden zerstört, so dass Sulpicius Severus später gezwungen ist, als Kleriker zu arbeiten, um seinen Lebensunterhalt zu verdienen. Brown, 603 und 610 f.

157 Vgl. dazu ausführlich Brown, 603.

158 Lauster, 145. Chadwick, 32 f., meint, dass Johannes Cassian auch bereits früher, um 410, durch die gotische Invasion unter Alarich aus Rom nach Marseille getrieben worden sein könnte. Gl. M. Ziegler, Heilmittel, 16. A. M. Krannich, 74, der demgegenüber dafürhält, dass sein Umzug erst in den Jahren zw. 415–419 erfolgt sei.

159 Puzicha, Lérins, 14. Johannes Cassian kritisiert das Martinsmönchtum, weil (i) es eremitisch ausgerichtet ist, (ii) Arbeit als Askese und zum Erwerb des Lebensunterhaltes nicht verlangt, (iii) keine verbindliche Tagesordnung für Gebet, Lesung und Arbeit existiert, (iv) es ein Wandermönchtum ist und (v) auf den charismatischen Meister ausgerichtet ist, der keine Regel geschrieben hat, so dass seine Mönche sich nach seinem Tod vereinzeln und die Martinsche Mönchsbewegung untergeht. Vgl. dazu Puzicha, Lérins, 14 m.w.H.

damit hat: „The Gauls needed a man who could present and interpret to them the aims and methods of the Egyptian movement. Such a man they found in Cassian at Marseille.“[160] Der Oströmer Johannes Cassian hat das Mönchtum in Bethlehem und Unterägypten kennengelernt und in den beiden Reichshauptstädten Konstantinopel und Rom als Kleriker gewirkt. Er gilt als verlässlicher Gewährsmann, der über die ägyptischen Mönche authentisch berichten kann.[161] Zudem hat Johannes Cassian eine weitere Eigenschaft: er spricht nicht nur Griech., sondern auch Lat. Die Kenntnis des Griech. ist in dieser Zeit bereits eine Seltenheit im lat. Westen geworden. Johannes Cassian denkt und fühlt Griech., schreibt aber auf Lat.[162] Er ist ein Vermittler von Theologie und Praxis des (alten, reichen und stark entwickelten) Ostens in den (jungen, armen und unterentwickelten) Westen.[163]

So ersucht ihn Bischof Castor von Apt um Unterweisung.[164] In seinen beiden Schriften, die Inst. und die Coll., die Johannes Cassian in den 420er Jahren verfasst, vergleicht er die „planlosen und ungefestigten monastischen Experimente in Gallien … mit der frappierenden Festigkeit der ägyptischen Klöster“[165] und erklärt die morgenländische bzw. ägyptische Institution des Mönchtums und Klosterwesens für massgebend – er spricht in diesem Zusammenhang vom „typus maiorum“[166] –, passt es für das Abendland an und stellt damit das abendländische Mönchswesen auf ein tragfähiges organisatorisches und spirituelles Fundament.[167] Er verfasst seine Schriften für wohlhabende Leser und Mönchsnovizen, die aus der Provinzelite stammen. Von diesen verlangt

160 Chadwick, 36. Vgl. dazu auch das Werk von Brown.
161 Ziegler, Die Collationes, 29.
162 Ziegler, Die Collationes, 29.
163 Johannes Cassian ist sozusagen ein Klosterspezialist aus dem Ostteil des Römischen Reiches und „Entwicklungshelfer“ für den Aufbau und die Weiterentwicklung des Klosterwesens im Westteil.
164 Chadwick, 52: „The Gauls wish to have monks and do not know how to be monks.“
165 Brown, 602.
166 Inst. Praef. 8.
167 Inst. Praef. 8: „[I]n eo quoque tuis praeceptis satisfacere studebo, ut, si quid forte non secundum typum maiorum antiquissima constitutione fundatum, sed pro arbitrio uniuscuiusque instituentis monasterium vel deminutum vel additum in istis regionis conprobavero.“ („En cet autre point, aussi, je m’efforcerai de satisfaire à ton commandement : ce que, dans ces régions, j’aurai constaté n’être pas établi par une très ancienne constitution selon le type fixé par les anciens, mais avoir été supprimé ou ajouté selon le jugement de chaque fondateur de monastère, je l’ajouterai ou le retrancherai fidèlement …“, Guy, Inst. Trans., 31).

er einen Demutsprozess, der keine halbherzigen Massnahmen zulässt. Das zeigt sich an seinen paradigmatischen Forderungen, als Mönch auf Eigentum und eigenen Willen komplett zu verzichten und seinen Lebensunterhalt durch eigene Arbeit zu verdienen.[168] Der Mönch ist das Gegenteil vom müssigen Pensionär im Sinne eines Sulpicius Severus. Johannes Cassians Vorstellung vom idealen Kloster ist für den Westen im 5. Jhdt. völlig neu. Im Kloster sind alle Mönche gleich. Freie Männer werden „Sklaven", Sklaven werden frei, Reiche werden zu Armen, sie sind alle untereinander gleich, alle gleichermassen geführt durch einen Abt und widmen sich gemeinsam dem gleichen Ziel.[169] Es geht Johannes Cassian nicht nur darum, spirituelle Erbauung zu ermöglichen, sondern auch darum, dass die soziale Ungleichheit, die in der Welt besteht, in der Klostergemeinschaft selbst nicht existiert.[170] Damit entwirft er programmatisch eine neue Welt innerhalb der klösterlichen Grenzen, die als Gegenwelt zur Welt draussen besteht und jedem Menschen eine neue und sinnvolle Lebensperspektive ermöglicht. Diese neue Lebensoption erweist sich angesichts der wirtschaftlichen und sozialen Not, die (nicht nur, aber auch) infolge der Barbareneinfälle um sich greift, als attraktiv. Johannes Cassians Schriften finden in kurzer Zeit weite Verbreitung und werden zur Hauptquelle des abendländischen Möchtums.[171] Sie werden sehr früh auch im griech. Osten gelesen.[172]

168 Vgl. Brown, 605 ff. Es geht um die Begriffe der „nuditas" und der „pauperitas", wie unten aufgezeigt wird.

169 Vgl. dazu Brown, 605 ff.

170 Interessant sind seine Ausführungen in Coll. 8.21 über die Entstehung des Reichtums, der nicht zuletzt durch Ausbeutung der Schwachen durch diejenigen, die nicht arbeiten wollen, gekennzeichnet sei. Der Mönch arbeite für seinen Lebensunterhalt selber und nehme niemandem etwas weg oder erhalte keine Pensionen oder Steuern, im Gegenteil: Im Rahmen der Nächstenliebe gebe er. Somit sei der Mönch ein produktives Mitglied der Gesellschaft. Es geht Johannes Cassian aber weniger darum, die soziale Ungleichheit aus der Welt zu schaffen, denn diese wird gem. Coll. 1.10 bestehen bleiben, aber wenigstens zu glätten. Innerhalb des Klosters soll sie jedoch nicht existieren. Damit setzt er der altmodischen pelagianischen Debatte über den Reichtum („De divitiis") ein Ende, da der alte Unterschied zw. gutem und schlechtem Reichtum im Kloster keine Anwendung mehr findet, denn im Kloster gibt es gar keinen individuellen Reichtum. Vgl. dazu Brown, 607.

171 Walkens, 382, unter Verweis auf Cristiani: „Cassien est devenu la source principale du monachisme occidental."

172 Johannes Cassians Schriften werden bereits im 5. Jhdt. ins Griech. übersetzt; vgl. Chadwick, 157. Gem. Dahlman hat Johannes Cassian die Inst. möglw.

Gegen 540 verfasst Benedikt von Nursia (480–547) auf Montecassino seine Klosterregel für dieses Kloster. Er verweist in seiner Regel darin mehrfach auf Johannes Cassians Werke als Lektüre und zur Erziehung bzw. Weiterbildung. Als er die Regel schreibt, tobt der Krieg der Goten gegen Kaiser Justinian (482–565), welcher Italien erfolgreich wieder fest ins Römische Reich integriert. Das Kloster Montecassino wird allerdings bereits um 577 von den Langobarden zerstört, die nach Italien eingefallen sind. Die überlebenden Mönche fliehen nach Rom ins Laterankloster und bringen die Klosterregel des Benedikt, die Regula Benedicti („RB"), mit. So bleibt diese erhalten. Papst Gregor d. Gr. verfasst um 595 die Benediktsvita und bewahrt so das Gedächtnis an Benedikt. Im Zuge der Verbreitung der Benediktsvita findet auch die RB ein interessiertes Publikum. Montecassino liegt allerdings während des gesamten 7. Jhdt. in Trümmern und existiert nur als Ruine. Der Wiederaufbau erfolgt erst im ersten Viertel des 8. Jhtds.

Das 7. Jhdt. ist die Zeit des iro-schottischen Missionaren- und Wandermönchtums[173] und der grossen Klostergründungen des Columban (540–615) wie das Kloster Luxeuil (gegründet 590 im Königreich der Franken), Kloster Bobbio (gegründet 612 im Königreich der Langobarden) oder des Gallus (um 550–640) mit dem Kloster St. Gallen (gegründet 612 in Allemannien, Teil des Königreichs der Franken). Columban und Gallus kennen das Schrifttum des Johannes Cassian.[174] Palladius, der von Papst Coelestin um 431 als Bischof zur Mission nach Irland geschickt wird, dürfte die Schriften des Johannes Cassian gekannt haben.[175] Die Institution des Klosters verbreitet sich jedenfalls im 5. Jhdt. auch in Irland, das nie zum Römischen Reich gehört hat.

Die Klostergründer und Äbte verfassen für ihre Klöster jeweils eigene Regeln, die oft Elemente von verschiedenen älteren Regeln enthalten. Es entstehen sog.

---

ursprünglich sogar auf Griech. verfasst; vgl. Dahlman, Fluidity, 288 ff.; Dahlman, Cassian, 97 ff. Auszüge von Johannes Cassians Schriften werden in die wichtige Anthologie der Apophthegmata Patrum aufgenommen. Das zeigt, dass östliche Mönche Johannes Cassian als einen der ihren anerkannt haben. Die erste Sammlung der Apophthegmata erscheint bereits gegen Ende des 5. Jhdt., also ein paar Jahrzehnte vor Benedikts Abfassung der RB.

173 Die ersten irischstämmigen Mönche werden möglw. in Lérins geschult.

174 Chadwick, 42.

175 Er hielt sich viele Jahre bis etwa 429 als Kleriker in Rom auf, wo er zumindest die Freunde des Johannes Cassian wie z.B. den Erzdiakon Leo gekannt haben dürfte. Die Inst. und die Coll. sind bereits seit ein paar Jahren in Zirkulation.

Mischregeln. Während die Regel von Benedikt von Nursia eigentlich nur für sein Kloster Montecassino gedacht ist, setzt sie sich im Laufe der Zeit als die massgebende Klosterregel im Abendland[176] durch und wird, angeregt durch die Klosterreformen des Benedikt von Aniane (vor 750–821) mit Unterstützung von Kaiser Ludwig dem Frommen (778–840), Sohn und Nachfolger Kaiser Karls d. Gr. (747–814), durch die Synoden von Aachen (816–819)[177] zunächst im Frankenreich und dann im gesamten lat. Abendland als einzig zulässigen Mönchsregel erklärt.[178]

Im Folgenden sollen die beiden Männer und deren Schrifttum untersucht werden, die für das Klosterwesen im lat. Westen prägend geworden sind. Dabei wird ein rechtlich-spiritueller Blickwinkel eingenommen.

2. Johannes Cassian (360–435) und Benedikt von Nursia (480–547)

2.1. Zwei Menschen, die das abendländisches Mönchtum nachhaltig prägen

Für die Entwicklung des Mönchtums im lat. Europa sind viele Männer und Frauen, Kleriker und Politiker, wichtig. Zwei Personen sind dabei aber massgebend, deren Leben und Schrifttum auf das Abendland über das Kloster hinaus wirkmächtig geworden und es bis in die heutigen Tage geblieben ist: Benedikt von Nursia, der um 540 auf Montecassino für sein Kloster eine Regel, die „Regula Benedicti", kurz die „Benediktsregel" bzw. „RB", verfasst, und Johannes Cassian, der im Zeitraum von 420–430[179] in Marseille zwei Grundlagenwerke geschrieben hat: „De institutis coenobiorum et de octo principalium vitiorum remediis", kurz „Die Institutionen" bzw. die „Inst.", und „Collationes Patrum", kurz „Die Unterredungen" bzw. „Coll.". Dabei gibt er seine Erfahrungen, die er

---

176 Es gibt daneben noch andere Klosterregeln wie z.B. die Regel des Klostergründers Columban, die in Luxeuil gilt und durch die iro-schottische Missionierung im 7. Jhdt. Verbreitung findet, die sog. Magisterregel, die Leriner Regeln, die Augustinusregel, die Pachomiusregel oder die Basiliusregel, die für die Ostkirche bestimmend ist. Vgl. aber auch Puzicha, Lérins, 7 ff.; Schütz, Profil, 36 f.; Raupach, 4 und 8.

177 Die Synode schreibt die Regel und eine von Benedikt verfasste Consuetudo, das Capitulare monasticum, als alleinverbindliche Mönchsregel fest.

178 Diese Verbindlicherklärung erstreckt sich nicht auf Hispanien, denn dort besteht seit 711 das islamische Reich al-Andalus.

179 Vgl. Chadwick, 37, 39.

bei den Mönchen in Ägypten gemacht hat, wieder. Beide Männer sind Klostergründer und Äbte.

Die RB ist eine von vielen Klosterregeln. Es existieren viele Mischregeln. Im 8. und 9. Jhdt. besteht in der Regierung des Frankenreichs der Wunsch nach Vereinheitlichung des Klosterwesens. Schliesslich erklären die Kirchensynoden von Aachen (816–819) die RB für verbindlich. Dieser Beschluss hat Auswirkung auf das gesamte Abendland. Für die Synoden von Aachen sind die Vorarbeiten des Benedikt von Aniane zentral. Zum Nachweis der reformerischen und spirituellen Kraft der RB stellt er zwei Werke zusammen, die die Präferenz der RB begründen und festigen sollen: (i) den Codex Regularum, ein Sammelwerk unterschiedlicher Regeln für männliche und weibliche Klöster, und (ii) die Concordia Regularum, eine vergleichende inhaltliche Gegenüberstellung der RB mit Auszügen aus den im Codex Regularum aufgeführten Regeln. So kann die erwünschte Vereinheitlichung des Klosterwesens wirksam organisiert werden. Benedikt von Aniane verfasst auch eine sog. Regula Cassiani. Dafür zieht er Textpassagen aus dem Werk Johannes Cassians und anderer Autoren heraus, die für ein klösterliches Leben besonders entscheidend sind und Grundsätzliches beinhalten.

Massgebend für Benedikt von Nursia und das abendländische Mönchs- und Klosterwesen ist Johannes Cassian und damit die geistliche Lehre des Euagrios Pontikos (345–399).[180] Über Johannes Cassian sind die grundlegenden spirituellen Anschauungen des Evagrios Pontikos in das Zentrum der Regel des Benedikt von Nursia eingeführt worden.[181]

Johannes Cassian hat zwar nicht das Mönchtum in den lat. Westen gebracht, denn es gibt schon Mönche vor seiner Ankunft 405 in Rom und 415 in Gallien. Hingegen haben diese keine Doktrin und Erfahrung. Mit seinen Werken, die er auf Ersuchen des Bischofs Castor von Apt verfasst, erläutert Johannes Cassian die morgenländische bzw. ägyptische Institution des Mönchtums und des Klosterwesens, passt es für das Abendland an und stellt das abendländische Mönchswesen auf ein tragfähiges Fundament:[182] So gibt er nicht nur Richtlinien für die Institution des Klosters, sondern auch einen eigentlichen

---

180 Gem. Kaffanke bildet die geistliche Lehre des Euagrios Pontikos über eine eigenen Schriften und über seine Schüler, allen voran Johannes Cassian, den „Wurzelgrund, auf dem das abendländische Mönchtum weitgehend ruht“, Kaffanke, 8 in: Bunge, Die Lehren, 8; vgl. auch Euagrios, Briefe.

181 Ebda.

182 Chadwick, 52: „The Gauls wish to have monks and do not know how to be monks.“

Lehrplan[183] für das spirituelle Wachstum des einzelnen Mönchs und der Mönchsgemeinschaft.[184]

Seine Lehren bezieht Johannes Cassian direkt von den Wüstenvätern. Er übernimmt die Achtlasterlehre des Euagrios Pontikos[185] und entwickelt sie weiter. Die ägyptische Spiritualität ist u.a. das Resultat einer langen Erfahrung und Meditation über die Bibel. Diese Erfahrung findet ihren Ausdruck in den Schriften des Euagrios Pontikos, selber ein überragender Geist, der gleichzeitig von der Erfahrung als Wüstenmönch als auch von der neoplatonisch ausgerichteten theologischen Schule Alexandriens, den Lehren eines Klemens von Alexandria (150–215)[186] und eines Origenes (185–254) geprägt ist.[187]

Mit seinen Werken beschreibt Johannes Cassian den äusseren Rahmen des Koinobitentums und gibt Anleitung für die innerliche Entwicklung des Mönchs. Johannes Cassian entwickelt Institute bzw. Institutionen des Mönchtums, d.h. die Form des Koinobitentums: das gemeinschaftliche und regelbasierte durch einen Klostervorsteher geführte und auf das Ziel der Vervollkommnung in

---

183 Ziegler, Die Collationes, 29.

184 Waelkens, 382.

185 Euagrios, Praktikos, Bücher 6–14, 79 ff.

186 Klemens unterrichtet an der berühmten Katechetenschule, das Didaskaleion („τῆς κατηχήσεως Διδασκαλεῖον“). Mit seinen Büchern Protreptikos, Paidagogos, Stromata, v.a. mit dem letzteren, schafft Klemens als erster christlicher Autor ein echtes Stück Literatur. Geistesgeschichtlich sind die Stromata ein Monument. Zum ersten Mal schreibt ein christlicher Philosoph so ausgreifend über die Beziehung zw. Glauben und Wissen und stellt das Evangelium neben die grossen Philosophien der Welt. Klemens ist in der Geschichte des christlichen Denkens der erste Theologe, der den Grundstein zu einer vom Glauben inspirierten Kultur und einem christlichen Humanismus legt. Er verbindet hellenistisch-jüdisches Denken mit der griech. Philosophie. Alle dem griech. Denken entlehnten moralischen Grundsätze sind in eine christliche Sicht eingeordnet und durch ihren Bezug zur Bibel verchristlicht. Die christliche Lehre erscheint ihm als die Vollendung der griech. Philosophie. Seine Moral ist anspruchsvoll; sie verlangt Askese, die bis zum Kreuz geht und die monastische Spiritualität einleitet. Bei der Bibelauslegung wendet er wie 2 Jhdt. vor ihm bereits der Jude Philon von Alexandrien (15/10 v. Chr.–40 n. Chr.) die allegorische Auslegungsmethode an. Klemens geht es darum, die verborgene Wahrheit zu entdecken, vom Buchstaben zum Geist vorzudringen. Vgl. dazu Hamman/Fürst, 42 ff.

187 Waelkens, 382. Es ist bemerkenswert, dass Benedikt Johannes Cassian in der RB namentlich nicht nennt (nur dessen Werke), und dass Johannes Cassian Euagrios Pontikos namentlich nicht erwähnt. Es ist aber dem geneigten Leser völlig klar, wer der jeweilige Autor bzw. die Quelle ist. Die intendierte Leserschaft aller drei Autoren sind Kleriker, Mönche, Novizen und Klostergründer.

Gott ausgerichtete Leben des einzelnen Mönchs. Wer spirituell wachsen will, braucht dafür den nötigen Rahmen, sonst verirrt bzw. verliert er sich. Damit zeigt Johannes Cassian auf, dass zu seinem Institutionenbegriff nicht nur äussere Faktoren wie das Zusammen- und Miteinanderleben der Mönche (Koinobitentum), sondern auch innere Faktoren wie das innerliche Wachstum (Spiritualität) gehören.[188]

Für das gallische Mönchtum sind es v.a. die Coll., die das Koinobitentum so beliebt und erfolgreich machen. Johannes Cassian erschafft eine neue monastische Lesekultur, welche durch das Lesen und Schreiben Identität und Erziehung des Möchtums formt, wie Krawiec bemerkt.[189] Johannes Cassians Schriften werden damit zur Hauptquelle des abendländischen Möchstums.[190] Seine Ausführungen werden von seinen Zeitgenossen in Südgallien rezipiert sowie auch ein Jhdt. später von Benedikt in Italien. Benedikt verweist in seiner Regel mehrfach auf die Schriften des Johannes Cassian.[191] Nguyen führt aus: „These works [of Cassian] became the main source from which Saint Benedict … composed the rules for his monastic community."[192]

Die Inst. und Coll. sind innerhalb kurzer Zeit so bekannt und geläufig, dass sie „offensichtlich zum Repertoire im 6. Jahrhundert",[193] gehören und auch bei

188 So ausdrücklich in Inst. 4.23: „Et quoniam hic liber de institione est eius qui renuntiat huic mundo, per quam scilicet introductus ad humilitatem veram et oboedientiam perfectam ceterarum quoque virtutum culminam possit ascendere, necessarium reor quaedam seniorum gesta, quibus per hanc enituere virtutem, exempli gratia sicut promisimus explicare …"

189 Krawiec, 765 ff.; vgl. auch Dahlman, Cassian, 295.

190 Walkens, 382, unter Verweis auf Cristiani: „Cassien est devenu la source principale du monachisme occidental". Johannes Cassians Schriften werden aber schon sehr früh auch im griech. Osten gelesen, wie Dahlman feststellt; vgl. Dahlman, Fluidity, 288 ff.; Dahlman, Cassian, 97 ff.

191 RB 42.3, 42.5, 73.5.

192 Nguyen, 20.

193 Puzicha, RB-Komm., 771, m.w.H.; Puzicha, RB-Komm., 481; Nyssen, 9. So sind diese Bücher wichtig für die Juraväter Roman (Romain), Lupizin (Lupicien) und Eugend (Oyend), für Honorat, den Klostergründer und Abt von Lérins und späteren Bischof von Arles, dem Johannes Cassian die Coll. 11–17 widmet (vgl. Vorw. dazu), für Fulgenz, Cassiodor, die Mönche von St. Maurice d' Agaune, Benedikt von Nursia, Columban und wohl auch Gallus. Vgl. auch Chadwick, 39 und 148 in Bezug auf die Wirkung auf das iro-schottische Mönchtum; Puzicha, Lérins, 40; Frank, Juraväter, 20, Fn. 25 und 26, 30, Fn. 46 und 48.

anderen Autoren und Klostergründern direkte Beachtung und Verwendung finden.[194] Für die Schweiz sind die Klostergründer und Brüder Roman (ca. 400–ca. 463) und Lupizin (ca. 400–480) zu nennen, die sich um das Jahr 450 - also eine Generation[195] vor der Geburt des Benedikt von Nursia – in die Einsamkeit des Juragebirges zurückziehen und u.a. das Kloster Condat in Frankreich und das Kloster Romainmôtier in der Schweiz als Eremitensiedlung gründen. Als ihr Nachfolger wirkt Abt Eugend (Oyend) (ca. 450–ca. 516), der infolge eines Abbrandes der aus Holz gebauten Mönchssiedlung das Kloster Romainmôtier als Koinobitenkloster neu aufbaut.[196] Die Juraväter kennen und verwenden die „vitae patrum" und Johannes Cassians Inst.[197] Die Vita Patrum Jurensium verweist ausdrücklich auf Johannes Cassian: „Die Abhandlung zwingt uns, dass wir auch einiges aus den ‚Einrichtungen der Väter' hinzufügen. … Damit wollen wir keineswegs in eitler Anmassung all das herabsetzen, was einst der heilige und hervorragende Basilius … noch was jüngst der ehrwürdige Cassian veröffentlich haben."[198] Dabei wird berichtet, dass Lupizin im Fasten und Wachen „die Leistungen der östlichen und ägyptischen durch die gallische Art besiegte".[199] Die Mönche des 515 vom Burgunderkönig Sigismund gestifteten Klosters St. Maurice d'Agaune in der Schweiz kennen die Schriften des

---

194 Puzicha, RB-Komm., 771, m.w.H.; Dahlman, Fluidity 288 ff. und Dahlman, Cassian, 98 f., m.w.H.

195 Sie sind Zeitgenossen von Johannes Cassian und werden zur gleichen Zeit wie Papst Leo d. Gr. geboren.

196 Descoeudres, Klosteranlagen, 84; vgl. allgemein dazu Frank, Juraväter.

197 Frank, Juraväter, 20, Fn. 25 und 26. Auch der Verfasser der Vita Patrum Iurensium kannte Johannes Cassians Schrifttum, verwandte er doch teilweise dessen Material, vgl. Frank, Juraväter, 30 f., Fn. 46 und 48. Dieser Verfasser ist zwar anonym. Die Forschung hat bislang ergeben, dass er die Vita um 520 verfasst haben dürfte, kurz nach dem Tode des Eugend und nach der Gründung des Klosters St. Maurice d'Agaune durch den Burgunderkönig Sigismund. Mit der Gründung des Klosters St. Maurice dislozieren Mönche aus dem Kloster Romainmôtier dorthin, um dort das Klosterleben zu etablieren. Der Verfasser der Vita Patrum Iurensium widmet seine Schrift den beiden Mönchen Johannes und Armentarius aus dem Kloster St. Maurice; er dürfte um 490 wohl als puer oblatus in eines der Juraklöster eingetreten sein. Vgl. Frank, Juraväter, 7.

198 Frank, Juraväter, 101 f.; Puzicha, RB-Komm., 771 f.

199 Frank, Juraväter, 51. Im gallischen Mönchtum besteht gegenüber dem östlichen ein Inferioritätsgefühl, das in den Dialogen des Sulpicius Severus immer wieder durchschimmert und auch Anlass zu dieser Passage der Vita der Juraväter ist. Vgl. Frank, Juraväter, Fn. 81; Huber-Rebenich, 122 ff.

Johannes Cassian, denn einige Mönche der ersten Generation kommen aus den genannten Juraklöstern.

2.2. Unterschiedliche Menschen, unterschiedliche Erfahrungen, ein gemeinsames Ziel

Etwa fünfzig Jahre bzw. zwei Generationen liegen zw. dem Tod des Johannes Cassian und der Geburt des Benedikt. Die Welt, in die Benedikt von Nursia hineingeboren worden ist, ist nicht mehr dieselbe Welt wie jene, die Johannes Cassian verlassen hat. Johannes Cassian ist zwar Zeitgenosse der Anfänge der durch die Völkerwanderung ausgelösten militärischen und politischen Konflikte, kann sich aber im Römischen Reich über drei Kontinente, im Ost- und Westteil einigermassen frei und sicher bewegen. Das ist 80 bis 100 Jahre später, als Benedikt von Nursia lebt, keine Selbstverständlichkeit mehr. Benedikt lebt in einem Italien, das ab 476 von ostgotischen Machthabern beherrscht und ab 535 vom Gotenkrieg (535–554) heimgesucht wird.[200]

Auch Italien leidet im 5. Jhdt. – infolge der (kurzzeitigen) Einnahme Roms im August 410 durch Alarich, ein römischer Söldnerführer westgotischer Herkunft (der sog. „Fall von Rom"), und die zweiwöchige Plünderung Roms durch die Vandalen im Juni 455.[201] In Rom und Italien bleiben im 5. Jhdt. Verwüstungen der Infrastruktur grösseren Ausmasses aus, die bleibende Schäden und ökonomische Langzeitfolgen hinterlassen, erfolgen aber umso wirkungsvoller im Verlaufe des 6. Jhdt.

Johannes Cassian und Benedikt von Nursia leben in unterschiedlichen Welten. Das hat Einfluss auf ihre Mobilität und Lebensausrichtung. Doch eines lässt sich festhalten: In der durch die Völkerwanderung verursachte kriegsbedingte soziale und wirtschaftliche Not vieler Menschen in Gallien im 5. Jhdt. und in Italien im 6. Jhdt. erweist sich die Klosterinstitution als eine wichtige und willkommene Möglichkeit für Menschen, um in Gemeinschaft mit Gleichgesinnten Sicherheit, Schutz und Beistand zu finden und gleichzeitig spirituell wachsen zu können.[202] Die Klostergründer müssen Überlegungen darüber

---

200 Zu den Desintegrationsvorgängen im 5. Jhdt., insb. in den Westprovinzen, vgl. Brown, 565 ff., und in Italien, vgl. Brown, 659 ff.

201 Bei diesen Ereignissen geht es im Wesentlichen um die Eintreibung von ausstehenden Schulden des Römischen Reiches für Sold-, Getreide und/oder Tributzahlungen. Vgl. Brown, 570.

202 Puzicha, Begegnung, 20, bemerkt dies auch im Hinblick auf Papst Gregor d. Gr., der um 575 seinen Römer Familienpalast in das St. Andreas-Kloster

anstellen, ihre Einrichtungen mit einer langfristigen Perspektive zu versehen, so dass ihre Gründung unabhängig von ihrer eigenen Person, d.h. nach ihrem Weggang oder Tod, weiterbestehen kann.[203] Zu diesem Zweck brauchen die Gemeinschaften eine verbindliche, von der Person des Gründers losgelöste organisatorische Ordnung und spirituelle Ausrichtung. Diesem Ziel verschreiben sich sowohl Johannes Cassian als auch Benedikt von Nursia.

umfunktioniert: „Mitten im Zusammenbruch einer ganzen Epoche wird das asketisch-monastische Leben für viele zur einzig sinnvollen Existenzform."

203 Die Erfahrung zeigt, dass Bewegungen und Gemeinschaften nach dem Ausscheiden der charismatischen Führungspersönlichkeit auseinanderbrechen und untergehen, wenn nicht rechtzeitig eine innere feste Ordnung aufgebaut oder zumindest ein akzeptabler Führungsnachfolger eingesetzt worden ist. Dies wird wohl einer der wesentlichen Gründe dafür gewesen sein, dass die eremitische Mönchsgemeinschaft des Martin von Tours nach seinem Tode keinen Fortbestand hatte. Vgl. Puzicha, Lérins, 14 ff.

Teil III. Zum Institutionenbegriff bei Johannes Cassian

1. Biographisches

1.1. Kontext seines Lebens

Johannes Cassian (360–435) ist Mönch und Priester, Klostergründer, Abt und Schriftsteller. Er ist ein Vermittler zw. Ost- und Westteil[204] des Röm. Reiches, denkt und fühlt griech. und schreibt auf Lat.[205] Er verbringt die erste Lebenshälfte im griech. Ostteil und die zweite im lat. Westteil des Römischen Reiches. Er lebt auf drei Kontinenten (Asien, Afrika und Europa), in der Wüste und in den Metropolen Konstantinopel und Rom. Er lebt unter den Kaisern Valentinian I/Valens, Gratian/Valentinian II/Theodosius, Honorius/Arcadios. Er ist Teenager, als 378 die Schlacht von Adrianopel in der heutigen Türkei stattfindet, in welcher Kaiser Valens gegen die Goten fällt. 380 erlassen die Kaiser Theodosius I., Gratian und Valentinian II. das sog. Dreikaiseredikt „Cunctos populos". Dieses beendet die nominelle Religionsfreiheit und erklärt den römisch-alexandrinischen trinitarischen Glauben zur offiziellen Religion des Römischen Reichs. Kaiser Theodosius I. verbietet im folgenden Jahr die heidnischen Kulte. Damit wird das Christentum endgültig zur Reichsreligion. Ein Jahr später findet das Konzil von Konstantinopel statt, welches das christliche Glaubensbekenntnis festlegt und den Arianismus verurteilt. Im Jahre 394 findet die Schlacht am Frigidus im heutigen Slowenien statt, in welcher der oströmische Kaiser Theodosius I. über seine weströmischen Rivalen Arbogast und Eugenius siegt. Dies ist eine erbittert geführte Schlacht eines Bürgerkriegs, die einen so hohen Blutzoll zeitigt, dass die weströmischen Truppen die Verluste in der Folge nie mehr wettmachen können. Im Jahr 395 erfolgt nach dem Tode des Kaisers Theodosius I. die Reichsteilung unter seinen Söhnen: Der Osten mit der Kaiserstadt Konstantinopel geht an den älteren Sohn Arkadios, der Westen

---

204 Waelkens, 382; Beasley-Topliffe, 5: „John Cassian lived for many years among the monks and hermits of the desert, absorbing their wisdom. Then he summarized it and arranged it for the benefit of Christians attempting to live in community in western Europe. In this way he became a living bridge between the mothers and fathers of the desert and the nuns and monks of medieval Christendom."

205 Ziegler, Die Collationes, 29; Dahlman, Cassian, 99 und 114.

mit den Kaiserresidenzen Mailand und Ravenna an den jüngeren Honorius. Auf Initiative der Gemahlin des Arkadios, Kaiserin Aelia Eudoxia, wird der Konstantinopler Patriarch Johannes Chrysostomos 405 in die Verbannung geschickt, ein Ereignis, das Johannes Cassian unmittelbar betrifft. Im Jahre 406 fällt die Rheinfront, und Nord- und Mittelgallien werden von ostrheinischen Germanen geplündert; die ehem. Kaiserstadt Trier wird zw. 410 und 435 viermal von fränkischen Germanen erobert, wie Clemens feststellt.[206] 410 erobert und plündert der westgotische Söldnerführer Alarich Rom – der sog. Fall von Rom, ein Ereignis, das Hieronymus (347–420) bewegt und Augustinus (354–430) zum Verfassen seiner berühmten Schrift „De civitate Dei" („Vom Gottesstaat") veranlasst.

Johannes Cassian ist Zeitgenosse christlicher Theologen wie z.B. Patriarch Johannes Chrysostomos, den Kappadokiern Basileios von Caesarea, Gregor von Nyssa und Gregor von Nazianz, Euagrios Pontikos, Palladios, Euagrios von Antiochien, Hieronymus, Rufinus von Aquileia, Ambrosius von Mailand, Augustinus von Hippo, Martin von Tours, Sulpicius Severus, Paulinus von Nola, Honorat von Lérins, Pelagius, Julian von Eclanum, Prosper von Aquitanien, Patrick von Irland, Papst Coelestin I., Papst Leo d. Gr. und den Juravätern Roman, Lupizin und Eugend. Johannes Cassian kennt die theologischen Entwicklungen. Er ist ein Brückenbauer zw. den Reichshälften und ein Überbringer östlichen monastischen Gedankenguts in den Westen.[207]

1.2. Biographie

1.2.1. Jugend und Palästina

Johannes Cassian wird um das Jahr 360[208] geboren – höchstwahrscheinlich in der Nähe der Hafenstadt Konstanza (Constantiana)[209] im heutigen

206 Clemens, 329. Siehe auch die weiterführenden Bemerkungen zur Entwicklung der ehem. Kaiserstadt Trier und der Rhein-Mosel-Region ab dem Ende des 4. Jhdt. bei Clemens, 329 ff.

207 Nguyen, xii: „Because of his familiarity with both East and West and their theological developments, Cassian became a bridge to connect the two traditions and was an instrumental translator of … some of the important Eastern ascetical works into Latin."

208 Ramsey, Introduction, 3; Nguyen, 19; Chadwick, 9 f.

209 Das heutige Konstanz/Konstanza in Rumänien (griech. Κωνστάντια). Konstanza heisst ursprünglich Tomis („Τόμις") und ist eine griech.-miletische Kolonie an der Schwarzmeerküste. Kaiser Konstantin d. Gr. benennt die Stadt in Constantiana („Κωνστάντια") um, um seine Halbschwester Flavia Julia Constantia zu ehren. Zur

Rumänien[210] – und wächst in einer begüterten christlichen Familie auf.[211] Johannes Cassian erhält eine klassische Bildung. Seine Schriften weisen ihn als universal gebildeten Mann seiner Zeit aus.[212] Er denkt und fühlt griech. und schreibt gut Lat.[213] Johannes Cassian ist ein „lateinischsprechender Oströmer aus dem Grenzland an der Donau".[214] Er wächst zweisprachig (Griech. und Lat.)

Zeit Johannes Cassians Geburt liegt Konstanza in der römischen Provinz Kleinskythien („Scythia Minor", „Μικρά Σκυθία"), Teil der Reichsdiözese Thrakien („Dioecesis Thraciae", „Διοίκησις Θράκης"), die wiederum Teil der Reichspräfektur Orient („Praefectura Praetorio Orientis", „Ἐπαρχότης τῶν πραιτωρίων τῆς ἀνατολῆς") ist.

210 Die Mehrheit der Historiker geht unter Berufung auf Gennadius, der in Marseille gegen Ende des 5. Jhdt. ausführt, dass Johannes Cassian als Skythe geboren worden sei, davon aus, dass Johannes Cassian aus der römischen Provinz Kleinskythien stamme. Vgl. Brown, 601; Lombard, 6, m.w.H.; Chadwick, 9 f.; Egron, 26; Ramsey, Introduction, 3; Guy, Vie, 14: „La patrie de Cassien doit être cherchée dans la partie Ouest du territoire dépendant de la cité d'Histria, près de la limite qui le sépare de celui d'Ulmetum, quelque part dans la vallée de la Casimcea, près du village actuel de Sheremet, soit à 40 km environ au Nord-Ouest de la ville moderne de Constantza. […] Il apparaît que le nom de Cassien était ainsi lié à un district rural de la cité d'Histrie. Lié à la terre et non à une famille, on s'explique que son usage ait pu se maintenir pendant un siècle et plus. Du coup s'explique le nom même que porte notre Jean Cassien : on n'a pas assez observé ce qu'a de bizarre l'accouplement d'un nom chrétien à un cognomen de type classique : tout devient clair si Cassianus était non pas un nom de famille, mais en quelque sorte un ethnique, marquant l'origo de notre moine Scythe: *Johannes Cassianus* devrait en quelque sorte se rendre en français par 'Jean le Cassien'."

211 Coll. 24.1.

212 Ziegler, Die Collationes, 29.

213 Chadwick, 9 f.; Egron, 26; Ramsey, Introduction, 3; Ziegler, Die Collationes, 29, geht auch kurz auf Johannes Cassians Schreibstil ein, der die Stillehre der Rhetorik beherrsche. Chadwick, 9 f., führt aus, dass Johannes Cassians Prosa dem Stil der Zeit entspreche, nichts Angelerntes habe und einen Bewunderer in Cassiodor gefunden habe. Dass er auf Lat. schreibt, ist für den Westen ein Segen. Was Johannes Cassian schreibt, ist auch für den Osten von Interesse, so dass seine Texte im 5. Jhdt. ins Griech. übersetzt und weithin gelesen werden – ein Zeichen, dass er von den östlichen Mönchen als einer der ihren angesehen wird. Weil er Lat. geschrieben hat, wird er im Osten auch als „Cassian der Römer" bekannt. Er ist der einzige Autor aus dem lat. Schrifttum, der Aufnahme in die wichtigen orthodoxen Anthologien „Apophthegmata Patrum" („Ἀποφθέγματα Γερόντων", auch „Gerontikon", „Γεροντικόν" genannt) und Philokalie („Φιλοκαλία") gefunden hat. Vgl. aber die Untersuchungen von Dahlman, die der Ansicht ist, dass Johannes Cassian die Inst. ursprünglich auf Griech. verfasst habe; Dahlman, Fluidity, 288 ff.; Dahlman, Cassian 98 ff.

214 Brown, 635.

auf.[215] Constanza liegt an der Lat.-Griech. Sprachgrenze (sog. Jirecek-Linie).[216] Die römische Provinz Kleinskythien hat verschiedene gelehrte Männer hervorgebracht.[217] Johannes Cassian bezeichnet die Konstantinopler als seine Landsleute.[218] Eine Herkunft von Johannes Cassian aus dem lat. Westen, aus Afrika oder Armenien, wie gemutmasst worden ist, ist daher nicht anzunehmen.[219]

---

215 Dahlman, Cassian, 99, schreibt in Bezug auf die Inst.: „The author of the Latin text was clearly bilingual, with excellent knowledge of Greek."; Chadwick, 9 f., vermutet, dass Johannes Cassians Muttersprache wohl eher Lat. denn Griech. gewesen sein mag. Er war aber zweifellos als Erwachsener zweisprachig.

216 Die Jirecek-Linie bildet die Sprachgrenze oder Übergangszone zw. dem Lat. und dem Griech. Die Linie verläuft in Ost-West-Richtung von Laç (in Albanien) über Serdica (Sofia) den Bergkämmen des Balkangebirges entlang bis zum Schwarzen Meer und hat mehr als 600 Jahre Bestand (2. Jhdt. v. Chr.–4. Jhdt. n. Chr.). Nördlich der Linie herrscht das Lat. vor, südlich das Griech. Vgl. dazu ausführlich bei Jirecek.

217 Chadwick, 9.

218 De Inc. VII, 31.3: „... omnes vos, qui intra Constantinopolitanae urbis ambitum siti et per affectum patriae cives mei ... estis". Allerdings erzählt Johannes Cassian fast nichts über sich selbst. Er hüllt sich also in Anonymität, wie er es von einem echten Mönch erwartet. Brown, 602.

219 Vgl. Brown, 601. Als Herkunftsort wird für Johannes Cassian von einzelnen Autoren neben Afrika (vgl. Lombard, 6, m.w.H.), Armenien (vgl. Dahlman, Cassian, 99, m.w.H.) auch die heutige Province oder Südgallien angenommen, mit dem Hinweis auf seine guten Lat.-Kenntnisse (vgl. Chadwick, 9; Ziegler, Die Collationes, 27; Hoch, 43 ff.). Dabei wird übersehen, dass Johannes Cassian nicht nur Lat. spricht, sondern auch bestens Griech. und seine prägenden Jahre in Palästina, Ägypten und Konstantinopel verbringt. Gem. ihrer philologischen Untersuchung von 2018 ist Dahlman der Ansicht, dass Johannes Cassian die Inst. ursprünglich auf Griech. verfasst und dann offiziell ins Lat. übersetzt habe (vgl. Dahlman, Fluidity, 288 ff.; Dahlman, Cassian 98 ff.). Auch der Hinweis von Johannes Cassian in Coll. 24.1 auf seine Heimatprovinz („nostra provincia") dürfte allgemein gemeint sein („unsere Herkunftsprovinz") und sich eben gerade nicht auf die heutige Province beziehen. Er schreibt davon, dass es nicht sinnvoll sei, zu seinen Verwandten zurückzufahren, obwohl das schön, aber auch sehr bequem sei, weil man sich nicht mehr selber um den eigenen Lebensunterhalt kümmern müsse, denn das führe nur zur Trägheit und damit weg von Gott. Es wäre also widersprüchlich, wenn Johannes Cassian in der heutigen Province Verwandte gehabt hätte, zu denen er zurückgekehrt sei oder die er besucht habe. Auch ist Krannich, 74 f., m.w.H., und anderen entgegenzutreten, die ohne Grundlage behaupten, dass Johannes Cassian wegen seiner finanziellen Möglichkeiten auf seinem eigenen Privatgrundstück in der Stadt Marseille seine Klöster errichtet habe, und daraus folgern, Marseille sei seine Heimatstadt. Das würde dann aber auch bedeuten, dass sich die Märtyrergräber, auf denen Johannes Cassian sein Kloster errichtet hat, auch auf seinem Privatgrundstück befunden

In Inst. 5.39 berichtet Johannes Cassian von einem aus Italien stammenden Mönch namens Symeon, der die Sketis besucht und überhaupt kein Griech. versteht. Griech.-Kenntnisse sind im lat. Westen gegen Ende des 4. Jhdt. schon Seltenheit geworden und vielleicht auf den Senatorenadel beschränkt gewesen. Bis 350 sind Griech.-Kenntnisse im Westen noch verbreitet. So soll Patriarch Athanasios d. Gr. (299–373) seine griech. Antoniosvita („Βίος καὶ Πολιτεία Πατρὸς Ἀντωνίου"), die um 356 erschienen ist, wahrscheinlich auf Bitte von Asketen in Gallien und Italien angefertigt haben.[220] Diese müssen noch in der Lage gewesen sein, den griech. Text zu verstehen.[221] Dass Athanasios mit dem lat. Westen Kontakt hat, ist erwiesen, verbringt er doch die ersten beiden (seiner vier) Verbannungen im Westen: 336–337 in Trier und 338–346 in Rom, Mailand, Trier und Illyrien.[222] Eine Generation später ist das schon anders. So muss Euagrios von Antiochien (320–393), einer der wenigen zweisprachigen Kirchenleute in der zweiten Hälfte des 4. Jhdt., die Antoniosvita des Athanasios um 373 ins Lat. übersetzen, um sie dem westlichen Publikum zugänglich zu machen bzw. zu erhalten.[223] Augustinus (354–430) z.B. kann praktisch wenig Griech.[224] und hält sich nie im Osten auf. Vom Mönchtum und der Institution des Klosters erfährt er erst kurz vor seinem persönlichen Bekehrungserlebnis im Sommer 386 durch einen afrikanischen Gast namens Pontician, der in kaiserlichen Diensten steht.[225] Dieser erzählt ihm über Antonios und das Klosterwesen und auch davon, dass vor den Toren der Kaiserstädte Trier und Mailand Mönche leben.[226] Rufinus von Aquileia und Hieronymus erlernen

---

hätten. Auch dafür fehlt jeder Hinweis. Aber selbst wenn Johannes Cassians Vorfahren oder Verwandte in Gallien gehabt haben sollte (wofür jeder Hinweis fehlt), würde dies keineswegs ausschliessen, dass er in der Dobrudscha in Rumänien aufgewachsen ist und eine oströmisch-griech. Prägung erhalten hat. Johannes Cassian einen gallischen Herkunftsort zu unterschieben, ist ein m.E. untauglicher Versuch, ihn als „Westler" zu vereinnahmen.

220 Bertrand, 29 und 32.

221 Bertrand, 29 und 32.

222 Vgl. Bertrand, 19.

223 Bertrand, 11 f. Diese Übersetzung erfährt im lat. Westen grosse Verbreitung und ist in fast 400 Kodizes überliefert. Bertrand erwähnt noch eine andere Übersetzung eines anonymen Autors, die erst 1913 entdeckt worden ist.

224 Vgl. Bertrand, 32, Fn. 130 m.w.H.

225 Betrand, 32, schliesst nicht aus, dass Pontician und die Beamten des kaiserlichen Hofes in Trier die Antoniosvita sogar in der griech. Originalsprache gelesen haben.

226 Augustinus, Confessiones, 8.6.

Griech. erst im Osten.[227] Die hochadligen Damen wie Marcella (325–410), Melania d. Ä. (342–417), Paula (347–404) und Eustochium (368–420) können hingegen Griech.[228] Im ersten Viertel des 5. Jhdt. sind dann beim römischen Klerus genaue Griech.-Kenntnisse schon eine Ausnahme, wie sich um 430 beim Christologie-Streit um den Konstantinopler Patriarchen Nestor zeigt, so dass der Papst ein Gutachten bei Johannes Cassian anfordert. Zu diesem Zeitpunkt müssen die Verständigungsprobleme zw. dem griech. Osten und dem lat. Westen mittlerweile erheblich gewesen sein.[229]

Als Teenager oder junger Mann reist Johannes Cassian nach Palästina, wo er als Mönch einem Kloster in Bethlehem beitritt. Es ist nicht bekannt, warum und wie. Begleitet wird er von seinem älteren Freund und Landsmann Germanus,[230] der ihn zu allen Stationen bis nach Rom zu Papst Innozenz im Jahre 405 begleiten wird. Danach schweigen die Quellen über Germanus.[231] Johannes Cassian und Germanus bleiben in Bethlehem nur wenige Jahre und teilen sich

---

227 Chadwick, 25. Euagrios von Antiochien (320–393), ein Spross einer Kurialenfamilie und ehem. Provinzstatthalter, ist ein Förderer des Hieronymus, er lässt ihn auf seinem Landgut Maronia in Syrien leben und macht ihn mit Papst Damasus bekannt, worauf Damasus Hieronymus als Sekretär anstellt (Jahre 382–384). Vgl. Bertrand, 24–26.

228 Vgl. Bertrand, 29 und 32. Marcella kennt Athanasios d. Gr. und Patriarch Petros II. von Alexandrien persönlich, von denen sie zu einem asketischen Leben ermuntert wird. Sie stirbt als hochbetagte Frau an den Folgen der westgotischen Plünderung von Rom. Melania d. Ä liest in ihrem Jerusalemer Kloster intensiv Origenes. Paula lernt 382 in Rom Epiphanios von Salamis (315–403), der bei ihr wohnt, Paulinus von Antiochien (verst. 388) und Hieronymus kennen, der ihr Seelsorger wird und den sie 385 mit ihrer Tochter Eustochium nach dem Tod ihrer Tochter Blaesilla (364–384) nach Bethlehem begleitet.

229 Ziegler, Leben, 9 f. Ziegler meint, dass um 430 der Konflikt zw. Johannes Cassian, Prosper von Aquitanien und Augustinus betreffend des richtigen Verständnisses der göttlichen Gnade möglw. auf sprachliche Missverständnisse zurückzuführen sei und einzelne seiner Aussagen, auch Bibelzitate, aus dem Zusammenhang gerissen worden seien, ohne zu beachten, was er davor und danach geschrieben habe.

230 Lombard, 7, fragt, ob Germanus vielleicht Johann Cassians Vater oder Verwandter („peut-être son parent") gewesen sein könnte. Das entspräche einer Praxis, dass Väter mit Söhnen in den Kirchendienst oder ins Kloster entraten, widerspräche aber Cassians Äusserung in Coll. 16.1, wonach Germanus und er Brüder im Geist und nicht leibliche Verwandte seien („… audiensque a nobis quod non carnali, sed spriritali essemus fraternitate devincti …").

231 Lombard, 8.

eine Zelle.[232] Johannes Cassian und Germanus entschliessen sich, auf der Suche nach Perfektion nach Ägypten zu den Einsiedlern und Klöstern zu reisen und erhalten von ihren Kloster-Oberen dafür die Erlaubnis gegen das Versprechen, wieder zurückzukehren. Das Pilgerreisen zu ägyptischen Mönchen ist damals nicht ungewöhnlich. Ägypten ist der bevorzugte Ort für ein Leben als Klostermönch oder als Einsiedler.[233]

Um das Jahr 386[234] entsteigen Johannes Cassian und Germanus bei Tennis (Thenessus) an der Nilmündung dem Schiff und besuchen das Kloster Panephysis, dann jenes von Diolkos. Bischof Archebios von Panephysis macht sie mit verschiedenen Einsiedlern der Gegend bekannt. Sie besuchen sie und lernen von ihnen. Die Aufzeichnung von Gesprächen mit heiligen Männern und Mönchsvätern ist unter den Mönchen eine übliche Praxis, denn sie gehen davon aus, dass in den heiligen Männern der Heilige Geist in besonderer Weise wirke, der ihre moralische Wahrnehmung leite und ihren Worten Autorität verleihe.[235] Die Mönche verwenden die Aufzeichnungen als Unterrichtsmittel.[236] In den nächsten sieben Jahren treffen Johannes Cassian und Germanus Mönche in der Wüste der Sketis bei Nitria und die Mönchsgemeinschaft Kellia. Sie wandern von Gruppe zu Gruppe bzw. von Einsiedler zu Einsiedler. In der Sketis werden sie Mitglieder einer Kongregation von Eremiten, die von Makarios d. Gr.[237] gegründet worden ist, und nun unter der Führung des über 90-jährigen und rüstigen Paphnutios steht. In der Sketis leben die Mönche entfernt voneinander, treffen sich aber jeden Samstag und Sonntag zum Gottesdienst.

Johannes Cassian und Germanus korrespondieren mit ihrem Bethlehemer Kloster und verschieben ihre Rückkehr immer wieder, was dort anscheinend nicht positiv aufgenommen wird. Jedenfalls fahren sie nach sieben Jahren zurück, erstatten Bericht und lassen sich vom Rückkehr-Versprechen

---

232 Chadwick, 12. Das Teilen der Zelle war damals üblich und wurde erst später aufgegeben.

233 Chadwick, 12 f.; Egron, 27: „Égypte, lieu privilégié de la vie cénobitique et de la vie anachorétique au IVe siècle".

234 Chadwick mutmasst, dass Johannes Cassian und Germanus Bethlehem möglw. bereits verlassen hätten, bevor Hieronymus 386 dort sein Kloster und Hospiz gegründet habe, 11.

235 Vgl. die Apophthegmata. Solche Unterredungen sind durch die Regel des Pachomius in Oberägypten sogar vorgeschrieben; Chadwick, 14.

236 Chadwick, ebda.

237 Egron, 27; Makarios war ein Kopte; vgl. Euagrios, Praktikos, 15.

entbinden. Dann reisen sie wieder nach Ägypten. Insgesamt leben sie fünfzehn Jahre in der Sketis, von 385–400.[238]

1.2.2. Die Jahre in der Sketis und Euagrios Pontikos

Die Eremiten in der Sketis sprechen zum grossen Teil koptisch.[239] Mit verschiedenen Eremiten kann Johannes Cassian nur mithilfe eines Dolmetschers sprechen.[240] Die Führung der Mönchsbewegung bilden hingegen griech.-sprechende Mönche.[241] Die Griechen basieren ihre Überlegungen auf der alexandrinischen Tradition, d.h. auf dem christlichen Platonismus des Klemens von Alexandrien (150–215) und seines Schülers Origenes (185–254). Origenes kämpft gegen allzu menschliche Vorstellungen von Gott, die bei koptischen Mönchen vorherrschen, und für Gottes Einzigartig- und Unvergleichbarkeit.[242]

Euagrios Pontikos (345–399) ist in den Jahren 385–399 in Ägypten der wichtigste Theologe der Lehre des Origenes (185–254)[243] zum monastischen Leben. Chadwick formuliert: „[Euagrios] was not only the Origenist of the desert above all others, but the leading Greek theorist of monastic life."[244] Aber bereits vor Euagrios' Ankunft in Ägypten erscheint der Origenismus den koptischen Mönchen suspekt. Diese bevorzugen anthropomorphe statt abstrakte Vorstellungen

---

238 Egron 27; Chadwick 14 f., 26.

239 Chadwick, 24 und 27.

240 Coll. 16.1: „per interpretem". Johannes Cassian betont, Abba Joseph sei sehr gebildet gewesen und sprach mit ihm auf Griech. (Coll. 16.1). Ziegler, Leben, 9, bemerkt, dass dies Johannes Cassian „die Arbeit ersparte, aus dem Koptischen ins Lat. mithilfe der Umwandlung seines griech. Denkens übersetzen zu müssen". Die Dolmetscher sind selber Mönche; vgl. dazu Chadwick, 24; Ziegler, Die Collationes, 330 En. 6.

241 Chadwick, 25: „To go into the desert and pray alone and fast was one thing. To reason upon the ethics and purpose of it was another."

242 Ziegler, Die Collationes, 27.

243 Origenes lebt von 185 bis 254 und verfasst zahlreiche Bücher. Er ist der Ansicht, dass die Bibel auch allegorisch ausgelegt werden könne, so sei z.B. das Paradies nicht wirklich lokalisierbar. Der origenistische Streit in Ägypten gegen Ende des 4. Jhdt. dreht sich um den Anthropomorphismus, d.h. darum, ob man sich Gott als Menschen vorstellen müsse oder nicht. Origenisten sind der Ansicht, dass Gott nicht gesehen oder berührt werden könne – eine Vorstellung, die den einfachen koptischen Mönchen als nicht plausibel erscheint. Vgl. Chadwick, 27 ff.

244 Chadwick, 25.

von Gott und glauben an die Auferstehung des Fleisches im wörtlichen Sinn und nicht im übertragenen.[245]

In der Tat ist Euagrius Pontikos als sehr gebildeter Theologe bei den einfachen koptischen Anachoreten umstritten. Überhaupt trifft die origenistische Lehre der gebildeten griech. Mönche bei den einfachen koptischen Mönchen auf Widerstand. Das mag auch an den allgemeinen Spannungen liegen, die zw. den koptischen und griech. Mönchen in der Sketis herrschen. Diese beruhen auf unterschiedlichen Sichtweisen: Einfachheit gegenüber Schulung, ethische Furcht vor Büchern gegenüber Gelehrsamkeit, Einheimische gegenüber Fremden.[246]

Euagrios Pontikos, geboren im Jahre 345 als Sohn eines Chorepiskopos aus vornehmer und einflussreicher Familie, kommt ursprünglich aus Ibora am Pontus. Er scheint eine vorzügliche Ausbildung erhalten zu haben. Basileios von Cäsarea (seit 370 Bischof von Cäserea, wozu auch Ibora gehört) wird auf den jungen Mann aufmerksam und nimmt ihn als Lektor in seinen Klerus auf. Euagrios gehört damit zum Kreis der berühmten Kappadokier Basileios von Cäsarea, Gregor von Nazianz und Gregor von Nyssa, deren Gedankengut die christliche Theologie aufs Tiefste prägt.[247] Nach dem Tod des Basileios 379 disloziert Euagrios in die Reichshauptstadt Konstantinopel zu Patriarch Gregor von Nazianz,[248] der ihn zum Diakon weiht.[249] Euagrios wirkt in Konstantinopel als Erzdiakon und ist 381 am Konzil von Konstantinopel anwesend, dessen Vorsitz Gregor von Nazianz vom verstorbenen Vorsitzenden Meletios von Antiochien (verst. 381) übernimmt.[250] Während Gregor Mitte 381 auf sein Amt verzichtet und nach Nazianz zurückkehrt, bleibt Euagrios in der Hauptstadt und leistet dessen Nachfolger Nektarios (verst. 397) wertvolle Dienste. Euagrios verwickelt sich in eine „Affaire", denn die Frau eines hohen kaiserlichen Beamten verliebt sich in den glänzenden und gutaussehenden Kleriker, der sich seiner selbst ebenfalls nicht mehr sicher ist. Euagrios Pontikos flieht nach Jerusalem, wo ihn die hochadelige Dame Melania d. Ä. aus Rom aufnimmt,

245 Chadwick, 27, erwähnt eine Anekdote, dass der oberägyptische Klostergründer Pachomios seine Brüder vor der Lehre des Origenes gewarnt und ein Buch des Origenes ins Wasser geworfen habe. Solche anti-origenistischen Geschichten werden nach Chadwick, ebda., nach der Kontroverse um Origenes' Lehre erfunden.

246 Chadwick, 27.

247 Euagrios, Praktikos, 7.

248 Bunge, Die Lehren, 10.

249 Chadwick, 25.

250 Chadwick, 25.

die zusammen mit Rufinus von Aquileia zw. 375 und 380 auf dem Ölberg ein Doppelkloster unter ihrer Führung gegründet hat.[251] Melania selber liest intensiv Origenes.[252] Dort wird Euagrios Pontikos Opfer eines Fiebers, das ihn sechs Monate ans Bett fesselt. Die lebenskluge und energische Melania scheint die psychologische Ursache des Fiebers erraten zu haben. Auf ihr Drängen hin gesteht Euagrios Pontikos jedenfalls das in Konstantinopel gemachte Gelübde, Mönch zu werden. Nach ein paar Tagen ist Euagrios Pontikos geheilt und wird an Ostern 383 von Rufinus im Beisein Melanias als Mönch eingekleidet.[253] Anstatt sich der Mönchsgemeinschaft des Rufinus in Jerusalem anzuschliessen, geht Euagrios Pontikos in die ägyptische Wüste, zuerst für zwei Jahre nach Nitria, dann für den Rest seines Lebens in die tiefer in der Wüste gelegenen und den erprobteren Asketen vorbehaltenen Kellia. Dort findet er sich in Gesellschaft alter Freunde von Melania wieder. Obwohl ihm nach Aussagen seiner Briefe das Leben in der Wüste nie leichtfällt, verlässt Euagrios Pontikos diese „Verbannung", wie er sich selbst ausdrückt, freiwillig nicht mehr – abgesehen von gelegentlichen Besuchen in Alexandria und einer Flucht nach Palästina, um sich dem Zugriff des Patriarchen Theophilos von Alexandrien zu entziehen, der ihn zum Bischof von Thmuis weihen will.[254] Unter der Leitung des strengen Asketen Makarios von Alexandria (verst. 395), des Priesters der Kellia, und seines als grosser Mystiker geltenden Namensvetters, des Einsiedlers und Priesters Makarios d. Gr. (300–390), der selber ein Schüler des Antonios d. Gr. ist,[255] wird „mit den Jahren aus dem eleganten und verwöhnten Griechen … ein zwar überaus gütiger und verständnisvoller, im persönlichen Leben aber kompromisslos strenger Wüstenvater."[256] Euagrios Pontikos ist stark geprägt durch die Schriften der Kappadokier[257] und des Origenes. Er entfaltet eine reiche und von zahlreichen Freunden und Schülern hochgeschätzte schriftstellerische Tätigkeit. Die Bekanntheit, die ihm langsam zuwächst, wird aber zu seinen Lebzeiten zu einer Quelle von Leid und übler Nachrede. An Epiphanie 399 stirbt

251 Chadwick, 25.
252 Chadwick, 25.
253 Euagrios, Praktikos, 9.
254 Euagrios, Praktikos, 9.
255 Vgl. Kleine Philokalie, 136; Makarios ist der geistliche Vater von Euagrios Pontikos; vgl. Smith 70.
256 Euagrios, Praktikos, 10.
257 Als „Kappadokier" oder die „drei Kappadokier" werden in der Patristik Basileios d. Gr., sein jüngerer Bruder Gregor von Nyssa und sein älterer Studienfreund Gregor von Nazianz bezeichnet.

Euagrios Pontikos nach zweijähriger Krankheit an einem Nierenleiden, das er sich wohl durch seine überstrenge Askese zugezogen hat.[258] In seinen Schriften schöpft Euagrios Pontikos aus dem Fundus der grossen alexandrinischen Theologenschule seit Klemens von Alexandria und des Origenes. Seine Feinde bezeichnen ihn abfällig als „Origenisten". Der vordergründige Streitpunkt ist die Frage, ob Gott eine „Gestalt" habe, wie man aus Gen 1.26f. herauslesen könne, oder ob dieser Vers, so Origenes und seine Schüler, allegorisch zu verstehen sei, da Gott wohl eher immateriell und deshalb gestaltlos sei.[259] Euagrios Pontikos vertritt diese origenistische Ansicht. Seine Gegner werden Anthropomorphisten genannt.

Euagrios Pontikos schreibt auf Griech. Seine Werke werden sehr bald ins Syrische und ins Lat. übersetzt.[260] Er verfasst seine Lehre als erster in Spruchform, in der er die philosophische Literatur seiner Zeit nachahmt. Er ist der fruchtbarste geistliche Schriftsteller der ägyptischen Wüste. Seine Schriften gewinnen in den Klöstern des Ostens grossen Einfluss und sind prägend für die Entwicklung der östlichen Spiritualität.[261] Er steht in der Tradition der alexandrinischen Theologie und vermag es, die tiefen Gedanken des Origenes und der Kappadokier, besonders jene des Gregors von Nyssa, dem Verständnis weiter Kreise nahezubringen.[262]

Johannes Cassian und Germanus müssen den berühmten Eremiten Euagrios Pontikos persönlich kennengelernt haben, als sie in den Kellia leben.[263] Johannes Cassian erwähnt in seinen Schriften zwar nicht, Euagrios Pontikos getroffen zu haben; denn zu der Zeit, als er seine Schriften verfasst (also zw. 420 und 430), besteht nach wie vor der Verdacht der origenistischen Häresie gegen Euagrios Pontikos, obwohl der Streit seit der Eichensynode im Jahre 403 als beigelegt gilt.[264] Denn unmittelbar nach Euagrios' Tod intrigieren koptische Mönche bei Patriarch Theophilos von Alexandrien gegen die Anhänger der origenistischen Theologie erfolgreich, so dass im Jahre 400 die grosse Mehrheit der Origenisten, wenn nicht alle, die Sketis verlassen. Viele finden Aufnahme beim Konstantinopler Patriarchen Johannes Chrisostomos (344–407).

258 Euagrios, Praktikos, 10.

259 Johannes Cassian erwähnt dies in Coll. X.2 und X.5.

260 Smith, 70.

261 Sein Einfluss ist bis heute spürbar; vgl. Kleine Philokalie, 136, und Smith, 70 ff.

262 Kleine Philokalie, 136.

263 Egron, 27; Chadwick 26.

264 Euagrios, Praktikos, 11.

Patriarch Theophilos von Alexandrien (345–412), wie auch einige seiner Vorgänger, steht der Lehre Origenes anfänglich positiv gegenüber. 399 äussert er sich öffentlich gegen den von den koptischen Mönchen vertretenen Anthropomorphismus, beruft sich auch auf die Theologie des Origenes und erklärt, Gott sei nicht gleich wie der Mensch und könne auch nicht gesehen noch berührt werden. Die koptischen Mönche nehmen dies mit so grosser Bitterkeit auf, dass sie Theophilos selber der Häresie verdächtigen und in Alexandria einen Aufstand provozieren. Dies führt dazu, dass Theophilos, als er sich den aufständischen Mönchen stellt, sofort die Meinung wechselt und sich gegen die origenistische Lehre wendet, ein kirchliches Verbot der Lektüre der Schriften des Origenes in Ägypten erlässt und Mönche, die der Lehre des Origenes folgen, aus Ägypten ausweist.[265]

Die Ereignisse betreffen Johannes Cassian selber. Abgesehen von seiner Verurteilung des Anthropomorphismus in den Coll.[266] gibt er zwar keine direkten Hinweise darauf, dass die Kontroverse ihn direkt betroffen hätte.[267] Aber die Umstände lassen darauf schliessen.[268] Euagrios Pontikos verstirbt 399, und wenige Jahre darauf wird Johannes Cassian in Konstantinopel gegen seinen Willen[269] zum Diakon geweiht. Es kann mit Chadwick davon ausgegangen werden, dass Johannes Cassian Ägypten, wo er fünfzehn Jahre lebt, nicht ohne triftigen Grund verlassen haben dürfte.[270] Johannes Cassian und Germanus leben in Ägypten in der von Paphnutios geführten Kongregation, der selber Origenist ist.[271] Euagrios Pontikos hat die Achtlasterlehre[272] entwickelt. Diese wird von Johannes Cassian in seinem Erstlingswerk „De Institutis“ aufgenommen und weiterentwickelt. Johannes Cassians Konzeption des monastischen Lebens ist

265 Zu den Ereignissen vgl. Chadwick, 28 f. und Euagrios, Praktikos, 10 f.

266 Coll. 10.2: „contra ineptam quoque Anthropomorphitarum haeresim longa disputatione disseruit“ oder Coll. X.5: „ita ut haeresis quae dicitur Anthropomorphitarum sub occasione detestandae huius interpretationis emerserit“. Vgl. auch Inst. 8.3 und 8.4, wo er deutlich ausführt, dass man sich Gott nicht mit Nase, Ohren, Bauch, Beinen vorstellen solle – das wäre eine grobschlechte wörtliche Bibelauslegung („secundum vilem litterae sonum“, Inst. 8.3 i.f.) – und Gott eben göttlich und nicht ἀνθρωποπαθος sei, also keine niedrigen Gefühlsausbrüche wie ein Mensch habe.

267 Chadwick, 29 f.

268 Chadwick, 30.

269 Inst. 11.18; Chadwick, 30.

270 Chadwick 30.

271 Chadwick, 28.

272 Euagrios, Praktikos, 79 ff.

im Wesentlichen jene von Euagrios Pontikos.[273] Es ist also anzunehmen, dass Johannes Cassian und Germanus zu jenen rund 300 aus Ägypten ausgewiesenen Mönchen gehören und zunächst nach Palästina (Scythopolis)[274] und von dort schliesslich zusammen mit rund fünfzig anderen Mönchen zum Konstantinopler Patriarchen Johannes Chrisostomos reisen.[275]

1.2.3. Konstantinopel

In Konstantinopel bekleidet Johannes Chrisostomos seit 398 das Amt des Patriarchen und Bischofs von Konstantinopel. Er ist ein überragender Redner und unvergleichlicher Seelsorger, gleichzeitig auch Asket. Als Patriarch und Bischof der Kaiserstadt ist er auch Hofprediger und geistlicher Vater[276] des Kaisers.[277] Damit hat der Patriarch Einfluss auf die Kaiserfamilie und diese umgekehrt Einfluss auf ihn. Johannes Chrisostomos ist ein Asket, Freund von Basileios d. Gr. und von dessen Bruder Gregor von Nyssa.[278] Nach Konstantinopel hat man „wohl den grossen Redner berufen, aber gekommen ist ein Mönch und Hirte", wie Hamman/Fürst ausführen.[279] In Konstantinopel nimmt Johannes Chrysostomos sich vor, den Klerus und die Kirche zu reformieren, was ihn beim einfachen Kirchenvolk beliebt macht, aber bei Hof und Klerus zu Kritik führt. Zudem hat er einen klaren und streitbaren Charakter und stösst mit seiner Art die führenden Männer und Frauen in Konstantinopel vor den Kopf, v.a. indem er deren Vergnügungen und den Luxus der führenden Klasse öffentlich kritisiert. „Seine moralischen Forderungen schreckten auch Bischöfe und Klerus ab", bemerken Hamann/Fürst. Die Wirksamkeit des Handelns des Patriarchen hängt letztlich von der Haltung des kaiserlichen Hofes ab.[280] Diese kaiserliche Unterstützung erlangt er nicht; im Gegenteil, er überwirft sich mit dem Kaiserhof.

---

273 Chadwick, 30: „While [John Cassian] shows no trace of the specific Origenist doctrines regarded as heretical by Catholic theology, his conception of the monastic life is fundamentally that of Origen's interpreter Evagrius."

274 Chadwick, 29.

275 Chadwick, 29; Egron 28.

276 Der geistliche Vater ist der Seelenführer und Begleiter.

277 Hamman/Fürst, 131.

278 Egron, 29.

279 Hamman/Fürst, 131.

280 Hamman/Fürst, 132: Der junge Kaiser Arkadios selbst war zwar schwach, aber seine noch jüngere Frau, Kaiserin Aelia Eudoxia, und ihr Hofstaat dagegen sehr mächtig.

Johannes Chrisostomos hat viele Anhänger der Lehre von Origenes aus Syrien und Ägypten bei sich in Konstantinopel aufgenommen, einige zu Priestern und Bischöfen geweiht und in wichtige Positionen berufen. Beim einheimischen Klerus, der übergangen wird, sorgt dies für Unmut. Er weiht Germanus zum Priester und Johannes Cassian gegen seinen Willen[281] zum Diakon. Die beiden werden mit der Aufsicht über den Schatz der Kathedrale beauftragt, eine sehr vertrauensvolle Position. Johannes Chrisostomos hat grossen Einfluss auf Johannes Cassian.[282]

Als der asketische Patriarch den ausschweifenden Lebenswandel der jungen Kaiserin Aelia Eudoxia wegen ihrer Ausgabenfreude und öffentlichen Selbstdarstellung[283] kritisiert, verbündet sich ihr Hofstaat mit dem anti-origenistischen Patriarchen Theophilos von Alexandrien.[284] Im Jahre 403 wird Johannes Chrisostomos an der sog. Eichensynode in Abwesenheit abgesetzt, später zurückberufen, um schliesslich 405 nach Anatolien in die Verbannung geschickt zu werden. Johannes Cassian und Germanus werden zusammen mit anderen Mönchen nach Rom zu Papst Innozenz I. geschickt, um diesen zu ersuchen, sich für Johannes Chrisostomos in Konstantinopel einzusetzen.[285] Die Mission ist erfolgreich. Allerdings bleiben die Interventionen von Papst Innozenz I. und dem Kaiser des Westreiches, Honorius, bei dessen Bruder Kaiser Arkadios letztlich erfolglos.

1.2.4. Rom

Von Johannes Cassians Aufenthalt in Rom weiss man nur wenig. Über Germanus wird ab hier nichts mehr berichtet.[286] Die Informationen über Johannes Cassian für die zehn Jahre von 405 bis 415 sind sehr dürftig.[287] Er mag dort vielleicht Pelagius getroffen haben.[288] Er wird in Rom möglw. von Papst Innozenz I. zum

---

281 Chadwick, 30.

282 Egron, 28; Chadwick, 31, führt aus, dass Johannes Cassian ihn bewundert, v.a. im Hinblick auf dessen Glauben, Reinheit, Heiligkeit und Lehre.

283 Oder Prunksucht, wie bei Ziegler, Die Collationes, 27.

284 Die Patriarchate Alexandrien und Konstantinopel streiten in dieser Zeit um den Primat im Ostteil des Römischen Reiches.

285 Chadwick, 32.

286 Chadwick, 32; Lombard, 8. Mit Sœur Marie-Ancilla, 18, ist zu vermuten, dass Germanus, der älter als Johannes Cassian ist, in Rom verstirbt: „C'est sans doute à Rome que meurt Germain, car après on n'en trouve plus trace."

287 Chadwick, 32 und 142, hält dafür, dass Johannes Cassian Leo, den späteren Papst, in Rom kennengelernt habe.

288 Chadwick, 32.

Priester geweiht.[289] Nach einigen Autoren bleibt Johannes Cassian die ganzen Jahre in Rom und erlebt so auch den Fall und die Plünderung von Rom im Jahre 410 durch den Angriff des Alarich, ein römischer Heermeister[290] und Anführer eines westgotischen Söldnerverbandes.[291] Andere Autoren berichten davon, dass Johannes Cassian für einige Jahre wieder im Ostteil des Reiches (in Antiochien)[292] weilt und dann ein zweites Mal nach Rom kommt, bevor er nach Marseille disloziert, um auf Ersuchen des Bischofs von Marseille, Prokul, am Grab des Märtyrers St. Viktor in Marseille ein Kloster zu gründen.[293]

1.2.5. Marseille

Südgallien ist eine sichere römische Welt – im Gegensatz zu Nord- und Mittelgallien, in dessen Regionen ab dem Fall der Rheinfront im Jahre 406 germanische Kriegerbanden einfallen, die römischen Grossstädte wie Mainz, Trier, Köln und Reims zerstören und Aquitanien und Spanien Tod und Zerstörung bringen. Viele Flüchtlinge strömen nach Südgallien in die heutige Province auf der Suche nach Überleben und Sicherheit. Das gibt der zaghaft entstehenden Mönchsbewegung Auftrieb. Die Mönchsbewegung in Gallien geht auf Martin von Tours zurück, ein ehemaliger Kavallerieoffizier der Leibgarde des Westkaisers. Nach Martins Tod im Jahre 397 hat dieses Mönchtum keinen Bestand.

Honorat von Arles gründet um 410 auf der Mittelmeerinsel Lérins ein Kloster, das viele Männer anzieht und grosse Ausstrahlungskraft gewinnt.[294] Die

---

289 Beasley-Topliffe; Egron, 29, ohne den Weihespender zu nennen. Chadwick, 33, führt aus, dass Johannes Cassian entweder bereits in Rom von Papst Innozenz I. zum Priester geweiht worden sein könnte oder aber eher (unter Verweis auf Gennadius) durch Bischof Prokul in Marseille.

290 Alarich war römischer Heermeister („magister militum per Illyricum") und Führer eines westgotischen Söldnerverbandes („foederati").

291 Egron, 29; Lombard, 8, geht davon aus, dass die Angriffe Alarichs auf Rom – in der Tat waren es seit 408 deren drei – Johannes Cassian veranlasst hätten, nach Marseille umzusiedeln. Unbestimmt Beasley-Topliffe, 8. Chadwick, 33 ff.

292 Vgl. Sœur Marie-Ancilla, 18; Chadwick erwähnt einen Cassian, der in den Jahren 414–415 in Rom versucht habe, zw. den Patriarchaten Antiochien und Rom die Kommunion wiederherzustellen.

293 Gem. Privat, 85, erreicht Johannes Cassian Marseille gegen 416 direkt aus Palästina kommend und in Begleitung von Lazar, dem ehemaligen Bischof von Aix-en-Provence.

294 Vgl. dazu Puzicha, Lérins, 12 ff.; Chadwick 36. Puzich, Lérins, 14, führt aus, das Lériner Mönchtum sei als „Gegenbewegung" zum Martinsmönchtum zu sehen. Schon den Zeitgenossen war diese Sicht nicht abwegig, was z.B. die Kritik, die Johannes

durch die germanischen Angriffe und Plünderungen verursachten Verwüstungen in Gallien bringen Verarmung und Not breiter Bevölkerungsteile. Die Mönchsbewegung gewinnt grosse Anziehungskraft, v.a. bei Flüchtlingen aus Nordgallien und Aquitanien, denn in Gemeinschaft ist das Überleben irgendwie sichergestellt, aber auch bei der Provinzelite.[295] Zwar weiss man in Südgallien um die syrischen und ägyptischen Klöster. Man sucht jemanden, der Erfahrungen damit hat: „The Gauls needed a man who could present and interpret to them the aims and methods of the Egyptian movement. Such a man they found in Cassian at Marseille."[296] Johannes Cassian gilt als verlässlicher Gewährsmann, der über die ägyptischen Mönche authentisch berichten kann.[297]

Auf Ersuchen des Bischofs von Marseille, Prokul,[298] gründet Johannes Cassian um 415[299] in Marseille wohl am Grab des Märtyrers St. Viktor das Männerkloster Sankt Viktor (Abbaye de Saint-Victor) und das Frauenkloster Sankt Salvator (Abbaye de Saint-Sauveur)[300] und amtiert als deren Abt bis zu seinem

---

Cassian am gallischen Mönchtum übt, zeigt (vgl. Inst. 2, 3, 3; 10.23; Coll. 11, praef. 1). Gleichzeitig spendet Johannes Cassian Lérins hohes Lob und widmet Honorat und Eucherius den zweiten Teil seiner Coll. (Bücher 11–17).

295 Eine detailreiche Beschreibung der Vorgänge und deren sozial- und wirtschaftswissenschaftliche Einordnung findet sich bei Brown, 322 ff.

296 Chadwick, 36. Vgl. dazu auch das Werk von Brown.

297 Ziegler, Die Collationes, 29.

298 Vgl. Chadwick, 32 f.

299 Lauster, 145. Chadwick, 32 f., meint, dass Johannes Cassian auch bereits früher, um 410, durch die gotische Invasion unter Alarich aus Rom nach Marseille getrieben worden sein könnte. Gl. M. Ziegler, Heilmittel, 16. Krannich, 74, hält demgegenüber dafür, dass sein Umzug erst in den Jahren zw. 415–419 erfolgt sei.

300 Es ist eines der ersten Frauenklöster in Westeuropa überhaupt. Cristiani, Bd. 1, 40 und Chadwick, 31, Fn. 4, vermuten, dass Johannes Cassians Schwester nach Marseille gekommen sei und er das Frauenkloster für sie errichtet habe, dies unter Verweis auf seine Worte „nec germanam vitare" in Inst. 11.18 (Guy, Inst. Trad., 445: „moi qui n'ai pu éviter ma sœur"). Ziegler, Heilmittel, 16, meint, dass seine Schwester möglw. die Äbtissin des Frauenklosters gewesen sei. Chadwick, 31, Fn. 4, wirft die Frage auf, ob Johannes Cassians Schwester in Konstantinopel und/oder Rom während seiner Aufenthalte als städtischer Kleriker bei ihm gelebt habe – dies in Berücksichtigung der damals nicht unüblichen Praxis, dass die Mutter, Schwester oder Tochter eines Klerikers als geweihte Jungfrau bei diesem im selben Haus gewohnt habe. Z.B. lebt die Ehefrau des Paulinus von Nola, Therasia, nicht getrennt von ihm, sondern bei ihm, wie Brown, 345, festhält.

Ableben gegen 435.[301] Gem. der Umstände ist es sehr wahrscheinlich, dass die Klöster auf einem Grundstück, das dem lokalen Bistum gehört, gegründet werden, v.a. wenn es dort bereits ein wichtiges Märtyrergrab gibt und der örtliche Bischof Johannes Cassian nach Marseille geholt oder zumindest um Klostergründung und -leitung gebeten hat.[302]

Damit ist Johannes Cassian neben Martin von Tours und Honorat von Arles einer der Väter des westlichen Mönchtums und Klostergründer. Egron führt aus: „Les différentes dédicaces, en réponse à des demandes expresses, prouvent la notoriété dont jouissait l'abbé de Saint-Victor. Il s'était rendu lui-même en Égypte, y avait vécu parmi les solitaires, cela aurait pu suffire à lui conférer cette célébrité. Des qualités personnelles et des services rendus à l'Église le signalaient aussi à l'attention des évêques provençaux."[303]

Johannes Cassian ist in Konstantinopel von Patriarch Johannes Chrisostomos zum Diakon geweiht, also in der Diözese Konstantinopel „inkardiniert" worden.[304] Er hat auch mit Germanus die Verantwortung über den Kirchenschatz der Kathedrale gehabt. Später kommt es zu einer sog. „Umkardinierung". Wo und von wem er zum Priester geweiht worden ist, ergibt sich aus den Quellen nicht eindeutig. Zur Auswahl stehen Priesterweihe durch Papst Innozenz I. in Rom oder, was wahrscheinlicher ist, Priesterweihe durch Bischof Prokul in Marseille.[305] In der damaligen Zeit ist Klerikerschaft kein Kirchenamt, das man, sobald man es einmal übertragen bekommen hat, überall ausüben kann. Eine Weihe ist „eine Weihe in einer bestimmten christlichen Gemeinde"

301 Beasley-Topliffe, 8; Sœur Marie-Ancilla, 18.

302 Märtyrergräber sind bereits in dieser Zeit wichtige öffentliche Plätze, deren Unterhalt und Pflege in die Verantwortung der Kirche fallen. Es kommt zwar durchaus vor, dass reichere Bürger Kirchen und Klöster auf Privateigentum gründen und errichten. Zu nennen sind Sulpicius Severus, der auf seinem, der Kirche übertragenen Landgut Primuliacum in einer asketischen Gemeinschaft lebt (Brown, 603 und 610 f.), oder Paulinus von Nola, der in Cimitile/Nola seine Villa in der Nähe des Grabes des Heiligen Felix zu einem Kloster umbaut (Brown, 345). Hier handelt es sich aber um ein wichtiges Märtyrergrab. Es ist folglich eher unwahrscheinlich, dass ein Märtyrergrab auf einem Gelände liegt, das nicht der Kirche gehört.

303 Egron, 31.

304 Falls es das Prinzip damals schon gab. Ob kirchenweit im Römischen Reich das Prinzip der Inkardination (vgl. can. 265 CIC) schon existierte, kann hier offenbleiben.

305 Chadwick, 33, meint, Johannes Cassian sei wahrscheinlich von Bischof Prokul zum Priester geweiht worden.

und nur für diese Gemeinde, wie Brown festhält.[306] Es ist eigentlich nicht vorgesehen, dass Kleriker, die in einer Stadt ordiniert worden sind, in eine andere ziehen. Johannes Cassians Status als konstantinopolitanischer Kleriker (Diakon) ist nicht nur in Rom und Marseille anerkannt, sondern im Rahmen der Priesterweihe bestätigt und erhöht worden. Es ist m.E. naheliegend, dass er in Marseille für Marseille zum Priester geweiht worden ist.

Die Diözese von Apt (80 Kilometer nördlich von Marseille) hat keine klösterliche Einrichtung. Ihr Bischof Castor beabsichtigt, eine Klostergemeinschaft in Ménerbe (Menanca) zu gründen. Um das Jahr 420 fragt er Johannes Cassian um Rat. Die Antwort, die ihm Johannes Cassian gibt, zeigt, dass Castor ihn erstens nach der östlichen oder ägyptischen Art des Mönchslebens konsultiert und zweitens um Anleitung für die innere Ethik des monastischen Lebens ersucht hat. Johannes Cassian verfasst im Zeitraum von 420–424[307] die Inst.[308] In diesem Werk gibt Johannes Cassian Instruktionen zur äusseren Organisation eines Koinobitenklosters, zum gemeinschaftlichen Leben der Mönche und erklärt die Achtlasterlehre.[309] In den Jahren 425–430 verfasst er sein zweites Werk, die Coll.,[310] in denen er konkrete Weisungen für das geistliche Leben gibt.[311] Um 430 verfasst Johannes Cassian auf Ersuchen des Papstes Coelestin die Schrift „De incarnatione Christi contra Nestorium", kurz: „Über die Fleischwerdung". In dieser Schrift tritt er für Rom der Christologie des Konstantinopler Patriarchen Nestor entgegen.

Die Inst. sind Johannes Cassians Antwort auf Castors Ersuchen. Seine beiden Werke, die Inst. und die Coll., sind zumindest vage zusammenhängend geplant, wenn nicht sogar als ein Werk gedacht oder erstellt.[312] Als Johannes Cassian die Inst. verfasst, hat er bereits im Sinn, die Coll. zu schreiben, denn er

306 Brown, 344; er fügt an, dass Paulinus von Nola in Barcelona ordiniert und von Papst Siricius in Rom ziemlich kühl empfangen worden sei, habe dieser doch grossen Wert auf den Korpsgeist des Klerus gelegt und sei der Ansicht gewesen, dass Geistliche bei ihrem Bischof bleiben sollen.

307 Brown, 602; Egron, 30; Chadwick, 39, geht aufgrund einer inhaltlichen Analyse eher davon aus, dass alle drei Werke im Zeitraum 425–430 verfasst worden sind.

308 Engl.: „The Institutes of the Cenobia and the Remedies for the Eight Principal Vices", Ramsey, Introduction, 3; franz.: „Les institutions des cénobites et les remèdes aux huit principaux vices", Egron 31.

309 Ziegler, Die Collationes, 29.

310 Engl. „Conferences", Chadwick 37; franz.: „Les Conférences", Egron, 30. Brown meint, die Coll. seien 424–428 entstanden.

311 Ziegler, Die Collationes, 29.

312 Chadwick, 37 f.

weist bereits in Inst. 2.1 darauf hin, dass er in den geplanten Coll. – er nennt sie „conlationes seniorum“ – noch genauer auf einzelne Themen eingehen werde.[313] In den Coll. ist ein vollständiger Lehrplan enthalten.[314]

Johannes Cassian ist tief im griech. Denken verwurzelt. Er denkt und fühlt griech., schreibt aber auf Lat.[315] Er schreibt für Südgallien.[316] Dahlman ist in ihrer philologischen Untersuchung von 2018 zur Ansicht gelangt, dass Johannes Cassian die Inst. ursprünglich sogar auf Griech. verfasst und dann ins Lat. übersetzt habe.[317]

1.2.6. Warum nach Westen?

Johannes Cassian stammt aus der römischen Provinz Kleinskythien[318] und lebt in Palästina, in der Wüste Sketis in Unterägypten und in der Metropole Konstantinopel. Er ist also an den Hotspots der Christenheit. Dort wird griech. gedacht und gesprochen. Es ist einleuchtend, warum er in die lat.-sprachige Westhälfte des Römischen Reiches nach Rom reist, nämlich, um bei Papst Innozenz I. für dessen Intervention beim Ostkaiser Arkadios für den Konstantinopler Patriarchen Johannes Chrisostomos zu werben. Aber eher nicht zu erwarten und damit erklärungsbedürftig ist, warum er die nächsten dreissig Jahre in der Westhälfte bleibt, zunächst in Rom, dann in Marseille. Und wenn er in der Zwischenzeit in Antiochia beim dortigen Patriarchen gewesen ist, um – wie ein Autor vermutet[319] – die Einheit zw. den Patriarchaten Antiochien und Rom

---

313 Johannes Cassian verweist in den Inst. viermal auf die folgenden Coll.: in Inst. 2.1 („cum seniorum conlationes coeperimus exponere“), Inst. 2.9 („in conlationes seniorum reservemus“), 2.18 („quarum rerum ratio suo loco in conlationibus seniorum … exponetur“) und 5.4 („sicut in conlationibus seniorum plenius disputandum est“); vgl. Chadwick, 37.

314 Ziegler, Die Collationes, 29.

315 Ziegler, Die Collationes, 29.

316 Inst Praef. 3 i.f.: „sed sanctorum simplicem vitam simplici sermone fratribus in novella monasterio tuo cupiens explanari.“ („rather, you are concerned that the simple life of holy men be explained in simple language to the brothers in your new monastery“, Ramsey, Inst. Trad., 12).

317 In Form von zwei Briefen, der erste mit dem Titel „Πρός Κάστορα ἐπίσκοπον περί διατυπώσεος καί κανόνων τών κατά τήν Ανατολήν καί Αΐγυπτον κοινιβίον“ und der zweite mit dem Titel „Περί τών η' λογισμών“; Dahlman, Fluidity, 288 ff.; Dahlman, Cassian 98 ff. Das kann auch ein Erklärungsgrund dafür sein, dass Johannes Cassians Schriften so früh Verbreitung und Akzeptanz im griech. Osten gefunden haben.

318 Brown, 601. Die Provinz heisst „Μικρά Σκυθία“ bzw. „Scythia Minor“.

319 Vgl. die Diskussion bei Chadwick, 33, Fn. 2.

wiederherzustellen, stellt sich die Frage umso mehr, warum er um 415 wieder in den Westen nach Marseille geht. In Marseille ist er ein Fremder.[320] Im Osten finden sich viel bessere und sicherere Lebensbedingungen, ganz zu schweigen vom kulturellen Umfeld und dem griech. intellektuellen Milieu. Er hätte also nach Beendigung seiner Mission in Rom im Osten sein Mönchsleben ohne weiteres fortsetzen können – so wie dies z.B. Palladios tut.[321] Palladios ist ebenfalls (aber unabhängig von Johannes Cassian und Germanus[322]) um 405 mit dem gleichen Auftrag nach Rom gekommen und später wieder in den Osten zurückgekehrt.[323] Und umgekehrt sind bedeutende Männer aus dem Westen wie Hieronymus in den Osten gegangen und dort geblieben.[324]

Sprachlich fällt es Johannes Cassian im lat. Westen nicht schwer, ist er doch des Lat. mächtig.[325] In Ägypten ist er als Schüler des intellektuellen Euagrios Pontikos und als Origenist den einfachen koptischen Mönchen suspekt, muss schliesslich das Land verlassen und findet für ein paar Jahre eine neue Aufgabe in Konstantinopel, wo er allerdings sein kontemplatives Mönchsleben nicht mehr fortsetzen kann und stattdessen sich als städtischer Kleriker (Diakon) um den Schatz der Kathedrale kümmern muss. Es mag sein, dass ihm der Osten zu eng oder zu beschwerlich scheint mit all den theologischen Auseinandersetzungen. Im Osten ist er einer von vielen. Im Westen hingegen ist er eine Besonderheit, einzigartig: nur wenige sprechen griech., kennen die theologischen Auseinandersetzung des Ostens à fonds und haben auf drei Kontinenten (Europa, Asien und Afrika), im Heiligen Land und in der ägyptischen Wüste sowie in den Metropolen Konstantinopel und Rom gelebt. Er kennt die verschiedenen Arten des Mönchslebens durch eigene Anschauung und Erfahrung

320 So ausdrücklich Brown, 635.

321 Palladios ist ebenfalls ein Schüler des Euagrios Pontikos, Origenist und Schützling des Johannes Chrysostomos. Vgl. dazu Chadwick, 31 f. und zu Palladios v.a. Häuptli, 1149 ff.

322 Chadwick, 32, Fn. 3.

323 Chadwick 33, Fn. 2; vgl. zu Palladios v.a. Häuptli, 1149 ff.

324 Die Kurzelformel wäre: In den Westen geht man nicht, man verlässt ihn, und wer schon im Osten ist, geht nicht weg. Ausnahmen sind z.B. Honorat von Lérins, der einige Jahre in einer Einsiedelei in Griechenland lebt, und Rufinus von Aquileia, der 372 in den Osten reist, und ab 397 wieder im Westen ist. Hieronymus ist von 373–382 im Osten, dann wirkt er in Rom als Sekretär von Papst Damasus und als Seelsorger einiger vornehmer römischer Frauen, bis er 385 Rom nach dem durch Fasten verursachten Hungertod der Blaesilla (Tochter der Paula und Schwester der Eustochium) verlassen muss und nach Bethlehem disloziert.

325 Er war zweisprachig; vgl. Dahlman, Cassian, 99.

und ist jahrelang bei weisen Wüstenvätern in die Lehre gegangen. Das können in Rom und an anderen Orten des Westreiches nur sehr wenige Männer vorweisen. Zudem gibt es im Westen praktisch keine Klöster. Johannes Cassian ist also *der* Klosterspezialist und bestens vernetzt.

Während es im Osten politisch und militärisch ruhig und einigermassen beschaulich ist, wird die Lage im Westreich ab 406 prekär durch die kriegerischen Einfälle von germanischen Kriegergruppen, die breitflächige Schneisen der Zerstörung in den verschiedenen Provinzen wie Britannien, Gallien, Spanien und Afrika bringen. Die römischen Legionen in Britannien erheben einen Kommandanten, Konstantin III., zum Kaiser, der einerseits die Germanen teilweise zurückdrängen kann und sie andererseits für seine eigene Machtausdehnung innerhalb des römischen Reiches als Söldner einsetzt.[326] „Wie jede andere verzweifelte Armee in Bürgerkriegszeiten (römische Soldaten eingeschlossen) werden [Söldnerheere] für ihre Kriegsdienste anstelle der Soldzahlung mit dem Recht zu plündern" entgolten, bemerkt Brown.[327] Viele Krieger sind oft Plünderer, Wegelagerer, Marodeure und Sklavenhändler, wie sie in Krisenzeiten in den römischen Provinzen immer wieder aufgetaucht sind.[328] Die Westgoten werden 418 – nach der Plünderung von Rom im Jahre 410 – schliesslich mit Ackerland in Aquitanien belohnt, nachdem sie im Auftrag der weströmischen Regierung andere germanische Stämme, die ins Reich eingefallen waren, vernichtet haben.[329]

Falls Johannes Cassian von 408–411 in Rom ist, erlebt er die gewalttätige Anwesenheit des westgotischen Heeres in Italien und dann den „Fall von Rom" von 410 sowie die Begleiterscheinungen wie Vertreibung, Versklavung, Flucht,

326 Brown, 568 f.

327 Brown, 569.

328 Brown, 569.

329 Die westgotische Plünderung von Rom von 410 bahnt sich an und wird vom Truppenführer Alarich im Range eines römischen magister militum per Illyricum der weströmischen Regierung in Ravenna mehrfach in Aussicht gestellt und damit begründet, dass ausstehende Soldzahlungen und Getreidelieferungen (annona militaris) (nicht nur, aber auch) für die erfolg- aber verlustreiche Teilnahme an der Schlacht am Frigidus von 394 durch die Verwaltung nach wie vor nicht entrichtet worden sei. Brown, 570, meint, die Ansiedlung von Kriegergruppen und die damit einhergehende (teilweise) Enteignung der Landeigentümer sei „in vieler Hinsicht … ein vom Staat geförderter Landraub. Direkter Zugriff auf Grundbesitz (und vielleicht, wie manche Forscher spekulieren, auf Steuereinnahmen) war die annehmbarste Form der Lizenz zum Plündern, die die rivalisierenden Kaiser anderen barbarischen Milizen statt einer Bezahlung gewährt hatten."

Hunger, Krankheit und Tod, Pflege der Kranken und Verletzten, Bedürfnisse nach Seelsorge usw. Grossflächige Zerstörungen scheint es in Italien aber nicht gegeben zu haben. In Südgallien beginnt die Mönchsbewegung Fuss zu fassen.[330] Viele Menschen aus Nord- und Mittelgallien wie der aquitanische Adlige Sulpicius Severus strömen als Flüchtlinge völlig mittellos nach Südgallien in die heutige Province[331] und suchen nach Hilfe und neuen Lebensperspektiven.[332] Diesen Menschen müssen sich der Staat und zunehmend auch die Kirche annehmen. Das Bedürfnis nach Klostereinrichtungen steigt. Zudem wird das Mönchtum auch für die südgallische Provinzelite interessant.[333] Inmitten des Zusammenbruchs einer ganzen Epoche wird für viele Männer und Frauen „das monastische Leben zum einzig sinnvollen Leben".[334] Puzicha führt dazu aus: „Trotz oder gerade wegen der Verflechtung mit den Katastrophenjahren des Imperium Romanum in der Biographie vieler Lériner Mönche betonen sie als Ideal ein von Staat und Gesellschaft bewusst getrenntes Mönchtum, das durch stabilitas und Klausur Distanz hält."[335]

Johannes Cassian ist der Mann der Stunde, wenn es darum geht, Anleitungen für den Aufbau und Betrieb von Klöstern zu geben. Auf Antrieb von Bischof Prokul von Marseille, der ihn wahrscheinlich auch zum Priester geweiht hat, gründet und leitet Johannes Cassian als Abt ab 415[336] den Betrieb

330 Es ist an das Kloster Lérins zu denken, das von Honorat, Spross einer gallorömischen Konsulsfamilie, der selber auch im Osten das Mönchsleben kennengelernt hat, gegründet worden ist. Honorat hat – im Gegensatz zu Martin von Tours – dem Kloster eine Regel als „Gründungsausstattung" gegeben. Lérins ist gem. Puzicha, Lérins, 12 ff., das erste Kloster im Westen, das eine für alle (inkl. den Abt) verbindliche Regel hat.

331 Arles ist ein Zentrum für Flüchtlinge aus Nordgallien. Puzicha, Lérins, 13.

332 Das Kloster Lérins erhält aus Flüchtlingskreisen einen beträchtlichen personellen Zuwachs. Die Mönche stammen praktisch alle aus der Oberschicht und verfügen über ein hohes Mass an klassischer Bildung und bringen Lérins im 5. und 6. Jhdt. zu einer umfassenden geistlichen und monastischen Ausstrahlung bis weit nach Nordgallien. Besonderen Einfluss haben jene Lériner Mönche, die später als Bischöfe in Südgallien wirken (wie z.B. Honorat selber). Vgl. Puzicha, Lérins, 13 und Lauster 145.

333 Brown, 604 ff.

334 Puzicha, Lérins, 14.

335 Puzicha, Lérins, 14.

336 Lauster, 145. Chadwick, 32 f., meint, dass Johannes Cassian auch bereits früher, um 410, durch die gotische Invasion unter Alarich aus Rom nach Marseille getrieben worden sein könnte. Gl. M. Ziegler, Heilmittel, 16. Krannich, 74, hält demgegenüber dafür, dass sein Umzug erst in den Jahren zw. 415–419 erfolgt sei.

zweier Klöster, ein Männerkloster und ein Frauenkloster in Marseille. Er ist einer der ersten Klostergründer im lat. Westen und damit von Anfang an ein Promotor des Mönchtums. Schliesslich ergeht 420 vom südgallischen Bischof Castor von Apt an ihn die Anfrage um schriftlichen Ratschlag für die Errichtung eines Klosters.[337]

Mit seinen Werken, die er auf Lat. verfasst, kann Johannes Cassian nicht nur die verschiedenen Mönchsformen und hauptsächlich das Koinobitenkloster erklären, sondern auch moralische Anleitungen zum inneren Wachstum der Mönche und Nonnen und zu ihrer Spiritualität geben, indem er die Achtlasterlehre des Euagrios Pontikos[338] aufnimmt und weiterentwickelt und in den Coll. wichtige praktische Erfahrungen und Überlegungen der ägyptischen Wüstenväter festhält. Damit ist er ein Vermittler östlicher Theologie und Praxis in den Westen. Dahlman bemerkt: „In language and theology, Cassian was deeply rooted in the Greek Eastern tradition. He wrote in a monastic context in Gaul, introducing for a Western audience this Eastern tradition."[339] Er gibt aber nicht bloss wieder, sondern adaptiert seine Erfahrungen und Regeln wegen des Klimas und der Mentalität auf die lokalen südgallischen Verhältnisse, wie er selber ausführt.[340] Sœur Marie-Ancilla formuliert es treffend: „[Jean Cassien] va transmettre en Occident, grâce à sa double culture grecque et latine, en l'adaptant, la doctrine spirituelle longuement assimilée en Égypte. Son expérience est, en effet, très riche. Il a vécu dans un monastère et il a partagé la vie des anachorètes dans une cellule en plein désert. Il a pu s'entretenir avec les Pères du désert les plus prestigieux. Sans compter son expérience diplomatique qui l'a mis au courant des grandes questions de l'Église de son temps."[341]

Johannes Cassian schreibt ein gutes Lat. und beherrscht die Stillehre der Rhetorik.[342] Chadwick ist der Ansicht, dass Johannes Cassians Prosa dem Stil der Zeit entspreche, nichts Angelerntes und sogar einen Bewunderer

---

337 Im modernen Sinne sind die Inst. eine Auftragsarbeit bzw. Gutachten oder Memorandum. Aufträge sind seit alters und bis heute im Prinzip unentgeltlich (vgl. Art. 398 Abs. 3 OR).

338 Euagrios, Praktikos, 79 ff.

339 Dahlman, Cassian, 114.

340 Inst. Praef. 8–9: „... asperitate aërum sev pro difficultate ac diversitate morum impossibilia in his regionibus...".

341 Sœur Marie-Ancillla, 18.

342 Chadwick, 9; Egron, 30; Ramsey, Introduction, 3; Ziegler, Die Collationes, 29, bemerkt, dass Johannes Cassian die Stillehre der Rhetorik beherrsche. Dahlman, Cassian, 114.

in Cassiodor gefunden habe.[343] Dahlman führt in Bezug auf die Werke von Johannes Cassian aus: „[T]he works are written in a high literary style full of rhetorical figures."[344] Allerdings ist sein Schreibstil nicht so eloquent und ausgefeilt wie jener von Augustinus, eines ausgebildeten lat. Rhetorikers.[345] Johannes Cassian hat die Gabe, etwas konkret und bildhaft zu schildern, ohne ins Anekdotische abzufallen.[346] Die Coll. sind weniger sprachlich ausgeschmückt als Augustinus' Bekenntnisse, eher nüchtern und weniger persönlich.[347] Aber er schreibt unmissverständlich und wahrhaft. In seiner Sprache zeigt sich sein grosser Geist, der andächtig, gelehrt, massvoll und forschend ist.[348] Johannes Cassian schreibt nicht aus eigenem Antrieb, sondern auf Ersuchen hin. Lat. ist nicht seine primäre Sprache.[349]

Dass Johannes Cassian auf Lat. schreibt, ist für den Westen ein Segen; Griech. hätte im Westen praktisch niemand verstanden. Hingegen wird im griech. Osten das lat. Schrifttum im Allgemeinen nicht sonderlich beachtet, da es eine eigene sehr reichhaltige griech. Literatur gibt.[350] Aus diesem Grund sind griech. Übersetzungen von lat. Autoren im Osten nicht gefragt.[351] Augustinus z.B. wird erst im 13. Jhdt. ins Griech. übersetzt.[352] Was hingegen Johannes Cassian schreibt, ist für den Osten von Interesse, so dass seine Texte bereits im 5. Jhdt. auf Griech. vorliegen und weithin gelesen werden – ein Zeichen dafür, dass er von den östlichen Mönchen von Anfang an als einer der ihren angesehen wird.[353] Gem. den Untersuchungen von Dahlman von 2018 sind im 5. Jhdt. die Inst. in drei Versionen in Zirkulation: (i) in einer griech. Version, die vermutlich die älteste ist, (ii) in einer lat. Version, die kurz nach der griech. erstellt worden ist und (iii) als griech. Exzerpte aus den Apophthegmata, die eine

343 Chadwick, 9.

344 Dahlman, Fluidity, 288 ff.; Cassian, 295.

345 Chadwick, 161.

346 Chadwick, 161.

347 Chadwick, 161.

348 Chadwick, 161.

349 Dahlman, Fluidity, 288 ff.; Dahlman, Cassian 98 ff.

350 Chadwick, 157: „The Greeks had enough to nourish their souls in their own writers and did not often look to translations of authors who wrote in Latin."

351 Chadwick, 142, 157 und 161. Lat. Literatur ist im Osten ganz allgemein nicht sehr gefragt. So werden z.B. die Werke von Vergil, Ovid, Cicero und Boethius erst im späten 13. Jhdt. ins Griech. übersetzt, wie Herrin, 74, bemerkt. Fuhrmann, 141, hält fest, dass auch Augustinus erst im 13. Jhdt. ins Griech. übersetzt wird.

352 Fuhrmann, 141.

353 Vgl. Chadwick, 157 ff.

Übersetzung der lat. Version darstellen.[354] Dahlman kommt zum Schluss, dass Johannes Cassian die Inst. ursprünglich auf Griech. in Form von zwei Briefen[355] – verfasst und (unmittelbar) danach ins Lat. übersetzt und dabei etwas erweitert habe, während er die Coll. direkt auf Lat. verfasst habe.[356] Johannes Cassian ist der einzige Autor aus dem lat. Schrifttum, der Aufnahme in die wichtigen orthodoxen Anthologien „Apophthegmata Patrum“ („Ἀποφθέγματα Γερόντων” bzw. „Gerontikon“, „Γεροντικόν“) und „Philokalie“ („Φιλοκαλία“) gefunden hat.[357]

---

354 Vgl. Dahlman, Fluidity, 292.

355 Der erste Brief trägt den Titel „Πρός Κάστορα έπίσκοπον περί διατυπώσεος καί κανόνων τών κατά τήν Ανατολήν καί Αΐγυπτον κοινιβίον“ und entspricht den lat. Inst. 1–4, und der zweite trägt den Titel „Περί τών η’ λογισμών“ und entspricht den lat. Inst. 5–12; Dahlman, Fluidity, 292.

356 Dahlman vergleicht die griech. und lat. Texte des Johannes Cassian und die entsprechenden Exzerpte in den Apophthegmata und kommt zum Schluss, dass Johannes Cassian die Inst. ursprünglich auf Griech. in Form von zwei Briefen verfasst und später ins Lat. übersetzt und erweitert habe. Eine Rückübersetzung vom Lat. ins Griech. sei in die Apophthegmata aufgenommen worden. Von den Inst. gibt es Ende des 5. Jhdt. also zwei leicht voneinander abweichende griech. Fassungen und nur eine lat. Die Coll. hat Johannes Cassian gem. Dahlman ursprünglich auf Lat. verfasst, wovon ein Teil (Coll. 1–2 und 7–8) frühzeitig in Zirkulation geraten und ins Griech. übersetzt worden sei und so Aufnahme in die Apophthegmata gefunden habe. Dahlman, Fluidity, 288 ff.; Dahlman, Cassian 98 ff.

357 Chadwick, 158; Smolitsch, 12; Philokalie, Bd. 1, 105 ff. Auszüge der Schriften von Johannes Cassian erscheinen in der Philokalie („Φιλοκαλία τῶν νηπτικῶν συνερανισθεῖσα παρὰ τῶν ἁγίων καὶ θεοφόρων πατέρων ἡμῶν“ [“Philokalia der Asketen, gesammelt von unseren heiligen und Gott-tragenden Vätern“]), hrsg. 1792 vom griech. Athosmönch Nikodemos und von Erzbischof Makarios Notaras von Korinth, und in ihrer Übersetzung ins Altslawische („Добротолю́бïе“) von Archimandrit Paissi Welitschkowski von 1793 sowie in der russischen Edition („Добротолю́бие“) von Bischof Theophan Goworow von 1877. Bei der Philokalie handelt sich um die bedeutende Textsammlung asketisch-mystischen Inhalts und „gehört zu den verbreitetsten Büchern der Ostkirche“ (Smolitsch, 9). In seinem Schreiben an die Hrsg. der deutschen Übersetzung nimmt Patriarch Bartholomaois von Konstantinopel Bezug auf Johannes Cassian (Philokalie, IX ff.). Die Apophthegmata Patrum sind eine Sammlung der Sprüche der Wüstenväter. In den Jahren 358/359 haben Basileios von Caesarea und Gregor von Nazianz bereits eine eigene Philokalie angefertigt. Dabei handelt es sich jedoch um eine Anthologie aus den Werken des Origenes; vgl. Hamann/Fürst, 102. Im Osten wird Johannes Cassian nach seinem Herkunftsort „St. Johannes der Kassianer“ („Άγιος Ιωάννης ο Κασσιανός“), nach seiner lat. Schriftsprache „Johannes der Römer“ („Άγιος

2. Das schriftliche Werk des Johannes Cassian

2.1. Hintergrund und Entstehungsgeschichte

Johannes Cassians Vorstellung des monastischen Lebens ist wesentlich von Euagrios Pontikos geprägt.[358] Das betrifft sowohl die Spiritualität und das Gebet als auch die Lehre der acht Laster, die Euagrios Pontikos entwickelt hat und von Johannes Cassian weiterentwickelt wird. Euagrios' Lehre ihrerseits ist wesentlich beeinflusst durch Basileios von Caesarea, Gregor von Nyssa, Gregor von Nazianz und v.a. durch Origenes. Origenes entwickelt in seinem Werk „Περὶ ἀρχῶν" („De principiis"), welches er in den Jahren 220–230 verfasst hat, die „erste Synthese in der Geschichte der Theologie".[359] In seinen Bibelkommentaren bleibt er nicht beim Wortsinn stehen, dessen Bedeutung er genau ergründet, sondern sucht den geistigen Sinn zu erfassen, und zwar nach der allegorischen Methode, die schon Klemens von Alexandrien angewandt hat.[360] Des Weiteren verfasst Origenes mit dem Buch „Περὶ εὐχη" („De oratione"), geschrieben zw. 233–234,[361] eine wichtige Abhandlung über das Gebet, die sich durch Tiefe und Innigkeit der religiösen Empfindung auszeichnet.[362]

Chadwick zeigt die Entwicklung von Klemens von Alexandrien über Origenes und Euagrios Pontikos zu Johannes Cassian gut auf.[363] Während die ersten drei auf Griech. schreiben sowie Begriffe des Platonismus und der Stoa verwenden und ins Christentum einführen, schreibt Johannes Cassian auf Lat. und verwendet neue lat. Begriffe, führt aber die entwickelten griech. philosophisch-theologischen Gedankenstränge weiter und setzt neue Akzente. Stoische und platonische Philosophen verstehen das moralische Leben im Sinne eines Fortschritts. Der Fortschritt geht in Richtung der Reinheit des Geistes, bis schliesslich der Geist so rein ist, dass er das Wesen Gottes erkennt. Der platonische Begriff für Gotteserkenntnis oder Gottessicht ist „Theoria" („θεωρία"), d.h.

Κασσιανός ο Ρωμαίος", „Святой Иоа́нн Кассиа́н Ри́млянин") oder nach seinem Wirkungsort „Johannes der Marseiller" („Иоа́нн Массали́йский") genannt.

358 Chadwick, 30: „While [John Cassian] shows no trace of the specific Origenist doctrines regarded as heretical by Catholic theology, his conception of the monastic life is fundamentally that of Origen's interpreter Evagrius."

359 Hamman/Fürst, 55.

360 Und vor Klemens schon von Philon von Alexandrien, vgl. Hamman/Fürst, 48 und 56.

361 Koetschau, 3.

362 Koetschau, 4.

363 Chadwick, 82 ff.

Kontemplation. „Apathie" („ἀπάθεια") meint den anzustrebenden Geistes- bzw. Seelenzustand, der nicht durch Leidenschaften beeinträchtigt ist, und wird von der platonischen und stoischen Philosophie entwickelt. Klemens von Alexandrien[364] führt diesen Begriff in die christliche Theologie ein. Origenes übernimmt ihn, Euagrios Pontikos entwickelt ihn weiter. Andere platonische Begriffe sind Gnosis („γνῶσις", Gotteserkenntnis) oder „Ataraxie" („ἀταραξία", Seelenruhe).[365]

Während bei Origenes das aktive Leben („πρακτική") und das kontemplative Leben („θεωρητική") sich gegenseitig überlappen und beeinflussen, sind sie bei Euagrios Pontikos getrennt und sukzessiv. Bei Origenes tut der Mensch Gutes und kommt so näher zu Gott; wenn er Gott näherkommt, tut er Gutes.[366] Bei Euagrios Pontikos hingegen folgt das kontemplative Leben dem aktiven. Das aktive Leben bedeutet bei Euagrios Pontikos nicht in erster Linie das Leben in der Welt, sondern das Leben im Kloster, wo der Mönch gegen die Laster bzw. Versuchungen ankämpft und die Tugenden einzuüben versucht.[367] Euagrios Pontikos versteht die Laster nicht als Sünden, sondern als Versuchungen, als „böse Gedanken", die von Dämonen als Mittel eingesetzt werden, um den Mönch von seinem Ziel, die Seelenruhe zu finden bzw. sich auf Gott zuzubewegen und Gott nah zu sein, abzulenken.[368] Um Gott zu erkennen, muss man in Gemütsruhe und in einem von Emotionen, Leiden und anderen Phänomenen, die die innere Ruhe und Ausgeglichenheit des eigenen Geistes stören könnten, freien Zustand psychischer Stabilität sein.[369] Dieser Zustand der Seelenruhe wird „Apathie" („απάθεια") genannt:[370] Wer ohne Leiden(schaften) ist,

---

364 Klemens von Alexandrien verstand unter „Apathie" (απάθεια) die Überwindung der Leiden(schaften) und des Eigenwillens und unter „Ataraxie" (ἀταραξία) die Freiheit von Störungen, den Seelenfrieden. Vgl. Chadwick 82 f.

365 Chadwick, 85.

366 Chadwick, 88.

367 Chadwick, 88.

368 Chadwick: 88: „It was still the fight against the passions, or the demons of the passions."

369 Euagrios, Praktikos, 20: „Erst wer die Apatheia, die Freiheit von den Leidenschaften erlangt hat, die natürliche ‚Gesundheit der Seele', wird vom Hl. Geist in die ‚Geheimnisse Gottes' eingeweiht."

370 Chadwick, 85; Cain, 252 f. Der Begriff wird im lat. Schrifttum mit „impassibilitas" übersetzt; vgl. de Labriolle, 486, worin der Begriff „passio" („Leiden") und die Negation („in" bzw. „im") steckt, was mit „Leidlosigkeit" übersetzt werden könnte; passender wäre aber m.E. der Begriff „aequanimitas" (aus „aequus" ausgeglichen; „animus" Geist/Seele), woraus sich in modernen Sprachen wie Ital. „equanimità",

ist reinen Geistes, findet Seelenruhe und kann Gott erkennen. Gott erkennt man im reinen Gebet. Reines Gebet bedeutet nicht bloss ein Gebet ohne Sünde, sondern viel einfacher, Gebet ohne ablenkende Gedanken.[371] Einzelne Bücher schreibt Euagrios Pontikos für solche Mönche im aktiven Leben (wie „Der Praktikos"), andere für jene im kontemplativen Leben (wie „der Gnostikos" oder „Die Kephalaia Gnostika"). Ein Merksatz des Euagrios Pontikos hat vielleicht die koinobitische Grundhaltung geprägt: „Es ist zwar nicht möglich, alle Brüder in gleicher Weise zu lieben, aber es ist sehr wohl möglich, frei von Groll und Hass, allen leidenschaftslos zu begegnen."[372]

Allerdings stösst das Apatheia-Ideal, das Euagrios Pontikos vertritt, gegen Ende des 4. und zu Beginn des 5. Jhdt. aus zwei Gründen auf Kritik. Erstens wird es von einigen Theologen als zu philosophisch angesehen. Zweitens sind sich viele Theologen einig, dass die Kontemplation, Theoria, eher eine Sache des Herzens und weniger eine des Kopfes sei. Sie sehen in der spirituellen Praxis des Euagrios Pontikos eine geistige Übung, die darauf abzielt, den Geist von den Versuchungen des Körpers zu befreien bis zu dem Punkt, dass die körperlichen Sinne und die materielle Welt entwertet werden.[373] Gegen die Verwendung platonischer Begriffe wird eingewendet, dass dadurch eine unchristliche Lehre des bösen oder schlechten Körpers eingeführt werde.[374] Allerdings ist dieser Vorwurf nicht ganz korrekt, denn Euagrios Pontikos vertritt einen solchen Körper-Geist-Gegensatz nicht, denn für ihn ist die Seele gut und ebenso die

---

Franz. „équanimité", Engl. „equanimity" ergeben und auf Dt. mit „innere Ruhe, Ausgeglichenheit, Gelassenheit" übersetzt werden kann. Denn die christlichen Autoren verstehen das Apatheia-Ideal gewöhnlich nicht in der radikalen Variante, derzufolge sämtliche Affekte Störungen sind, sondern in mehr oder weniger gemässigten Versionen. Foucault, 181, meint, der christliche Asket lehne das Leiden nicht grundsätzlich ab. Er will nicht Herr sein, sondern ihm sich unterordnen und gehorsam werden und seinen egoistischen Eigenwillen, der sich in den Affekten äussere, überwinden. Es geht also m.E. um die innere Ruhe trotz (oder gerade wegen) des eigenen Leids.

371 Chadwick, 90: „Since God is a simple and infinite being, the mind will be unable to approach him so long as it remains complex; and it will remain complex so long as it is burdened with wandering thoughts, with roaming imagination, or with intellectual concepts."

372 Euagrios, Praktikos, 324.

373 Nguyen, 20.

374 Chadwick, 92.

natürliche Welt und somit auch der menschliche Körper als Gefäss der Seele.[375] Johannes Cassian kennt diese Kritik.

Johannes Cassian nimmt die Gedanken des Euagrios Pontikos auf, um darauf basierend seine eigenen zu entwickeln.[376] Als Schüler von Euagrios Pontikos lernt er dessen spirituelle Theologie. Gleichzeitig interpretiert er Euagrios Pontikos mit der Entwicklung seiner eigenen spirituellen Theologie neu.[377] Das zeigt sich an seiner sorgfältigen Wortwahl im Lat. Er schreibt auf Lat. und verwendet den Apatheia-Begriff nicht, da dieser den intrinsischen Wert der materiellen Welt und der körperlichen Sinne vernachlässigt. Stattdessen verwendet er den lat. Begriff der „puritas cordis“ (Reinheit des Herzens).[378] Diesen Begriff führt Johannes Cassian auf das Jesuswort „Selig sind, die reinen Herzens sind; denn sie werden Gott schauen“ (Mt. 5.8)[379] zurück.[380] Dies zeigt deutlich Johannes Cassians sprachliche Hinwendung zum lat. Westen und den biblischen Zugang seiner Spriritualität – im Gegensatz zu einem philosophischen Zugang, wie ihn Euagrios Pontikos vertritt.[381] In diesem Sinne kann man mit Chadwick der Ansicht sein, dass nach Euagrios Pontikos sich östliche und westliche Spiritualität auseinanderentwickelt haben.[382]

Der Versuch Johannes Cassians, das Gebet weg vom Kopf hin zum Herzen zu bewegen, kann als Gegensatz zu Euagrios Pontikos gesehen werden. Anders als Euagrios Pontikos, der das Ziel spiritueller Praxis in der Rückkehr des menschlichen Geistes zum Geist Gottes in rein immaterieller Art sieht, verschiebt Johannes Cassian den Fokus spiritueller Praxis durch Vermeidung des Apatheia-Begriffs und Verwendung des puritas-cordis-Begriffs weg von einem reinen Geistesgebet hin zu einem Herzensgebet.[383] Damit betont er die *Liebe* Gottes gegenüber der Erkenntnis Gottes als das wesentliche Element der Einheit Gottes mit einem betenden Menschen.[384]

---

375 Chadwick, 92.

376 Wrzol, 285 ff.

377 Nguyen, 20; Cain, 269.

378 Coll. 1, 5.

379 „[B]eati mundo corde quoniam ipsi Deum videbunt.“ (Mt. 5.8).

380 Coll. 1.4.

381 Nguyen, 21, Chadwick 93.

382 Chadwick, 92.

383 Das Gebet ist bei Johannes Cassian eher eine Herzensangelegenheit, weniger eine Verstandessache.

384 Nguyen, 21.

Des Weiteren betont Johannes Cassian, dass alles letztlich von der Gnade Gottes abhänge – anders als Euagrios Pontikos, der so verstanden werden kann, dass das Ziel der spirituellen Praxis allein durch menschliches Verhalten oder Training (Askese) erreicht werden könne. Nach Johannes Cassian solle man auf die Gnade Gottes vertrauen, die sich in vier Formen zeige: „protectio" (Schutz), „castigatio" (Strafe), „exhortatio" (Ermahnung durch Mitmenschen, externe Gnade) und „inspiratio" (innere Eingebung, interne Gnade).[385]

Während Euagrios Pontikos durch Verwendung des Apatheia-Begriffs das Ziel der spirituellen Praxis in der Vereinigung des menschlichen Geistes mit dem Geist Gottes sieht (quasi als intellektuelle Leistung), verwendet Johannes Cassian den puritas-cordis-Begriff, der auf das Herz, das Gemüt und die innere Demut abstellt. In Coll. 1, wo es um Sinn und Ziel des Lebens als Mönch geht, führt er unter Verweis auf Röm. 6.22 zwei Ziele für den Mönch auf: Das letztliche Ziel sei das ewige Leben („vita aeterna"), aber das erste Ziel sei die Reinheit des Herzens („puritas cordis"). Johannes Cassian benutzt für die Ziele zwei verschiedene Begriffe: „Destinatio" („scopon") ist das Etappenziel und „finis" („telos") das Endziel.[386] Das Endziel könne nicht ohne das erste erreicht werden. Wer reinen Herzens sei, dem sei Gott gnädig, weil Gott den Menschen liebe. Es gibt bei Johannes Cassian keinen Automatismus, wie man es aus Euagrios Pontikos' Schrifttum nach der Formel „wer sich in den Zustand der απάθεια begibt, ist mit Gott" herauslesen mag. Nach Johannes Cassian braucht es auf dem Weg zu Gott immer Gottes Unterstützung.[387] Das heisst aber umgekehrt

385 Inst. 12.16. Vgl. dazu Lombard, 23.

386 Coll. 1.5: „Euer erstes Ziel besteht gewiss in der Reinheit des Herzens, euer letztendliches Ziel aber ist das ewige Leben" (Ziegler, Coll. Trad., 67). Im Originaltext: „habentes quidem scopon vestrum in cordis puritate, finem vero vitam aeternam." Johannes Cassian verwendet in Coll. 1.2 die griech. Begriffe, allerdings Lat. geschrieben, „telos" für das Endziel („finis") und „scopon" für das Etappenziel („destinatio"): „Omnes… artes ac diciplinae scopon quendam, id est destinationem, et telos, hoc est finem proprium habent …" – „Alle Künste und Wissenschaften haben ein bestimmtes erstes, vorläufiges Ziel und ein letztes höchstes Ziel." (Ziegler, Coll., Trad., 67).

387 Inst. 12.13: „definio perfectionem quidem sine his omnino capi non posse, his autem solis sine gratia dei posse eam a nemine consummari. ut enim dicimus conatus adprehendere eam per se ipsos non posse sine adiutorio dei, ita pronuntiamus laborantibus tantum ac desudantibus misericordiam die gratiamque conferri." Die puritas cordis ist nicht nur ein Unterschied zu Euagrios Pontikos, sondern auch zu Hieronymus und Augustinus. Diese lehnen den Begriff der απάθεια als impassibilitas ab. Es lässt sich feststellen, dass Johannes Cassian in der Mitte liegt, während

nicht, dass der Mönch bloss auf Gottes Gnade hoffen solle, sondern sich fortwährend ernsthaft darum bemühen müsse.[388]

Diese Diskussion ist wichtig für das Verständnis der puritas cordis. Für Johannes Cassian ist die Demut („humilitas") die primäre und wichtigste Tugend für das Erlangen eines reinen Herzens. In Inst. 4.39 beschreibt er die zehn Kennzeichen der Demut („indicia humilitatis").[389] Er unterweist den Mönch im Koinobion, Bescheidenheit zu üben, indem er den Anweisungen älterer und erfahrener Mönche Folge („oboedientia") leiste, und macht ihn auf die Gefahr der Täuschung aufmerksam, wenn ein Mönch seinem eigenem Urteil mehr traue als den Anweisungen erfahrener Mönche, denn „[m]it keinem anderen Laster nämlich zieht der Diabolus den Mönch so in die Tiefe und stürzt ihn in tödliche Verführung, als wenn er ihn überredet, unter Vernachlässigung der Ratschläge der Älteren auf sein eigenes Urteil und seine eigene Einschätzung zu vertrauen."[390] Für Johannes Cassian ist spirituelle Erkenntnis nicht reduziert auf eine irgendwie geartete individuelle Eigenleistung, sondern spirituelle Erkenntnis muss in der Tradition der Mönchsgemeinschaft stehen (vgl. unten die Ausführung zum „legitimen Kampf", „legitimus agon").[391] Damit haben ältere Mönche die Aufgabe, die jüngeren in die Tradition einzuweisen und sie damit vertraut zu machen. Dies ist eine sehr verantwortungsvolle Aufgabe. Bescheidenheit ist das massgebende Prinzip der Gemeinschaft und des einzelnen Mönchs für die spirituelle Praxis, um die Reinheit des Herzens zu erreichen.[392]

Euagrios Pontikos stärker auf die menschliche Eigenleistung und Augustinus stärker auf die Gnade Gottes abstellt.

388 Es braucht also beides: Arbeit an sich und Gottes Gnade. Lombard, 24: „Toutefois la bonne volonté, le concours de l'homme est toujours nécessaire … Dieu donne à ceux qui demandent; la bonne volonté provoque la grâce, et celle-ci est toujours proportionnée à la foi." Vgl. dazu z.B. Nguyen, 21 ff. und Puzicha, RB-Komm., 302 und Fn. 31.

389 Inst. 4.39.2: „humilitas vero his indiciis conprobatur."

390 Coll. 2.11: „[N]ullo namque alio vitio tam praecipitem diabolus monachum pertrahit ac perducit ad mortem, quam cum eum neglectis consiliis seniorum suo iudicio persuaderit definitionique confidere."

391 In Inst. 5.17 verwendet Johannes Cassian das Bild des Athleten („athleta Christi"), der sich im legitimen Wettkampf befindet: „Vis audire verum athletam Christi legitimo agonis iure certantem?" („Do you want to listen to the true athlete of Christ as he engages by lawful right in the combat?", Ramsey, Inst. Trad., 127).

392 Nguyen, 23.

Die von Johannes Cassian oft verwendeten Begriffe für Leidenschaft („passio") und Krankheit der Seele („morbus animi") sind die Übersetzung des stoischen „πάθος" (Pathos). „Passio" wird bei ihm nicht stark unterschieden von Affekt („affectus"), Fehler bzw. Laster („vitium") und Sünde („peccatum"), die er als Störung des Ideals der inneren Ruhe bzw. Herzens- oder Seelenruhe begreift.[393]

Johannes Cassian verfasst die Inst. für solche Mönche im aktiven Leben, und die Unterredungen für solche im kontemplativen Leben.[394] Bei Johannes Cassian ist die Botschaft klar: Nachdem der Mönch der Welt entsagt hat (sog. „conversio"), muss er zunächst die Laster besiegen; danach erlangt er einen Zustand, indem die Tugend zu einer selbstverständlichen Haltung wird.[395] Hier beginnt das wahre kontemplative Leben, wobei es mehrere Stufen gibt, wie Johannes Cassian am Ende des vierten Buches der Inst. Abbas Pinufius in den Mund legt: „Grundlage für unser Heil und unsere Weisheit bildet gemäss den Schriften die Gottesfurcht. Die Gottesfurcht führt zur Reue des Herzens; diese führt zur Entsagung der Welt, d.h. zum Verzicht auf Eigentum und Besitz; dies führt zur Bescheidenheit; dies führt zum Untergang der Begehrlichkeiten; dies führt zum Verschwinden der Laster; dies ermöglicht das Aufblühen der Tugenden; wenn die Tugenden reichlich vorhanden sind, entsteht die Reinheit des Herzens; mit der Reinheit des Herzen wird die vollkommene Nächstenliebe erlangt."[396]

Für Johannes Cassian ist der Begriff der Vollkommenheit („perfectio") zentral. Er kommt in seinen Schriften mehr als 400-mal vor.[397] Der Begriff fasst das gesamte monastische Leben zusammen und richtet es ganz auf Christus aus. Die Vollkommenheit muss einerseits erarbeitet werden, aber letztlich wird die Vollkommenheit und Reinheit ebenfalls von Gott dem verliehen, der sich

---

393 Stelzenberger, 269; Chadwick 82 ff. Vgl. aber die Bemerkungen von Ziegler, Heilmittel, 65 f., zum Begriff „intimus cordis affectus", den Johannes Cassian in Inst. 12.32 als positiven Begriff verwendet.

394 Chadwick, 93.

395 Chadwick, 93.

396 Inst. 4.43 i.f.: „[P]rincipium nostrae salutis ac sapientiae secundum scripturas timor domini est. De timore domini nascitur conpunctio salutaris. de conpunctione cordis procedit abrenuntiatio, id est nuditas et contemptus omnium facultatum. de nuditate humilitas procreatur. de humilitate generatur mortificatio voluntatum. mortificatione voluntatum exstirpantur atque marcescunt universa vitia. expulsione vitiorum virtutes fructicant atque succrescunt. pullulatione virtutum puritas cordis adquiritur. puritate cordis apostolicae caritatis perfectio possidetur."

397 Gem. Puzicha, RB-Komm., 764.

ernsthaft darum bemüht.[398] Dieser Begriff wird bereits im AT verwendet: In der Vorstellung der Psalmisten ist derjenige vollkommen, der sich an der Tora ausrichtet.[399] Paulus spricht von der Vollkommenheit desjenigen, der sich nach den Weisungen Christi ausrichtet, ihm nachfolgt, es ihm gleichtut.[400] Die Schlüsselstelle des NT ist im Kernsatz der matthäischen Bergpredigt (Mt. 5.48) zu sehen: „Ihr sollt also vollkommen sein, wie auch euer himmlischer Vater vollkommen ist."[401] Es werden die Begriffe „τέλειος" bzw. „perfectus" verwendet.[402] Die Vollkommenheit des Menschen ist ausgerichtet auf das Vorbild Gottes. Es geht um die Nachfolge Jesu. Dies wird in einem weiteren Jesuswort deutlich: „Wenn du vollkommen sein willst, so gehe hin, verkauf deine Habe und gib sie den Armen, und du wirst einen Schatz im Himmel haben; und komm, folge mir nach."[403] Dieses Leitmotiv ist nicht nur zentral für Mönche, sondern auch für Kleriker und Laien, wie es Brown für das Wachstum des Christentums in geistiger, pastoraler, politischer, sozialer und finanzieller Hinsicht überzeugend darstellt.[404] Der Aufruf zur Nachfolge, es Christus gleichzutun, findet sich auch im Jesuswort: „Nehmet auf euch mein Joch und lernet von mir, denn ich bin sanftmütig und von Herzen demütig, und ihr werdet Ruhe finden für eure Seelen; denn mein Joch ist sanft, und meine Last ist leicht."[405] In den Did. wird dies präzisiert: „Wenn du das ganze Joch des Herrn tragen kannst, wirst du vollkommen sein. Wenn du es aber nicht kannst, tu, was du kannst."[406] Puzicha führt aus: „Vollkommen ist der Christ, der die Bergpredigt

---

398 Coll. 3.10,6: „… et consummationem perfectionis ac puritatis ab eodem similiter tribui…"; Inst. 12.13; Puzicha, RB-Komm., 764.

399 Ps. 1.1; 18.31; 19.8.

400 Röm. 12.12; Kol. 1.27; 3.14; 4.12; Puzicha, RB-Komm., 763 f.

401 Mt. 5.48: „Estote ergo vos perfecti sicut et Pater vester caelestis perfectus est." (Vulgata) – „Ἔσεσθε οὖν ὑμεῖς τέλειοι ὡς ὁ πατὴρ ὑμῶν ὁ οὐράνιος τέλειός ἐστιν."

402 Auch Platon verfolgt die Lehre der Vollkommenheit.

403 Mt. 19.21: „Ait illi Iesus: 'Si vis perfectus esse, vade, vende, quae habes, et da pauperibus, et habebis thesaurum in caelo; et veni, sequere me'." (Vulgata) – „ἔφη αὐτῷ ὁ Ἰησοῦς· Εἰ θέλεις τέλειος εἶναι, ὕπαγε πώλησόν σου τὰ ὑπάρχοντα καὶ δὸς πτωχοῖς, καὶ ἕξεις θησαυρὸν ἐν οὐρανοῖς, καὶ δεῦρο ἀκολούθει μοι."

404 Vgl. die hervorrangede Untersuchung bei Brown m.w.H.

405 Mt. 11.29–30: „Tollite iugum meum super vos et discite a me quia mitis sum et humilis corde et invenietis requiem animabus vestris, iugum enim meum suave est et onus meum leve est." (Vulgata) – „ἄρατε τὸν ζυγόν μου ἐφ' ὑμᾶς καὶ μάθετε ἀπ' ἐμοῦ, ὅτι πραΰς εἰμι καὶ ταπεινὸς τῇ καρδίᾳ, καὶ εὑρήσετε ἀνάπαυσιν ταῖς ψυχαῖς ὑμῶν· ὁ γὰρ ζυγός μου χρηστὸς καὶ τὸ φορτίον μου ἐλαφρόν ἐστιν."

406 Did. 6.2: „εἰ μὲν γὰρ δύνασαι βαστάσαι ὅλον τὸν ζυγὸν τοῦ κυρίου, τέλειος ἔσῃ· εἰ δ' οὐ δύνασαι, ὃ δύνῃ, τοῦτο ποίει."

erfüllt. Wer aber noch nicht die ganze Weisung erfüllen kann, soll wenigstens auf dem Weg zur Vollkommenheit bleiben."[407] Dabei sind wichtig die Barmherzigkeit, das Verzeihen, die Nächsten- und die Feindesliebe. Diese Begriffe werden unter dem Begriff christlicher „Gerechtigkeit" zusammengefasst.[408] Wie schon für den Evangelisten Matthäus sind auch in der Alten Kirche die Ausübung von Gerechtigkeit und das Bleiben auf dem Weg der Gerechtigkeit ausschlaggebend.[409] Für den Getauften gilt zudem, dass er durch die Gerechtigkeit an Christus gebunden ist, der der Gerechte schlechthin ist.[410] Aber nicht das Handeln allein, sondern die Beziehung mit Christus macht die eigentliche Bedeutung aus und befindet sich im Zentrum der Spiritualität des Origenes (und des Euagrios Pontikos und des Johannes Cassian).[411]

In den Inst. entwickelt Johannes Cassian die Achtlasterlehre des Euagrios Pontikos[412] weiter. Die Untersuchung des Euagrios Pontikos ergibt, dass es acht hauptsächliche Versuchungen oder Laster gibt.[413] Er gibt Anweisungen, wie diesen Versuchungen beigekommen werden kann. Das euagrische Fehler- oder Lasterschema wird von Johannes Cassian übernommen und damit dem lat. Westen überliefert. In den Inst. widmet Johannes Cassian jedem der acht Laster ein eigenes Buch (Inst. 5–12). Er führt sie nach Schwierigkeitsgrad auf, zuerst die einfachen (körperlichen), dann die schwierigeren (geistigen) Laster. Der Stolz ist das schwierigste Laster. Die acht Laster sind: Gaumenlust, Unzucht, Habgier, Zorn, Traurigkeit, Trägheit, Ruhmsucht und Stolz.[414] Die Lehre der

407 Puzicha, RB-Komm., 764.
408 Vgl. Auch Lk. 6.36; Puzicha, RB-Komm., 763.
409 Puzicha, RB-Komm., 764.
410 Puzicha, RB-Komm., 764.
411 Puzicha, RB-Komm., 764, m.w.H.
412 Euagrios, Praktikos, 79 ff.
413 Die Achtlasterlehre des Euagrios Pontikos findet sich in seinem Werk Praktikos, Bücher 6–14; vgl. Euagrios, Praktikos, 79 ff.
414 Die acht von Euagrios Pontikos beschriebenen Hauptlaster („λογίσμοι") übernimmt Johannes Cassian („vitia") in den Inst. 5–12: 5. Buch: gastrimargía („γαστριμαργία", Gaumenlust, „gourmandise", „gluttony"), 6. Buch: fornicatio („πορνεία", Unzucht, „fornication", „fornication"), 7. Buch: filargyria („φιλαρυρία", Habgier, „avarice", „avarice"), 8. Buch: ira („οργή", Zorn, „colère", „anger"), 9. Buch: tristitia („λύπη", Traurigkeit, „tristesse", „sadness"), 10. Buch: acedia („ἀκηδία", Trägheit, „acédie", „boredom"), 11. Buch: cenodoxia („κενοδοξία", Ruhmsucht, „vaine gloire", „vaingloryˮ) und 12. Buch: superbia („ὑπερηφανία", Stolz, „orgueil", „pride"); in den Klammern stehen die euagrischen griech. Begriffe, dann die Übersetzungen ins Dt., Franz. und Engl.

Laster geht über Johannes Cassian, dann über Benedikt in die westliche Ethik und Moral ein.[415]

Johannes Cassian untersucht die inneren gedanklichen, psychischen, sinnlichen und körperlichen Vorgänge im Menschen. In Coll. 24.15 erklärt er unter Bezugnahme auf das berühmte Gleichnis des Seelenwagens, das Platon in seinem Werk „Φαῖδρος" („Phaidros")[416] entwickelt hat, die Entstehung der Laster. Johannes Cassian zählt Platon zu den „bedeutendsten Weisen" („sapientissimi"[417]). Johannes Cassian schreibt: „Wenn die bedeutendsten Weisen behaupten, dass die Seele dreigeteilt sei, bedeutet das notwendigerweise, dass entweder das λογικόν, d.h. der vernunftgeleitete Teil, das θυμικόν, d.h. der Teil, der mutwillig bis zum Zorn sein kann, oder das ἐπιθυμητικόν, d.h. der triebgesteuerte Teil, aufgrund eines Ereignisses verletzt wird. Wenn also die Macht einer der schädigenden Leidenschaften dieser Seelenregungen jemanden besetzt, wird auch das Laster entsprechend der Schädigung der Seele benannt. Wenn also die Seuche der Laster den vernunftgeleiteten Teil ansteckt, entwickelt sie daraus die Laster der Ruhmsucht, der Überheblichkeit, des Neides, des Hochmutes, der Anmassung, der Streitsucht und der Irrlehre. Wenn sie den mutigen Teil verletzt, gebiert sie Wut, Ungeduld, Traurigkeit, Trägheit, Verzagtheit und Grausamkeit. Wenn sie den triebgesteuerten Teil beschädigt, erzeugt sie Gaumenlust, Unzucht, Habgier, Geiz und schädigende erdverhaftete Sehnsüchte."[418]

---

415 In seiner Schrift „Moralia in Iob" nimmt Papst Gregor d. Gr. die Achtlasterlehre des Euagrios Pontikos bzw. des Johannes Cassian auf: Allerdings reduziert er die acht Hauptlaster auf sieben, wobei diesen Lastern der Stolz („superbia") übergeordnet wird, aus welcher die anderen Laster entspringen. Vgl. dazu allg. Zöckler, 344.

416 Platon, 246a–257, vergleicht darin die menschliche Seele mit der Kraft („δύναμις") eines geflügelten Pferdegespanns und seines Lenkers. Der Wagenlenker steht dabei für den rationalen Teil der Seele („λογικόν"). Die beiden Pferde, von denen das eine dem Lenker leicht, das andere nur mit Widerstand folgt, stehen für die beiden irrationalen Seelenteile, das Gemüt („θυμικόν") und die Begierde („ἐπιθυμητικόν"). Auch Evagrios Pontikos führt die acht Hauptlaster auf die drei Seelenteile zurück, Wrzol. 285 f.

417 Coll. 24.15.

418 Coll. 24.15: „[Q]uam cum sapientissimi quique tripertitae definiant esse virtutis, necesse est ut aut λογικόν, id est rationabile, aut θυμικόν, id est irascibile, aut ἐπιθυμητικόν, id est concuscibile eius aliquo conrumpatur incursu. cum ergo aliquem ex his adfectibus vis noxiae obsederit passionis, pro illius corruptione etiam vitio nomen inponitur. nam si rationabilem eius partem vitiorum pestis infecerit, cenodoxiae, elationis, invidiae, superbiae, praesumptionis, contentionis, haereseos vitia procreabit. si irascibilem vulneraverit sensum, furorem, inpatientiam, tristitiam, acediam, pusillanimitatem crudelitatemque parturiet. si concupiscibilem

Vernunft, Mut und Begierde sind im Menschen grundgelegt. Weisheit, Tapferkeit und Mässigung verhindern das Abgleiten in die Laster. Die Seele des Menschen ist in seinem Körper eingeschlossen. Zw. Seele und Körper besteht eine Abhängigkeit und untrennbare Verbindung.[419] Um die Laster zu vermeiden, braucht es Tugend und die Ruhe des Geistes. Beides wird durch das Gebet und die Ausrichtung auf Gott erzeugt und unterstützt. Man muss ein reines Herz entwickeln.

Um ein reines Herz zu entwickeln, darf man nicht durch äussere und innere Ablenkungen gestört werden. Der Mensch in der Welt wird gestört durch Objekte. Ein Mensch aber, der in der Wildnis betet, wird nicht durch Objekte gestört, weil es dort wenige hat. Er wird hingegen durch Gedanken abgelenkt. Deshalb muss man für den Mönch v.a. den Mechanismus der Ablenkung bzw. Versuchung untersuchen. Man muss analysieren, (i) *wie* ablenkende Gedanken einem in den Sinn kommen können und (ii) bestimmen, *was* zu tun ist, wenn sie kommen.[420] Ein Mensch im Zustand der Herzensreinheit ist nicht nur frei von Leidenschaften; er ist auch frei von der Erinnerung an die Leidenschaften.[421] Ein leidenschaftsfreier bzw. von Leiden nicht beeinträchtigter Mensch kann Gottes Liebe erfahren und Mitmenschen lieben.[422] „In the Institutions, Cassian discusses a will that is more complex than the will at the heart of the Pelagian message. Willful monks are a contentious problem, and Cassian paid considerable attention to analyzing the will, treating the corrupt will, and chiefly subordinating even the good will for the good of the community and ultimately, the will of God."[423]

Weitere Theologen, die Johannes Cassian beeinflusst haben, sind Johannes Chrisostomos, Basileios von Caesarea oder Hieronymus. Johannes Cassian vertritt die Lehre vom vierfachen Schriftsinn für die Bibelexegese: wörtlich-historisch, typologisch-allegorisch, tropologisch und anagogisch.[424]

Johannes Cassian passt die Lehren des Euagrius Pontikos und des Origenes an die Bedingungen in Gallien an und prägt so das abendländische Mönchtum. Ziel ist weniger die perfekte Askese als vielmehr die vollkommene Liebe und

---

corruperit portionem, gastrimargiam, fornicationem, filargyriam, avaritiam et desideria noxia terrenaque generabit."

419 Coll. 9.2.

420 Chadwick, 88 f.

421 Chadwick, 89.

422 Chadwik, 89 ff.; Vgl. statt vieler zum Apatheia-Thema Foucault, 181 f.

423 Casiday, 96.

424 Coll. 14.8.

das reine Herz, was zwar jedem Christen aufgetragen sei, aber nur im Mönchsleben wirklich zu verwirklichen sei.[425] Dieses Ziel verfolgend, verfasst er die Inst. und die Coll. und macht somit Lebens- und Glaubensweisheiten der ägyptischen Mönche im lat. Reichsteil bekannt.

Johannes Cassian propagiert in Coll. 9 und 10 das Ruhegebet der ägyptischen Mönchsväter, das eine frühchristliche Form der Meditation ist, im lat. Reichsteil.[426] Das Gebet hilft, sich auf Gott auszurichten, die Laster zu vermeiden und die Tugenden zu leben, und umgekehrt werden die Tugenden im Gebet vollendet. Dadurch erfährt der Mönch Ruhe des Geistes und innere Reinheit, so ausdrücklich: „… ad inmobilem tranquillitatem mentis ac perpetuam … puritatem".[427] Johannes Cassian erklärt zunächst die in der Bibel[428] genannten Gebetsformen (i) Bitten/Flehen („δεήσεις", „obsecrationes"), (ii) Gebete („προσευχάς", „orationes"), (iii) Fürbitten („εντεύξεις", „postulationes") und (iv) Danksagungen („ευχαριστία", „gratiarum actiones"), die Unterschiede und deren Verwendung.[429] Sodann exegiert er das „Vater unser"-Gebet, das Jesus gebetet und gelehrt hat (Mt. 6.9).[430] Er stellt fest, dass es darin keine Bitte um Reichtümer, keine Erwähnung hoher Ämter, keine Forderung nach Macht und Stärke, kein Eingehen auf körperliche Gesundheit oder zeitliches Leben habe, denn Gott wolle nicht, dass man Hinfälliges, Wertloses und Zeitlich-Vergängliches von ihm erbitte.[431] Dann äussert er sich zur Wirkung und Erhörung der Gebete. Das beständige und ununterbrochene Gebet helfe in besondere Weise, das Ziel des Mönchs und die Vollkommenheit des Herzens zu erreichen, nämlich die unerschütterliche Ruhe des Geistes („inmobilem tranquilitatem mentis") und die immerwährende Reinheit („perpetuam puritatem").[432] Die Tugenden

---

425 Coll. 1.5.

426 Coll. 10.10.

427 Coll. 9.2. Damit steht Johannes Cassian in der Tradition der durch die alexandrinische Schule ins Christentum eingeführten Lehre des Platon (Perfektion) und der Stoa (Gelassenheit). Die Schule sieht das moralische Leben im Sinne der Entwicklung. Die Entwicklung geht hin zu einer Reinheit des Geistes, die Gott erkennen und erfahren kann. Chadwick, 82, fasst zusammen: „The highest calling of earthly life was the contemplation of God by pure mind. The ultimate aim of religion was the vision of God."

428 1 Tim. 2.1.

429 Coll. 9.10.

430 Coll. 9.18 ff.

431 Coll. 9.24.

432 Coll. 9.2: „Omnis monachi finis cordisque perfectio ad iugem atque indisruptam orationis perserverentiam tendit, et quantum humanae fragilitati conceditir, ad

helfen, die immerwährende und beständige Ruhe im Gebet zu erwerben und zu vollenden. Das höchste Ziel des Gebetes sei die Umsetzung der Tugenden („universarum virtutum molitione perficitur").[433]

In Coll. 10.10 entwickelt und erklärt Johannes Cassian das Ruhegebet. Mithilfe des Ruhegebets soll sich der Betende ganz auf Gott ausrichten.[434] Von den Wüstenvätern ist die einfache Gebetsformel von Ps. 70.2[435] überliefert, die Johannes Cassian mit „deus in adiutorium meum intende: domine ad adiuvandum mihi festina" wiedergibt.[436] Er nennt dies die „formula pietatis". Johannes Cassian führt dazu aus: „Auch euch soll eine [äussere] Form für das Schauen im Geist anvertraut werden. Richtet euren Blick immer und ohne Unterlass darauf; dann lernt ihr, sie Tag und Nacht zu wiederholen, sodass sie für euch zum Heilmittel wird, und durch ihre Anwendung und euer Nachsinnen darüber [‚usu ac meditatione', Anm. d. Autors] zu erhabenem Schauen emporzusteigen. Als Form für die von euch erbetene Gebetsweise wird euch diejenige vorgelegt, welche jeder Mönch, der danach strebt, allezeit an Gott zu denken, nachdem er die Unmenge an Gedanken vertrieben hat, sich angewöhnen soll, ohne Unterlass in seinem Herzen zu wiegen und darüber nachzusinnen. Er kann sie auf keinen Fall beibehalten, wenn er nicht von aller Sorge um den Körper und von aller Unruhe frei ist. Wie uns diese [Form des Gebetes] von den wenigen der ersten Väter, die noch lebten, überliefert wurde, so wird sie auch von uns nur den äusserst wenigen, die wahrhaft danach dürsten, anvertraut. Um das unablässige Gedenken an Gott zu bewahren, soll euch, ohne dass ihr sie wieder aufgebt, diese Gebetsform [‚formula pietatis', Anm. d. Autors] vor Augen sein: ‚Gott, komm mir zu Hilfe; Herr, eile, mir zu helfen'. [‚deus in adiutorium meum intende: domine ad adiuvandum mihi festina, Anm. d. Autors']."[437] Johannes

---

inmobilem tranquillitatem mentis ac perpetuam nititur puritatem, ob quam omnem tam laborem corporis quam contritionem spiritus indefesse quaerimus et iugiter exercemus."

433 Coll. 9.2; vgl. auch Drobner, 370. Klemens von Alexandrien ist der Vater des immerwährenden Gebets. Hamman/Fürst, 49.

434 Coll. 10.11; die Wiederholung des Verses soll eingeübt und zur Gewohnheit werden, dass man ihn sogar im Schlaf aufsage, und er soll beim Aufwachen der erste Gedanke sein; Coll. 10.10. Vgl. dazu Dyckhoff.

435 „Gott, komm zu meiner Hilfe; Herr, eile, mir zu helfen." Griech. Bibel: „Εις την βοήθειάν μου πρόσχες κύριε; εις το βοηθήσαί μοι σπεύσον." In der Sepuaginta (Ps. 69.2): „Ὁ θεός, εἰς τὴν βοήθειάν μου πρόσχες."

436 Coll. 10.10.

437 Coll. 10.10 (Ziegler, Coll. Trad., 317).

Cassian führt in Coll. 10.10 dazu aus, der Mönch habe „bei der Betrachtung der eigenen Gebrechlichkeit die Zuversicht, von Gott geführt zu werden, und das Vertrauen, dass ihm immer ein Schutz hilfsbereit zur Seite steht. Wer nämlich seinen Beschützer stetig anruft, ist überzeugt, dass er immer gegenwärtig ist.“[438] Johannes Cassian erwähnt in Coll. 10.7 das immerwährende Gebet, und zwar nicht im Sinne eines gesprochenen Wortes, sondern vom Sein: „[D]as Ziel aller Vollkommenheit [ist], dass der Geist von jeglichem fleischbestimmten Zustand befreit, täglich so sehr zum Geistigen emporgehoben wird, dass all sein Wandel und jeder Herzschlag zu einem einzigen immerwährenden Gebet wird.“[439]

Johannes Cassian fokussiert auf die inneren Vorgänge im Menschen. Dieser muss sich aber vom weltlichen Ballast freimachen. Die Abkehr von weltlich-materiellen Dingen wird auch von anderen Autoren vertreten. Ein wichtiges Thema ist dabei, wie man mit materiellem Reichtum umgeht. Die Radikalkritik am Reichtum, wie sie Ambrosius und v.a. Pelagius in „De divitiis“ („Über den Reichtum“) vertreten haben, stammt aus einer Zeit des Überflusses des 4. Jhdt. Im 5. Jhdt. geht es hingegen nicht mehr um Reichtumsverzicht, sondern um dessen richtige Verwendung. In einer Welt, die durch einen wieder aufflammenden Bürgerkrieg und Barbareneinfälle erschüttert wird, hat es keinen Sinn, die Reichen anzuprangern, weil sie möglw. zu Unrecht zu ihrem Reichtum gekommen wären. Brown bemerkt dazu: „Diejenigen, deren Reichtum die Erschütterungen dieser neuen Krise überstanden hatte, fühlten sich wohl kaum schuldig wegen des Wenigen, das ihnen geblieben war.“[440]

Das 4. Jhdt. ist geprägt von unpersönlichen Formen des Landbesitzes. Die Reichen mit ihren verstreuten riesigen Ländereien, die nicht vor Ort anwesend sind, verlassen sich auf ein starkes Reich. Im 5. Jhdt. ist es Zeit, die Betriebe zu verkleinern und die lokalen Wurzeln zu stärken. Solidarität spielt eine wichtige Rolle. Private Mittel werden nun für öffentliche Bedürfnisse eingesetzt. In einer Gesellschaft, die nach Zusammenhalt strebt, ist Stolz, nicht Habgier, die Hauptsünde.[441] Adlige, die überleben wollen, müssen die Loyalität ihrer

438 Eigene Übersetzung; Coll. 10.10: „… habet considerationem fragilitatis suae, exauditionis fiduciam, confidentiam praesentis semper adstantisque praesidii. qui enim iugiter suum invocat protectorem, certus est eum semper esse praesentem.“

439 Coll. 10.7: „… finis totius perfectionis est, ut eo usque extenuata mens ab omni situ carnali ad spiritalia cotidie sublimetur, donec omnis eius conversatio, omnis voluntatio cordis una et iugis efficiatur oratio.“ Vgl. Auch hinten zu RB 7, 14 und 7, 23. Coll. 10.10 ist eine wichtige Stufe für die Entwicklung des Hesychasmus und des Jesusgebets, wie Chadwick, 106, Fn. 1, zutreffend feststellt.

440 Brown, 555.

441 Brown, 555.

Untergebenen mobilisieren. Sie müssen lernen, sich zu erniedrigen, um Erfolg zu haben – und das tun sie nun so, wie ihnen die Bischöfe, der Klerus und die Mönche jetzt beibringen. Es geht nun darum, den Reichtum richtig einzusetzen, d.h. für die Allgemeinheit, für die Armen, für die Stadt, z.B. für die Finanzierung von Stadtbefestigungen. Man muss nun die vertikalen Gesellschaftsstrukturen abbauen. Will man als Reicher Erfolg haben, muss man sich erniedrigen, andienen, als Sünder unter Sündern leben, mithelfen und anpacken. Eine Gemeinschaft von Sündern soll eine Gemeinschaft von Gebern sein. Gleichzeitig wird ein guter Teil des Reichtums zur Sühne an die Kirche abgegeben,[442] die dadurch zunehmend in die Lage versetzt wird, dieses Geld für zivilgesellschaftliche und öffentliche Zwecke einzusetzen wie z.B. für die Armenspeise, Fürsorge, Seelsorge, das Spitalwesen, und dies langfristig und nachhaltig und nicht bloss im Einzelfall (wie es beim Euergetismus und der Spendentätigkeit Privater der Fall ist).[443]

2.2. De institutis coenobiorum et de octo principalium vitiorum remediis (420–424)

2.2.1. Entstehung und Absicht

Castor, der Bischof von Apt, will ein Koinobitenkloster gründen und fragt um das Jahr 420 Johannes Cassian um Rat. Johannes Cassian hat selber erst vor wenigen Jahren zwei Koinobitenklöster in Marseille gegründet. Im Vorwort zu den Inst. beschreibt Johannes Cassian die Ausgangslage und den Auftrag: In Castors Diözese Apt gibt es kein Kloster.[444] Castor möchte ein Koinobitenkloster nach orientalischer und v.a. ägyptischer Art errichten. Er beauftragt

442 Vgl. Brown, 557, unter Verweis auf Papst Leo d. Gr.

443 Die Mittelverwendung durch die Kirche erweist sich jener von Privaten als überlegen, da sie langfristig (über Generationen), effektiv (sie hat Wirkung) und nachhaltig (sie erreicht viele Menschen an vielen Orten) erfolgt, durch Massnahmen der Machthaber unterstützt wird (z.B. durch Steuererleichterungen bei Übernahmen von Aufgaben, die sonst dem Machthaber zufallen würden wie die Krankenpflege und Armenspeise) und nicht durch zivilrechtliche Vorgänge (etwa durch Erbrecht, Landverkäufe) verkleinert oder ganz in Frage gestellt wird (z.B. durch Gerichtsprozesse).

444 Apt liegt 80 km nördlich von Marseille und 50 km nördlich von Aix-en-Province. Um 420 gehört Apt zur Provincia Narbonensis Secunda mit Hauptort Aix-en-Pronvince (Colonia Aquae Sextiae Salluviorum), während Marseille (Massilia) zur Provincia Narbonensis Prima mit Hauptort Narbonne (Colonia Narbo Martius) gehört. Johannes Cassian spricht von Castors „provincia“. Damit kann einerseits

Johannes Cassian, ihm über die Klostereinrichtungen, die er in Ägypten und Palästina kennengelernt hat, und über das einfache Leben der Mönche zu berichten, und zwar in einfachen Worten.[445] Es geht also um die Institution des Koinobitenklosters und um Anleitung für die innere Ethik des monastischen Lebens.[446]

Johannes Cassian verfasst im Zeitraum von 420–424[447] sein Erstlingswerk „De institutis coenobiorum et de octo principalium vitiorum remediis", kurz „Die Institutionen" oder „Inst.".[448] In diesem Werk gibt Johannes Cassian Anweisungen für die äussere Organisation und das gemeinschaftliche Leben der Mönche.[449] Die Inst. sind als Abhandlung abgefasst. In den Jahren 425–430[450] verfasst er sein Folgewerk „Collationes Patrum", kurz „Die Unterredungen" oder „Coll.",[451] in denen er konkrete Anleitung für das geistliche und spirituelle Leben gibt.[452] Die Coll. sind dialogisch abgefasst.

---

die staatliche Provinz Narbonensis Secunda gemeint sein, aber auch die kirchliche Diözese des Bischofs von Apt. Vgl. Chadwick, 37, der von der Diözese von Apt spricht.

445 Inst. Praef. 3: „in provincia siquidem coenobiorum experti Orientalium maximeque Aegyptiorum volens instituta fundari, … ut aliquid conferam, poscis praecipisque ut instituta monasteriorum, quae per Aegyptum ac Palaestinam custodiri conspeximus, … sanctorum simplicem vitam simplici sermone fratribus in novello monasterio tuo cupiens explanari." („Since your wish is to establish in your own province, which lacks such things, the institutes of the Eastern and especially of the Egyptian cenobia … you request and demand that I … lay out … the institutes of the monasteries that we have seen observed throughout Egypt and Palestine …, you are concerned that the simple life of holy men be explained in simple language to the brothers in your new monastery.", Ramsey, Inst. Trad., 12).

446 Chadwick, 37; Ziegler, Die Collationes, 29; Lombard, 9, bemerkt, dass Johannes Cassian diese Punkte (Koinobienkloster und mönchische Ethik) in seinen beiden unlängst in Marseille gegründeten Klöstern eingeführt habe: „Castor… écrivit à Cassien pour le prier de mettre par écrit … les règles qu'il avait vu pratiquer en Orient et qu'il avait introduites dans son monastère de Marseille."

447 Egron, 30; Lombard, 9, geht davon aus, dass die Inst. um 417 geschrieben worden seien.

448 Engl.: „The Institutes of the Cenobia and the Remedies for the Eight Principal Vices", Ramsey, Introduction, 3; franz.: „Les institutions des cénobites et les remèdes aux huit principaux vices", Egron 31.

449 Ziegler, Die Collationes, 29.

450 Chadwick, 39; Egron, 30; Lombard, 10, hält dafür, dass die Coll. im Zeitraum von 418–430 verfasst worden seien.

451 Engl. „Conferences", Chadwick 37; franz.: „Les Conférences", Egron, 30.

452 Ziegler, Die Collationes, 29; Chadwick, 37.

Die Inst. und die Coll. sind zumindest vage zusammenhängend geplant, wenn nicht sogar als ein Werk gedacht oder erstellt.[453] Als Johannes Cassian die Inst. verfasst, hat er bereits im Sinn, die Coll. zu schreiben, denn er verweist (bereits) in Inst. 2.1 darauf hin, dass er in den geplanten Coll. – er nennt sie „conlationes seniorum" – noch genauer auf einzelne Themen eingehen werde.[454]

In Inst. 1.1.1 führt Johannes Cassian aus, dass er zunächst das Thema der äusseren Erscheinung („exteriorem ornatum") beschreibe, um dann auf die innere Haltung („interiorem cultum")[455] des Mönchs einzugehen.[456]

Johannes Cassian schreibt für eine lat. Leserschaft in Südgallien.[457] Johannes Cassian hat eine neue monastische Lesekultur erschaffen, welche durch das Lesen und Schreiben die Identität und die Erziehung des Möchstums formt, wie Krawiec bemerkt.[458] Seine Schriften tragen einen hohen literarischen Stil, sind voll von rhetorischen Figuren und lesen sich flüssig.[459] Seine Sprache bedient sich der Tropen aus der grammatischen und rhetorischen Ausbildung und hilft, das Mönchtum so auszugestalten, dass es für die männliche Elite

---

453 Chadwick, 37 f.

454 Johannes Cassian verweist in den Institutionen viermal auf die folgenden Coll.: in Inst. 2.1 („cum seniorum conlationes coeperimus exponere"), Inst. 2.9 („in conlationes seniorum reservemus"), 2.18 („quarum rerum ratio suo loco in conlationibus seniorum … exponetur") und 5.4 („sicut in conlationibus seniorum plenius disputandum est"); vgl. Chadwick, 37.

455 Vgl. zu diesen Begriffen Ramsey, Introduction, 5.

456 Inst. 1.1.1: „De institutis ac regulis monasteriorum dicturi unde conpetentius donante deo quam ex ipso habitu monachorum sumemus exordium quorum interiorem cultum consequenter tunc poterimus exponere, cum exteriorem ornatum sub oculorum depinxerimus obtutibus. itaque monachum ut militem Christi in procinctu semper belli positum accinctis lumbis iugiter oportet incendere." („As we start to speak of the institutes and rules of monasteries, where could we better begin, with God's help, than with the very garb of the monks? After having exposed their outward appearance to view we shall then be able to discuss, in logical sequence, their inner worship. And so, it is proper for a monk always to dress like a soldier of Christ, ever ready for battle, his loins girded.", Ramsey, Inst. Trad., 21). Gem. Lombard umfassen die Institutionen das Äussere des Mönchs, während die innere Haltung des Mönchs in den Coll. beschrieben wird; vgl. Lombard, 10.

457 Ziegler, Die Collationes, 29; Inst. Praef. 3 i.f.: „sed sanctorum simplicem vitam simplici sermone fratribus in novella monasterio tuo cupiens explanari." („rather, you are concerned that the simple life of holy men be explained in simple language to the brothers in your new monastery.", Ramsey, Inst. Trad., 12).

458 Krawiec, 765 ff.; vgl. auch Dahlman, Cassian, 295.

459 Dahlman, Cassian, 295; Chadwick, 161.

Südgalliens kulturell und sozial akzeptabel wird. Seine Absicht ist weniger, ein Mönchtum aufzubauen, das für die Elite angenehm ist, sondern seine Leserschaft vermittels eines Prozesses, der ihrer traditionellen Ausbildung sehr ähnlich ist, zu verändern. Die Inst. dienen als klösterliches Äquivalent zu den üblichen formalen (rhetorischen) Ausbildungshandbüchern (gleichsam als Kloster-Handbuch) und die Coll. als monastisches Äquivalent zu Werken der Literaturtheorie (inhaltliche Ausbildung).[460] Seine Schriften ersetzen so auf sublime Weise die bisherige pagane Literatur. Auch das Gebet (Ruhegebet und Stundengebet) wird von Johannes Cassian als neue Praxis vorgestellt und mit grossem Gehalt und Nutzen versehen, indem er Prestige und Erziehungswerte (inneres Wachstum) mit ihr verknüpft.[461] Wie bei Lesekulturen üblich, verlangt Johannes Cassian eine bestimmte Form von Belesenheit, definiert als Unterweisung in bestimmte Lesemethoden und als Würdigung bestimmter Texte. Johannes Cassians Schriften bewirken die Ausbildung eines mönchischen Selbstverständnisses.[462]

2.2.2. Inhalt

Die Inst. bestehen aus zwölf Büchern und behandeln zwei grosse Themenkreise: Der erste Themenkreis umfasst vier Bücher und beschreibt das Äusserliche. Der zweite Themenkreis umfasst acht Bücher und behandelt das Innere.

Zum Äusseren behandelt Johannes Cassian:

- Kleidung (1. Buch: „De Habitu Monachorum“);
- Nachtgebete und Psalmen (2. Buch: „De Canonico Nocturnarum Orationum et Psalmorum Modo“);
- Taggebete und Psalmen (3. Buch: „De Canonico Diurnarum Orationum et Psalmorum Modo“) und
- Regeln (4. Buch. „De Institutis Renuntiatium“) wie das Noviziat, das Aufnahmeverfahren, die verschiedenen Klosterämter, Armut, Arbeit und die Sanktionen.

Soweit Johannes Cassian für Bischof Castor eine Klosterregel verfasst, ist sie in diesen vier Büchern zu finden.[463]

460 Krawiec, 765 ff.
461 Vgl. v.a. Krawiec, 765 ff. und auch Dahlman, Cassian, 295.
462 Vgl. dazu ausführlich Krawiec, 765 ff.; vgl. auch Dahlman, Cassian, 295.
463 Chadwick, 42.

Der zweite Themenkreis umfasst acht Bücher und behandelt das Innere,[464] die acht Hauptlaster:

- Gaumenlust (5. Buch: „De Spiritu Gastrimargiae"),
- Unzucht (6. Buch: „De Spiritu Fornicationis"),
- Habgier (7. Buch. „De Spiritu Filargyriae"),
- Zorn (8. Buch: „De Spiritu Irae"),
- Traurigkeit (9. Buch: „De Spiritu Tristitiae"),
- Trägheit (10. Buch: „De Spiritu Acediae"),
- Ruhmsucht (11. Buch. „De Spiritu Cenodoxiae") und
- Stolz (12. Buch: „De Spiritu Superbiae").[465]

Damit nimmt Johannes Cassian die Achtlasterlehre des Euagrios Pontikos[466] auf und entwickelt sie weiter. In diesen acht Büchern erscheint immer wieder die Metapher des Mönchs als Athlet, zum ersten Mal in Inst. 5.12 unter Verweis auf 2 Tim. 2.5: „Qui in agone contendit, non coronatur nisi legitime certaverit."[467] Im Zusammenhang mit der Athleten-Metapher verweist er auf die Olympischen und die Pythischen Spiele, wonach nicht einfach nur irgendwie trainiert und gekämpft wird, sondern nach bestimmten Regeln, also regulär, regelkonform.[468] In Inst. 5.17 verwendet Johannes Cassian ausdrücklich den Begriff des Athleten („athleta Christi"): „Vis audire verum athletam Christi legitimo agonis iure certantem?"[469] Dabei geht er intensiv auf das paulinische

---

464 Lombard, 10, ist der Ansicht, dass sich die ganzen Inst. um das Äussere drehen und die Coll. das Innere behandeln.

465 Die acht von Euagrios Pontikos beschriebenen Hauptlaster („λογίσμοι") übernimmt Johannes Cassian („vitia") in den Inst. 5–12: 5. Buch: gastrimargía („γαστριμαργία", Gaumenlust, „gourmandise", „gluttony"), 6. Buch: fornicatio („πορνεία", Unzucht, „fornication", „fornication"), 7. Buch: filargyria („φιλαρυρία", Habgier, „avarice", „avarice"), 8. Buch: ira („οργή", Zorn, „colère", „anger"), 9. Buch: tristitia („λύπη", Traurigkeit, „tristesse", „sadness"), 10. Buch: acedia („ἀκηδία", Trägheit, „acédie", „boredom"), 11. Buch: cenodoxia („κενοδοξία", Ruhmsucht, „vaine gloire", „vainglory") und 12. Buch: superbia („ὑπερηφανία", Stolz, „orgueil", „pride"); in den Klammern stehen die euagrischen griech. Begriffe, dann die Übersetzungen ins Dt., Franz. und Engl.

466 Euagrios, Praktikos, 79 ff.

467 2 Tim. 2.5: „Und so jemand kämpfet, wird er doch nicht gekrönet, er kämpfe denn recht." – „ἐὰν δὲ καὶ ἀθλῇ τις, οὐ στεφανοῦται ἐὰν μὴ νομίμως ἀθλήσῃ."

468 Inst. 5.12.

469 „Do you want to listen to the true athlete of Christ as he engages by lawful right in the combat?" (Ramsey, Inst. Trad., 127).

Bild des Athleten[470] ein: Wie der Athlet sein Training (Askese, „ἄσκησις“) benötigt, um weiterzukommen, so auch der Mönch. Dabei verwendet Johannes Cassian den Askese-Begriff klassisch und stoisch: klassisch als leibliche Übung und geistige Schulung und stoisch als Einübung einer Tugend.[471] Was der richtige, legitime Kampf („legitimus agon“) ist, erklärt Johannes Cassian in Inst. 5.12 ff.: Der legitime Kampf zur Erlangung der Vollkommenheit („perfectio“) folgt einer bestimmten Reihenfolge. Diese beginnt mit dem einfachsten und körperlichsten Laster, nämlich der Gaumenlust („gastrimargia“) und endet mit dem schwierigsten und geistigsten Laster, des Stolzes („superbia“). Der Körper braucht Nahrung zum Überleben und bietet dem Athleten die Versuchung, zu viel zu essen und zu trinken. Stolz in das schwierigste geistige Laster, weil es v.a. eine innere Angelegenheit ist, etwas, das durch eine bestimmte innere Geisteshaltung erzeugt und genährt wird.[472] Während die körperliche Askese verhältnismässig einfach ist, ist die geistige schwierig. Auf Nahrung oder Sex kann man noch relativ einfach verzichten, indem man sich entsprechend räumlich und zeitlich organisiert, z.B. das Essen wegsperrt oder in weiter Entfernung lagert oder überhaupt nur ganz wenige Esswaren hat. Der Kampf gegen böse Gedanken wie Zorn, Gier, Ruhmsucht oder Stolz sind ungemein schwieriger. Mit organisatorischen Massnahmen ist es eben nicht getan. Es bedeutet, dass man die Kontrolle über seine Gedanken gewinnen muss.

Der erste Teil der Abhandlung unterscheidet sich sprachlich vom zweiten, denn die ersten vier Bücher sind weniger wortreich, enthalten kürzere Sätze mit weniger Adjektiven.[473] Die acht Bücher des zweiten Teils sind demgegenüber wortreicher formuliert, enthalten teils kohärente und stringente

---

470 1. Kor. 9.24–26: „[N]escitis quod hii qui in stadio currunt omnes quidem currunt sed unus accipit bravium sic currite ut conprehendatis, omnis autem qui in agone contendit ab omnibus se abstinet et illi quidem ut corruptibilem coronam accipiant nos autem incorruptam, ego igitur sic curro non quasi in incertum sic pugno non quasi aerem verberans.“ – „Οὐκ οἴδατε ὅτι οἱ ἐν σταδίῳ τρέχοντες πάντες μὲν τρέχουσιν, εἷς δὲ λαμβάνει τὸ βραβεῖον; οὕτως τρέχετε ἵνα καταλάβητε. πᾶς δὲ ὁ ἀγωνιζόμενος πάντα ἐγκρατεύεται, ἐκεῖνοι μὲν οὖν ἵνα φθαρτὸν στέφανον λάβωσιν, ἡμεῖς δὲ ἄφθαρτον. ἐγὼ τοίνυν οὕτως τρέχω ὡς οὐκ ἀδήλως, οὕτως πυκτεύω ὡς οὐκ ἀέρα δέρων.“

471 Während Askese im ursprünglichen Sinn die künstlerische Bearbeitung eines Gegenstandes, aber auch leibliche Übung und geistige Schulung meint, bedeutete sie in der Philosophie der Stoa die Einübung einer Tugend. Salzburger Äbtekonferenz, 34.

472 Vgl. Ramsey, Introduction, 6.

473 Vgl. Chadwick, 42.

Gedankenführung (wie z.B. das 6. Buch über die Unzucht) und teils gedankliche Inkohärenzen und erscheinen eher als Ansammlung von Geschichten (wie z.B. das 5. Buch über die Gaumenlust). Chadwick führt dies auf nachträgliche Verfälschungen und Interpolationen durch Kopisten in den nachfolgenden Jhdt. zurück.[474]

Die vielleicht berühmteste Passage der Inst. sind Johannes Cassians Ausführungen über die Trägheit („acedia“) in Inst. 10.2. Er beschreibt darin die Symptome der Trägheit.[475] Es ist ein Bsp. seiner bemerkenswerten psychologischen Scharfsinnigkeit oder zumindest seiner ausgezeichneten Beobachtungsgabe der menschlichen Natur.[476] In dieser Passage ist auch sein feinsinniger Humor ersichtlich. Johannes Cassian führt aus, dass das beste Heilmittel gegen die Trägheit die Arbeit und der Hauptgrund für die Trägheit der Müssiggang sei. Er macht Ausführungen zur Faulheit und kommentiert Pauls Äusserungen über die Arbeit.[477] Die Kapitel 10.7–24 enthalten einen eigenständigen Teil, der als „Abhandlung über die Handarbeit im Kloster“ bezeichnet werden kann.[478]

Es ist Johannes Cassians psychologische Analyse, gepaart mit seiner bemerkenswerten Fähigkeit, sein Material zu organisieren und systematisch zu präsentieren, das ihn zu einem so eindrucksvollen Autoren unter den Kirchenvätern macht. Es gibt nur sehr wenige Autoren der alten Kirche, die mit ihren Themen so offenkundig programmatisch umgehen. Dies gilt mehr für die Inst. und weniger für die Coll., wo die Verbindung zw. den verschiedenen Büchern willkürlich und die Ausführungen eher abschweifend erscheinen. Dies kann aber auch damit erklärt werden, dass die Coll. dialogisch verfasst sind.

2.2.3. Wirkungsmacht und Rezeption

Die Inst. sind ein grosser Erfolg.[479] Johannes Cassian hat zwar nicht das Mönchtum in den lat. Westen gebracht, denn es gibt schon Mönche vor seiner Ankunft

474 Chadwick, 42 ff.

475 Chadwick, 46.

476 Ramsey, Introduction, 6 f.

477 2 Thess. 3.10–12: „Denn schon als wir bei euch waren, geboten wir euch: Wer nicht arbeiten will, der soll auch nicht essen. Denn wir hören, dass einige unter euch unordentlich leben und nichts arbeiten, sondern unnütze Dinge treiben. Solchen aber gebieten wir und ermahnen sie in dem Herrn Jesus Christus, dass sie still ihrer Arbeit nachgehen und ihr eigenes Brot essen.“

478 Guy, Inst. Trad., 384: „Traité du travail manuel au monastère“; Chadwick, 46: „treatise on manual work in a monastery“.

479 Lombard, 10.

gegen 415 in Gallien. Hingegen haben diese keine (korrekte) Doktrin und Praxis des Klosterlebens. Mit seinen Werken erklärt Johannes Cassian die morgenländische bzw. ägyptische Institution des Mönchtums und des Klosterwesens für massgebend, passt es für das Abendland an und stellt das abendländische Mönchswesen auf ein tragfähiges Fundament, das der östlichen Tradition verpflichtet ist.[480] Mit der Basis der östlichen Tradition erreicht Johannes Cassian die Akzeptabilität des westlichen Mönchtums im Osten. So gibt er nicht nur Richtlinien für die Institution des Klosters, sondern auch einen eigentlichen Lehrplan[481] für das das innere, spirituelle Wachstum des einzelnen Mönchs und der Mönchsgemeinschaft.[482] Johannes Cassians Schriften werden damit zur Hauptquelle des abendländischen Möchstums.[483] Die Inst. und die Coll. werden in kurzer Zeit so bekannt und geläufig, dass sie „offensichtlich zum Repertoire im 6. Jhdt."[484] gehören und auch bei anderen Autoren und Klostergründern direkte Beachtung und Verwendung finden.[485]

In den Jhdt. unmittelbar nach Johannes Cassian werden die Inst. im Vergleich zu den Coll. weniger gelesen und sind weniger weit verbreitet als die Coll.[486]

Die ersten vier Bücher der Inst. behandeln Kleidung, Gebete und Regeln. Johannes Cassian hat kein eigentliches Werk von Klosterregeln wie Pachomius oder Honorat (oder dann später Benedikt) verfasst. Was einer „Regel" am nächsten kommt, sind diese vier Bücher, wie Chadwick ausführt.[487] Soweit Johannes Cassian für Bischof Castor eine Regel erschaffen hat, befindet sich diese in den ersten vier Büchern der Inst.[488] Es gibt zwar eine Regel mit durchnummerierten

---

480 „The Gauls wish to have monks and do not know how to be monks." Chadwick, 52.

481 Ziegler, Die Collationes, 29.

482 Waelkens, 382.

483 Walkens, ebda., unter Verweis auf Cristiani: „Cassien est devenu la source principale du monachisme occidental".

484 Puzicha, RB-Komm., 771, m.w.H.; so sind diese Bücher wichtig im 5. Jhdt. für die Juraväter Roman (Romain), Lupizin (Lupicien) und Eugend (Oyend), für Honorat, den Klostergründer und Abt von Lérins und späteren Bischof von Arles, dem Johannes Cassian die Coll. 11–17 widmet, (vgl. Vorw. dazu), im 6. Jhdt. für Fulgenz, Cassiodor, Benedikt von Nursia, im 7. Jhdt. für Columban und wohl auch Gallus. Vgl. auch Chadwick, 39; Puzicha, Lérins, 40; Dahlman, Fluidity 288 ff. und Dahlman, Cassian, 98 f., m.w.H.

485 Puzicha, RB-Komm., 771.

486 Chadwick, 49.

487 Chadwick, 41 f.; vgl. auch Ziegler, Reform, 150.

488 Chadwick, 42.

Kapiteln, die unter dem Namen „Regula Cassiani“ bekannt ist und vielleicht als Basis für eine Regel in einzelnen Klöstern gedient haben mag. Es handelt sich dabei aber nicht um ein Dokument aus der Hand des Johannes Cassian, sondern um eine Zusammenstellung der in den ersten vier Büchern der Inst. diskutierten Regeln, die von Benedikt von Aniane erstellt wird und sich in dessen gegen 814 publizierten Concordia Regularum findet.[489]

Alle seine Werke, so die h.L., hat er auf Lat. verfasst.[490] Bereits Ende des 5. Jhdt. finden sich Auszüge seiner Werke in den frühesten lat. und griech. Sammlungen der Apophthegmata Patrum – was die Bedeutung von Johannes Cassian unterstreicht. Er ist der einzige lat. Autor, dessen Werke bzw. Auszüge daraus in die bedeutenden griech. Anthologien Apophthegmata Patrum („Ἀποφθέγματα Γερόντων“) und die Philokalie („Φιλοκαλία“) aufgenommen worden sind.[491] Man ist bislang stets davon ausgegangen, dass der griech. Text eine Übersetzung des lat. Originals sei.[492] Aber in einer jüngeren Untersuchung, die auf einem Vergleich des lat. und des griech. Textes der Inst. und der Coll. und der cassianischen Exzerpte in den Apophthegmata Patrum und im Vergleich mit Euagrios Pontikos' Schriften basiert, äussert Dahlman[493] die These, dass Johannes Cassian die Inst. ursprünglich auf Griech. verfasst habe – in Form von zwei Briefen, der erste mit dem Titel „Πρός Κάστορα ἐπίσκοπον περί διατυπώσεος καί κανόνων τών κατά τήν Ανατολήν καί Αἴγυπτον κοινιβίον“, der den lat. Inst. 1–4 entspricht, und der zweite mit dem Titel „Περί τών η' λογισμών“, der den lat. Inst. 5–12 entspricht. Diese habe er kurz darauf ins Lat. übersetzt und erweitert. Die Coll. habe Johannes Cassian nur auf Lat. geschrieben, wovon ein Teil (Coll. 1–2 und 7–8) frühzeitig in Zirkulation geraten und ins Griech. übersetzt (und so in die Apophthegmata Patrum aufgenommen) worden sei.[494]

---

489 Benedikt von Aniane zitiert in den Concordia Regularum keine Werke häufiger als jene des Johannes Cassian; Ziegler, Reform, 150.

490 Statt vieler Chadwick, 8; Dahlman, Cassian, 98.

491 Vgl. Miller, 148 ff., 373; Philokalie, Bd. 1, 105 ff.; Chadwick, 158; Smolitsch, 12; Dahlman, Cassian, 98 ff.

492 Chadwick, 158.

493 Vgl. Dahlman, Cassian, 98 f., m.w.H.

494 Dahlman, Fluidity 288 ff. und Dahlman, Cassian, 98 f., m.w.H.; die weiteren Forschungsresultate sind abzuwarten. Aber es kann durchaus plausibel sein, dass Johannes Cassian als griech. denkender Mensch und griech. Texte studierend eine (Roh-) Fassung auf Griech. erstellt und diese dann ins Lat. für die lat. Leserschaft überträgt. Und gleichzeitig dürfte eine griech. Fassung auch der einfacheren Verbreitung im griech. Osten gedient haben.

Die griech. Texte sind näher an der Diktion und dem Inhalt von Euagrios Pontikos.[495]

2.3. Collationes Patrum (425–430)

2.3.1. *Entstehung und Absicht*

Die Coll. verfasst Johannes Cassian zw. 425 und 430.[496] Bischof Castor, auf dessen Anfrage er die Inst. verfasst hat, ist bereits verstorben. Im Vorwort zu Coll. 1 schreibt er, dass er das Versprechen, das er Bischof Castor gegeben habe, mit den Inst. eingelöst habe.[497] In den Inst. erwähnt er bereits die zukünftigen Coll., denn er weist dort mehrmals darauf hin, dass er auf einzelne Themen in den geplanten Coll. – er nennt sie „conlationes seniorum" – noch genauer eingehen werde.[498] Beide Werke, wenn nicht als ein Werk gedacht oder erstellt, sind zumindest vage zusammenhängend geplant.[499] In den Coll. ist ein vollständiger Lehrplan enthalten.[500]

495 Dahlman, Cassian, 98 ff., vergleicht das Euagrianische Florilegium aus Paris mit Inst. 4.39 auf Griech. und Lat. linguistisch und Coll. 2.13 in griech. und lat. Version mit den Apophthegmata Patrum inhaltlich.

496 Chadwick, 39; Egron, 30; Lombard, 10, hält dafür, dass die Unterredungen im Zeitraum von 418–430 verfasst worden seien.

497 Coll., praef. 1: „Debitum, quod beatissimo papae Castor in eorum voluminum praefatione promissum est, quae de institutis coenobiorum et de octo principalibus vitiorum remediis duodecim libellis domino adiuvante digesta sunt, in quo tenuitas nostri suffecit ingenii, utcumque sarcitum est." („Das Versprechen, welches ich dem hochverehrten Bischof Castor im Vorwort zu den Bänden, welche die Grundlagen klösterlichen Lebens und die Heilmittel für die acht Hauptlaster der Menschheit mit Gottes Hilfe in zwölf Büchern behandeln, gegeben habe, ist nun – soweit mein schlichtes Talent dies zuliess – jedenfalls eingelöst.", Ziegler, Coll. Trad., 59).

498 Johannes Cassian verweist in den Inst. viermal auf die (kommenden, geplanten) Unterredungen: in Inst. 2.1 („cum seniorum conlationes coeperimus exponere"), Inst. 2.9 („in conlationes seniorum reservemus"), 2.18 („quarum rerum ratio suo loco in conlationibus seniorum … exponetur") und 5.4 („sicut in conlationibus seniorum plenius disputandum est").

499 Chadwick, 37 f.

500 Ziegler, Die Collationes, 29; Beasley-Topliffe, 11. Lombard, 9–10, meint, dass Cassian die Inst. gem. den Regeln, die er seinen Marseiller Klöstern gegeben hatte, verfasst hat, während er mit den Coll. nun nicht mehr Könobiten, sondern Anachoreten ausbilden wollte: „Il veut former, non plus des cénobites, mais des anachorètes."; Lombard, 10.

Die Coll. setzen sich aus insgesamt 24 Büchern zusammen. Johannes Cassian schreibt sie in drei Teilen. Jeder Teil enthält eine eigene Widmung. Die Bücher 1–10 widmet er einem Bischof Leonz[501] und dem Mönch Helladius,[502] die Bücher 11–17 den Mönchen Honorat (Gründer des Klosters auf der Insel Lérins, dann Bischof von Arles)[503] und Eucherius, der nach Ägypten will,[504] und die Bücher 18–24 den Mönchen Jovinian, Minervus, Leonz und Theodor.[505]

Johannes Cassian ist tief im griech. Denken verwurzelt. Er denkt und fühlt griech., schreibt aber auf Lat.[506] Er schreibt für Südgallien.[507]

2.3.2. Inhalt

Die 24 Bücher sind Gespräche, die Johannes Cassian und sein Freund Germanus mit einzelnen Wüstenvätern halten. Ein Buch gibt ein Gespräch mit einem Wüstenvater zu einem bestimmten Thema wieder. Germanus tritt oft als Fragesteller auf oder als jemand, der auf mögliche Widersprüche hinweist, und so

501 Es ist nicht eindeutig klar, welcher Bischof Leonz gemeint ist; es wird aber wohl Leonz von Fréjus (Forum Julii) gemeint sein; vgl. Chadwick, 38 und Lombard 11. Gem. Lombard, 11, ist Leonz der Bruder des verstorbenen Bischofs Castor.

502 Coll. 1, praef.: „… o beatissime papa Leonti et sancte frater Helladi…"; später ist Helladius auch Bischof, wie sich aus Coll. 18, praef., ergibt: „… beatissimis episcopis Helladio ac Leontio…".

503 Chadwick, 39.

504 Coll. 11, praef.: „… o sancti fratres Honorate et Eucheri … unus quidem vestrum ingenti fratrum coenobio praesidens congregationem suam … alter vero … Aegyptum penetrare voluerit …". („… heilige Brüder Honoratus und Eucherius … der eine, der ja immerhin einem grossen Koinobion von Brüdern vorsteht … [d]er andere jedoch wollte, um auch aus der leibhaften Begegnung mit ihnen zu lernen, Ägypten durchziehen…", Ziegler, Coll. Trad., 59).

505 Coll. 18, praef.: „… o sancti fraftres Ioviniane, Minervi, Leonti et Theodore, … posterior siquidem vestrum illam coenobiorum sanctam atque egregiam disciplinam in provinciis Gallicanis antiquarum virtutum districtione fundavit…". („… heilige Brüder Jovinian, Minervus, Leontius und Theodorus, … [s]chliesslich hat Letztgenannter jene heilige und hervorragende Schule der Koinobiten in den Provinzen Galliens in der Strenge der alten Tugenden begründet.", Ziegler, Coll. Trad., 57). Wer diese vier Mönche sind, ist nicht klar. Ein Bischof namens Theodor ist der Nachfolger von Leonz von Fréjus; Chadwick, 39. Vgl. Chadwick, 39.

506 Ziegler, Die Collationes, 29.

507 Inst. Praef. 3 i.f.: „sed sanctorum simplicem vitam simplici sermone fratribus in novella monasterio tuo cupiens explanari." („rather, you are concerned that the simple life of holy men be explained in simple language to the brothers in your new monastery", Ramsey, Inst. Trad., 12).

dem Abba die Gelegenheit bietet, auf ein bestimmtes Thema genauer einzugehen. Der Abba monologisiert und doziert nicht einfach, sondern beantwortet konkrete Fragen. Es schimmert dabei immer auch eine Bescheidenheit des Abba durch, der am Anfang kurze Antworten gibt und sich zuerst der Ernsthaftigkeit der Fragenden vergewissert, bevor er ausführlich wird.

Die 24 Bücher behandeln folgende Themen:[508]

- Coll. 1: Conlatio Abbatis Moysi Prima. De Monachi Destinatione vel Fine: Abbas Moyses spricht über Sinn und Ziel des Lebens als Mönch;
- Coll. 2: Conlatio Abbatis Moysi Secundarima. De Discretione: Abbas Moyses spricht über die Discretio;
- Coll. 3: Conlatio Abbatis Pafnutii. De Tribus Abrenuntiationibus: Abbas Paphnutios spricht über die drei Berufungen und die drei Absagen an die Welt;
- Coll. 4: Conlatio Abbatis Danihelis. De Concupiscentia Carnis ac Spiritus: Abbas Daniel spricht über die Gier;
- Coll. 5: Conlatio Abbatis Sarapionis. De Octo Vitiis Principalibus: Abbas Serapion spricht über die acht Hauptlaster der Menschheit;
- Coll. 6: Conlatio Abbatis Theodori. De Nece Sanctorum: Abbas Theodor spricht über das Sterben der Heiligen;
- Coll. 7: Conlatio Abbatis Sereni Prima. De Animae Mobilitate et Spiritalibus Nequitiis: Abbas Serenus spricht über die Angriffe der Dämonen und den geistlichen Kampf;
- Coll. 8: Conlatio Abbatis Sereni Secunda. De Principatibus: Abbas Serenus spricht über Engel, Mächte und Gewalten;
- Coll. 9: Conlatio Abbatis Isaac Prima. De Oratione: Abbas Isaak lehrt die Beharrlichkeit im Gebet;
- Coll. 10: Conlatio Abbatis Isaac Secunda. De Oratione: Abbas Daniel lehrt das immerwährende Gebet;
- Coll. 11: Conlatio Abbatis Chaeremonis Prima. De Perfectione: Abbas Chaeremon spricht über die Vollkommenheit der Liebe;
- Coll. 12: Conlatio Abbatis Chaeremonis Secunda. De Castitate: Abbas Chaeremon spricht über die Keuschheit des Leibes und des Herzens;
- Coll. 13: Conlatio Abbatis Chaeremonis Tertia. De Perfectione Dei: Abbas Chaeremon spricht über die Gnade Gottes und den Willen des Menschen;
- Coll. 14: Conlatio Abbatis Nesterotis Prima. De Spiritali Scientia: Abbas Nesteros spricht über geistliches Wissen und Schriftauslegung;

508 Coll.; Ziegler, Coll. Trad; vgl. auch Lombard, 11 f.

- Coll. 15: Conlatio Abbatis Nesterotis Secunda. De Charismatibus Divinis: Abbas Nesteros spricht über die Gnadengaben Gottes;
- Coll. 16: Conlatio Abbatis Ioseph Prima. De Amicitia: Abbas Joseph spricht über die Grundlagen von Freundschaft und den Zorn;
- Coll. 17: Conlatio Abbatis Ioseph Secunda. De Definiendo: Abbas Joseph spricht über Festlegungen und Versprechen;
- Coll. 18: Conlatio Abbatis Piamun. De Tribus Generibus Monachorum: Abbas Piamun spricht über die vier Arten von Mönchen;
- Coll. 19: Conlatio Abbatis Iohannis. De Fine Coenobiotae et Heremitae: Abbas Johannes spricht über das Ziel des Lebens als Koinobit oder Eremit;
- Coll. 20: Conlatio Abbatis Pinufii. De Paenitentiae Fine et Satisfactionis Indicio: Abbas Pinufios spricht über die vollkommene Genugtuung für unsere Sünden;
- Coll. 21: Conlatio Abbatis Theonae Prima. De Remissione Quinquagesimae: Abbas Theonas spricht über die Festzeit der Quinquagesima;
- Coll. 22: Conlatio Abbatis Theonae Secunda. De Nocturnis Ilusionibus: Abbas Theonas spricht über den Kampf mit den Lastern;
- Coll. 23: Conlatio Abbatis Theonae Tertia. De Anamarteto: Abbas Theonas spricht über die Frage, ob ein Mensch ohne Sünde sein kann;
- Coll. 24: Conlatio Abbatis Abrahae. De Mortificatione: Abbas Abraham spricht über die Aufgabe, Baumeister und Wagenlenker der eigenen Seele zu sein.[509]

2.3.3. Wirkungsmacht und Rezeption

Die Coll. sind im Gedankenfluss kohärent abgefasst; sie behandeln ein Thema in systematischer Weise. Interpolationen scheinen nur wenige erfolgt zu sein, so dass man mit Chadwick festhalten kann, dass der Text authentisch ist und praktisch keine Verfälschungen erfahren hat.[510]

Das Schreiben über das östliche Mönchtum dient Johannes Cassian dazu, über das Formale wie die Mönchsarten, Kleidung oder Rituale hinauszugehen und seine Schriften inhaltlich mit ethischem edukativem Gehalt wie der Achtlasterlehre und mit Bsp. und Anreizen für spirituelles Wachstum auszustatten.

---

509 Johannes Cassian bezieht sich auf das berühmte Bild des Seelenwagens des Platon, den er zu den „bedeutendsten Weisen" („sapientissimi", Coll. 24.15) zählt, und schreibt über die Entstehung der Laster und ihre Beherrschung.

510 Vgl. Chadwick, 50.

Die Inst. und Coll. des Johannes Cassian sind innerhalb kurzer Zeit so bekannt und geläufig, dass sie bei anderen Autoren und Klostergründern direkte Beachtung und Verwendung finden wie z.B. bei den Klostergründungen der Juraväter Roman und Lupizin gegen 450 (notabene 20 Jahre nach Johannes Cassians Hinschied und 90 Jahre vor Benedikts Abfassung der RB) oder auch bei der königlich-burgundischen Klostergründung von St. Maurice d'Agaune im Jahre 515 (15 Jahre, bevor Benedikt das Kloster Montecassino gründet).[511] Seine Werke gehören „offensichtlich zum Repertoire im 6. Jhdt.".[512] Allerdings werden die Coll. mehr gelesen und sind weiterverbreitet als die Inst.[513]

Johannes Cassians Werke verbinden die lat. Westkirche mit der griech. Ostkirche.[514] Die Inst. und die Coll. „bieten die Summe der östlichen Mönchspiritualität."[515] Sie gehören zur zentralen Literatur des Mönchtums in West (sowieso) und Ost (auch) – und zwar von Anfang an, wie Dahlman anhand der verschiedenen lat. und griech. cassianischen Texte, die damals zirkulieren, aufzeigt, so dass sie sich bereits in den ersten griech. Sammlungen der Apophthegmata Patrum („'Αποφθέγματα Γερόντων") Ende des 5. Jhdt. wiederfinden und später in die Philokalie („Φιλοκαλία") aufgenommen werden.[516]

511 Chadwick, 39; Puzicha, Lérins, 40; Frank, Juraväter, 20, Fn. 25 und 26. Der anonyme Verfasser der Vita Patrum Iurensium kennt Johannes Cassians Schrifttum, verwendet er doch teilweise dessen Material; vgl. Frank, Juraväter, 30 f., Fn. 46 und 48. Die Forschung hat bislang ergeben, dass diese Vita um 520 verfasst worden sein dürfte, kurz nach dem Tode des Eugend und nach der Gründung des Klosters St. Maurice d'Agaune durch den Burgunderkönig Sigismund. Mönche aus dem Kloster Romainmôtier dislozieren bei der Gründung des Klosters St. Maurice dorthin, um das Klosterleben zu etablieren. Der Verfasser widmet die Vita den beiden Mönchen Johannes und Armentarius aus dem Kloster St. Maurice. Er dürfte um 490 wohl als puer oblatus in eines der Juraklöster aufgenommen worden sein; vgl. Frank, Juraväter, 7.

512 Puzicha, RB-Komm., 771, m.w.H.; so sind diese Bücher im 5. Jhdt. wichtig für die Juraväter, für Honorat, den Klostergründer und Abt von Lérins und späteren Bischof von Arles, dem Johannes Cassian die Coll. 11–17 widmet (vgl. Vorw. dazu), im 6. Jhdt. für Fulgenz, Cassiodor, Benedikt von Nursia, im 7. Jhdt. für Columban und wohl auch Gallus. Vgl. auch Chadwick, 39; Puzicha, Lérins, 40; Dahlman, Fluidity 288 ff. und Dahlman, Cassian, 98 f., m.w.H.

513 Chadwick, 49.

514 Das betrifft nicht nur die Inst. und die Coll., sondern auch sein Werk „Über die Fleischwerdung".

515 Puzicha, RB-Komm., 770.

516 Dahlman, Fluidity, 288 ff.; Dahlman, Cassian, 97 ff.; Miller, 148 ff., 373; Philokalie, Bd. 1, 105 ff.; Chadwick, 158; Smolitsch, 12; Dahlman, Fluidity, 288 ff.; Dahlman, Cassian, 97 ff.

Durch die Eindeutigkeit, mit der Johannes Cassians Schriften die Ideale der Wüste darstellen, dienen sie dem Mönch der täglichen Korrektur und erinnern ihn daran, wie er zu leben habe.[517] Dabei kommen bei Johannes Cassian Themen einer asketischen und koinobitischen Mönchstheologie zur Sprache, die unmittelbar auf Benedikt von Nursia einwirken.[518] Als um 540 Benedikt seine Klosterregel verfasst, sieht er mit der Lesung bzw. individuellen Lektüre ein Instrument der geistigen Aus- und Weiterbildung vor: eine individuelle Lektüre der Bibel (RB 48.1–4, 48.15), eine Lesung aus der Bibel bei Tisch (38.1), eine Lesung aus den Coll. nach dem Abendessen zur Komplet (42.3–5) und allgemein den Auftrag, die Inst., Coll., die vitae patrum und die Basiliusregel zu lesen (RB 73.5). Die Werke des Johannes Cassian bilden für Benedikt die Grundlektüre der monastischen Unterweisung, wie Puzicha bemerkt.[519] Benedikt verfolgt wie Johannes Cassians die Idee der intellektuellen und spirituellen Mönchsausbildung,[520] des kontinuierlichen Prozesses menschlicher und geistiger Reifung[521] und integriert seine Werke, v.a. die Coll., in die tägliche Lesung (d.h. bei der Komplet). Er folgt damit der Praxis, Johannes Cassians Werke zu studieren, wie es z.B. in Lérins, in den cassianischen Klöstern Sankt Viktor und Sankt Salvator in Marseille, in den Juraklöstern wie Condat und Romainmôtier und in St. Maurice d'Agaune bereits Praxis ist, und strukturiert diese.[522]

Benedikt legt das von Johannes Cassian als Grundgebet des Mönchs bestimmte Ruhegebet, die sog. formula pietatis aus Coll. 10.10, als Einleitung zum Stundengebet (RB 17.3 und 18.1) und für den Antritt des Wochendienstes (RB 35.17) fest.[523] Die formula pietatis (d.h. Ps. 70.2) wird an beiden Stellen wörtlich zitiert. Es ist der einzige Ps., der sich wörtlich in voller Länge in der

517 Puzicha, RB-Komm., 770.

518 Puzicha, RB-Komm., 770.

519 Puzicha, RB-Komm., 481.

520 Benedikt sieht den Mönch in einem dynamischen Prozess, der Mönch als Lernender im Leben und im Glauben: „Processu vero conversationis et fidei dilatato ..." (RB Prol. 48); vgl. auch Puzicha, RB-Komm., 80.

521 Puzicha, RB-Komm., 81.

522 Die Erwähnung von Griffel und (Wachs-)Tafel in RB 33.3 und RB 55.19 weist auf die Schreibfähigkeit der Mönche hin, welche nicht selbstverständlich ist – anders als die Lesefähigkeit, die zur persönlichen Bibellektüre notwendig ist. Vgl. Puzicha, RB-Komm., 593.

523 Coll. 10.10: „deus in adiutorium meum intende: domine ad adiuvandum mihi festina"; RB 18.1 und RB 35.17: „deus in adiutorium meum intende; domine ad adiuvandum me [sic!] festina."

RB findet, und das gleich zweimal.[524] Die formula pietatis bildet erstmals bei Benedikt die Stundengebetseinleitung.[525] Ausserdem verwendet er die Kurzformel des mönchischen Grundgebets an drei Stellen, in RB 1.13 („adiuvante domino"), RB 73.8 („adiuvante Christo") und RB 73.9 („deo protegente"),[526] also am Anfang und am Ende der RB.

2.4. De incarnatione Domini contra Nestorum (430)

2.4.1. Entstehung und Absicht

Auf Ersuchen des römischen Diakons Leo (400–461),[527] des späteren Papstes Leo I. (Amtszeit 440–461), verfasst Johannes Cassian 430 die Schrift „De incarnatione Christi contra Nestorium", kurz: „Über die Fleischwerdung".[528] Aus dem Vorwort der Schrift kann entnommen werden, dass zw. Johannes Cassian und dem Diakon Leo eine Freundschaft besteht, die aus der Zeit stammt, als Johannes Cassian in Rom weilt, bevor er nach Marseille disloziert.[529] In diesem Werk tritt er der Christologie des 428 von Kaiser Theodosios II. (408–450) zum Patriarchen von Konstantinopel berufenen Nestor (381–451/453) entgegen.

Als der berühmte antiochenische Priester Nestor von Kaiser Theodosios II. zum Patriarchen von Konstantinopel berufen wird, findet dieser schon bei seinem Amtsantritt einen Streit um die Person Mariens vor. Um zw. den streitenden Parteien zu vermitteln, von denen die eine für „Theotokos" (Gottesgebärerin) als Titel Mariens plädiert, die andere für „Anthropotokos" (Menschengebärerin), schlägt Nestor die Titel „Christotokos" (Christusgebärerin) bzw. „Theodochos" (Gottesempfängerin) als Kompromiss vor.[530] Patriarch

---

524 RB 18.1. und 35.17. Vgl. auch für die Prim 17.3.

525 Puzicha, RB-Komm., 275.

526 Puzicha, RB-Komm., 95.

527 Gemäss Chadwick, 141, muss Leos Bittschreiben im erste Quartal 430 verfasst worden sein. Vgl. auch Krannich, 77.

528 Vgl. Krannich, 75 ff.; Lombard, 13 ff.

529 Chadwick, 142. Es ist möglich, dass Leo Johannes Cassian, der rund 40 Jahre älter als Leo ist, bei dessen Aufenthalt in Rom kennengelernt hat. Vielleicht war Johannes Cassian sein Mentor.

530 Chadwick, 139. Nestor argumentiert im Wesentlichen, Maria könne Gott nicht geboren haben, denn dieser sei ja ewig und habe schon vor ihr existiert. Keine Mutter können eine Person gebären, die älter sei als sie selbst („nemo antiquiorum se parit"), Chadwick, 145. Was Maria geboren habe, müsse also ein Mensch gewesen sein, bzw. sie habe den Menschen in Christus geboren („homo solus, homo solitarius"), Chadwick, 142.

Kyrill von Alexandria (375/380–444) kritisiert diese Christologie heftig. Die Auseinandersetzung eskaliert, weil man Nestor unterstellt, den für Maria schon jahrzehntelang verwendeten Titel „Theotokos“ aufzugeben. Dies führt von einem anfänglich mariologischen zu einem christologischen Streit, der das ganze Reich erfasst und schliesslich 431 zur Einberufung eines Ökumenischen Konzils durch Kaiser Theodosios II. nach Ephesos führt. Nestors Christologie wird auf dem Konzil von Ephesos 431 verurteilt.[531] Unmittelbar nach dem Konzil tritt Patriarch Nestor konsequenterweise von seinem Amt zurück.

Patriarch Nestor bringt in einem Brief von 430 an Papst Coelestin I. (verst. 432) den Streit um den Theotokostitel nach Rom.

Aber die päpstliche Kurie hat Probleme mit dem Verständnis dieses griech. verfassten Briefes wie auch der folgenden und lässt sich notgedrungen mit einer Antwort Zeit. Jedoch nimmt Rom die aufgeworfenen Probleme, die sich immer mehr auf die Christologie des Nestors konzentrieren, ausserordentlich ernst. Deswegen ersucht der theologisch versierte junge römische Erzdiakon Leo in den ersten drei Monaten des Jahres 430[532] Johannes Cassian, die Lehre des Nestors theologisch zu beurteilen.[533] Johannes Cassian ist einer der wenigen Kleriker des Westens, der Griech. spricht und die theologischen Spitzfindigkeiten à fonds versteht.[534]

Seine Schrift ist nicht für Griechen gedacht, sondern für eine lat. Leserschaft, verfasst doch Johannes Cassian auch diese Schrift auf Lat. Nach Chadwick geht es Johannes Cassian weniger darum, Nestor zu verfolgen oder ihn von seiner Irrlehre abzubringen, sondern das westliche Publikum vor dessen Irrlehre zu warnen.[535] Johannes Cassians Sprache gegenüber Nestor ist scharf und kämpferisch – ganz im Gegensatz zur wohlmeinenden Zurechtweisung des Afrikaners

---

531 Nestors Christologie wird zum zweiten Mal am Zweiten Konzil von Konstantinopel 553 als Häresie verurteilt.

532 Chadwick, 141.

533 „Thus Cassian was invited to be a champion against a grave heresy about six month before Rome declared it to be a heresy.“; Chadwick 141.

534 Chadwick, 142, vgl. auch Dahlman, Cassian, 99, die dem Autor der Inst. aufgrund philologischer Untersuchungen Zweisprachigkeit attestiert.

535 Chadwick, 142. Es dürfte wohl eine Gefälligkeit des knapp siebzigjährigen Johannes Cassian für den jungen und vielversprechenden Diakon Leo gewesen sein. Die Schrift dürfte dazu gedient haben, Leo in der lat. Kirche weiten Kreisen bekanntzumachen; denn immerhin hat er es fertiggebracht, dass sich eine Kapazität wie Johannes Cassian in dieser Sache auf sein Ersuchen hin vernehmen lässt.

Augustinus in Coll. 13 bezüglich dessen übertriebener Gnadenlehre.[536] Es geht Johannes Cassian mit seiner Schrift gegen Patriarch Nestor nicht darum, Leo oder Rom in dieser Sache zu beraten, sondern eher darum, die klare Haltung Leos bzw. von Rom argumentativ zu unterstützen.[537]

2.4.2. Inhalt

Johannes Cassian lehnt Nestors Christologie ab. Er unterstellt ihm pelagianische Gedanken.[538] Johannes Cassian argumentiert dreifach: (i) Wenn man Maria nicht als die Muttergottes bezeichne, separiere man die Göttlichkeit in Christus von seiner Menschlichkeit, so dass es zwei unterschiedliche Christi gebe. Das widerspräche aber den biblischen Aussagen über die Person Christi. (ii) Es gebe einen Unterschied zw. der Göttlichkeit in Christus und der Göttlichkeit der Heiligen. Alle Seelen der Heiligen haben zwar Gott in ihrer Seele erhalten; sie seien Gotteskinder durch Adoption und nicht durch Natur; sie können das Geschenk Gottes durch freien Willen und Sünde durchaus ablehnen, dies im Gegensatz zu Christus, der ja selbst Gott sei. (iii) Die Autoritäten der Kirche lehnen die nestorianische Ansicht ab: z.B. das antiochenische Glaubensbekenntnis, zu dem sich Nestor ja selbst bekenne und die grossen Theologen von Ost (Gregor von Nazianz, Athanasios, Johannes Chrysostomos) und West (Hilarius, Ambrosius, Hieronymus, Rufinus und Augustinus).

Bereits im August 430 hat Papst Coelestin eine Synode in Rom abgehalten, die Nestor verurteilt. Johannes Cassian kennt die Beschlüsse nicht, als er sein Werk schreibt. Chadwick führt dazu aus: „This decision of Rome was not known to Cassian when he wrote his book upon the subject. But he was already decided about the question which Rome was about to decide. And the form of the preface suggests more than that Cassian was already sure that Nestorius was a bad heretic. It suggests that Leo was already sure. Cassian was not asked to advise to tell Rome upon a delicate matter of divinity. He was not asked to tell Rome how to pronounce. He was needed to support an already held belief that Nestorius was wrong."[539]

---

536 Chadwick, 147: „Cassian was fierce against Nestorius. … The contrast is great with his peaceable mode of arguing against Augustine."

537 Chadwick, 142; vgl. weiterführend Krannich, 77 ff.

538 In Konstantinopel lehnt man Nestors Christologie ab und ist der Ansicht, der Nestorianismus sei ein verkappter Pelagianismus. Chadwick, 147: „Constantinople told Rome, and Rome told Marseille, that Nestorius was an ally of the Pelagians."

539 Chadwick, 142.

2.4.3. Wirkungsmacht und Rezeption

Diese Schrift ist die früheste uns erhaltene lat. Reaktion auf die christologischen Auseinandersetzungen des Ostens.[540]

Wenige lat. Kodizes enthalten diese Schrift, behandelt sie doch ein wichtiges zeitgenössisches Thema aus der 1. Hälfte des 5. Jhdt., das später nicht mehr stark interessiert.[541] Dieses theologische Werk steht für sich und hat mit dem Mönchtum nichts zu tun.[542] Hingegen ist der Kontext, in den das Werk und Johannes Cassian eingebettet sind, sehr aufschlussreich. Es zeigt die Autorität, die Johannes Cassian geniesst, und seine gute Vernetzung nicht nur in Gallien, sondern auch in Rom. Es zeigt die theologischen Auseinandersetzungen zw. den Patriarchaten Konstantinopel, Antiochien, Alexandrien und Rom sowie die Verquickung von (wichtigen) christologischen Fragestellungen des Ostens mit (vergleichsweise weniger wichtigen) pelagianischen Themen des Westens.[543] Das Werk zeigt auch, dass Johannes Cassian für die Beibehaltung traditioneller Glaubensüberzeugungen und damit gegen Neuerungen ist, die gegen tiefe Frömmigkeitsgefühle von Klerus, Mönchtum und Laien geht.[544] Es zeigt weiter, dass sich Johannes Cassian nicht scheut, kämpferisch gegen einen Patriarchen zu argumentieren.[545]

---

540 Krannich, 75.

541 Vgl. Chadwick, 39: „The book [De Incarnatione, Anm. d. Autors] was copied because it was attached to the name of Cassian and because books once in a library continued to be copied by copyist-monks."

542 Weiterführend Krannich, 72 ff.

543 Die christologischen Themen sind für die Gesamtkirche wichtig, die pelagianischen nur für den Westen.

544 Gegen Pelagianismus und gegen Nestorianismus. Chadwick, 140: „When Nestorius condemned the title *Mother of God*, he offended deep sentiments of piety." Weitere Bsp. für das Eintreten traditioneller Überzeugungen finden sich in Coll. 13, wo Johannes Cassian, genötigt durch Augustinus' Gnaden- und Prädestinationslehre, die traditionelle Haltung zu freiem Willen und Gnade Gottes erläutert, sondern auch in Coll. 18, wo er das Mönchtum und dessen Entstehung als urchristliche traditionelle Lebensgemeinschaft beschreibt und schliesslich das Vorwort zu seinen Inst., worin er festhält, dass man für das Mönchtum im Westen nichts Neues erfinden müsse, sondern auf das Mönchtum im Osten abstellen könne, allerdings mit leichten Anpassungen wg. Klima, Schwierigkeiten und unterschiedlichem Verhalten.

545 Im Gegensatz zur Coll. 13, wo Johannes Cassian eine freundliche und versöhnliche Sprache verwendet. Vgl. Chadwick, 147.

2.5. Johannes Cassian, Pelagius und Augustinus

Unterschiede zw. Johannes Cassian, Pelagius (ca. 350/360–420) und Augustinus bestehen an verschiedenen Stellen. Während Pelagius den freien Willen betont und Augustinus die göttliche Vorsehung, lehnt Johannes Cassian dies als Einseitigkeiten ab und betont ein Zusammenwirken von freiem Willen und von göttlicher Gnade.

Unterschiede zeigen sich konkret in der Reichtumsdiskussion. Pelagius vertritt die Ansicht, in der Christusnachfolge müsse man sich generell entreichern,[546] während Johannes Cassian dies nur für Mönche im Kloster im Rahmen des Eigentumsverzichts und mit Stipulierung des Gleichheitsprinzips vorsieht. Augustinus geht weniger weit, indem er Mönchen aus der Oberschicht Zugeständnisse in Bezug auf Kleidung, Essen und Arbeitsprogramm macht.[547] Der anonyme Autor der pelagianischen Schrift „De divitiis" („Über den Reichtum") glaubt wie Johannes Cassian nicht an die schon im Heidentum weitverbreitete Vorstellung, dass persönlicher Reichtum ein Geschenk der Vorsehung an dessen Besitzer sei, was Augustinus hingegen annimmt. Der Autor von De divitiis lehnt die traditionelle Unterscheidung zw. (i) altem Reichtum, der, weil infolge Erbschaft unschuldig erhalten, gut sei, und (ii) neuem Reichtum, der nur erlangt werden könne, indem man andere Menschen arm mache, und deshalb schlecht sei, ab und hält dafür, dass Reichtum generell ein Produkt der Habgier, des Willens, reich zu sein, sei, denn reich sein (inkl. reich werden und reich bleiben) bedeute eo ipso, anderen etwas wegzunehmen bzw. vorzuenthalten. Der Reichtum basiere auf einer Kausalkette von vielen schlechten Willensentscheiden; guten Reichtum gebe es gar nicht.[548] Johannes Cassians Überlegungen fussen zwar auch auf der weitverbreiteten Vorstellung, dass Reichtum nicht zuletzt durch Ausbeutung der Schwachen durch diejenigen, die träge seien und nicht arbeiten wollen, gekennzeichnet sei.[549] Er folgt der vorherrschenden

---

546 Vgl. die Superreichen Pinian und Melania d.J., die ihr Vermögen nach und nach verschenken. Vgl. Brown, 446 ff.

547 Brown, 605.

548 Brown, 463 ff. Der Autor unterscheidet zw. (i) Reichtum („divitiae"), (ii) Armut („pauperitas") und (iii) Genügsamkeit („sufficientia"), wobei das Letztere der Massstab sei. Reiche und Arme seien nicht zwei Gruppen, die durch den verborgenen Willen Gottes ewig voneinander getrennt seien. Der Reichtum sei nicht einem durch göttliche Vorsehung zugefallen. Vielmehr seien Reichtum und Armut kausal aufeinander bezogen: des einen Zuviel sei des anderen Zuwenig. Erlangung und Perpetuierung von Reichtum sei ein Willensakt.

549 Coll. 8.21.

Vorstellung des „Nullsummenspiels“ mit limitierten Ressourcen.[550] Der Mönch hingegen arbeite für seinen Lebensunterhalt selber und nehme niemandem etwas weg oder erhalte auch keine Pensionen – im Gegenteil: im Rahmen der Nächstenliebe gebe er von dem wenigen, das er habe, ab. Somit sei der Mönch ein produktives Mitglied der Gesellschaft. Es geht Johannes Cassian weniger darum, die soziale Ungleichheit aus der Welt zu schaffen, denn diese werde als Bestandteil dieser Welt bestehen bleiben,[551] aber wenigstens zu glätten. Innerhalb des Klosters soll sie jedoch nicht existieren. Damit setzt er der pelagianischen Debatte über den Reichtum ein Ende, denn der Unterschied zw. gutem und schlechtem Reichtum findet im Kloster keine Anwendung mehr, denn im Kloster soll es überhaupt keinen materiellen Reichtum des Individuums geben.[552] Johannes Cassian befreit damit das Mönchtum und die Mönche von der Diskussion um Reichtum, während umgekehrt die Weltkirche und die Bischöfe immer mehr in die Reichtumsdiskussion hineingezogen werden.

Johannes Cassian werden semipelagianische Gedanken unterschoben.[553] Der Begriff „semipelagianisch“ wird allerdings erst ab dem 17. Jhdt. verwendet, um den Widerspruch gegenüber der Gnaden- und Prädestinationslehre des Augustinus, der in Südgallien, Italien und Afrika erwächst, zu beschreiben.[554] Der Begriff ist aber nicht korrekt, insinuiert er doch eine Nähe von Johannes Cassian zu Pelagians Vorstellungen. Diese Nähe gibt es nicht. Denn Johannes Cassian verwirft die Ansichten des Pelagius und steht den Vorstellungen des Augustinus sehr viel näher.[555] Johannes Cassians antipelagianische Haltung zeigt sich erstens gegenüber dem nordgallischen Mönch Leporius (möglw. aus Trier), einem wichtigen Anhänger des Pelagius, der pelagianische Gedanken predigt. Johannes Cassian führt nach 418 ein Gespräch mit ihm und rügt ihn persönlich. Leporius wird daraufhin von Bischof Prokul von Marseille exkommuniziert und aus Gallien verwiesen, reist nach Afrika zu Bischof Augustinus von Hippo, wird dort von ihm unterrichtet und widerruft seine pelagianische

550 Brown, 464, 603 ff.

551 Coll. 1.10.

552 Vgl. Brown, 607.

553 Lombard, 27.

554 Chadwick, 127.

555 Chadwick, 127.

Ansicht. Er wird dann wieder in die Kirche aufgenommen und in Hippo zum Priester geweiht.[556]

Johannes Cassian spricht sich in seinem Gutachten „Über die Fleischwerdung“ klar und in scharfen Worten[557] gegen die Theologie des Pelagius und des Patriarchen Nestor von Konstantinopel aus. In Coll. 13 schreibt er über den freien Willen des Menschen („liberum arbitrium“) und die Gnade Gottes („dei gratia“). Im Gegensatz zu Augustinus, der eine „zugespitzte“ Gnadenlehre bzw. Prädestination lehrt,[558] und dem vorgeworfen wird, den Manichäismus ins Christentum einführen zu wollen,[559] vertritt Johannes Cassian „eine optimistischere Sicht der menschlichen Natur, die infolge des Sündenfalls zwar beständiger Anfechtung ausgesetzt bleibt, aber ihre vom Schöpfer geschenkte Freiheit zum Guten nicht vollständig eingebüsst hat.“[560] So führt den auch Lombard aus: „Dieu a fait l'homme pour qu'il vive éternellement et non pour qu'il perisse.“[561] Die Sprache, die Johannes Cassian in Coll. 13 verwendet, ist friedfertig und versöhnlich.[562]

Augustinus hat im Streit um die Lehre des Pelagius im Jahre 418 dem römischen Erzdiakon und späteren Papst Sixtus III. (verst. 440) in einem Brief sein Verständnis von Rechtfertigung, Freiheit des menschlichen Willens, von Kindertaufe und Vorherbestimmung dargelegt. Dieses Schreiben gelangt

---

556 De Inc., I.4. Zu Leporius, Johannes Cassian und Augustinus vgl. Chadwick, 137 f., m.w.H. Leporius verbleibt in Hippo im Klerus von Bischof Augustinus bis zu dessen Tod im Sommer 430 bzw. bis zur vandalischen Eroberung Hippos 431.

557 Johannes Cassians Sprache gegenüber Nestor war scharf und kämpferisch; ganz im Gegensatz zur friedfertigen Argumentation in Coll. 13 gegenüber Augustinus; vgl. dazu Chadwick, 147: „Cassian was fierce against Nestorius. … The contrast is great with his peaceable mode of arguing against Augustine."

558 Nach Augustinus: „Gott hat zwar die Macht, die Herzen der Menschen zu lenken, wie er will. Doch wissen wir nicht, wer zu denen gehört, die aus der ‚Masse der Verurteilten' (massa damnata) erwählt sind. Es bleibt uns lediglich die Pflicht, uns nach dem Vorbild Christi, der für alle (‚pro omnibus') starb, in Liebe um Rettung aller zu sorgen. Diese Liebe beinhaltet auch Gebet und Zurechtweisung.“ (Ziegler, Leben, 14).

559 Z.B. von Pelagius oder Julian von Eclanum.

560 Ziegler, Leben, 16; vgl. auch Lombard, 16 ff., zur Lehre des Johannes Cassian zu (i) Sündenfall, (ii) freiem Willen und Gottesgnade sowie (iii) Prädestination. Eine sehr gute und detaillierte Beschreibung findet sich bei Chadwick, 110 ff.

561 Lombard, 25.

562 Gem. Chadwick, 120, war Coll. 13 „a fair-minded and good-spirited piece of controversy“.

in das Kloster von Hadrumentum (heute Sousse in Tunesien). Einige Mönche werten das als Leugnung des freien Willens und fürchten als Folge einen „bodenlosen Fatalismus".[563] Auch die südgallischen und italienischen Mönche diskutieren die Äusserungen des Augustinus.[564] In Südgallien, in den Klöstern wie St. Viktor in Marseille und Lérins, aber auch von einigen hochrangigen und anerkannten Klerikern, werden sie abgelehnt[565] und in Rom nicht unbedingt begrüsst.[566] Prosper von Aquitanien (ca. 390–455),[567] der als streitlustig („nervosus")[568] bekannt ist, verunglimpft Johannes Cassian bei Augustinus mit seinem Buch „De gratia Dei et libero arbitrium contra collatorem", worauf Augustinus sich immer prononcierter äussert[569] und im Streit mit Julian von Eclanum so weit geht, zu behaupten, dass der Mensch in seiner Gier dermassen auf das Böse ausgerichtet sei, dass er nur noch die Freiheit zum Sündigenkönnen besitze.[570] Damit droht Augustinus allerdings, seine eigene Erlösungslehre der „Befreiung in Christus" zu unterminieren.[571] In Rom ist Johannes Cassian seit jeher beliebt und anerkannt. Im Frühjahr 430 ist er es – und nicht etwa Augustinus –,[572] der von Papst Coelestin (über den Erzdiakon Leo) beauftragt wird, ein Gutachten zum nestorianischen Streit zu verfassen. Nach dem Tod des Augustinus im Sommer 430 erbt Prosper die Führungsfunktion der augustinischen Partei, nimmt aber eine mässigere Haltung als dieser ein.[573]

In Coll. 13 geht Johannes Cassian auf das Verhältnis des freien Willens („liberum arbitrium") zur göttlichen Gnade („gratia dei") ein. In Coll. 13.7 exegiert

563 Ziegler, Leben 13.

564 Vgl. Chadwick 118 f.

565 Chadwick, 119. Sie wurden „Massiliani" genannt, weil die meisten aus der Region von Marseille kamen. Möglw. war Johannes Cassian der Kopf dieser Gruppe; vgl. Chadwick, 119.

566 Vgl. Chadwick 129 ff.

567 Zu Prosper vgl. Brown, 619 ff., und Chadwick 130 ff.

568 Brown, 620.

569 Z.B. in den Schriften „De gratia et libero arbitrio" und „De correptione et gratia".

570 Ziegler, Leben, 13.

571 Ziegler, Leben, 13, m.w.H.

572 Augustinus kann nicht (oder nur sehr rudimentär) griech. und kennt das östliche Mönchtum und die östlichen kirchlichen dogmatischen Verhältnisse nicht gut genug. Er hat ausserdem eine heidnische Vergangenheit. Zwar geniesst er grosse Autorität im lat. Westen, kommt aber für diese Aufgabe nicht in Frage. Im Jahre 430 befindet er sich ohnehin auf der Flucht vor den anrückenden Vandalen. Vgl. dazu Chadwick 131.

573 Chadwick, 129 f.

er verschiedene Bibelstellen (1 Tim. 2.4, Mt. 18.14, 2 Sam. 14.14, Weish. 1.13, Mt. 11.28). Zentral ist sein Verweis auf 1 Tim. 2.4: „Gott will, dass alle Menschen gerettet werden." In Coll. 13.12 hält er fest, dass der Mensch schon von Anfang an die Fähigkeit habe, das Gute zu wollen und zu können. Man dürfe nicht glauben, Gott habe den Menschen so geschaffen, dass er das Gute weder jemals wolle noch könne.[574] Dies steht im Gegensatz zu Augustinus' Meinung, der dafürhält, dass Adams Willensfreiheit nur in der „Fähigkeit zum Nichtsündigen und Nichtsterben (posse non peccare – posse non mori)"[575] bestanden habe. Im Ergebnis läuft es darauf hinaus, dass nach Augustinus der Sündenfall den Menschen dazu gebracht hat, das Böse von sich aus zu wollen und zu können, während er das Gute ausschliesslich durch Gottes Gnade will und kann, wobei diese Gnade nur einzelnen und nicht allen zukommt. Demgegenüber vertritt Johannes Cassian die Haltung, dass der Mensch als Gottesgeschöpf von sich aus Gutes wollen und zu Gott streben könne und der Sündenfall nur (aber immerhin) zur Folge habe, dass der Mensch zusätzlich das Wissen um das Böse empfangen habe. Eine demütige Haltung erkenne, dass er für die Vollendung des Guten göttliche Unterstützung brauche.[576] Sehe Gott, dass der Mensch zum Guten neige, stärke er ihn. Sehe er, dass der Mensch das Gute nicht wolle, sende er ihm Ermahnungen zu, durch die der gute Wille im Menschen wiederhergestellt werde oder Gestalt annehme.[577] Eigentlich wolle Gott keinen Menschen verlieren.[578] Denn der „Wille Gottes bleibt unveränderlich bestehen: Der Mensch ist nicht erschaffen, um zu sterben, sondern um in Ewigkeit zu leben."[579] Aber wenn der einzelne Mensch sich aus freiem Willen immer gegen Gott stelle und Böses tue, akzeptiere Gott diesen freien Entscheid.[580] Der Schöpfer habe allen vernunftbegabten Geschöpfen die Freiheit des Willens

574 Coll. 13.12: „Nec enim talem deus hominem fecisse credendum est, qui nec velit umquam nec possit bonum."

575 Ziegler, Leben, 14.

576 Coll. 13.9; Johannes Cassian zitiert dort Röm 7.18: „Zwar liegt es an mir, das Gute zu wollen; das Gute jedoch zu vollbringen, so weit komme ich nicht." (Ziegler, Coll. Trad., 116), im Originaltext: „velle enim adiacet mihi, perficere autem bonum non invenio."

577 Coll. 13.11 und 13.12.

578 Coll. 13.7: „Wer verloren geht, geht gegen seinen [Gottes] Willen verloren." („ergo quicumque pereunt, contra illius pereunt voluntatem."); vgl. dazu Lombard, 20 ff.

579 Coll. 13.7: „Propositum namque dei, quo non ob hoc hominem fecerat ut periret, sed ut in perpetuum viveret, manet immobile." Vgl. Lombard, 25.

580 Lombard, 24: „La grâce n'est pas irrésistible; elle laisse toujours à l'homme son libre arbitre."

geschenkt. Auch nach dem Sündenfall lasse er den Menschen den freien Willen. Hätte er das Geschenk des freien Willens zurückgenommen, „dann hätte er nicht erlaubt, dass der Mensch das hohe Recht der empfangenen Freiheit" auch wahrnehme.[581] Denn Gott, dem Urheber der Gerechtigkeit und Pflichterfüllung, sei in jeder Hinsicht zuwider, was im Widerspruch zu Güte und dem Gewähren von Recht und Freiheit stehe.[582]

Für Johannes Cassian bilden der freie Wille und die Gnade Gottes kein Gegeneinander, sondern ein Miteinander: „Diese beiden also [Gnade und freier Wille] sind sozusagen untrennbar miteinander vermischt und ineinander verschlungen. Daher kommt es, dass unzählige [Leute] als grosses Problem hin- und herwälzen, was wovon abhängig ist: Ob also Gott sich unser erbarmt, weil wir den Anfang guten Willens zeigen, oder ob wir dem Ansatz guten Willens folgen, weil Gott sich erbarmt … Diese beiden also, die Gnade Gottes und der freie Wille, scheinen zwar im Gegensatz zueinander zu stehen, doch stimmen sie miteinander überein."[583] Johannes Cassian vertritt die traditionelle orthodoxe Theologie der Synergeia (συνέργεια), die das Zusammenwirken der Gnade Gottes mit dem Willen des Menschen als selbstverständlich erachtet.[584] Lombard führt dazu aus: „On ne peut, sans la grâce cooperante, porter des fruits spirituels, et celui qui tombe ne peut se relever que par l'effet de la grâce."[585]

Johannes Cassian bemerkt, der Mensch sei auf die Grenzlinie von Fleisch und Geist gestellt.[586] Diesen wichtigen Gedanken hat Benedikt von Nursia in RB 7.23 aufgenommen: „In desideriis vero carnis ita nobis deum credemus semper esse praesentem." – „Selbst bei den Begierden des Fleisches ist uns Gott,

581 Coll. 23.12 (Ziegler, Coll. Trad., 194); im Originaltext: „libertatis acceptae pontificium exequi non sivisset".

582 Coll. 23.12 (Ziegler, Coll. Trad., 194); im Originaltext: „abhorret siquidem ab illo iustitiae ac pietatis auctore, quidquid bonitati aequitatique contrarium est."

583 Coll. 13.11: „Et ita sunt haec quodammodo indiscrete permixta atque confusa, ut quid ex quo pendeat inter multos magna questione volvatur, id est utrum quia initium bonae voluntatis praebuerimus misereatur nostri deus, an quia deus misereatur consequamur bonae voluntatis initium … haec ergo duo, id est vel gratia dei vel liberum arbitrium sibi quidem invicem videntur adversa, sed utraque concordant." Die Haltung des Miteinanders ist eine sehr orthodoxe Haltung.

584 In der Ostkirche ist dies nach wie vor die vertretene Meinung.

585 Lombard, 23. Vgl. Lombards weitere interessante Ausführungen zum Verhältnis von freiem Willen und der Gnade Gottes, 20 ff.

586 Coll. 12.8: „confinia carnis ac spiritus". Dazu führt Lombard, 19, Fn. 1, aus: „Ailleurs, il considère la chair comme un poids, une gêne, par rapport à l'âme, comme un obstacle qui l'arrête dans son essor, ce qui rappelle encore la théorie de Platon."

so glauben wir, immer gegenwärtig."[587] Es gibt also keine innere Situation des Menschen, die nicht vor Gott offen daliegt, und in der er seine Hilfe versagen würde.[588]

Es braucht für den einzelnen eine innere Wandlung[589] und in deren Prozess auch die Unterstützung des Mitbruders. Johannes Cassian gibt für die Unterstützung genauere Hilfestellung.[590] Eines der Hauptwerkzeuge im geistlichen Kampf ist die Offenlegung aller Gedanken und Absichten vor dem erfahrenen Abba, dem geistlichen Vater. Johannes Cassian verpflichtet die Mönche zu dem, was Augustinus anmahnt, nämlich gegenseitige Ermahnung auf Basis der Liebe Christi.[591]

In den theologischen Streit um die Gnade Gottes hat Johannes Cassian nie persönlich eingegriffen. Er bleibt bei seiner Aufgabe, Abt seiner Klöster in Marseille zu sein und die Erfahrungen der ägyptischen Väter niederzuschreiben. In Coll. 13.11 bemerkt er sehr elegant: „In Anbetracht der Ehrfurcht, die wir schuldig sind, folgern wir, dass wir beide [Gottes Gnade und menschlicher freier Wille] gleichermassen annehmen müssen, damit es nicht aussieht, als ob wir die Regel des Glaubens der Kirche verrücken, wenn wir eines von beiden dem Menschen nehmen." Er spricht von der „regula fidei ecclesiasticae", dem Massstab für den rechten Glauben.[592]

Die Übereinstimmung zw. Augustinus und Johannes Cassian ist gross.[593] Aber während Augustinus eine dogmatische, metaphysische Gegensätzlichkeit zw. Gnade und freiem Willen sieht, ist für Johannes Cassian dies weniger wichtig. Für ihn geht es um das Gewissen, um die ethischen Komponenten. Wenn schon, dann ist die Gnade für ihn nicht ein Gegensatz zum freien Willen, sondern ein Gegensatz zur Faulheit. Der Mensch muss an sich arbeiten und sich nicht einfach treiben lassen in der Hoffnung, als Auserwählter die Gnade Gottes dann schon noch zu erhalten. Verkürzt gesagt: Für Augustinus führt der Sündenfall dazu, dass der freie Wille tot ist; der Mensch kann eigentlich nur noch Böses tun. Für Johannes Cassian und die östlichen Mönche (sowie die

---

587 Vgl. Ziegler, Leben, 230, Fn. 230; vgl. auch RB 7.14; Puzicha, RB-Komm., 202 f.

588 Puzicha, RB-Komm., 202 f. Puzicha verweist auf Johannes Cassians Ausführungen zum immerwährenden Gebet in Coll. 10.10: Wer stetig seinen Beschützer anruft, ist überzeugt, dass er immer gegenwärtig ist.

589 Coll. 12.11 f.

590 Ziegler, Leben, 16; Coll. 2.13; 16.20.

591 Ziegler, Leben, 16.

592 Coll. 13.11. Vgl. Ziegler, Reform, 143.

593 Chadwick 116 und 125.

afrikanischen, südgallischen und viele italienische) ist durch den Sündenfall der freie Wille zwar beschädigt, aber existent: Der Mensch kann sich nach wie vor für das Gute, aber nun eben auch gegen das Gute entscheiden. Die Gnade Gottes unterstützt den Menschen, das Gute zu wollen und umzusetzen. Der Mensch kann sich der Gnade Gottes auch widersetzen und dann untergehen.[594] Auch das zeitweilige Ausbleiben bzw. der zeitweilige Rückzug der göttlichen Gnade gegenüber einem Menschen ist möglich, um ihn zu testen bzw. zu veranlassen, sich Gott freiwillig zuzuwenden.[595]

3. Institutionenbegriff bei Johannes Cassian

3.1. Ausgangslage

In einer Institution erfährt man v.a. gegenseitige Hilfe und Unterstützung: Die erfahreneren, älteren Mitglieder können den unerfahreneren, jüngeren Anleitung geben und ihnen als Vorbild dienen. Umgekehrt gibt es auch jüngere Mitglieder, die die älteren in gewisser Weise anleiten und unterstützen können. Mit der Zeit entstehen ein allgemeiner Erfahrungsschatz, Wissen und Tradition. So muss nicht jeder Einsteiger ganz von vorne beginnen, gleichsam das Rad neu erfinden.

Die Gemeinschaft beginnt, sich zu organisieren, bestimmte Verantwortlichkeiten festzulegen und Ämter oder Funktionen zu vergeben, und gibt sich eine Tagesstruktur – dies allerdings nur bis zu einem gewissen Grad, nämlich so weit, als es der Zielerreichung, dem spirituellen Wachstum des einzelnen Mitglieds, dient und ihr nicht vor lauter Durchorganisation in die Quere kommt. Die Gemeinschaft gibt sich einen Rahmen, eine Kontur. Das einzelne Mitglied muss sich umgekehrt an gewisse Regeln halten.

---

594 Chadwick 126. Gem. Chadwick liegt der Grund der divergierenden Ansichten möglw. in den unterschiedlichen Lebenserfahrungen: Während Johannes Cassian eine lineare christliche Entwicklung und Reifung durchläuft, erlebt Augustinus mehrere Brüche in seinem Leben, wie sein heidnisches Vorleben, den Tod seiner Mutter Monika und seines Sohnes Adeodatus, die Verstossung seiner (namentlich nicht genannten) langjährigen Lebensgefährtin und Mutter seines Sohnes, seine Taufe und sein neues christliches Leben, das er wohl als „re-creation of his nature" empfindet. Chadwick, 127. Vgl. die gute Darstellung der verschiedenen Argumente bei Chadwick, 110–136.

595 Johannes Cassian führt als Bsp. Hiob oder das Gleichnis einer Amme an, die ein Kind gehen lehrt und es auch mal loslässt, statt es überall herumzutragen. Coll. 13.16.

Übertragen auf das Mönchtum bedeutet das: Um ernsthaft und konzentriert ein gutes und spirituelles Leben führen und innerlich wachsen zu können, ist das Leben in Gemeinschaft (Koinobitentum) die geeignetere Form als das Leben alleine (Anachoretentum). Um sich effizient spirituell zu Gott hinbewegen zu können, braucht es den richtigen Rahmen, das richtige Setting. Dazu dient das Koinobion, wo man von den erfahreneren Mönchen lernen und mit Gleichgesinnten eine Lebensgemeinschaft in der Nachfolge der Jerusalemer Urgemeinde leben kann. Jeder einzelne Mönch beabsichtigt, ein gutes, tugendhaftes Leben in der Nachfolge Christi zu führen. Falls einer diese Absicht *nicht* hat, sollte er in die Gemeinschaft nicht aufgenommen werden (Element der Freiwilligkeit, der intrinsischen Motivation). Sowohl Johannes Cassian und unabhängig von ihm auch Benedikt wissen das aus Erfahrung. Darum haben sie eine gemeinsame Erfahrungsgrundlage.

Zu diesem Zweck verfasst Johann Cassian die Inst., gefolgt von den Coll. Johannes Cassian entwickelt und beschreibt die Institutionen des Mönchtums, v.a. die Form des Koinobitentums. Wer spirituell wachsen will, braucht dafür den nötigen Rahmen, sonst verirrt und verliert er sich. Damit zeigt Johannes Cassian auf, dass zu seinem Institutionenbegriff nicht nur äussere Faktoren wie das Zusammen- und Miteinanderleben der Mönche (Koinobitentum), sondern auch innere Faktoren wie das innerliche Wachstum (ethische Massstäbe) gehören.[596]

Für das gallische Mönchtum sind es v.a. die Inst., die das Koinobitentum so beliebt und erfolgreich machen. Zur Zeit des Benedikts sind Johannes Cassians Werke sehr bekannt. Von ihnen wird Benedikt bei der Abfassung seiner Klosterregel massgeblich beeinflusst. Nguyen führt aus: „These works [of Cassian] became the main source from which Saint Benedict … composed the rules for his monastic community.“[597]

596 So ausdrücklich in Inst. 4.23: „Et quoniam hic liber de institione est eius qui renuntiat huic mundo, per quam scilicet introductus ad humilitatem veram et oboedientiam perfectam ceterarum quoque virtutum culminam possit ascendere, necessarium reor quaedam seniorum gesta, quibus per hanc enituere virtutem, exempli gratia sicut promisimus explicare …“.

597 Nguyen, 20.

3.2. Begriffsumschreibung

3.2.1. Einleitende Bemerkungen

Der Institutionenbegriff des Johannes Cassian umfasst die Elemente, die für das Leben als Mönch wichtig sind, v.a. für das Leben in Gemeinschaft.[598] Der Begriff meint den Rahmen (Setting) für das Kloster und den Inhalt (Content) für die Tätigkeit bzw. das Denken des Mönchs (ethischer Wertekanon, spirituelle Erbauung und Anleitung des Mönchs zur Tugend). Wie Johannes Cassian in Inst. 1.1.1 schreibt, umfasst der Begriff Elemente des „exterior ornatus" (das Äusserliche) und des „interior cultus" (innerliche Haltung).

Die Inst. sind keine Klosterregeln, wie sie von Pachomios[599] oder eben von Benedikt überliefert sind, sondern eine Abhandlung über das Koinobitenkloster und eine Anleitung für das spirituelle Wachstum des Mönchs und seine Tugendlehre. Während es in Inst. 1–4 im Wesentlichen um Kleidung, Gebetspraxis, Gehorsam und das Leben in den ägyptischen Klöstern geht, folgt in Inst. 5–12 die Achtlasterlehre. In den Coll. werden einzelne Aspekte genauer erklärt.[600] Die Coll. sind eine Sammlung von Gesprächen mit den Wüstenvätern, die der spirituellen Erbauung und Anleitung der Mönche zur Tugend dienen. In den Coll. ist ein vollständiger Lehrplan für das spirituelle Wachstum enthalten.[601] Das Koinobion ist eine Lehr- und Prägeanstalt.

Johannes Cassian erstellt selber keine Auflistung darüber, was er zum Setting und was zum Content zählt.[602] Er geht beschreibend und erklärend vor.

---

598 Im ersten Satz der Inst. (Inst. 1.1.1) erklärt Johannes Cassian, dass er über die Institution und die Regeln des Klosters schreibe („[d]e institutis ac regulis monasteriorum dicturi ...").

599 Vgl. den Vergleich zw. Pachomios und Johannes Cassian bei Chadwick 56 f.: Pachomios und Johannes Cassian weisen Ähnlichkeiten auf, insb. in Bezug auf Kleidung, Verzicht auf Eigentum und Prüfung des Novizen. Allerdings sind Prüfung und Aufnahme des Novizen bei Johannes Cassian strenger.

600 Johannes Cassian verweist in den Inst. viermal auf die folgenden Coll.: in Inst. 2.1 („cum seniorum conlationes coeperimus exponere"), Inst. 2.9 („in conlationes seniorum reservemus"), 2.18 („quarum rerum ratio suo loco in conlationibus seniorum ... exponetur") und 5.4 („sicut in conlationibus seniorum plenius disputandum est"); vgl. Chadwick, 37.

601 Ziegler, Die Collationes, 29.

602 In der Literatur gibt es unterschiedliche Auffassungen, was in welche Kategorie gehört. Johannes Cassian hat es nicht klar umrissen. Gem. Lombard, 10, umfassen die Inst. insgesamt das Äussere, während die Coll. die innere Haltung beschreiben. Ramsey, Introduction, 5, hingegen bemerkt, dass Inst. 1–3 (also Kleidung und Gebetspraxis) zum Äusseren gehöre und die innere Haltung erst in Coll. 9–10 zur

Hier soll ein Versuch unternommen werden, die Elemente des Institutionenbegriffs herauszudestillieren.

3.2.2. Allgemeines

3.2.2.1. Quellen

Johannes Cassian steht auf der Grundlage der griech. Theologie, die die Kappadokier Mitte des 4. Jhdt. entwickelt haben. Stark geprägt ist er von seinem Lehrer Euagrios Pontikos, Schüler sowohl des Basileios d. Gr. als auch des Gregor von Nazianz. Von ihm übernimmt er die Achtlasterlehre, wesentliche Gedanken zum Gebet und zur Seelenruhe. In den Inst. beruft er sich auf Basileios d. Gr. und seinen Zeitgenossen Hieronymus.[603]

Johannes Cassian vertritt die Lehre vom vierfachen Schriftsinn für die Bibelexegese: wörtlich-historisch, typologisch-allegorisch, tropologisch und anagogisch.[604]

Die Coll. enthalten viele Gespräche mit Wüstenvätern, die eigentlich koptischer Sprache sind, denn die Eremiten in der Sketis sprechen zum grossen Teil koptisch, nicht griech. Johannes Cassian kann mit verschiedenen Abbas nur mithilfe eines Dolmetschers reden, wie er in Coll. 16.1 („per interpretem") ausführt. Die Dolmetscher sind selber Mönche.[605] Die Führung der Mönchsbewegung bilden hingegen griech.-sprechende Mönche.[606]

Johannes Cassian vermag mit den Inst. und Coll. auf einzigartige Weise sowohl die hohe griech. Theologie der Kappadokier und der Origenisten mit der Lebensweisheit der koptischen Wüstenväter zu verbinden als auch das Programm von Koinobion (Rahmen) und Spiritualität (Content) aufzustellen. Er schreibt auf Lat. und verwendet neue Begriffe wie die puritas cordis. All das kommt bei ihm wie aus einem Guss.

3.2.2.2. Tradition

Zentral für das christliche Mönchtum ist das Jesuswort „Wenn du vollkommen sein willst, geh und verkaufe, was du hast, und gib es den Armen, und du wirst

---

Sprache komme, wo es um das Gebet gehe, bei Inst. 4 ginge es vielmehr um den Gehorsam.

603 Inst. Praef. 5.

604 Coll. 14.8.

605 Chadwick, 24, Fn. 2, und 27; vgl. auch Ziegler, Coll. Trad., Coll. 1, 330 En. 6.

606 Chadwick, 25: „To go into the desert and pray alone and fast was one thing. To reason upon the ethics and purpose of it was another."

einen Schatz im Himmel haben; dann komm und folge mir nach" (Mt. 19.21).[607] Die Aufforderung zur Vollkommenheit („perfectio")[608] gilt für alle Christen und wird in der Urgemeinde in Jerusalem vorbildlich gelebt. Das Mönchtum ist eine alte Tradition der spirituellen Hinwendung zu Gott und insb. der Christusnachfolge.[609] Das Leben eines Mönchs ist das apostolische Leben.[610] Vorbild für das Mönchsleben ist die östliche Mönchstradition aufgrund ihres Alters, ihrer langen Praxis und der gesammelten Erfahrung.[611] Soweit ersichtlich, ist Johannes Cassian der erste Autor, der sich zur Entstehung und Geschichte des Mönchtums äussert.[612]

3.2.2.3. Mönchsarten

Johannes Cassian führt in seinem historischen Rückblick zum Mönchtum aus, dass, nachdem sich die erste Glaubensglut und Askese der Urgemeinde durch das Hinzukommen von neuen Gläubigen und Heidenchristen abgekühlt habe, einzelne Menschen einen Sonderweg zu praktizieren beginnen, um asketisch zu leben. Sie ziehen sich von den anderen Menschen zurück, enthalten sich der Ehe, des Umgangs mit der Familie und des Kontaktes mit der Welt. Wegen der Strenge ihrer Lebensführung, alleine und abgesondert von den Mitmenschen lebend, werden sie „monachi" oder „μονάζοντες", Alleinlebende bzw. Mönche, genannt.[613]

---

607 Mt. 19.21 griech.: „ἔφη αὐτῷ ὁ Ἰησοῦς· εἰ θέλεις τέλειος εἶναι, ὕπαγε πώλησόν σου τὰ ὑπάρχοντα καὶ δὸς [τοῖς] πτωχοῖς, καὶ ἕξεις θησαυρὸν ἐν οὐρανοῖς, καὶ δεῦρο ἀκολούθει μοι." – „Ait illi Iesus: 'Si vis perfectus esse, vade, vende quae habes, et da pauperibus, et habebis thesaurum in caelo; et veni, sequere me'."

608 Johannes Cassian verwendet den Begriff der „perfectio" mehr als 400 mal; Puzicha, RB-Komm., 764. Dieser Begriff fasst das gesamte monastische Leben zusammen und richtet es ganz auf Christus aus. Diese Vollkommenheit hat wenig mit der Leistung des Menschen zu tun, sondern wird mehr von Gott verliehen. Vgl. Puzicha, RB-Komm., 764. Coll. 3.10: „et consummationem perfectionis ac puritatis ab eodem similiter tribui …".

609 Inst. 1.1.: Auch Johannes der Täufer, Peter und Paul haben das verfolgt. In Bezug auf die Mönchskleidung geht Johannes Cassian bis zu den Propheten Elia und Elisa zurück.

610 Chadwick, 51.

611 Inst. Praef. 1 und 9; Inst. 2.2.

612 Chadwick, 51: „It appears to be the first known history of monasticism."

613 Coll. 18.5 (Ziegler, Coll. Trad., 63); Originaltext: „monachi sive μοναζοντες a singularis ac solitariae vitae districtione nominati sunt".

In Coll. 18 berichtet Johannes Cassian über die Geschichte und die drei Arten von ägyptischen Mönchen: „Tria sunt in Aegypto genera monachorum.“[614] Er bezeichnet sie Koinobiten, Anachoreten und Sarabaiten.

Die Koinobiten leben in Gemeinschaft unter Leitung eines Abtes. Die Anachoreten sind jene Mönche, die ein Leben in Einsamkeit führen, nachdem sie sich im gemeinschaftlichen Koinobion bewährt haben. Die dritte Gruppe bilden die Lauen und Halbherzigen, die er die Sarabaiten nennt, ein aus dem koptischen stammendes Lehnwort.[615] Es sind Mönche, die in kleinen Gruppen leben und die Strenge eines Klosters und die Schulung und Führung durch einen Abt meiden und darauf bedacht sind, „frei vom Joch der Väter die Freiheit zu haben, ihren eigenen Willen zu tun, nach Belieben wegzugehen, umherzuschweifen und zu tun, was ihnen gerade einfällt.“[616]

Johannes Cassian führt aber noch eine vierte Mönchsgruppe an, für die er keine Bezeichnung hat: Es sind Einsiedler, die wie Anachoreten aussehen und sie äusserlich nachahmen,[617] aber innerlich matt[618] seien, ihre Laster verstecken und nicht bekämpfen.

3.2.2.4. Vorbild

Man soll solchen Mönchen nacheifern, die die Tugenden effektiv und im Rahmen der Christusnachfolge in die Tat umsetzen und nicht nur davon reden.[619]

3.2.2.5. Inneres und Äusseres

Inneres und Äusseres sollen stets übereinstimmen. Dies zeigt sich in der Kleidung, die dem Mönch selbst und der Aussenwelt in Erinnerung ruft, wer er ist, nämlich ein Streiter Christi („miles Christi“). Das soll sich auch in den äusseren Gesten und der inneren Haltung und Einstellung des Mönchs zeigen. Die

---

614 Coll. 18.4.

615 Johannes Cassian führt den Begriff auf die koptische Sprache zurück: „Aegyptiae linguae proprietate Sarabaite nuncupati sunt“ (Coll. 18.7). Vgl. auch Descoeudres, Mönchssiedlungen, 31; Puzicha, RB-Komm., 93.

616 Coll. 18.7 (Ziegler, Coll. Trad., 66).

617 „… qui anachoretarum sibi specie atque imagine blandiuntur …“ (Coll. 18.8).

618 „… immo tepor eos semel infecerit …“ (Coll. 18.8). Ziegler, Coll. Trad., 68, übersetzt dies mit „Ohne-Feuer-Sein“.

619 Inst. 12.15: „Ideoque si ad veram consummationem virtutum volumus effectu et opere pervenire, illis debemus adquiescere magistris ac ducibus, qui hanc non vaniloqua disputatione somniantes, sed re atque experimentis adprehendentes nos quoque docere atque ad eam dirigere similiter possunt …“.

Übereinstimmung von Innerem und Äusserem stellt für Johannes Cassian ein Ideal des Mönchs dar.[620]

3.2.2.6. Koinonia

Johannes Cassian führt in Inst. 2.5 und Coll. 18.5 aus, die Lebensordnung des Koinobion richte sich nach der Urgemeinde in Jerusalem aus, und zitiert an beiden Stellen aus der Bibel[621] die Verse Apg. 4.32–35, wonach die Gläubigen ein Herz und eine Seele waren und alles, was sie hatten, ihnen gemeinsam gehörte.[622] Johannes Cassian verwendet den Begriff der „communio" für die Gemeinde und benutzt ihn auch bei der Erklärung für das Koinobion, das „κοινόβιον" bzw. das „coenobium" (in Anlehnung an die Begriffe „κοινός" bzw. „communis" in Apg. 4.32: „ἦν αὐτοῖς ἅπαντα κοινά", „erant illis omnia communia"). Die Gemeinschaft ist ein Ort der Brüderlichkeit, wo Frieden herrscht, und der geprägt ist durch einen ethischen Wertekanon und Kohärenz der Mönche.[623] Die Gemeinschaft soll eine friedfertige sein. Im Frieden kann man frei sein, spirituell wachsen und ein reines Herz („puritas cordis") entwickeln.[624] Ideale für das gemeinschaftliche Zusammenleben wie in der Urgemeinde sind: (i) Bekehrungsgemeinschaft, (ii) Gemeinschaft im Glauben und Gebet, (iii) gemeinsames Brotbrechen, (iv) Gütergemeinschaft und (v) Einmütigkeit des Herzens.[625] Die Gemeinschaft ist ein Ort der Brüderlichkeit, wo Frieden herrscht und der geprägt ist durch einen gleichen ethischen Wertekanon und Kohärenz der Bewohner.[626]

620 Inst. 2.7; Puzicha, RB-Komm., 289.

621 Wohl aus der Vulgata. Hieronymus' Übersetzung der Bibel vom Griech. ins Lat., die Vulgata, liegt Johannes Cassian bereits vor. Als AT dürfte Hieronymus die von Origenes um 245 redigierte Hexapla (Ἑξαπλᾶ) verwendet haben, eine mehrsprachige Synopse des AT in sechs Spalten. Johannes Cassian bezieht sich in Inst. Praef. 5, ausdrücklich auf die Übersetzungsarbeit des Hieronymus: „... verum etiam Graeca lingua digestos in Latinum vertit eloquim."

622 Apg. 4.32: „Multitudinis autem credentium erat cor et anima una nec quisquam eorum quae possidebant aliquid suum esse dicebat sed erant illis omnia communia."– „Τοῦ δὲ πλήθους τῶν πιστευσάντων ἦν καρδία καὶ ψυχὴ μία, καὶ οὐδὲ εἷς τι τῶν ὑπαρχόντων αὐτῷ ἔλεγεν ἴδιον εἶναι ἀλλ' ἦν αὐτοῖς ἅπαντα κοινά." In Inst. 2.5 schreibt Johannes Cassian „multitudinis scilicet credentium ..." und in Coll. 18.5 „multitudinis autem credentium ...".

623 Vgl. auch die Bekehrungsgemeinschaft bei Puzicha, RB-Komm., 407.

624 Inst. 9.13; Coll. 16.16.

625 Vgl. Puzicha, RB-Komm., 88; vgl. dazu Schliesser, 31 ff.

626 Vgl. auch die Bekehrungsgemeinschaft bei Puzicha, RB-Komm., 407.

Auf die Frage des Germanus, ob es einen Unterschied zw. einem Koinobion („coenobium“) und einem Monasterion („monasterium“) gebe, legt Johannes Cassian Abba Piamun in Coll. 18 folgende Antwort in den Mund: „Obwohl von einigen ohne Unterscheidung von Monasteria anstatt von Koinobia gesprochen wird, besteht doch der Unterschied darin, dass Monasterion nur der Name eines Aufenthaltsortes ist und also nichts anderes als einen Ort, das heisst den Wohnort der Mönche bezeichnet. Koinobion aber kennzeichnet auch die Art des Gelübdes und die Lebensform. Monasterion kann auch die Wohnung eines einzelnen Mönchs genannt werden, von einem Koinobion aber kann man nur reden, wenn mehrere Bewohner in einer Gemeinschaft vereint leben.“[627]

Johannes Cassian führt in Coll. 18.6 aus, dass Gleichgesinnte, die sich in Gemeinschaften zusammengetan haben, „Koinobiten“ und ihre Aufenthaltsorte „Koinobia“ genannt werden. Daraus seien später die Anachoreten hervorgegangen, die, als Eremiten lebend, den Kampf gegen die Laster offen austragen wollen.[628] Das Christentum erfreue sich dieser beiden Mönchsberufungen: Koinobitentum und Anachoretentum.[629]

Nach Johannes Cassian steht gem. der ägyptischen Tradition das Eremitenleben in höherem Ansehen; dabei geht es aber nicht um die totale Einsamkeit, sondern um eine Gemeinschaft von Eremiten mit einer gemeinsamen Disziplin und Liturgie. Mönche ausserhalb einer gemeinsamen Disziplin, sind eben die Sarabaiten.[630] Aber wer Anachoret werden möchte, kann dies nach Johannes Cassian nicht einfach so tun, denn nicht jeder Mönch sei in der Lage, in der Einsamkeit zu leben, und viele Mönche seien dieser Herausforderung auf Dauer nicht gewachsen. Das Eremitentum sei nur etwas für die gereiften Mönche. Reife erlange man aber nur im Koinobion.[631] Wie Chadwick zu Recht feststellt,

---

627 Coll. 18.10 (Ziegler, Coll. Trad., 69); Originaltext: „Licet a nonnullis soleant indifferenter monasteria pro coenobiis appellari, tamen hoc interest, quod monasterium nomen est diversorii, nihil amplius quam locum, id est habitaculum significans monachorum, coenobium vero etiam professionis ipsius qualitatem disciplinamque designat. et monasterium potest etiam unius monachi habitatio nominari, coenobium, nisi ubi plurimorum cohabitatium deget unita communio, non potest appellari.“

628 Als Eremiten nennt er beispielhaft Johannes den Täufer oder den Propheten Elia; Coll. 18.6.

629 Chadwick, 52.

630 Chadwick, 53; Chadwick, 65: „… Sarabaites, individuals without discipline“. Man könnte diesbezüglich auch von den irregulären Mönchen sprechen, während die Koinobiten und die Anachoreten die regulären sind.

631 Coll. 18.

kann die Höherstellung des Eremitentums über das Koinobitentum aber auch zu Problemen führen; denn wenn Mönche veranlasst werden, das Kloster für das Eremitenleben zu verlassen, könne das Klosterleben nicht wirklich religiöse Erfüllung bringen.[632] Deshalb muss das gemeinsame Leben gestärkt und als die wahre Berufung des Mönchtums dargestellt werden.[633] Für das Koinobitentum setzt sich Johannes Cassian stark ein.

Mit diesem geschichtlichen Rückblick beabsichtigt Johannes Cassian, die Mönche als traditionelle Christen darzustellen. Die Gallier wollen Mönche haben, aber wissen nicht, wie sie das bewerkstelligen können.[634] Johannes Cassians Idee ist nun, dass sie sich nur einer alten etablierten und erprobten Lebensweise anpassen müssten; und das habe mit einer neuen Mode nichts zu tun, auch wenn das Mönchtum im Westen noch neu sei.[635] Unter den koinobitischen Lebensformen sieht Johannes Cassian die harte und genügsame Mönchslebensweise nach ägyptischer Art als die beste an, mildert aber die ägyptischen Regeln unter Berücksichtigung von Klima und Volksschlag Galliens ab. Ein Gallier sagt, als er die ägyptischen Essenvorschriften vernimmt: „Wir Gallier sollten nicht gezwungen werden, wie die Engel zu leben.“[636] Zur Abmilderung der harten ägyptischen Regeln erfindet Johannes Cassian nicht etwas Neues, sondern kann auf die Verhältnisse in Palästina und Mesopotamien abstellen, so dass sich die Gallier trotz Abmilderung auch auf tradierte östliche Regeln berufen können.[637] So schreibt er ausdrücklich in seinem Vorwort zu den Inst.: „I do not at all believe that a new constitution in the West, in Gaul, could be more reasonable or indeed more perfect than what has already been instituted in those parts where monasteries founded by holy and spiritual fathers at the time when the apostles started preaching remain even to our own day. I shall take it upon myself, however, to inject some moderation into this little work. Thus, what I discern in the rule of the Egyptians to be impossible or hard or arduous for this country, because of either harsh climate or difficulty and diversity of behavior, I shall temper somewhat by recourse to the customs of the monasteries in Palestine and Mesopotamia, for, if reasonable possibilities are offered, the same perfection of observance may exist even where there is unequal

632 Chadwick, 53.
633 Chadwick, 53.
634 „The Gauls wish to have monks and do not know how to be monks.“, Chadwick, 52.
635 Chadwick, 52.
636 Vgl. Chadwick, 52.
637 Chadwick, 53.

capability."[638] So macht Johannes Cassian das Mönchsleben für die Gallier einfacher und annehmbarer und ermöglicht gleichzeitig im Ostteil des Reiches die Akzeptanz des westlichen Mönchtums.[639]

3.2.3. *Äusserliche Begriffselemente*

3.2.3.1. *Kleidung*

In Inst. 1 beschreibt Joannes Cassian die Mönchskleidung mit akribischer Genauigkeit am Bsp. der ägyptischen Mönche.

Als sichtbares Zeichen seines Standes eines Streiters für Christus („miles Christi")[640] trägt der Mönch eine Kutte und ist mit einem Gürtel umgürtet. Johannes Cassian verweist darauf, dass bereits die Propheten Elia und Elisa,[641] aber auch die Heiligen Johannes der Täufer,[642] Peter und Paul eine Kutte getragen haben.[643]

Leinen, Wolle, Tierfelle wie Ziegenhaarfell[644] dienen als Stoff, ungefärbt oder dunkel, schwarz, aber auch weiss.[645] Einfachheit, Gleichheit und Erkennbarkeit

---

638 Inst. Praef. 8 (Ramsey, Inst. Trad., 14). Im Orginal: „[N]equaquam credens rationabilius quippiam vel perfectius novella constitutionem in occidius Galliarum partibus repperire potuisse quam illa sunt instituta, in quibus ab exordio praedicationis apostolicae a sanctis ac spiritalibis patribus fundata monasteria ad nos usque perdurant. illam sane moderationem opusculo huic interserere praesumam, ut ea, quae secundum Aegyptiorum regulam sev pro asperitate aërum sev pro difficultate ac diversitate morum impossibilia in his regionibus vel dura vel ardua conprobavero, institutis monasteriorum, quae per Palaestinam vel Mesopotamiam habentur, aliquatenus temperem, quia, si rationalibis possibilium mensura servetur, eadem observantiae perfectio est etiam in impari facultate."

639 Im gallischen Mönchtum besteht gegenüber dem östlichen für lange Zeit ein Inferioritätsgefühl. Dieser Minderwertigkeitskomplex schimmert in den Dialogen des Sulpicius Severus und in der Vita der Juraväter durch. Vgl. Frank, Juraväter, Fn. 81.

640 Dass der Christ im Allgemeinen und der Mönch im Besonderen ein Streiter Gottes ist, ist ein Allgemeinplatz in der frühen christlichen Literatur; Ramsey, Inst. Trad., 29.

641 Elia und Elisa werden als „Erfinder" des Mönchtum dargestellt und sind oft zitierte Bsp. für das asketische Leben; Ramsey, Inst. Trad., 29.

642 Johannes der Täufer wird von Hieronymus als der erste Anachoret dargestellt; Ramsey, Inst. Trad., 29.

643 Johannes Cassian führt die Mönchskleidung auf biblische Figuren wie Elia und Elisa, Johannes den Täufer, Petrus und Paulus, die als eigentliche Vorbilder des Mönchtums gelten, zurück.

644 Inst. 1.2.: „cilicium".

645 Puzicha, RB-Komm., 583.

des Mönchsgewandes sind massgeblich. Johannes Cassian schreibt, die Kleider sollen „sich weder durch auffallende Farben noch durch kunstvollen Schnitt … auszeichnen, ohne ausgesuchte Sorgfalt, andererseits aber auch wieder nicht verunreinigt durch Schmutz, der wie aus anscheinender Sorglosigkeit zur Schau getragen wird. Schliesslich sollen sich die Kleider der Mönche darin von denen der Weltleute unterscheiden, dass sie in ihrer Form stets unverändert bleiben, und dass sie bei dem einen genau dieselben sind wie bei den anderen."[646] Johannes Cassian schreibt in Inst. 4.13: „Wir kennen solche [Mönche], die in jeder Beziehung so arm sind, dass sie ausser dem Unterkleid, dem Schultertuch, den Schuhen, dem Fellumhang und der Schlafmatte nichts weiter besitzen."[647]

Johannes Cassian deutet die Mönchsbekleidung allegorisch, wobei er auf Euagrios Pontikos zurückgreift.[648] Die Kutte ist eine rauhe Körperbedeckung, die die Nacktheit bedeckt und vor Kälte schützt. Sie ist sehr genügsam, damit nicht Eitelkeit oder Stolz aufkommen.[649] Die Kutte ist punkto Stoff, Farbe und Schnitt für alle Mönche gleich. Die Ägypter tragen eine Kapuze, welche Kopf, Nacken und Schulter bedeckt. Das soll sie immer an die Unschuld und Einfachheit von kleinen Kindern erinnern, indem sie deren Kleidung imitieren.[650] Die Armel des leinenen Unterkleids („colobium") reichen bis zum Ellbogen und lassen die Unterarme und die Hände frei. Das erinnert die Mönche immer daran, dass sie sich von der Welt zurückgezogen und die irdischen Begierden aufgegeben haben.[651] Sie tragen dünne wollene Stricke oder Kordeln (auf Griech. „ἀναλαβοι"), die vom Nacken geteilt unter den Achselhöhlen durchgeführt werden, damit die Kleidung gestrafft dem Körper anliegt und die Arme bewegungsfrei sind.[652] Sie bedecken Nacken und Schultern mit einem

646 Inst. 1.2, übers. v. Puzicha, RB-Komm., 584.

647 Inst. 4.13: „quos ita novimus omni ex parte nudos existere, ut praeter colobium, maforte, gallicas, meloten ac psiathium nihil amplius habeant".

648 Inst. 1.1–9.11; Puzicha, RB-Komm., 584.

649 Inst. 1.1–2. Johannes Cassian spricht von „Bedeckung" („operimenta") und nicht von „Kleidung" („vestimenta"). Die Genügsamkeit der Kleidung (und Nahrung) wird mit 1 Tim 6:8 begründet: „Wenn wir aber Nahrung und Bedeckung haben, so wollen wir uns daran genügen lassen." – „habentes autem alimenta et quibus tegamur his contenti sumus." – „ἔχοντες δὲ διατροφὰς καὶ σκεπάσματα, τούτοις ἀρκεσθησόμεθα."

650 Inst. 1.3 („cucullis perparvis").

651 Inst. 1.4; Leinen repräsentiert im frühen Christentum Unsterblichkeit, Ramsey, Inst. Trad., 31.

652 Inst. 1.5.

Schulterumhang oder einer Pelerine („mafors“).[653] Sie tragen einen Ziegenfellumhang („melotis“ oder „pera“ genannt) und einen Stab, wie Elisa immer einen mit sich geführt hat. Der Ziegenfellumhang erinnert die Mönche daran, dass sie, nachdem sie alle fleischlichen Leidenschaften besiegt haben, sich an die höchsten Tugenden halten sollen.[654] Der Stab soll die Mönche daran erinnern, dass sie nie unbewaffnet – im spirituellen Sinne („spiritaliter“) – den bösen Geistern und Lastern begegnen sollen.[655] Die Mönche tragen keine Schuhe, sondern Sandalen. Dies erinnert sie daran, dass man als Mensch dem Körper nie ganz entsagen könne, ihm das nötige, aber nicht das überflüssige zukommen lassen solle. Zur Kommunion gehen sie barfuss.[656] Der Gürtel gibt dem Mönch Halt (für die Kleidung und spirituell). Der Ledergürtel erinnert ihn daran, dass er tote Haut um seine Hüften trägt, was ihn an den Tod erinnern und gleichzeitig ermahnen soll, keusch zu leben.[657] Johannes Cassian bemerkt aber, dass in kälteren Regionen andere einfache Materialien und Schuhe usw. verwendet werden sollen.[658]

Der neueintretende Mönch entledigt sich bei Aufnahme vor der Mönchsversammlung („in concilio fratrum“) all seiner Habe und erhält die Mönchkleidung aus der Hand des Abts („per manus abbatis“).[659] Die privaten Kleider des Mönchs werden von einem Verwalter („oeconomus“) so lange aufbewahrt, bis die Bruderschaft sicher ist, dass er die Disziplin aufrechterhalten und im Kloster bleiben kann. Dann werden sie an die Armen verteilt.[660]

Die Erkennbarkeit des Mönchsstandes an der Kleidung ist wichtig. Die Kleidung des Mönchs soll sich bewusst von jenen der Weltleute unterscheiden. Die Mönchskleidung bleibt in ihrer Form stets unverändert und ist bei allen Mönchen gleich.[661] Bereits zur Zeit des Johannes Cassian handelt es sich beim Mönchsgewand um eine eindeutig erkennbare Kleidung, wie sich auch am Ritus der Einkleidung des Novizen zeigt.[662] Seit Kaiser

653 Inst. 1.6, als Ersatz für den zivilen ovalen leinenen Schulterumhang („planeta“ oder „paenula“ bzw. „byrrus“ genannt); vgl. dazu Guy, Inst. Trad., 47, Fn. 3.

654 Inst. 1.7.

655 Inst. 1.8.

656 Inst. 1.9; barfuss in der Kirche in Anlehnung an Ex. 3:5 und Jos. 5:15.

657 Inst. 1.11. Leder symbolisiert den Tod; Ramsey, Inst. Trad., 33.

658 Inst. 4.10.

659 Inst. 4.5.

660 Inst. 4.6.

661 Inst. 1.2.

662 Inst. 4.5–6; Puzicha, RB-Komm., 584.

Konstantios II. (317–361) werden die Mönche als eigener Stand („ordo") rechtlich anerkannt.[663]

3.2.3.2. Verbindlichkeit der Regel

Es gelten die Regeln der Gemeinschaft und das Vorbild der Wüstenväter („communis regula vel maiorum exempla").[664] Das ägyptische Mönchtum hat ungeschriebene Regeln. Ein Abba muss vorher Gehorsam gelernt und die Regeln verinnerlicht haben, bevor er eine Leitungsfunktion übernimmt.[665] Die Regel ist verbindlich.[666]

3.2.3.3. Struktur und Tagesablauf (Gebetszeiten, Lesung, Arbeit, Mahlzeit, Schlafen)

Der Mönch verbringt die meiste Zeit in seiner Zelle, wo er arbeitet, betet, liest, isst und schläft. In der Zelle hat es eine Gebetsnische.[667] Zum gemeinsamen Gottesdienst trifft man sich am Samstag und Sonntag gegen 9 Uhr[668] und unter der Woche täglich zum gemeinsamen Abend- und Nachtgebet bzw. Morgengebet[669] und je nach Region zu weiteren Stundengebeten. Der Mönch ist aber frei, seinen Tag zu gestalten. Zur Vermeidung von Überdruss und Trägheit empfiehlt Johannes Cassian, den Tagesablauf immer gleich zu strukturieren.[670] Die Tradition zu den Gebetszeiten ist unterschiedlich. In den Klöstern des Orients

---

663 Grabner-Haider/Maier, 168, m.w.H.

664 Inst. 4.39.2, vgl. auch Inst. 2.3.

665 Wie Johannes Cassian in Inst. 2.3 bemerkt, sind Äbte, die die Regeln nicht selber als Schüler verinnerlicht haben, „leichter geneigt ..., auf die Einhaltung ihrer eigenen Einfälle zu dringen, als sich einfach an die bewährten Grundsätze der Vorfahren zu halten." (übers. v. Puzicha, RB-Komm., 90).

666 Unterscheidendes Kriterium zur Anachorese; Salzburger Äbtekonferenz, 27.

667 Die Gebetsnische versinnbildlicht das Zeltheiligtum des Volkes Israel in der Wüste Sinai, in welchem die Bundeslade aufbewahrt worden ist, und wird deshalb als „Zelt" („σκηνή", „tabernaculum") bezeichnet. Sie ist das „Allerheiligste", von dem der Beter den „Segen des Herrn" empfängt (gleich dem brennenden Dornbusch des Mose). Der Mönch steht beim Gebet auf einer Bodenplatte vor dem „Zelt". Vgl. Descoeudres, Mönchssiedlungen, 42 f.

668 Inst. 3.2; Inst. 3.7. Die 3. Stunde ist gegen 9 Uhr morgens.

669 Inst. 3.3.11. Vgl. zu den Begriffen „lucernaris hora" bzw. „lucernarium" für die Zeit des Abendgebets, wenn die Lichter angezündet werden, Ramsey, Inst. Trad., 72, m.w.H., Puzicha, RB-Komm., 277.

670 Inst. 2; Inst. 3; Coll. 7.

(inkl. Palästina und Mesopotamien)[671] werden gemeinsame Stundengebete abgehalten. Die Ägypter hingegen brauchen Stundengebete nicht, da sie immer, auch während der Arbeit, beten.[672] Deshalb bevorzugen sie leichte, repetitive Handarbeit wie Seil- oder Korbflechten, die sie beim Beten unterstützt.

3.2.3.4. *Armut und Eigentumsverzicht*

Die Zeremonie der Einkleidung des neueintretenden Mönchs zeigt diesem, dass er nun arm ist, und lehrt ihn, nichts zu besitzen bzw. nichts besitzen zu wollen (Besitzesaskese) und vor der Zukunft keine Angst zu haben, denn von nun an wird er vom Kloster bekleidet, ernährt und beschützt und bekommt alles, was er braucht.[673] Der Mönch soll nichts Eigenes („peculiaris") haben.[674]

Die persönliche Armut wird durch die klösterliche Gütergemeinschaft ersetzt. Das Possessivpronomen „mein" (z.B. mein Buch oder meine Sandalen) sind bei Johannes Cassian nicht gestattet. Werden sie ausgesprochen, z.B. aus Versehen oder in Unkenntnis der Regel, werden die anderen Mönche um Vergebung gebeten. Um Vergebung wird auch gebeten, falls eine Gerätschaft, für

671 Inst. 3.3.: „in Palaestinae vel Mesopotamiae monasteriis ac totius Orientis".

672 Inst. 3.2.

673 Inst. 4.5. Johannes Cassian verweist auf Mt. 6.34: „So seid nun nicht besorgt auf den morgenden Tag, denn der morgende Tag wird für sich selbst sorgen. Es ist genug, dass jeder Tag seine eigene Plage hat." – „nolite ergo esse solliciti in crastinum crastinus enim dies sollicitus erit sibi ipse sufficit diei malitia sua." – „Μὴ οὖν μεριμνήσητε εἰς τὴν αὔριον, ἡ γὰρ αὔριον μεριμνήσει ἑαυτῆς· ἀρκετὸν τῇ ἡμέρᾳ ἡ κακία αὐτῆς."

674 Inst. 4.13: „quod … nulli peculiarem … liceat habere … ut praeter colobium, maforte, gallicas, meloten ac psiathium nihil amplius habeant … magnumque sit crimen ex ore monachi processisse 'codicem meum', 'tabulas meas', 'grafium meam', 'tunicam meam', 'gallicas meas' …" – „dass sie ausser dem Unterkleid, dem Schultertuch, den Schuhen, dem Fellumhang (Melote) und der Schlafmatte nichts weiter besitzen. … Hier wagt keiner auch nur mit einem Wort etwas sein eigen zu nennen, und das Wort …: ‚mein Buch, meine Tafeln, meine Feder, mein Mantel, meine Schuhe' ist ein grosses Vergehen, für das er eine entsprechende Busse übernehmen muss". Vgl. Puzicha, RB-Komm., 405, Fn. 48; Brown, 604. Der Begriff „peculiaris" (dt. „eigen") ist verwandt mit dem Begriff des „peculium". Damit ist der „Sparpfennig" des Sklaven und des Hauskindes gemeint. Hauskinder und Sklaven sind vermögensunfähig; vermögensfähig ist nur ihr Gewalthaber, der pater familias. Das peculium ist ein Sondergut, das de iure dem pater familias gehört, aber de facto dem Sklaven bzw. Hauskind überlassen ist. Mit dem peculium kann sich der Sklave vom Herrn „freikaufen". Das peculium ist eine Frühform der Gratifikation oder Bonuszahlung, also ein Anreiz, damit der Sklave gut arbeitet, wovon letztlich sein Herr profitiert. Vgl. dazu Kaser, Privatrecht, 79; Grabner-Haider/Maier, 31; Georges, 3544.

welche man die Verantwortung übernommen hat, kaputtgeht.[675] Was durch Arbeit erwirtschaftet wird (z.B. durch den Verkauf geflochtener Körbe), muss dem Kloster abgegeben werden. Johannes Cassian geht es nicht so sehr um die Gütergemeinschaft, sondern vielmehr darum, dass der Mönch nicht Geld versteckt oder stolz wird ob der eigenen Wirtschaftsleistung, denn dies würde ihn (und möglw. auch andere Mönche) vom Tugendpfad abbringen.[676]

Das Kloster nimmt keine Spenden und Geschenke eines eintretenden Mönchs an, weil dies ihn mit Selbstvertrauen und Stolz innerhalb der Klostergemeinschaft erfüllen könnte. Dies würde ihn in einen inneren Konflikt mit dem Prinzip der Gleichheit der Mitbrüder und des Gehorsams bringen und es ihm erschweren, die Laster abzulegen. Johannes Cassian weist auf die Gefahr hin, dass bei weniger strengen Klöstern Mönche sogar versucht hätten, das von ihnen Eingebrachte zurückzufordern oder sogar, wenn es verbraucht worden sei, Entschädigungsansprüche geltend zu machen.[677] Er schämt sich auch festzustellen, dass einige der Welt entsagt hätten, indem sie bloss den weltlichen Stand und die weltliche Kleidung gewechselt hätten, aber an ihren früheren Lastern und Sitten festhielte und danach trachteten, für sich selbst Geld zu erwerben und dieses zu vermehren und dafür einen Vorwand erfinden würden, wie z.B., dass sie auch noch ihre Diener oder Brüder gerechterweise ernähren müssten oder in Zukunft ein Kloster gründen wollten.[678] Johannes Cassian besteht darauf, dass der Mönch das Kloster „regelrecht sterilisiert vom Reichtum“[679] betritt. Die Aufgabe des persönlichen Eigentums ist eine absolute Notwendigkeit. Aber dieser Eigentumsverzicht wird immer auch als „Synekdoche der Aufgabe des eigenen Selbst“ verstanden.[680] Das Eigentum und das Selbst sind miteinander verbunden. Eigentumsverzicht bedeutet auch einen

675 Inst. 4.13 und 4.16.

676 Inst. 4.14; Inst. 7.7. M.a.W. genügt die Besitzesaskese alleine nicht; wichtig ist auch die richtige innere Haltung ohne Stolz; Coll. 1.6.

677 Inst. 4.4 und Inst. 10.23; gem. Brown, 603 f., spielt hier Johannes Cassian auf die „lauwarmen Mönche Galliens“ i.S. eines Sulpicius Severus an, die nicht arbeiten und trotz grosser Spenden ihr Kloster herunterwirtschaften; Ziegler, Heilmittel, 50.

678 Coll. 4.20.

679 Brown, 604. Das ist auch ein Fingerzeig an das Kloster Lérins, das Geld und Güter seiner wohlhabenden Novizen annimmt. Der erfolgreiche Aufbau des Klosters Lérins ist im Wesentlichen nur möglich, weil wohlhabende Novizen ihre eigenen Sklaven mitbringen, die sich dort als Brüder ihrer früheren Herren niederlassen. Vgl. Brown, 610.

680 Brown, 604.

Kontrollverzicht. Johannes Cassian verlangt deshalb nicht nur den Verzicht auf Eigentum, sondern damit einhergehend auch die Aufgabe des eigenen Willens.[681] Johannes Cassian verwendet dafür den griech. Begriff „ακτημοσύνη“ und schreibt in Coll. 18.7: „ακτημοσύνη, id est nuditatem omnium rerum ac perpetuam possideant paupertatem“ – „die ακτημοσύνη, das heisst die Entblössung von allen Dingen und die immerwährende Armut zu besitzen“. Der griech. Begriff umfasst sowohl „nuditas“ (Nacktheit), d.h. die freiwillige Selbstentblössung von jedem Besitz, als auch die „paupertas“ (Armut), d.h. keinen Besitz und keine Nahrung haben.[682]

3.2.3.5. Stabilitas

Für Johannes Cassian ist das Herumwandern wie eine Flucht. Deshalb verachtet er die Sarabaiten. Es ist besser, sich einer Mönchsgemeinschaft anzuschliessen und in dieser zu bleiben („stabilitas“). Das hilft, Demut und Gehorsam zu lernen und sich auf Gott zu konzentrieren und die Tugenden zu üben („instrumenta perfectionis“[683]). Der Wandermönch hingegen wird durch eigene Entscheide des Aufbruchs und der Wegbestimmung sowie durch Gefahren auf dem Weg und deren Abwehr abgelenkt. Er muss sich keinen Gemeinschaftsregeln unterwerfen bzw. weicht ihnen aus, indem er weiterzieht, wenn es ihm zu streng oder zu viel wird. Damit stellt er sich den eigenen Problemen und seinem Geiste nicht, sondern läuft davon und flüchtet letztlich vor sich selber. Er stellt seine eigenen Regeln auf und nimmt daher am legitimen Wettkampf („legitimus agon“)[684] nicht teil, sondern kämpft quasi *hors concours* und somit illegitim. Es kann sogar sein, dass er stolz wird, weil er von den Laien viel Verehrung bekommt. Johannes Cassian führt in Coll. 1.7 aus: „Was immer also die Reinheit und Ruhe unseres Geistes stören kann, wie nützlich und notwendig es auch scheinen mag: es ist als schädlich zu meiden.“[685] Im Koinobion wird der

---

681 Inst. 2.3, 12.32; vgl. die Ausführungen Brown, 603 ff.

682 Vgl. Ziegler, Heilmittel, 40. Johannes Cassian erwähnt die beiden lat. Begriffe an verschiedenen Stellen, z.B. Inst. 7.22 und 7.27. Die „nuditas“ ist allerdings der wichtigere Aspekt, wie sich aus den weiteren Fundstellen ergibt: Inst. 4.43 i.f.; Inst. 12.32; Coll. 1.7.

683 Coll. 1.7.

684 Inst. 5.17.1.

685 Ziegler, Coll. Trans., 70; im Originaltext: „quidquid igitur potest istam mentis nostrae puritatem tranquillitatemque turbare, quamvis utile ac necessarium videatur, ut noxium devitandum est.“

junge Mönch durch den Altvater angeleitet, kann seinem Bsp. folgen, hat Ruhe für das Gebet und kann die Tugenden einüben.

Die Anachoreten sind in den Klöstern unterrichtet worden und haben sich in der monastischen Lebensführung bereits voll bewährt: „in actuali conversatione perfecti".[686] Sie sind somit in der Lage, alleine und ohne die Gemeinschaft mit anderen Mönchen zu leben.

3.2.3.6. Funktionen / Ämter

Das Mönchtum entsteht als Laienbewegung.[687] In den Anfängen des Mönchtums in Ägypten wird der weise und charismatische Mönch mit dem Titel „Geron" („Γέρων", Weiser) bezeichnet.[688] Der Geron wird mit „Abba" („Ἀββα", Vater) angesprochen. Dieser erfahrene Mönch bzw. geistliche Vater wird als Geistträger („πνευματοφόρος"),[689] als Abbild des vergebenden Gottes gesehen und damit als ein „irdisches Mittel", „durch das die himmlische Vaterschaft Gottes erfahren wird"[690]. Er kann deswegen Schüler um sich versammeln. Der junge Mönch sucht Ratschlag und Unterweisung bei einem erfahrenen Wüstenmönch und bittet um ein geistliches Wort („ρῆμα").

Die meist sehr stark erfahrungsgeprägten Ratschläge der Geronten dienen als Orientierungshilfe auf dem Weg zum Heil.[691] Die Weisheit, welche die geistlichen Väter lehren, ist nicht nur Ausdruck der Gabe des Heiligen Geistes, sondern auch das Ergebnis errungener Erfahrung und persönlicher Klugheit. Sie äussert sich nicht impulsiv, nicht in Orakel- oder Rätselworten,[692] sondern in wohlüberlegten und verständlichen Sentenzen. Ihr Charakter ist asketisch-pastoral.[693] Das Heil ist letztlich eine Gabe des barmherzigen Gottes.[694] Weise

686 Coll. 18.4.

687 Puzicha, RB-Komm., 98.

688 Müller, Väter, 218.

689 Träger des Heiligen Geistes. Als „Vollalter Christi", Puzicha, RB-Komm., 98 f.

690 Müller, Väter, 218, m.w.H.

691 Müller, Väter, 219.

692 In der paganen Zeit sind Orakel und Rätsel Formen der transzendenten Weisheitsvermittlung.

693 Hörmann, 25. Hörmann, stellt zu Recht fest, dass die Verwandtschaft mit stoischer Lebensweisheit zum Teil unverkennbar sei; Hörmann, 25.

694 Müller, Väter, 219, m.w.H.: „Das Heil selber war aber nach Meinung der Wüstenväter durch die Befolgung der Ratschläge in Form von ‚guten Werken letztlich nicht zu verdienen, sondern vielmehr eine Gabe des barmherzigen Gottes". Es gibt also keinen Automatismus: Arbeit gegen Heil. Das Heil ist kein Verdienst i.S. eines

Mönche werden bewundert und zu Autoritäten; Laien, andere Mönche und Kleriker ersuchen sie um spirituelle Beratung,[695] Lebensbegleitung,[696] Unterweisung und Heilung.[697] Der Abba spendet ihnen Lebensmut und dient ihnen als Vorbild.[698]

Ein charismatisch begabter Geron steht einem Koinobion vor.[699] Der Abt ist grundsätzlich ein Laie.[700] Das Mönchtum gibt ihm im Kloster eine einmalige Stellung.[701] Johannes Cassian tituliert sowohl Klostervorsteher mit „Abba" (v.a. in den Inst.), als auch weise Wüstenväter (v.a. in den Coll.). Er erwähnt, dass der Klostervorsteher seinen Nachfolger designiere.[702] Der „Abbas"-Begriff wird im westl. Mönchtum übernommen und bürgert sich im 5. Jhdt. in den lat. Mönchschriften ein,[703] und wird heute mit „Abt" wiedergegeben.

Anspruches auf einen Lohn nach getaner Arbeit, sondern stets eine freiwillige Gabe Gottes.

695 Der Mönchsvater ist aber nicht vollkommen, sondern selber auf dem Weg. Dies soll er seinen geistlichen Kindern immer wieder deutlich machen, um möglichst nahe bei ihren Problemen zu sein. Andererseits hat er aber seine besonderen Gaben, die er in der Einsamkeit geschärft hat, einzusetzen, nämlich v.a. die Gaben zur Unterscheidung der Geister („διάκρισις πνευμάτων") und zur Herzenskenntnis („καρδιογνωσία"). Vgl. Müller, Väter, 240.

696 Die Gespräche der Wüstenväter haben non-direktiven Charakter. Die Wüstenväter weigern sich geradezu, ihren Schülern Entscheidungen abzunehmen. Müller, Väter, 249.

697 Es geht dabei aber nicht bloss um Psychotherapie, sondern auch um die „Freilegung und Förderung der Gedanken und Kräfte einer Person, die zu Gott führen, um das Hören auf Gottes Willen." Müller, Väter, 241: Es geht also um Hilfe zur Theosis, der Vereinigung mit Gott. Die Hochschätzung charismatischer, also mit besonderer pneumatischer Gnade versehene Seelsorger, hält sich in der orthodoxen Kirche bis heute. Müller, Väter, 221.

698 Müller, Väter, 243 f.

699 Johannes Cassian verwendet den Begriff für Klostervorsteher (Inst.) und Altväter (Coll.) gleichermassen. Rufinus gibt mit „is qui praeest" stets den Begriff „προεστος" („Vorsteher") der Basiliusregel wieder. Augustinus spricht ausschliesslich vom „praepositus". Der „Abbas"-Begriff wird im westl. Mönchtum übernommen und bürgert sich im 5. Jhdt. in den Mönchschriften ein. Vgl. Puzicha, RB-Komm., 100, Fn. 47.

700 Puzicha, RB-Komm., 98.

701 Inst. 2.3.5, 2.16.1, 4.15–16.

702 Inst. 4.28. Vgl. auch Coll. 4.2.1, wo Johannes Cassian u.a. berichtet, dass der designierte Nachfolger vor dem amtierenden Abt verstirbt.

703 So auch bei Benedikt, RB 2.1: „Abbas, qui praeesse dignus est monasterio …". In der griech. Tradition wird der Klostervorsteher „Hegumen" („ἡγούμενος") genannt.

Johannes Cassian übt auch Kritik an schlechten Äbten, denn er stellt fest, „… dass den Klöstern meist Männer vorstehen, die die Regel der Väter nicht kennen und Äbte werden, bevor sie, wie es doch in der Ordnung wäre, sich als Schüler bekannt und bewährt hatten. Solche sind eben leichter geneigt, auf die Einhaltung ihrer eigenen Einfälle zu dringen, als sich einfach an die bewährten Grundsätze der Vorfahren zu halten."[704] In Coll. 4.20 weist er auf seine Beobachtung hin, dass es Klostervorsteher gebe, die nur darauf aus seien, ihren Brüdern vorzustehen, sich selbst aber niemals den Vätern unterwerfen würden: „Voller Hybris treten sie auf. Während sie unterweisen wollen, sind sie selber unfähig, zu lernen oder zu tun, was gelehrt werden sollte. Wie das Wort des Herrn sagt: Als blinde Blindenführer fallen sie unausweichlich selbst in die Grube."[705]

Aus diesem Grunde ist es wichtig, dass Führungsfunktionen in einem Kloster nur von Menschen übernommen werden, die nach der Tradition der Väter geschult sind, das Mönchsleben über viele Jahre des Trainings verinnerlicht haben und es für alle vorbildlich, glaubhaft und ernsthaft leben.

Johannes Cassian erwähnt den Priester, den Klosterverwalter („oeconomus")[706] sowie den Pförtner, der für die Klosterpforte, die Unterbringung und Verpflegung von Reisenden und Gästen zuständig ist. Des Weiteren führt der Pförtner die Novizen in ihrem ersten Klosterjahr. Danach wird der Novize einem Dekan, d.h. einem älteren Mönch, der für zehn junge Mönche zuständig ist und diese anleitet, in Obhut gegeben.[707] Der Novize darf die Zelle ohne

---

704 Inst. 2.3.5; Dt.-Übersetzung bei Puzicha, RB-Komm., 89 f.; Originaltext: „… quod plerumque seniorum institutionis expertes monasteriis praeesse audemus et abbates nos ante quam discipulos professi quod libitum fuerit statuimus, promptiores nostrorum inventorum exigere custodiam quam examinatam maiorum servare doctrinam".

705 Ziegler, Coll. Trans., 163; Originaltext: „e contrario autem evenit, ut dum fratribus praeesse festinant numquam senioribus ipsi subiciantur et a superbia inchoantes, dum alios instituere cupiunt, nec discere ipsi nec agere ea quae sunt docenda mereantur: qui necesse est ut secundum saluatoris sententiam caeci duces caecorum effecti pariter in foveam cadant." Johannes Cassian verweist mit der Grubengleichnis auf Mt. 15.14 („Lasst sie, sie sind blinde Blindenführer! Wenn aber ein Blinder den andern führt, so fallen sie beide in die Grube." – „Sinite illos caeci sunt duces caecorum caecus autem si caeco ducatum praestet ambo in foveam cadunt." – „ἄφετε αὐτούς· τυφλοί εἰσιν ὁδηγοὶ [τυφλῶν]· τυφλὸς δὲ τυφλὸν ἐὰν ὁδηγῇ, ἀμφότεροι εἰς βόθυνον πεσοῦνται.").

706 Inst. 4.28.

707 Inst. 4.7–10. Der Pförtner wird bezeichnet als „senior, qui seorsum haud longe a vestibulo monasterii commanens" (Inst. 4.7). Der Dekan wird bezeichnet als

Bewilligung seines Oberen nicht verlassen.[708] Im ägyptischen Kloster gibt es einen Koch bzw. Cellerar.[709]

3.2.3.7. *Gleichheit / Rangordnung*

Bei Johannes Cassian sind die Mönche einander grundsätzlich gleichgestellt. Allerdings gibt es die Funktion des Klostervorstehers („abba“[710]), des Verwalters („oeconomus“[711]), des Kochs bzw. Cellerars[712] und des Pförtners[713], der sich um die Gäste und die Novizen in deren ersten Jahr kümmert. Der jüngere Mönch wird von einem älteren unterrichtet, der für zehn Mönche verantwortlich ist („senior, qui decem iunioribus praeest“[714] bzw. „praepositus suae decaniae“[715]). Daneben erwähnt Johannes Cassian noch den Mönchsrat bzw. die -versammlung („concilium fratrum“[716]), z.B. bei der Aufnahme von Novizen.

3.2.3.8. *Mönchspriester*

Ein Klerikeramt wird i.d.R. gemieden, da es als Ausdruck der Ruhmsucht gesehen werden kann.[717] Die Klostervorsteher sind normalerweise Laien. In Coll. 4,

---

„senior, qui decem iunioribus praeest“ (Inst. 4.7) bzw. „praepositus suae decaniae“ (Inst. 4.10).

708 Inst. 4.10.

709 Inst. 4.22.

710 Statt vieler: Inst. 4.5.

711 Inst. 4.6.

712 Inst. 4.22.

713 Inst. 4.7.

714 Inst. 4.7.

715 Inst. 4.10.

716 Inst. 4.5.

717 Inst. 11.14: „Nonnumquam vero clericatus gradum et desiderium presbyterii vel diaconatus inmittit. quem si vel inuitus fuisset indeptus, tanta expleturum sanctitate ac rigore depingit, ut ceteris quoque sacerdotibus praebere potuerit sanctitatis exempla, deinde multos non solum conversationis forma, verum etiam doctrina sua sermoneque lucraturum. facit etiam in solitudine vel in cella commorantem diversorum domos ac monasteria mente atque animo circumire et plurimorum conversiones sub incitamento imaginariae exhortationis adquirere.“ – „Zuweilen aber flösst dieses Laster [die Ruhmsucht] dem Mönch das Verlangen nach dem Priesteramt oder dem Diakonat ein. Sogar wenn er es gegen seinen Willen erhalten hat, entwirft er ein solches Bild von Heiligkeit und Strenge, als könne er auch den übrigen Priestern ein Bsp. der Heiligkeit geben. Dann glaubt er, viele nicht nur durch das Vorbild seines Lebenswandels, sondern auch durch seine Lehre und Predigt zu gewinnen. Wenn er in der Einsamkeit der Zelle weilt, besucht er im Geist die

wo es um die Gier geht, ist der Klostervorsteher Abba Pafnutius zugleich Priester und hat den Abba Daniel zum Priester geweiht und zu seinem Nachfolger als Klostervorsteher designiert. In Coll. 4.20 legt Johannes Cassian Abba Daniel folgende Worte in den Mund: „Die eine [Art der Hybris] erstrebt aus Überheblichkeit ein Amt im Klerus, die andere verachtet es, weil sie es für unpassend oder als zu gering hält, gemessen an der vorigen Würde ihres früheren Lebens oder für das Ansehen ihrer Familie."[718] Ein Mönchspriester muss stets besonders vorbildlich leben.

Im östlichen Mönchtum besteht ein gewisser Argwohn gegenüber Klerikern und v.a. Bischöfen. In Inst. 11.18 erwähnt Johannes Cassian den alten Spruch der Wüstenväter, dass man vor Bischöfen flüchten müsse, denn sie würden einen nur daran hindern, das einfache Mönchsleben fortzuführen.[719] Im frühen östlichen Mönchtum wird zu den Bischöfen Distanz gesucht; es gibt etliche Geschichten, wo Mönche, die zum Priester oder Bischof geweiht werden sollen, die Flucht ergreifen. Im westlichen Mönchtum hingegen scheuen sich Mönche nicht, die mit Macht und Führungsaufgaben versehenen Bischofsfunktionen zu übernehmen. In der südgallischen Kirche stammen viele Bischöfe aus dem Lériner Kloster, wie auch der Klostergründer Honorat selber.

3.2.3.9. *Gastfreundschaft*

Das Koinobion pflegt Gastfreundschaft. So ist ein Mönch als Pförtner für Beherbergung und Verpflegung der Reisenden, Pilger und Gäste zuständig.[720]

3.2.3.10. *Aufnahme / Novizen*

Johannes Cassian beschreibt den Postulanten als „einen, der dieser Welt entsagt" („eius, qui renuntiat huic mundo").[721] Einen eigenständigen Begriff verwendet er nicht. Er verlangt, dass ein Postulant zehn Tage vor der Klostertüre liegen müsse, damit die Mönche ihn in diesem Zeitraum der Unaufrichtigkeit bezichtigen können. So werden seine Beharrlichkeit und sein freier Wille

---

Behausungen verschiedener Brüder und die Klöster und stellt sich vor, wie er durch seine erdachten Ermahnungen die Bekehrung vieler bewirkt." (übers. v. Puzicha, RB-Komm., 664, Fn. 32.)

718 Ziegler, Coll. Trans., 163; im Originaltext: „alia ob elationem clericatus ambit officium, altera despicit, utpote iudicans illud aut dignitati pristinae aut vitae ac natalium suorum meritis incongruum vel indignum."

719 Inst. 11.18: „... omnimodo monachum fugere debere ... episcopos."

720 Inst. 4.7.

721 Inst. 4.1.

getestet. Dann wird geprüft, ob er sich seines Eigentums und Besitzes entledigt habe. Daraufhin wird er über die Klosterregeln belehrt und mit der Kutte und dem Gürtel eingekleidet. Seine privaten Kleider werden dem Verwalter („oeconomus") übergeben.[722]

Die Aufnahme ins Kloster erfolgt im Rahmen einer Initiationszeremonie, die in der Einkleidung des Mönchs mit der Kutte und der Umgürtung mit dem Gürtel besteht. Brown konstatiert, dass die Zeremonie der „Ernennungs- und Beförderungszeremonie eines Offiziers der spätrömischen Armee nachgebildet" und „genauso endgültig und unwiderruflich" sei.[723] Bei Johannes Cassian gibt es beim Klostereintritt zwar ein Versprechen, allerdings ist das nicht im Mittelpunkt der Zeremonie. Ein Mönch wird von der Gemeinschaft angesehen als jemand, der ganz allgemein ein Versprechen der Weltentsagung („renunciatio") abgegeben hat.[724] Keuschheit, Armut und Gehorsam, wie sie später in einem Gelübde beim Klostereintritt abgelegt werden, sind damals noch einzelne Tugenden unter mehreren.[725] Zur Zeit des Johannes Cassian können diese Tugenden teils external sein, z.B. die Keuschheit bei Separierung vom anderen Geschlecht, die persönliche Armut durch Ersetzung durch die Gütergemeinschaft und durch das Verbot, die Wörter wie „mein" und „dein" zu verwenden, der Gehorsam durch die Befolgung des vorgegebenen Tagesablaufes.[726]

Im ersten Jahr arbeitet der junge Mönch als Gehilfe des Pförtners und muss sich im Gästehaus um die Besucher kümmern. Mit den anderen Mönchen darf er nicht zusammenkommen. Nach Ablauf dieses Jahres[727] wird jungem Mönch der Obhut eines Dekans, d.h. eines erfahrenen Mönchs, der sich um zehn jüngere Mönche kümmert, übergeben.[728] Eine Austrittregel gibt es nicht. Johannes Cassian sagt ausdrücklich, dass man nicht einfach wieder gehen könne – ausser

722 Inst. 4.6.

723 Brown, 604.

724 Inst. 4.33.

725 Chadwick, 65.

726 Chadwick, 65.

727 Diese lange, einjährige Probezeit ist einzigartig; bei Pachomius werden die Novizen direkt in die Bruderschaft aufgenommen. Vgl. Chadwick, 57.

728 Inst. 4.7.: „… admiscendus … congregationi fratrum alii traditur seniori, qui decem iunioribus praeest, quos sibi creditos ab abbate instituit pariter et gubernat, secundum illud sacilicet, quod ordinatum in Exodo legimus per Moysen." („ … and he is about to be admitted … to the community of the brothers, he is given over to another elder who is responsible for ten younger men, who have been entrusted to him by the abba whom he both teaches and rules, in accordance with what we read in Exodus was [sic] established by Moses.", Ramsey, Inst. Trad., 81 f.).

man flieht ungesehen in der Dunkelheit der Nacht wie ein entlaufener Sklave oder man wird für unwürdig befunden und muss deshalb das Kloster als Zivilist verlassen (also ohne Mönchskutte und -gürtel). Es gibt die Regel, dass niemand das Kloster verlassen darf mit etwas, das er bekommen hat.[729]

3.2.3.11. Anleitung / Unterweisung (des jüngeren durch einen erfahrenen Mönch)

Im Koinobion wird der jüngere Mönch von einem älteren weisen Mönch unterrichtet. Johannes Cassian erwähnt einen Dekan, d.h. einen älteren Abba, der für zehn jüngere Mönche verantwortlich ist („senior, qui decem iunioribus praeest"[730] bzw. „praepositus suae decaniae"[731]). Dieser ältere Mönch, meistens selber ein Geron, ist der Lehrmeister, der mehr durch vorbildliches Leben und weise Gespräche und Aufgaben lehrt, z.B. zur Erlangung einer demütigen Haltung (Metanoia, „μετάνοια").[732] Man kann das Verhältnis zw. Meister und Schüler auch als Götti-System bezeichnen.[733] Der Meister ist nicht nur dem Schüler gegenüber verantwortlich, dass aus ihm ein guter Mönch wird, sondern auch gegenüber dem Koinobion. So gilt es z.B., die Regeln des Koinobion einheitlich und korrekt zu vermitteln.[734] Oft leben die Schüler beim bzw. mit dem Meister.[735] Die Coll. selber sind eine Darstellung solcher spiritueller Gespräche mit verschiedenen Wüstenvätern.

3.2.3.12. Geistlicher Vater

Der Altvater führt den Schüler als geistlicher Vater, d.h. als Seelenführer und Begleiter, auch pastoral. Das ist eine Lebensbegleitung. Der erfahrene Mönch bzw. geistliche Vater wird als Geistträger („πνευματοφόρος") angesehen,[736] als Abbild des vergebenden Gottes, als ein „irdisches Mittel", „durch das die himmlische Vaterschaft Gottes erfahren wird".[737] Im ersten Jahrtausend des Mönchtums kann er die Beichte abnehmen; erst ab dem 12 Jhdt. ist das Sakrament der

729 Inst. 4.6.
730 Inst. 4.7.
731 Inst. 4.10.
732 Vgl. die Bsp. bei der Schulung von Demut und Gehorsam in Inst. 4.24.
733 Der „Götti" ist ein Deutschweizer Begriff für einen Paten.
734 Inst. 2.3.
735 Vgl. auch Descoeudres, Gemeinschaft, 30.
736 Träger des Heiligen Geistes. Als „Vollalter Christi", Puzicha, RB-Komm., 98 f.
737 Müller, Väter, 218, m.w.H.

Beichte den Priestern vorbehalten.[738] Die Beichte ist für Johannes Cassian sehr wichtig. In Inst. 4.39 nennt er sie als zweites Kennzeichen der Demut („humilitas“) und meint damit v.a. auch Ehrlichkeit und Aufrichtigkeit.[739]

3.2.3.13 *Lesung / Meditation / Weiterbildung*

Johannes Cassian bemerkt, dass bei den Ägyptern bei der Mahlzeit keine Tischlesung erfolge, sondern absolute Stille herrsche, während die Kappadokier, gemeint ist Basileios d. Gr.,[740] eine Tischlesung vorschreiben würden, allerdings weniger zur Erbauung der Mönche, sondern vielmehr um unnötiges Tischgeschwätz, Prahlerei und Streit, das sich bei Tisch nicht selten einstelle, zu verhindern.[741] Bei der Lesung sollen gewisse Bibelstellen ausgelassen werden wegen der möglw. schädigenden Wirkung auf schwache und kranke Gemüter.[742]

Zur Weiterbildung empfiehlt Johannes Cassian in Coll. 10.14 Wachen („vigilia“), Nachsinnen („meditatio“) und Beten („oratio“). Dies führt zur Festigkeit des Herzens („confirmatio cordis“). Beständigkeit darin und beharrliche Zielausrichtung bringen der Seele festen Halt („stabilis firmitas animae“). Zuerst

---

738 Gem. Hörmann, 188, ist die Funktion des Beichtvaters mehr auf das göttliche Charisma des Altvaters zurückzuführen. Hörmann, 10, betont, dass bis ins 12 Jhdt. das Beichtvateramt praktisch ausschliesslich in den Händen der Mönche liegt und erst danach auf Priester übertragen wird. Vgl. auch Müller, Väter, 218. Der Beichtvater heisst heute „πνευματικός“, der durch eine Ermächtigung („ενταλτήριον“) des Bischofs die Sünden sakramental vergeben kann.

739 Inst. 4.39.2: „secundo si non solum suorum actuum, verum etiam cogitationum nihil suum celaverit seniorem.“ – „Zweitens, wenn er dem Altvater nicht nur keine seiner Handlungen, sondern auch keine seiner Gedanken verheimlicht“. Es geht in erster Linie um Ehrlichkeit und Aufrichtigkeit.

740 Ramsey, Inst. Trad., 107.

741 Inst. 4.17. Vgl. auch Puzicha, RB-Komm., 446 f.

742 V.a. solche, die sexuelle Gefühle auslösen könnten. Coll. 19.16.3: „satis enim perniciosum est adhuc infirmis aegrisque pectoribus vel tenuissimam recordationem huius passionis admittere, ita ut nonnumquam eis etiam sub recordatione sanctarum feminarum vel sub sacrae lectionis historia noxiae titillationis stimulus excitetir. cuius causa seniores nostri huiuscemodi lectiones sub praesentia iuniorum solent consultissime praeterire.“ – „Ist es doch für noch schwache und kranke Herzen gefährlich genug, auch nur die geringste Erinnerung an diese Leidenschaft zuzulassen, so dass ihnen zuweilen selbst bei dem Gedanken an heilige Frauen oder in einer Erzählung der heiligen Lesung der Reiz eines schädigenden Kitzels erweckt wird. Aus diesem Grund pflegen auch unsere Altväter derartige Lesungen in Gegenwart der Jüngeren wohlbedacht zu übergehen.“ (Ziegler, Coll. Trans., 98).

solle durch unermüdliche Ausdauer in der Arbeit[743] aller Unruhe und Sorge um das gegenwärtige Leben entsagt werden. So gelinge es einem, gem. der Aufforderung in 1 Thess. 5.17[744] ohne Unterlass zu beten. Arbeit und Gebet gehen bereits für die ägyptischen Klöster Hand in Hand.

Bei Johannes Cassian sind die Bibellektüre und die Meditation bedeutend und hängt unmittelbar mit dem Mönchsein zusammen. Mönche zeichnen sich v.a. durch die Besinnung auf das Geistliche[745] aus und streben auch danach, die Bibel ihrem Gedächtnis einzuprägen, d.h. auswendig zu können.[746]

3.2.3.14. Dienst

In einer Klostergemeinschaft gibt es viel Arbeit in Form des Kochens, Putzens oder Waschens. Gem. Johannes Cassian kennen die Klöster in Mesopotamien, Palästina, Kappadokien und überall im Osten ein Rotationssystem für den Küchendienst, der wöchentlich am Sonntag nach der Vesper endet, nachdem die dienenden Mönche die Füsse der anderen Mönche gewaschen haben. Während der Fusswaschung[747] erhalten sie den Segen durch die anderen Mönche für den geleisteten Wochendienst. Am nächsten Montagmorgen übergeben sie die Arbeitsutensilien der nächsten Dienstschicht. In Ägypten wird hingegen ein besonders vertrauenswürdiger Mönch als Cellerar und Koch für unbefristete Zeit bestimmt.[748]

3.2.3.15. Arbeit

Das beste Heilmittel gegen die Trägheit sei die Arbeit, und der Hauptgrund für sie sei der Müssiggang, stellt Johannes Cassian in Inst. 10.2. fest.[749] Er macht

---

743 Diese Arbeit soll sich auf den Bedarf der Gemeinschaft ausrichten.

744 1 Thess. 5.17: „sine intermissione orate" (Vulgata) – „ἀδιαλείπτως προσεύχεσθε" – „betet ohne Unterlass".

745 Inst. 2.5: „spiritalium meditationum studiis".

746 Inst. 2.6: „… ac divinarum scripturam memoriam possidere adsidua meditatione studentibus addiderunt … faciunt hi, quibus lectio curae est seu memoria scripturarum." Vgl. dazu auch Puzicha, RB-Komm., 515.

747 Inst. 4.19: „… omnibus in ordine pedes abluant…" (Ramsey, Inst. Trad., 88: „… wash everyones feet …").

748 Inst. 4.22.

749 Um nicht der Trägheit zu verfallen, muss sich der Mönch eine Tagesstruktur geben. In den Kellia Unterägyptens leben und arbeiten die Mönche in eigenen Zellen. Der einzelne Mönch ist nicht so sehr durch die anderen kontrolliert und muss sich die Tagesstruktur selber geben. Die Eigenverantwortung des Mönchs ist grösser.

Ausführungen zur Faulheit und kommentiert Pauls Äusserungen über die Arbeit.[750] Inst. 10.7–24 enthalten einen eigenständigen Teil, der als „Abhandlung über die Handarbeit im Kloster“ bezeichnet werden kann.[751] Mit Arbeit soll der Mönch seinen Lebensunterhalt verdienen, was bedeutet, dass sich die Arbeit auf den Bedarf der Gemeinschaft ausrichten muss. Notwendige Arbeit und Gehorsam gehen Zurückgezogenheit und Lesung vor.[752] Arbeitseifer hat einen hohen Stellenwert im ägyptischen Koinobion, denn die Arbeit lehrt v.a. Geduld und Demut und ermöglicht, an einem Ort zu bleiben.[753] Damit kritisiert Johannes Cassian indirekt auch das Martinsmönchtum, welches das Prinzip der Arbeit für den eigenen Lebensunterhalt nicht kennt.[754]

Johannes Cassian weist nicht ohne Humor auf einen Merksatz der alten ägyptischen Wüstenväter hin, wonach ein arbeitender Mönch nur von einem Dämon geplagt werde, während ein Nichtstuer durch unzählige Geister geradezu zerstört werde: „unde haec est apud Aegyptum ab antiquis patribus sancta sententia, operantem monachum daemone uno pulsari, otiosum vero innumeris spiritibus devastari.“[755]

Arbeit ist für Johannes Cassian auch nötig zur Unterstützung des Gebetes, z.B. durch repetitive Handarbeit. Johannes Cassian hält fest, dass in Ägypten neben der Bibellektüre und dem Gebet die Handarbeit sehr wichtig sei.[756]

3.2.3.16. *Handwerk*

Das östliche Denken bevorzugt stets einfache handwerkliche Arbeit, bei welcher sich gut beten und nachdenken lässt.[757] Es sind Arbeiten, die der Mönch in seiner Zelle durchführen kann oder die ihn nicht zu weit von seiner Zelle

---

750 2 Thess. 3.10–12: „Denn schon als wir bei euch waren, geboten wir euch: Wer nicht arbeiten will, der soll auch nicht essen. Denn wir hören, dass einige unter euch unordentlich leben und nichts arbeiten, sondern unnütze Dinge treiben. Solchen aber gebieten wir und ermahnen sie in dem Herrn Jesus Christus, dass sie still ihrer Arbeit nachgehen und ihr eigenes Brot essen.“

751 Guy, Inst. Trad., 384: „Traité du travail manuel au monastère“; Chadwick, 46: „treatise on manual work in a monastery“.

752 Inst. 2.2; 3.3; 4.12; 4.16; vgl. Puzicha, RB-Komm., 513.

753 Inst. 10.22 f.

754 Inst. 10.23; Puzicha, Lérins, 14 f.; Puzicha, RB-Komm., 519.

755 Inst. 10.23 i.f.

756 Inst. 2.5: „Eo enim fervore divinarum scripturarum lectionibus orationique et operi manuum diebus ac noctibus incubabant.“

757 Inst. 2.2; Coll. 9–10.

wegführen, wie Seil- und Korbflechten, Herstellung von Matten, Kerzenziehen, Leinenherstellung, das Abschreiben von Büchern, Gärtnern oder Imkerei.[758] Johannes Cassian rät vom Ackerbau ab, denn das zwinge den Mönch dazu, seine Zelle für zu lange Zeit zu verlassen. Mit dem Verlassen der Zelle vergrössere sich nämlich die Gefahr, ablenkenden Eindrücken ausgesetzt zu sein und die Kontrolle über die eigenen Gedanken zu verlieren.[759]

Falls ein Mönch zu einer Aufgabe ausserhalb seiner Zelle gerufen werde, rät Johannes Cassian, soll er sie so erledigen, dass kein Gespräch geführt werden könne. Bei der Arbeit soll er im Geiste einen Ps. oder eine Bibelstelle rezitieren. So sei er besser geschützt vor üblen Gedanken, Geschwätz und bösen Handlungen. Aus diesem Grund soll der Mönch nach getaner Arbeit wieder sofort in seine Zelle zurückkehren.[760]

Texte kopieren ist für Johannes Cassian eine gute Tätigkeit – nicht unbedingt, um Texte zu überliefern, sie zu studieren oder Bibliotheken zu errichten, sondern weil dies den Mönch in seiner Zelle beschäftigt hält.[761] In Inst. 5.39 berichtet Johannes Cassian von einem aus Italien stammenden Mönch namens Symeon, der überhaupt kein Griech. versteht („Symeon, penitus Graeci sermonis ignarus, e partibus Italiae commeasset"). Der Klostervorsteher gibt ihm den Auftrag, einen Kodex auf Lat. zu verfassen, obwohl dieser für niemanden zu gebrauchen sei, da es in der gesamten Region nicht einen einzigen Mönch gebe, der dessen lat. Sprache verstehe [“recepit post codicem scriptum, nullius usibus vel commodis profuturum (quippe universis in illa regione notitia lingae huius penitus ignaris) …"]. Immerhin hält sie den Mönch mit guter Arbeit beschäftigt, was seiner Seele zuträglich ist.[762]

3.2.3.17. Werkzeug

Wie alles gehören auch die Werkzeuge allen Mönchen einer Gemeinschaft gemeinsam. Diese müssen sie sorgfältig behandeln und als sakrosankt ansehen.[763] Geht etwas kaputt, leistet der verantwortliche Mönch vor der Versammlung der Mönche („in synaxi fratribus congregatis") Abbitte, indem er sich auf

---

758 Chadwick, 66; vgl. auch Puzicha, RB-Komm., 518.

759 Inst. 4.19; Chadwick 66.

760 Inst. 2.15.

761 Chadwick, 67.

762 Chadwick, 67. Vgl. dazu auch Hoch, 53.

763 Inst. 4.19: „… ut credant se etiam pro minimis quibusque vasibus tamquam pro sacrosanctis." (Ramsey, Inst. Trad., 88: „… that they treat the least significant vessels as if they were sacrosanct …").

den Boden legt („prostratus in terram"), bis das gemeinsame Gebet beendet ist und der Abba ihn aufzustehen heisst.[764]

3.2.3.18. Schlafen / Bett

Bei Johannes Cassian lebt der Mönch alleine in einer eigenen Zelle, allenfalls teilt er diese mit einem jüngeren Mönch, den er unterrichtet. Die Zelle hat i.d.R. mehrere Räume, z.B. verschiedene Schlafräume.[765] Der Mönch schläft nicht in einem Bett, sondern auf einer Schilfmatte („psiathium") auf dem Boden.[766]

3.2.3.19. Sanktionen

Das Ziel aller Sanktionen ist die Besserung („emendatio", „emendare").[767] Gem. Johannes Cassian wird in den ägyptischen Klöstern von einem Mönch, der die Regel gebrochen hat, Reue („paenitentia") erwartet. Der Regelbruch muss durch eine Handlung, die Genugtuung („satisfactio"),[768] ausgeglichen werden.

Wenn ein Mönch zu spät zum Gebet kommt, darf er sich den Psalmierenden nicht anschliessen, sondern muss draussen vor dem Gebetsraum schweigend bis zum Ende warten (Bussschweigen).[769]

Bei der spirituellen Busse kennt Johannes Cassian folgende Elemente: Bekenntnis der Schuld vor der Versammlung, öffentlich geleistete Busse, Ausschluss vom gemeinsamen Gebet („suspensio"), Wiederaufnahme des vom Gebet ausgeschlossenen Bruders. Der schuldig gewordene Bruder legt sich in der gottesdienstlichen Versammlung der Gemeinschaft auf den Boden („in synaxi fratribus congregatis tamdiu prostratus in terram") und bittet durch diese Geste so lange um Vergebung, bis das Gebet („solemnitas orationum") beendet

---

764 Inst. 4.16. In einer armen Gemeinschaft ist nicht zu unterschätzen, wie hoch der Wert auch eines kleinen Werkzeugs ist und welche Mühe und Zeit es braucht, ein neues herzustellen. Die Prostration wird auch erklärlich, wenn man bedenkt, dass ein Gerät u.U. mit viel Mühe und Zeitaufwand neu hergestellt werden muss, nur weil ein Mitbruder nachlässig gewesen ist und bei ein bisschen mehr Obacht den Schaden hätte vermeiden können.

765 Vgl. Descoeudres, Mönchssiedlungen, 19 ff.

766 Inst. 4.13.

767 Johannes Cassian verwendet den Begriff vierundvierzigmal, gem. Puzicha, RB-Komm., 331 und 485.

768 Vgl. die Busse beim Zuspätkommen zum Gottesdienst in Inst. 3.7.

769 Bussschweigen: „… non audet nec semet ipsum admiscere psallentibus…" (Inst. 3.1); „ab oratione suspensus" (Inst. 2.16).

ist und ihn der Abt zum Zeichen der Vergebung sich zu erheben heisst.[770] Die spirituelle Busse,[771] bei der es um spirituelle Bewusstmachung („animadversio spiritalis") bzw. spirituellen Tadel („increpatio spiritalis") mit dem Ziel der Besserung geht, gibt es bei Unpünktlichkeit („tarditas"), Nachlässigkeit („neglegentia"), Trägheit („acedia"), unnützem („superfluo"), hartherzigem („durius") oder trotzigem („contumacius") Sprechen, Murren, Schwatzen, Herumlungern, Händehalten, Briefverkehr ohne Erlaubnis des Vorgesetzten, Familie und Freunde ohne Anwesenheit des Vorgesetzten treffen, Lesen statt Arbeiten und Ungehorsam.

Körperliche Züchtigung („plaga")[772] oder auch Ausstossung aus der Gemeinschaft („expulsio") als Strafen folgen je nach Schweregrad auf Zänkerei, lauten Streit, Kontakt zu Frauen („familiaritas apud feminas"), Habgier („filargyriae contagio"), Verlangen nach und Besitz von unnützen Dingen („affectus atque possessio rerum superfluarum") oder nach exzessivem und klandestinem Essen und Naschen („extraordinaria ac furtiva cibi refectio").[773]

3.2.3.20. Austritt

Ein Mönch kann nicht einfach so aus dem Kloster austreten.[774] Er muss schon des Nachts ausreissen. Wenn er nicht gehorsam ist oder sich gegen die Gemeinschaft vergeht, muss er die Mönchskleidung abgeben, Zivilistenkleider anziehen und das Kloster verlassen („expulsio").[775]

3.2.4. Innerliche Begriffselemente

3.2.4.1. Askese und Einübung der Tugend durch Vermeidung der acht Hauptlaster

Wer vollkommen („τέλειος", „perfectus") sein will, folgt Christus nach (Mt. 19.21[776]). Wer Christus nachfolgen möchte, soll ein reines Herz haben

---

770 Inst. 4.9, 4.16.
771 Inst. 2.15; 2.16; 4.20; vgl. auch 4.16 und 4.20.
772 Inst. 4.16.
773 Inst. 4.16.
774 Inst. 4.6.
775 Inst. 4.6.
776 Mt. 19.21 griech.: „ἔφη αὐτῷ ὁ Ἰησοῦς· εἰ θέλεις τέλειος εἶναι, ὕπαγε πώλησόν σου τὰ ὑπάρχοντα καὶ δὸς [τοῖς] πτωχοῖς, καὶ ἕξεις θησαυρὸν ἐν οὐρανοῖς, καὶ δεῦρο ἀκολούθει μοι." – „Ait illi Iesus: 'Si vis perfectus esse, vade, vende quae habes, et da pauperibus, et habebis thesaurum in caelo; et veni, sequere me.'" (Vulgata). Die Perfektion des Lebens ist auch ein Einfluss des platonischen Denkens.

(„puritas cordis“) und innerlich gut werden. Das kann erreicht werden durch innere Ausgeglichenheit. Diese kann erlangt werden, indem man sein Leben auf Gott ausrichtet und spirituell wächst. Um spirituell wachsen zu können, sollte man sich frei machen von körperlichen und geistigen Abhängigkeiten (Laster). Dazu helfen eine asketische (genügsame) Lebensweise, eine demütige (dankbare, bescheidene) und positive Grundeinstellung, die Vermeidung böser Taten und böser Gedanken (z.B. Habgier, Stolz) und eine regelmässige Kommunikation (Gebet) mit Gott. Gott unterstützt einen in diesem Prozess; er muss es zwar nicht, tut es aber doch gnadenhalber, weil er den Menschen liebt. Durch seine Hilfe wird man innerlich gestärkt. Das wiederum gibt Raum für spirituelles Wachstum, so dass man erlernen kann, innerlich gut zu sein und ein reines Herz zu bekommen. Ein reines Herz zu haben, ist das erste Ziel („scopon“, „destinatio“), mit welchem das Endziel („telos“, „finis“), nämlich das ewige Leben mit Gott, erreicht werden kann.[777]

Der Mönch soll dabei asketisch, enthaltsam, zurückhaltend und in Demut leben. Die Askese wird demgemäss als Einübung der Tugend gesehen.[778] In Inst. 5–12 erklärt Johannes Cassian seine an der Lehre des Evagrios Pontikos ausgerichtete Achtlasterlehre.[779] Die acht Hauptlaster werden überwunden

---

777 Coll. 1.5: „Euer erstes Ziel besteht gewiss in der Reinheit des Herzens, euer letztendliches Ziel aber ist das ewige Leben“ (Ziegler, Coll. Trad., 67). Im Originaltext: „habentes quidem scopon vestrum in cordis puritate, finem vero vitam aeternam.“ Johannes Cassian verwendet in Coll. 1.2 die griech. Begriffe, allerdings Lat. geschrieben, „telos“ für das Endziel („finis“) und „scopon“ für das Etappenziel („destinatio“): „Omnes… artes ac diciplinae scopon quendam, id est destinationem, et telos, hoc est finem proprium habent …“ – „Alle Künste und Wissenschaften haben ein bestimmtes erstes, vorläufiges Ziel und ein letztes höchstes Ziel.“ (Ziegler, Coll. Trad., 64).

778 Der Einfluss der Stoa.

779 Die Lehre der acht Laster („λογίσμοι“) des Euagrios Pontikos findet sich seinem Werk Praktikos, Bücher 6–14. Johannes Cassian übernimmt sie und erklärt sie in Inst. 5–12: gastrimargía („γαστριμαργία“, Gaumenlust, „gourmandise“, „gluttony“), 6. Buch: fornicatio („πορνεία“, Unzucht, „fornication“, „fornication“), 7. Buch: filargyria („φιλαρυρία“, Habgier, „avarice“, „avarice“), 8. Buch: ira („οργή“, Zorn, „colère“, „anger“), 9. Buch: tristitia („λύπη“, Traurigkeit, „tristesse“, „sadness“), 10. Buch: acedia („ἀκηδία“, Trägheit, „acédie“, „boredom“), 11. Buch: cenodoxia („κενοδοξία“, Ruhmsucht, „vaine gloire“, „vainglory“) und 12. Buch: superbia („ὑπερηφανία“, Stolz, „orgueil“, „pride“); in den Klammern stehen die euagrischen griech. Begriffe, dann die Übersetzungen ins Dt., Franz. und Engl. Die Lehre der Laster geht über Johannes Cassian, dann über Benedikt in die westliche Ethik und

durch Askese und Fokussierung auf Gott, Demut und durch das Gebet. Eine Auflistung aller acht Laster findet sich in Inst. 5.1: „[Die acht Hauptsünden] sind folgende: die Gastrimargie, was Gaumenlust bedeutet, zweitens: die Unkeuschheit, drittens: die Philargyrie, worunter man die Habgier, genauer die Liebe zum Gelde versteht; viertens: der Zorn; fünftens: die Traurigkeit; sechstens: die Akedie, d.h. Beängstigung, innerer Überdruss; siebtens: die Kenodoxie, d.h. die eitle oder nichtige Ruhmsucht; achtens: der Stolz."[780] Die Vermeidung dieser Laster ist wichtig für die innere Reifung.[781] Johannes Cassian führt sie nach Schwierigkeitsgrad auf, zuerst die einfachen (körperlichen), dann die schwierigeren (geistigen) Laster. Der Stolz (superbia) ist das schwierigste Laster.

Johannes Cassian geht im Detail auf diese acht Hauptlaster ein. Er beschreibt sie, gibt Bspe. und führt mittels einer therapeutischen Herangehensweise verschiedene Möglichkeiten (Heilmittel, „remedia")[782] auf, um diesen Lastern beizukommen bzw. sie nicht entstehen zu lassen. Die Schlüsselworte, die Johannes Cassian verwendet, sind: „vitiorum purgatio et virtutum custodia" – die Reinigung von den Lastern und die Bewahrung der Tugenden.[783]

Gem. Johannes Cassians Ausführungen[784] kann folgende Übersicht[785] erstellt werden:

Moral ein (in der östlichen ist sie es seit Euagrios Pontikos). Zur weiteren Entwicklung der Lasterlehre vgl. Zöckler, 344.

780 Inst. 5.1: „... nunc arripere conluctationem adversus octo principalia vitia ... disponimus, id est primum gastrimargiae, quae interpretatur gulae concupiscentia, secundum fornicationis, tertium filargyriae, quod intellegitur avaritia, vel ut proprius exprimatur, amor pecuniae, quartum irae, quintum tristitiae, sextum acediae, quod est anxietas sive taedium cordis, septimum cenodoxiae, quod sonat vana seu inanis gloria, octavum superbiae." Vgl. auch Puzicha, RB-Komm., 144.

781 Vgl. auch Coll. 5: Conlatio Abbatis Sarapionis. De Octo Vitiis Principalibus.

782 Gem. Titel der Inst.: „De institutis coenobiorum et de octo principalium *vitiorum remediis* libri XII" (Hervorhebung durch den Autor).

783 Inst. 4.39: „per hunc [timorem domini] enim et initium conversationis et *vitiorum purgatio et virtutum custodia* his qui inbuuntur ad viam perfectionis adquiritur." (Hervorhebung durch den Autor).

784 Inst. 5; Inst. 7.1–5 und Coll. 5.

785 Vgl. auch Ziegler, Heilmittel, 20, und Wrzol, 289 ff.

Laster	**Natürlich angelegt**	**Nicht natürlich angelegt**
Körperliche Laster	Gastrimargia (Gaumenlust) (5. Buch) Tugend: Genügsamkeit	Fornicatio (Unzucht) (6. Buch) Tugend: Enthaltsamkeit, Keuschheit
Geistige Laster	Superbia (Stolz) (12. Buch) Tugend: Demut	Cenodoxia (Ruhmsucht) (11. Buch) Tugend: Discretio, Demut
– hervorgerufen durch äusseren Anreiz	Ira (Zorn) (8. Buch) Tugend: Mässigung, Geduld, Gebet	Filargyria (Habgier) (7. Buch) Tugend: Armut (ακτημοσύνη, nuditas, paupertas)
– hervorgerufen durch inneren Anreiz	Tristitia (Traurigkeit) (9. Buch) Tugend: Heiterkeit	Akedia (Trägheit) (10. Buch) Tugend: Arbeit, Gebet

3.2.4.1.1. Gaumenlust (gastrimargia)

Als erstes Laster führt Johannes Cassian die Unmässigkeit bei der Nahrungsmittelaufnahme (Gastrimargie) an und widmet ihr Buch 5 der Inst. Die Frage nach dem Mass von Essen und Trinken nimmt in jedem asketisch geführten Leben einen breiten Raum ein. Die Nahrungsaskese spielt im frühen Mönchtum eine entscheidende Rolle – zusammen mit anderen Formen des Verzichts wie Einschränkungen im Schlafen (Schlafaskese), bei der Kleidung (Kleidungsaskese), beim Wohnen (Wohnaskese) oder bei der Wahl der Arbeit. Viele frühe Mönche leben nur von Brot, Öl und Wasser. Kräuter und Gemüse werden eher roh als gekocht gegessen. Johannes Cassian berichtet, der völlige Verzicht auf gekochte Speisen gehöre zur selbstverständlichen Nahrungsaskese vieler Anachoreten.[786] Das Essen sei völlige Nebensache.[787]

786 Inst. 4.22.
787 Vgl. auch Puzicha, RB-Komm., 456.

3.2.4.1.2. Unkeuschheit (fornicatio)

Über die Unkeuschheit schreibt Johannes Cassian an drei Stellen, nämlich in Inst. 6 „Über den Geist der Unzucht“, in Coll. 12 „Über die Keuschheit“ und in Coll. 22 „Über nächtliche Trugbilder“. Er unterscheidet zw. Enthaltsamkeit und Keuschheit: Wenn ein Mönch noch gegen die sexuelle Lust ankämpft, nennt Johannes Cassian ihn „enthaltsam“ („continens“, „ἐγκρατής“), nicht als „keusch“ („castus“, „αγνός“). Nach Johannes Cassian ist der Mensch erst dann keusch, wenn er „allen Ausdruck der Sexualität [...], ebenso alles erotische Denken und selbst das unbewusste Verlangen“ überwunden habe.[788] Er schreibt: „Vollkommene Keuschheit unterscheidet sich von den Anfängerübungen der Enthaltsamkeit durch beständige Ruhe.“[789]

Man kann, wie Kardong bemerkt, Johannes Cassians Äusserungen auch als Angelismus[790] verstehen, die man bei asketischen Autoren mit platonischer Mentalität häufiger findet.[791] Allerdings wird der Angelismus-Vorwurf gegenüber der harten und genügsamen Lebensweise der ägyptischen Mönche bereits vorgebracht, bevor Johannes Cassian die Inst. schreibt – notabene kommt dieser Vorwurf aus dem lat. Westen (d.h. Gallien).[792] Um das Mönchsleben in Gallien überhaupt und insb. im Koinobion erträglich(er) für die Menschen dort zu gestalten, mildert Johannes Cassian die ägyptischen Regeln unter Berücksichtigung von Klima und Volksschlag Galliens ab, wie er in seinem Vorwort zu den Inst. erklärt.[793] Diese Milderung gilt aber bewusst nicht für Armut und Keuschheit.

---

788 Kardong 42.

789 Inst. 12.11: „Quamobrem perfectio castitatis a laboriosis continentiae rudimentis perpetua tranquillitate discernitur.“

790 Angelismus ist die Vorstellung vom engelgleichen Leben, in welchem der Mensch frei von jeder Beeinträchtigung durch den Körper weder seine Sexualität noch andere Bedürfnisse wahrnimmt. Kardong, 232, En. 6.

791 Johannes Cassians Denken ist platonisch geprägt, seine intellektuelle Linie kann über Euagrios Pontikos zu Origenes, beides Platoniker, zurückverfolgt werden. Kardong, 232, En. 7.

792 Chadwick, 52: Ein Gallier sagt, als er die ägyptischen Essenvorschriften vernimmt: „Wir Gallier sollten nicht gezwungen werden, wie die Engel zu leben.“ In Coll. 12.14 bemerkt Germanus: „Uns macht die Bewunderung für diese schon nicht mehr irdische, sondern geradezu himmlische und engelgleiche Keuschheit vor Staunen ganz und gar benommen ...“ (Ziegler, Coll. Trans., 100).

793 Inst. Praef. 9.

Johannes Cassian ist kein Idealist, sondern Realist. In Inst. 6.6 stellt er fest, es liege „jenseits der Natur, dass, wer mit gebrechlichem Fleisch umhüllt ist, den Stachel des Fleisches nicht spürt.“[794] Als solcher spricht er offen ganz reale Probleme an. Das hat dazu geführt, dass in der Moderne gewisse Passagen seiner Aussagen gar nicht übersetzt worden sind, weil man sie der modernen Leserschaft nicht zumuten will, da man sie für zu freizügig hält. So sind einzelne Textstellen Opfer moderner Prüderie geworden.[795]

Johannes Cassian beschäftigt sich mit sehr weltlichen Themen, wie z.B. dem nächtlichen Samenerguss.[796] Er ist geprägt von der Vorstellung seiner Zeit, dass nächtliche Samenergüsse teilweise auch begründet sind aus der Ansammlung schlechter Säfte im Knochenmark, hervorgerufen durch falsche und unmässige Ernährung.[797] Als Abbas Chaeremon von Germanus über den Zusammenhang von Wasserlassen und Samenerguss befragt wird, antwortet dieser, man solle ganz einfach das übermässige Wassertrinken sein lassen.[798] Johannes Cassian scheut sich auch nicht davor, nach erotischen Erfahrungen von Eunuchen zu fragen.[799] Mit Kardong ist festzuhalten, dass Johannes Cassian durchaus bereit ist, intime Details der persönlichen Hygiene und Moral sachlich und ohne jede Lüsternheit zu besprechen.[800]

Johannes Cassian lässt aber keineswegs die Möglichkeit ausser Betracht, dass man ihn der Leugnung der menschlichen Natur bezichtigen könnte. In Coll. 12.1 interpretiert er Paulus in Kol. 3.5 („So demütigt nun eure Glieder, die auf Erden sind.“) dahingehend, dass wir unsere natürlichen Möglichkeiten nicht vernichten sollen, sondern die Sünde, die in einem wohnt.[801] Es geht ihm zuerst um die innere Einstellung, darum, in der Lage zu sein, keine sexuellen,

794 Inst. 6.6: „… et ultra naturam est, fragili carne circumdatum carnis aculeos non sentire.“

795 Kardong, 41 und 231, En. 3, verweist auf die Übersetzung durch Edgar C.S. Gibson in „Nicene and Post-Nicene Fathers“ Ser. 2, 1894, der seine Übersetzung zur viktorianischen Zeit angefertigt hat. Ein Nachdruck ist 1964 beim Verleger Eerdmans, Grand Rapids, USA, erschienen. Kardong, ein Benediktinermönch der Assumption Abbey, Richardton, North Dakota, USA, verlangt eine Neuübersetzung der Coll. ins Englische. Diese Forderung zur unzensierten Übersetzung ist erst vor wenigen Jahren, zur Zeit der Publikation seines Aufsatzes im Jahre 2014 (!) geäussert worden.

796 Coll. 12.9.

797 Coll. 12.3.

798 Coll. 12.11.

799 Coll. 12.5.

800 Kardong, 44.

801 Kardong, 43.

lüsternen Gedanken aufkommen zu lassen bzw. diese nicht zu entwickeln und auf Sexualität zu verzichten.

Johannes Cassian argumentiert, die Keuschheit sei einzigartig und anders als die anderen Tugenden. Während man die anderen Laster besser durch direkte Konfrontation anginge, müsse man die Unzucht bzw. Wollust indirekt bekämpfen. Weil die anderen Menschen Objekte der Unzucht seien, könne man dieses Laster eigentlich wirklich nur besiegen, indem man sich von ihnen entferne.[802]

3.2.4.1.3. Habgier (filargyria)

Johannes Cassian widmet Buch 7 der Inst. der Habgier. Armut und Besitzesaskese schützen davor. Der Mönch soll nichts Eigenes haben („nullum particulare").[803] Die persönliche Armut wird durch klösterliche Gütergemeinschaft ersetzt. Die Possessivpronomen „mein" oder „meine" (z.B. mein Buch oder meine Sandalen) sind bei Johannes Cassian nicht gestattet. Es kommt aber auch auf die innere Einstellung an. Er verweist darauf, dass Mönche sogar schon versucht hätten, das von ihnen dem Kloster Eingebrachte zurückzufordern oder sogar, wenn es verbraucht worden sei, entschädigt zu werden.[804] Oder dass einige danach trachteten, für sich selbst Geld zu erwerben und dieses zu vermehren und dafür einen Vorwand erfinden würden wie z.B., dass sie auch noch ihre Diener oder Brüder gerechterweise ernähren müssten oder in Zukunft ein Kloster gründen wollten.[805] Beim Verkauf von Produkten darf dem Kloster nichts zu persönlichem Zweck vorenthalten werden, denn „... so überlegt der

---

802 Inst. 6.3 f.; vgl. auch Kardong, 45. Mit Johannes Cassian haben wir einen der ersten Autoren, der die Verobjektivierung des Menschen verurteilt. Er lehnt es ab, den Mitmenschen zum Objekt eigener Wünsche und Vorstellungen zu machen. Damit wird diesem seine Subjekthaftigkeit abgesprochen, was diesem und Gott gegenüber respektlos ist.

803 Inst. 4.13: „ut praeter colobium, maforte, gallicas, meloten ac psiathium nihil amplius habeant ... magnumque sit crimen ex ore monachi processisse 'codicem meum', 'tabulas meas', 'grafium meam', 'tunicam meam', 'gallicas meas',..." – „dass sie ausser dem Unterkleid, dem Schultertuch, den Schuhen, dem Fellumhang (Melote) und der Schlafmatte nichts weiter besitzen. ... Hier wagt keiner auch nur mit einem Wort etwas sein eigen zu nennen, und das Wort aus seinem Mund: ‚mein Buch, meine Tafeln, meine Feder, mein Mantel, meine Schuhe' ist ein grosses Vergehen, für das er eine entsprechende Busse übernehmen muss." Vgl. Puzicha, RB-Komm., 405, Fn. 48.

804 Inst. 4.4.

805 Coll. 4.20.

Mönch, wie er sich wenigstens einen Zehner verschaffen kann. Dann sieht er sich voll Besorgnis nach einer Arbeit um, die er ohne Wissen des Abtes ausübt. Diese verkauft er nun heimlich, und endlich im Besitze der gewünschten Münze plagt er sich noch viel ärger mit dem Gedanken, wie er sie verdoppeln könnte."[806]

3.2.4.1.4. *Zorn (ira)*

Johannes Cassian widmet Buch 8 der Inst. dem Zorn. Der Zorn ist sehr destruktiv, für andere wie für einen selber. Der Zorn kann den Verstand irritieren, stören oder ausschalten. Zornig darf man weder in Taten noch in Gedanken sein. Zorn entsteht nicht nur als Reaktion auf einen anderen Menschen, sondern entsteht auch von alleine. Die eigene Seelenruhe hänge eben nicht davon ab, ob man von einem anderen Menschen gereizt und zornig gemacht werde, sondern von einem selber. Es gehe nicht bloss darum, dass man nicht ohne Grund („sine causa") auf jemanden zornig sei, sondern darum, dass man nie zornig sei – unabhängig von einem möglichen Grund. Im Übrigen betont Johannes Cassian, dass es nicht erlaubt sei, Gott im Gebet gegenüberzutreten, wenn man zornig sei.[807] Es geht auch darum, dass man gelassen auf Provokationen zu reagieren lernt. Es ist wichtig, mit sich selbst im Reinen und gegenüber anderen friedfertig zu sein. Die Ausrichtung der Gedanken auf Gott verhindert, dass Wut und Zorn aufkommen, und hilft, diese Laster zu besiegen.

3.2.4.1.5. *Traurigkeit (tristitia)*

Johannes Cassian widmet Buch 9 der Inst. der Traurigkeit. Sie erwächst oft aus Zorn oder aus anderen Gründen. Traurigkeit frisst sich in die Seele. Das führt dazu, dass man andere Menschen schlecht oder nicht respektvoll behandelt. Für die weltlichen Dinge braucht es Gelassenheit.[808] Es ist wichtig, mit anderen Menschen zusammen zu sein und sie nicht zu meiden, weil man sie traurig machen oder sie einen vielleicht traurig machen könnte.[809] Das Alleinsein kann umgekehrt auch betrübt machen.[810] Mit Mitmenschen muss man geduldig sein.

---

806 Inst. 7.7, übers. v. Puzicha, RB-Komm., 606. Vgl. auch Inst. 7.14/25/30.

807 Inst. 8.22: „postremo ut cogitemus nequamquam licere nobis orare nec iratos fundere preces ad deum". („Lastly, we should understand that we are never allowed to pray or to make petition to God when we are angry.", Ramsey, Inst. Trad., 204).

808 Sowohl hinsichtlich des erlittenen Malheurs als auch ob des Glücksmoments; es ist ja beides hohl und bald vergangen. Inst. 9.13 i.f. Elemente der Stoa sind ersichtlich.

809 Inst. 9.7.

810 Inst. 9.1–7.

Wenn man an sich selbst arbeitet, kann man mit jedem Menschen zusammen sein.[811] Es geht darum, den Mitmenschen für sich einzunehmen, ihm Freude zu bereiten.[812] Für den Umgang mit den Mitmenschen braucht es die eigene Fähigkeit zur Aussöhnung und zur Friedfertigkeit. Wenn man seine Gedanken auf Gott ausrichtet und ausgerichtet hält,[813] wird man gestärkt und heiter.[814] Diese Heiterkeit und Freude überträgt sich auf die Mitmenschen.[815]

3.2.4.1.6. Trägheit (acedia)

Johannes Cassian widmet Buch 10 der Inst. dem Überdruss, der Trägheit. Das beste Heilmittel gegen die Trägheit sei die Arbeit, und der Hauptgrund für sie sei der Müssiggang, stellt Johannes Cassian in Inst. 10.2. fest.[816] Er macht Ausführungen zur Faulheit und kommentiert Pauls Äusserungen über die Arbeit.[817] Die Kapitel 10.7–24 enthalten einen eigenständigen Teil, der als „Abhandlung über die Handarbeit im Kloster" bezeichnet werden kann.[818]

Neben der Arbeit helfen auch die Lesung der Bibel und das Gebet gegen die Trägheit. Johannes Cassian berichtet von den ägyptischen Mönchen, die sich mit glühendem Eifer Tag und Nacht der Lesung der Bibel, dem Gebet und der Handarbeit gewidmet haben.[819]

---

811 Inst. 9.8.

812 Inst. 9.7: „sed deliniri iubet".

813 Inst. 9.13: „... ut mentem nostrum spiritali meditatione ...".

814 Inst. 9.13: „hoc enim modo universa tristiarum genera ... valebimus superare, cum aeternarum rerum ac futurarum untuitu semper laeti atque inmobiles perdurante..."

815 Vgl. auch Coll. 16.

816 Um nicht der Trägheit zu verfallen, muss sich der Mönch eine Tagesstruktur geben. In den Kellia Unterägyptens leben die Mönche in eigenen Zellen und kommen am Wochenende zum gemeinsamen Gebet zusammen. Der einzelne Mönch ist nicht so sehr durch die anderen kontrolliert und muss sich die Tagesstruktur eher selber geben. Die Eigenverantwortung des Mönchs ist höher.

817 2 Thess. 3.10–12: „Denn schon als wir bei euch waren, geboten wir euch: Wer nicht arbeiten will, der soll auch nicht essen. Denn wir hören, dass einige unter euch unordentlich leben und nichts arbeiten, sondern unnütze Dinge treiben. Solchen aber gebieten wir und ermahnen sie in dem Herrn Jesus Christus, dass sie still ihrer Arbeit nachgehen und ihr eigenes Brot essen."

818 Guy, Inst. Trad., 384: „Traité du travail manuel au monastère"; Chadwick, 46: „treatise on manual work in a monastery".

819 Inst. 2.5: „Eo enim fervore divinarum scripturarum lectionibus orationique et operi manuum diebus ac noctibus incubabant."

3.2.4.1.7. *Ruhmsucht (cenodoxia)*

Johannes Cassian widmet Buch 11 der Inst. der Ruhmsucht. Er schreibt in Inst. 11.10.3: „Wie gefährlich, wie gravierend ist die Krankheit der Selbstüberhebung."[820] Das Heilmittel gegen dieses Laster ist die Demut („humilitas").

3.2.4.1.8. *Stolz (superbia)*

Johannes Cassian widmet Buch 12 der Inst. dem Stolz. Der Stolz ist das schwierigste und schlimmste Laster. Der Stolz gilt als das Laster schlechthin. Er ist ein Indiz für ein gestörtes Verhältnis zu Gott.[821] Der Stolz „lässt nur die eigene Meinung gelten, macht hartnäckig und uneinsichtig", wie Puzicha bemerkt.[822] Der Stolz manifestiert sich (i) als Lästerung gegen Gott, dessen Hilfe, Vorsehung und gerechte Entscheide der Mensch leugnet, um alles Geleistete einzig seiner eigenen Fähigkeit zuzuschreiben, und zugleich (ii) als Verachtung für den Rest der Menschheit, die ihm nicht das Wasser reichen kann. Die Folge sind Wut und Kummer, weil solche absurden Ansprüche notwendigerweise unerfüllt bleiben müssen. Schliesslich folgen Irrsinn und Wahnvorstellungen. Diese stehen in einem paradoxen Gegensatz zu den eben noch gehegten Grössenwahnträumen.[823] Johannes Cassian schreibt: „Hat einmal der Stolz die Seele eines Mönchs ergriffen, verabscheut er die Disziplin seines Klosters und meint, sie und die Mitbrüder würden ihn an seiner Perfektion hindern und er werde vom Guten der Geduld und der Demut durch die Laster und Fehler der anderen weggezogen. Er lebt dann lieber ganz alleine oder – noch schlimmer – weil er meint, er könne für andere nützlich sein, gründet ein Kloster und strebt danach, jene um sich zu scharen, die er lehren und im Griff haben kann – ein schlechter Schüler wird ein noch schlechterer Lehrer!"[824] Des weiteren bemerkt er, dass echte Demut und Geduld hilft, Ungerechtigkeiten zu ertragen, wenn man bedenke, „dass wir in Kürze aus dieser Welt weggehen werden."[825]

---

820 Inst. 11.10.3: „quam perniciosus, quam gravis elationis est morbus."

821 Puzicha, RB-Komm., 144.

822 Puzicha, RB-Komm., 726.

823 Euagrios, Praktikos, 103 f.

824 Inst. 12.30.

825 Inst. 12.33, Ziegler, Hauptlaster Trad., 265; im Originaltext: „pariter etiam cogitantes in brevi nos de hoc saecula migraturos."

3.2.4.2. *Discretio*

In Coll. 2 geht Johannes Cassian auf die Discretio ein. Sie ist die Fähigkeit zur Unterscheidung von Gut und Schlecht (Hebr. 5.14).[826] Sie verlangt ehrliche Selbsteinschätzung und -betrachtung. Sie ist auch die Bestimmung des persönlichen Masses, v.a. bei der Askese. Sie wird von Johannes Cassian als Quelle und Wurzel aller Tugenden angesehen, als „Mutter, Hüterin und Lenkerin aller Tugenden".[827] In Coll. 2 zeigt Johannes Cassian, dass man es z.B. mit der Nahrungsaskese auch übertreiben könne. Das könne körperliche und geistige Schäden verursachen, nicht zuletzt müsse man achtgeben, dass man nicht stolz werde. Es gebe auch eine eingebildete (falsche oder diabolische) Discretio.[828] Echte Discretio erlange man durch echte Demut. Dabei sei es sinnvoll, die eigenen Gedanken zu erforschen und sie der Prüfung durch einen Abba zu unterziehen.[829] Die Gesinnung und die geistliche Askese sind wichtiger als die äussere Praxis.[830] Askese heisst Enthaltsamkeit, nicht völliger Verzicht.[831] Es geht nicht darum, den Körper bis zum Extremen zu bringen. Askese ist nur ein Mittel zum Zweck; zu viel ist genauso schlecht wie zu wenig.[832]

3.2.4.3. *Gebet*

Die Versammlung zum Gottesdienst wird „synaxis" genannt.[833] Abgesehen vom Samstag und Sonntag versammelt man sich täglich mindestens zweimal zu Gebeten. Im Orient kommen noch weitere gemeinsame Stundengebete hinzu. Ansonsten betet jeder Mönch alleine, während der Arbeit, so ist es Tradition in Ägypten.[834]

826 Coll. 2.4.

827 Coll. 2.4: „Haec est discretio... omnium namque virtutum generatrix, custos moderatrixque discretio est."

828 Coll. 2.7 f.

829 Coll. 2.10.

830 Vgl. auch Puzicha, RB-Komm., 456.

831 Puzicha, RB-Komm., 456. Das betrifft in erster Linie die Askese bei Nahrung, Kleidung und Arbeit, nicht bei der Armut und der Keuschheit, wo jeweils völliger Verzicht verlangt wird. Vgl. Brown, 601 ff.

832 Chadwick, 100.

833 Inst. 2.10. Der Begriff „synaxis" ist eine der ältesten Bezeichnungen für den Gottesdienst. Puzicha, RB-Komm., 277.

834 Inst. 3.2.

3.2.4.4. Gebetszeiten

Die Tradition zu den Gebetszeiten ist unterschiedlich. In Ägypten trifft man sich zu gemeinsamem Gottesdienst und Kommunion nur am Samstag und Sonntag jeweils zur 3. Stunde[835] und unter der Woche jeweils zum Abend- und Nachtgebet bzw. Morgengebet. Das Nacht- bzw. das Morgengebet (Nocturn bzw. Matutin, „matutina sollemnitas“[836]) und das Abendgebet sind die ältesten Gebetszeiten. Wichtiger Bestandteil des Abendgebets ist der Ritus zum Anzünden des Lichts („lucernaris hora“ bzw. „lucernarium“).[837] Diese Tagzeitenliturgie ist mehr eine gemeinsame Schriftlesung denn ein Gebet. Weitere Gebetszeiten brauchen die Ägypter nicht, da sie das immerwährende Gebet pflegen, also auch während der Arbeit.[838] Deshalb bevorzugen sie leichte, repetitive Handarbeit wie Seil- oder Korbflechten, das sie beim Beten unterstützt.

In den Klöstern des Orients (inkl. Palästina und Mesopotamien) („in Palaestinae vel Mesopotamiae monasteriis ac totius Orientis“)[839] trifft man sich zusätzlich zum Abend- bzw. Nachtgebet und dem Morgengebet zu weiteren gemeinsamen Gebeten, die zu bestimmten Zeiten abgehalten werden, so zur dritten, sechsten und neunten Stunde (Terz, Sext und Non, d.h. um 9 Uhr, 12 Uhr und 15 Uhr). Zu diesen Gebetszeiten wird eine bestimmte Anzahl von Ps. gesungen und Gebete gesprochen.

3.2.4.5. Äussere Haltung beim Gebet

Die allgemeine Gebetshaltung ist Stehen mit erhobenen Händen und nach oben gerichtetem Blick.[840]

In Ägypten werden zu jeder Gebetszeit die Ps. von einem Kantor vorgetragen. Die anderen Mönche hören den Text, auf dem Boden sitzend; auf jeden Ps. folgt eine Zeit des Stillgebets im Stehen mit erhobenen Armen, dann Knien, kurz Prostrieren, dann Stehen, gefolgt von einem Gebet, das der Vorsteher

835 Inst. 3.2; Inst. 3.7. Die 3. Stunde ist gegen 9 Uhr morgens.

836 Inst. 3.3.10.

837 Inst. 3.3.11. Vgl. zu den Begriffen „lucernaris hora“ bzw. „lucernarium“ Ramsey, Inst. Trad., 72, m.w.H. und bei Puzicha, RB-Komm., 277.

838 Inst. 3.2.

839 Inst. 3.3.

840 Inst. 2.7. Dies ist die typische Gebetsstellung im frühen Christentum; Ramsey, Inst. Trad., 52. Puzicha, RB-Komm., 256, 283, 288, 295 f. Puzicha erwähnt, dass in der frühen syrischen Tradition sich die Mönche als „die Stehenden“ bezeichnen. Sie ahmen damit die Haltung der Engel nach, die als die immer Wachenden in beständigem Lob vor Gott in der Haltung der Anbetung stehen.

spricht. Nach zwölfmaliger Wiederholung beschliesst eine Schriftlesung aus dem Alten und Neuen Testament die Gebetszeit.[841]

In Ägypten erfolgt kein Knien und Fasten am Sonntag und Pfingsten.[842]

3.2.4.6. Innere Haltung beim Gebet

In Coll. 9–10 schreibt Johannes Cassian über die innere Haltung und Ruhe beim Gebet sowie auch über die Beharrlichkeit dabei. Es geht darum, sich ganz auf Gott einzulassen, mit ihm in Kontakt zu sein und sich auf ihn zu konzentrieren, am besten permanent. Der Mönch muss an sich arbeiten, um innerlich zu wachsen und rein zu werden, und soll nicht bloss auf Gottes Gnade hoffen, sondern sich fortwährend ernsthaft darum bemühen.

In Coll. 10.10 entwickelt und erklärt Johannes Cassian das Ruhegebet. Mithilfe des Ruhegebets soll sich der Betende ganz auf Gott ausrichten.[843] Von den Wüstenvätern ist die einfache Gebetsformel von Ps. 70.2 überliefert, die Johannes Cassian mit „deus in adiutorium meum intende: domine ad adiuvandum mihi festina" wiedergibt.[844] Er nennt dies die „formula pietatis". Johannes Cassian führt dazu aus: „Auch euch soll eine [äussere] Form für das Schauen im Geist anvertraut werden. Richtet euren Blick immer und ohne Unterlass darauf; dann lernt ihr, sie Tag und Nacht zu wiederholen, sodass sie für euch zum Heilmittel wird, und durch ihre Anwendung und euer Nachsinnen darüber [‚usu ac meditatione', Anm. d. Autors] zu erhabenem Schauen emporzusteigen. Als Form für die von euch erbetene Gebetsweise wird euch diejenige vorgelegt, welche jeder Mönch, der danach strebt, allezeit an Gott zu denken, nachdem er die Unmenge an Gedanken vertrieben hat, sich angewöhnen soll, ohne Unterlass in seinem Herzen zu wiegen und darüber nachzusinnen. Er kann sie auf keinen Fall beibehalten, wenn er nicht von aller Sorge um den Körper und von aller Unruhe frei ist. Wie uns diese [Form des Gebets] von den wenigen der ersten Väter, die noch lebten, überliefert wurde, so wird sie auch von uns nur den äusserst wenigen, die wahrhaft danach dürsten, anvertraut. Um das unablässige Gedenken an Gott zu bewahren, soll euch, ohne dass ihr sie wieder aufgebt,

841 Inst. 2.5 und 2.7; vgl. Lumma, 29 f.

842 Inst. 2.18.

843 Coll. 10.11; die Wiederholung des Verses soll eingeübt und zur Gewohnheit werden, dass man ihn sogar im Schlaf aufsage, und er soll beim Aufwachen der erste Gedanke sein; Coll. 10.10. Vgl. dazu Dyckhoff.

844 „Gott, komm zu meiner Hilfe; Herr, eile, mir zu helfen." Griech. Bibel: „Εις την βοήθειάν μου πρόσχες κύριε; εις το βοηθήσαί μοι σπεύσον." In der Sepuaginta (Ps. 69.2): „Ὁ θεός, εἰς τὴν βοήθειάν μου πρόσχες."

diese Gebetsform [‚formula pietatis', Anm. d. Autors] vor Augen sein: ‚Gott, komm mir zu Hilfe; Herr, eile, mir zu helfen'. [‚deus in adiutorium meum intende: domine ad adiuvandum mihi festina, Anm. d. Autors']."[845] Johannes Cassian führt in Coll. 10.10 dazu aus, der Mönch habe „bei der Betrachtung der eigenen Gebrechlichkeit die Zuversicht, von Gott geführt zu werden, und das Vertrauen, dass ihm immer ein Schutz hilfsbereit zur Seite steht. Wer nämlich seinen Beschützer stetig anruft, ist überzeugt, dass er immer gegenwärtig ist."[846]

Johannes Cassian erwähnt in Coll. 10.7 das immerwährende Gebet, und zwar nicht im Sinne eines gesprochenen Wortes, sondern im Sinne vom Sein: „[D]as Ziel aller Vollkommenheit [ist], dass der Geist von jeglichem fleischbestimmten Zustand befreit, täglich so sehr zum Geistigen emporgehoben wird, dass all sein Wandel und jeder Herzschlag zu einem einzigen immerwährenden Gebet wird."[847] Dadurch erlangt und erfährt der Mönch Geistesruhe und innere Reinheit, so ausdrücklich: „… ad inmobilem tranquillitatem mentis ac perpetuam … puritatem".[848] Das Gebet hilft, die Laster zu vermeiden und die Tugenden zu

---

845 Coll. 10.10 (Ziegler, Coll. Trad., 317); im Originaltext: „… quoque spiritalis theoriae tradenda vobis est formula, ad quam semper tenacissime vestrum intuitum defigentes vel eadem salubriter volvere indisrupta iugate discatis vel sublimiores intuitus scandere illius usu ac meditatione possitis. haec igitur vobis huius quam quaeritis disciplinae atque orationis formula proponetur, quam unusquisque monachus ad iugem dei memoriam tendens incessabili cordis volutatione meditari expulsa omnium cogitationum verietate consuescat, quia nec alias eam ullo modo poterit retentare, nisi ab omnibus fuerit corporalibus curis ac sollicitudinibus absolutus. quae sicut nobis a paucis qui antiquissimorum patrum residui erant tradita est, ita a nobis quoque non nisi rarissimis ac vere sitientibus intimatur. erit itaque ad perpetuam dei memoriam possidendam haec inseparabiliter proposita vobis formula pietatis: deus in adiutorium meum intende: domine ad adiuvandum mihi festina."

846 Coll. 10.10: „… habet considerationem fragilitatis suae, exauditionis fiduciam, confidentiam praesentis semper adstantisque praesidii. qui enim iugiter suum invocat protectorem, certus est eum semper esse praesentem."

847 Coll. 10.7: „… finis totius perfectionis est, ut eo usque extenuata mens ab omni situ carnali ad spiritalia cotidie sublimetur, donec omnis eius conversatio, omnis voluntatio cordis una et iugis efficiatur oratio." Vgl. auch hinten zu RB 7.14 und 7.23. Coll. 10.10 ist eine wichtige Stufe für die Entwicklung des Hesychasmus und des Jesusgebets, wie Chadwick, 106, Fn. 1, zutreffend feststellt.

848 Coll. 9.2. Damit steht Johannes Cassian in der Tradition der durch die alexandrinische Schule ins Christentum eingeführten Lehre des Platon (Perfektion) und der Stoa (Gelassenheit). Die Schule sieht das moralische Leben im Sinne der Entwicklung. Die Entwicklung geht hin zu einer Reinheit des Geistes, die Gott erkennen und erfahren kann. Chadwick, 82, fasst zusammen: „The highest calling of earthly

leben, und umgekehrt werden die Tugenden im Gebet vollendet („qui universarum virtutum molitione perficitur").[849]

3.2.4.7. Reines Herz

Die Vermeidung der acht Laster ist wichtig für die innere Reifung. Statt den Begriff der „ἀπάθεια" (Apathie) für den anzustrebenden Geistes- bzw. Seelenzustand eines Menschen, der nicht durch Laster und Leidenschaften beeinträchtigt ist, d.h. die Seelenruhe, zu gebrauchen, wie es Euagrios Pontikos tut, erfindet Johannes Cassian einen neuen Begriff: die „puritas cordis", die „Reinheit des Herzens".[850] Damit betont er das Herz, das Gemüt und das Gefühl, gegenüber dem Kopf und dem Verstand.[851] Die „puritas cordis" ist ein zentraler Begriff bei Johannes Cassian für das Gebet, für die innerliche Reinigung und das innerliche Wachstum auf dem Weg zu Gott. Er führt den Begriff auf das Jesuswort „Selig sind, die reinen Herzens sind; denn sie werden Gott schauen" (Mt. 5.8)[852] zurück.[853]

In Coll. 1, wo es um Sinn und Ziel des Lebens als Mönch geht, führt Johannes Cassian unter Verweis auf Röm. 6.22 zwei Ziele für den Mönch auf: als Endziel ist das ewige Leben („vita aeterna") und als Etappenziel die Reinheit des Herzens („puritas cordis").[854] Er verwendet für die Ziele zwei verschiedene Begriffe: „Destinatio" („scopon") ist das näherliegende Ziel und „finis" („telos") das Endziel.[855] Das Endziel kann nicht ohne das erste erreicht werden: Wer

---

life was the contemplation of God by pure mind. The ultimate aim of religion was the vision of God."

849 Coll. 9.2: „Omnis monachi finis cordisque perfectio ad iugem atque indisruptam orationis perseverentiam tendit, et quantum humanae fragilitati conceditur, ad ad inmobilem tranquillitatem mentis ac perpetuam nititur puritatem…". („Jegliche Zielausrichtung des Mönchs und Vollkommenheit seines Herzens streckt sich aus nach der beständigen und ununterbrochenen Beharrlichkeit im Gebet und strebt, soweit menschliche Gebrechlichkeit es erlaubt, zur unerschütterlichen Ruhe des Geistes und zur immerwährenden Reinheit.", Ziegler, Coll. Trad., 275).

850 Coll. 1.5.

851 Vgl. Nguyen, 21 f.

852 „[B]eati mundo corde quoniam ipsi Deum videbunt." – „μακάριοι οἱ καθαροὶ τῇ καρδίᾳ, ὅτι αὐτοὶ τὸν θεὸν ὄψονται." (Mt. 5.8).

853 Inst. 8.20; Coll. 1.4.

854 Coll. 1.5.

855 Coll. 1.5: „Euer erstes Ziel besteht gewiss in der Reinheit des Herzens, euer letztendliches Ziel aber ist das ewige Leben" (Ziegler, Coll. Trad., 67); im Originaltext: „habentes quidem scopon vestrum in cordis puritate, finem vero vitam aeternam." Johannes Cassian verwendet in Coll. 1.2 die griech. Begriffe, allerdings

reinen Herzens ist, dem hilft Gott, weil er den Menschen liebt und gnädig ist. Das (immerwährende) Gebet richtet die Gedanken auf Gott aus und hilft so, die Laster abzulegen, Versuchungen zu vermeiden und ein tugendhaftes Leben zu führen und peu à peu die Reinheit des Herzens zu erlangen.

Alle Askese und Übung hilft nicht, wenn man kein reines Herz hat, um vollkommen zu werden im Sinne der Christusnachfolge. Johannes Cassian schreibt in Coll. 1.7: „Deshalb sind Fasten, Wachen, Nachsinnen über die heilige Schrift, Entblössung und Selbstenteignung von allem Besitz nicht die Vollkommenheit, sondern Werkzeuge zur Vollkommenheit; denn nicht mit ihnen wird schon das letzte Ziel verwirklicht, sondern mittels jener [Werkzeuge] gelangt man hindurch zum höchsten Ziel. ... Was immer also die Reinheit und Ruhe unseres Geistes stören kann, wie nützlich und notwendig es auch scheinen mag: es ist als schädlich zu meiden.“[856] Die Reinheit des Herzens ist stets auf Gott ausgerichtet,[857] besonders im Gebet. Deshalb ist es sinnvoll, so oft wie möglich, am besten ständig zu beten.[858]

Die Reinheit bzw. Lauterkeit des Herzens wird durch Johannes Cassian ins westliche Mönchtum eingeführt.[859]

3.2.4.8. *Demut*

Johannes Cassian schreibt in Inst. 11.10.3, wo es um das Laster der Ruhmsucht („cenodoxia“) geht: „Wie gefährlich, wie gravierend ist die Krankheit der

---

Lat. geschrieben, „telos“ für das Endziel („finis“) und „scopon“ für das Etappenziel („destinatio“): „Omnes... artes ac diciplinae scopon quendam, id est destinationem, et telos, hoc est finem proprium habent ...“ – „Alle Künste und Wissenschaften haben ein bestimmtes erstes, vorläufiges Ziel und ein letztes höchstes Ziel.“ (Ziegler, Coll., Trad., 64).

856 Ziegler, Coll. Trans., 70; im Originaltext: „igitur ieiunia, vigiliae, meditatio scripturarum, nuditas ac privatio omnium facultatum non perfectio, sed perfectionis instrumenta sunt, quia non in ipsis consistit disciplinae illius finis, sed per illa pervenitur ad finem. ... quidquid igitur potest istam mentis nostrae puritatem tranquillitatemque turbare, quamvis utile ac necessarium videatur, ut noxium devitandum est.“

857 Coll. 1.5.

858 Er verwendet auch den Begriff der „conpunctio lacrimarum“; Coll. 9.27.

859 Puzicha, RB-Komm., 301 f. Puzicha macht darauf aufmerksam, dass Johannes Cassian an anderer Stelle von „integritas mentis“ spricht (Inst. 5.6; 5.10). Es geht dort aber um das Laster der Gaumenlust, wo Johannes Cassian darauf hinweist, dass zuviel Wein und Essen einen zum Torkeln und Schwanken bringe und man Integrität und Reinheit von Geist und Körper verliere.

Selbstüberhebung."[860] Das Heilmittel gegen dieses Laster ist die Demut („humilitas").

Die Demut hat gem. Johannes Cassian zehn Kennzeichen („indicia"). Diese beschreibt er in Inst. 4.39:[861]

(i) keinen Eigenwillen haben;
(ii) aufrichtig sein;[862]
(iii) nicht selber entscheiden, sondern den Abba fragen;
(iv) gehorsam sein und Geduld üben;
(v) anderen kein Leid zufügen und bei erlittenem Leid nicht betrübt sein;
(vi) die Regeln befolgen und dem Bsp. der Väter nacheifern;
(vii) mit dem Einfachen zufrieden sein;
(viii) an die eigene Geringheit glauben (nicht nur behaupten);
(ix) in der Rede zurückhaltend und nicht vorlaut sein und
(x) nicht in Gelächter ausbrechen.

3.2.4.9. Gottesfurcht / Gottesliebe / Nächstenliebe

Die Gottsfurcht („timor domini") ist zentral für Johannes Cassian. Sie ist der Anfang des Heils und der Demut. Johannes Cassian schreibt dies in Inst. 4 zweimal, fast wörtlich gleich, nämlich in Inst. 4.39 und 4.43: „Der Anfang unseres Heiles und der Weisheit ist gemäss der Heiligen Schrift die Furcht des Herrn."[863] In Inst. 4.39 führt er aus: „Der Anfang unseres Heiles und seine Bewahrung ist die Furcht des Herrn. Wer immer auf dem Weg der Vollkommenheit gehen will, findet in ihr den Anfang der Bekehrung, die Reinigung von Sünden und die Bewahrung ihrer Tugenden."[864]

Der Begriff der Gottesfurcht meint nicht die kreatürliche Angst des Menschen, sondern bringt zum Ausdruck, dass der Mensch Gott anerkennt und

---

860 Inst. 11.10.3: „quam perniciosus, quam gravis elationis est morbus."

861 Inst. 4.39.2: „humilitas vero his indiciis conprobatur."

862 Vgl. die Ausführungen zum Abba als geistlicher Vater (Seelenführer und Begleiter), der auch die Beichte abnehmen kann.

863 Inst. 4.43, im Original: „Principium nostrae salutis ac sapientiae secundum scripturas timor domini est." Inst. 4.39 lautet im Original: „Principium nostrae salutis eiusdemque custodia timor domini est." Er verweist auf Ps. 36.2, Ps. 111.10 und Spr. 1.7.

864 Inst. 4.39, übers. v. Puzicha, RB-Komm., 196, Fn. 67; Originaltext: „Principium nostrae salutis eiusdemque custodia timor domini est. per hunc enim et initium conversationis et vitiorum purgatio et virtutum custodia his qui inbuuntur ad viam perfectionis adquiritur."

anbetet und ihm mit Ehrfurcht begegnet. Der Begriff der Gottesfurcht ist positiv bewertet: Die Furcht vor Menschen bringt die Sklaverei; die Furcht vor Gott befähigt zur Freiheit.[865] Es geht darum, dass man sein Leben auf Gott ausrichten muss, so handeln soll, wie Gott handeln würde, so sein soll, wie er – um Theosis („θέωσις“). Die Gottesfurcht als eine grundsätzliche Haltung.[866]

Gottesfurcht ist eigentlich Gottesliebe. In Coll. 11 beschreibt Johannes Cassian einen Menschen, der beginnt, Gutes zu tun aus Furcht vor dem jüngsten Gericht und aus Höllenangst. Aber es gibt einen besseren Grund, Gutes zu tun, nämlich die Liebe an der Güte bzw. der Tugend selber. Der Christ versucht, mit Gott vereinigt zu sein. Gott handelt aber nicht aus Furcht oder Hoffnung. Er will Güte, einfach weil er gut ist. Gleichermassen soll jeder, der danach strebt, ähnlich wie Gott zu sein, lernen, Gott zu lieben, nicht aus Furcht oder Hoffnung auf Belohnung, sondern einfach wegen ihm selber. Wir lieben Gott, weil er zuerst uns liebte.[867]

Die Gottesliebe führt zur Nächstenliebe.[868] In Inst. 4.43 i.f. erklärt er: „'Le principe de notre salut et de notre sagesse est, selon l'Ecriture, 'la crainte du Seigneur'. De la crainte du Seigneur naît une componction salutaire. De la componction du cœur procède le renoncement, c'est-à-dire la nudité et le mépris de toute richesse. La nudité engendre l'humanité. De l'humanité vient la mortification des volontés. Cette mortification déracine et fait dépérir tous les vices. Le rejet des vices permet aux vertus de pousser leurs fruits et de croître. Cette fécondité des vertus donne la pureté du cœur. Par la pureté du cœur est possédée la perfection de la charité apostolique.“[869]

865 Puzicha, RB-Komm., 196.

866 Vgl. Puzicha, RB-Komm., 64.

867 Coll. 11.7: „non ergo aliter ad illam veram perfectionem conscendere poterimus, nisi, quemadmodum nullius alterius nisi nostrae salutis gratia prior nos ille dilexit, ita eum nos quoque nullius alterius rei nisi sui tantum amoris dilexerimus obtentu.“ („Nicht anders jedoch können wir zu jener wahren Vollkommenheit emporsteigen, als dass wir, so wie er uns aus keinem anderen Grund als um unseres Heiles willen geliebt hat, unsererseits ihn nur um seiner Liebe willen lieben.“, Ziegler, Coll. Trad., 67).

868 Chadwick, 100: „For Cassian all virtues are engulfed in charity, which is the obverse of the state of purity of heart.“

869 Inst. 4.43 (Guy, Inst. Trad., 185); Originaltext: „Principium nostrae salutis ac sapientiae secundum scripturas timor domini est. de timore domini nascitur conpunctio salutaris. de conpunctione cordis procedit abrenuntiatio, id est nuditas et contemptus omnium facultatum. de nuditate humilitas procreatur. de humilitate generatur mortificatio voluntatum. mortificatio voluntatum exstirpantur atque marcescunt universa vitia. expulsione vitiorum virtutes fructicant atque succrescunt. pullulatione

In Coll. 15, worin es um die Gnadengaben Gottes geht, erklärt Johannes Cassian, dass ein Mensch nicht wegen seiner Wunder, die er vollbringt, als vollkommen gelte. Johannes Cassian verfolgt zwar seine Absicht, auf Wundererzählungen zu verzichten, da sie nichts zum spirituellen Wachstum beitragen.[870] Aber in Coll. 15 lässt er Abba Nesteros über ein erstaunliches Wunder berichten, nämlich die Auferweckung eines einbalsamierten Ägypters durch Makarios – eine berühmte Geschichte, die auch Palladios und Sozomen berichten[871] – sowie über zwei Wunderheilungen durch Abba Abraham. Aber der Grund für die Erzählungen (wie auch der ganzen Coll. 15) ist, den Menschen davon abzubringen, Wunderwirker zu bewundern, nur weil sie Wunderwirker seien. Auch Satan vollbringe Wunder. Einen Menschen solle man doch in erster Linie aufgrund seiner Nächstenliebe verehren, und nicht nur weil er böse Geister vertreiben könne. Die Nachahmung Christi sei nicht die Nachahmung seiner äusseren Zeichen, sondern seiner inneren Eigenschaften, nämlicher seiner Geduld und Demut. Es sei ein grösseres Wunder, seine eigene Seele zu heilen als den Körper eines anderen.[872]

Johannes Cassian erwähnt verschiedene Tugenden, aber keine so oft wie die Geduld und die Demut. Ihm verdanken wir die Kennzeichen eines demütigen Menschen[873] – eine Beschreibung, die von Benedikt in die bekannte RB 7 über die 10 Stufen der Demut übernommen wird.[874]

3.2.4.10. *Pünktlichkeit*

Pünktlichkeit ist für Johannes Cassian ein wichtiger Wert im Koinobion. Es geht einerseits um die äussere Ordnung und die innere Disziplin – beides Elemente, die auch für den Anachoreten wichtig bleiben, auch wenn er alleine lebt – und andererseits um den Respekt vor dem Mitmenschen bzw. um die Liebe für ihn. Pünktlichkeit vermeidet das Trödeln und die Trägheit.[875] V.a. ist die Pünktlichkeit zum gemeinsamen Gebet wichtig. So verlangt Johannes Cassian erstens vom Bruder, der beauftragt ist, das Zeichen zum Gottesdienst

---

virtutum puritas cordis adquiritur. puritate cordis apostolicae caritatis perfectio possidetur."

870 Chadwick, 100.

871 Chadwick, 100.

872 Coll. 15.10; Chadwick, 100: „It is a greater miracle to heal one's soul than the body of another."

873 Vgl. Inst. 4.39.

874 Chadwick, 100.

875 Inst. 10.3.

zu geben, den richtigen Augenblick abzuwarten. Zweitens verlangt er, dass sich die Mönche rechtzeitig zum Gottesdienst einfinden. Kommt einer zu spät zum Gebet, darf er sich den Psalmierenden nicht anschliessen, sondern muss draussen schweigend bis zum Ende warten (Bussschweigen).[876] Bei Unpünktlichkeit („tarditas“) gibt es als Strafe die spirituelle Busse.[877]

3.2.4.11. Beharrlichkeit

Für Johannes Cassian ist wichtig, dass der Mönch lernt, sich zu gedulden und zu verzichten. Beharrlichkeit („perseverentia“) bei Arbeit, Gebet und dem Verfolgen des Tugendpfades (d.h. innere Wandlung durch Vermeidung der körperlichen und geistigen Laster und stete geistige Ausrichtung auf Gott) sind sehr wichtig.[878] Am Schluss von Coll. 10.14 legt Johannes Cassian Abba Isaak in den Mund: „Drei Dinge sind es, welche den umherschweifenden Geist standhaft machen: Wachen, Nachsinnen und Beten. Beständigkeit darin und beharrliche Zielausrichtung darauf bringen der Seele festen Halt.“[879] Um das zu erlangen, müsse „zuerst durch unermüdliche Ausdauer in einer Arbeit, die nicht der Gier nach Geld, sondern dem geheiligten Bedarf der Gemeinschaft der Mönche geweiht“ sei, „aller Unruhe und Sorge um das gegenwärtige Leben entsagt“ werden.[880] Hierin macht Johannes Cassian deutlich, dass das könobitische Leben und die Sorge dafür heilsam ist und hilft, beständig und auf das Ziel ausgerichtet zu bleiben. Das Ruhegebet gibt Johannes Cassian dem Anfänger („ab incipientibus“) und hält fest, dass es zwar für knapp und leicht („conpendiosa et facilis“) gehalten werden könne, aber schwierig sei und Beharrlichkeit („perseverentia“) brauche.[881]

3.2.4.12. Kein Eigenwille

Wie Johannes Cassian in Inst. 4.39 zu den Kennzeichen („indicia“) der Demut („humilitas“) schreibt, muss der Mönch als erstes, um demütig zu werden, seinen eigenen Willen überwinden.[882] Denn aufgrund seiner egozentrischen Dynamik

---

876 Bussschweigen: „… non audet nec semet ipsum admiscere psallentibus…“ (Inst. 3.1); „ab oratione suspensus“ (Inst. 2.16).

877 Inst. 3.7, 4.2.

878 Inst. 4.2; Coll. 9.

879 „[T]ria sunt quae vagam mentem stabilem faciunt, vigilae, meditatio et oratio, quarum adsiduitas et iugis intentio conferunt animae stabilem firmitatem“. Coll. 10.14.

880 Coll. 10.14, Ziegler, Coll. Trad., 326.

881 Coll. 10.14; auch in Inst. 4, 39 spricht Johannes Cassian von einem Beginn: „principium nostrae salutatis …“.

882 Inst. 4.39: „primo si mortificatas in sese omnes habeat voluntates“.

führt der Eigenwille zur Erfüllung all seiner Wünsche ohne Rücksicht darauf, ob sie angemessen sind und mit den monastischen Zielen, den Gegebenheiten der Gemeinschaft und dem Willen Gottes in Einklang stehen.[883] Dabei hilft es, das Bibelstudium zu betreiben und darüber zu meditieren.[884] Der Verzicht auf den Eigenwillen steht im Zusammenhang mit dem Verzicht auf Eigentum, ist aber drastischer. Eigentumsverzicht wird immer auch als „Synekdoche der Aufgabe des eigenen Selbst" verstanden.[885] Das Selbst und der Besitz sind miteinander verbunden. Der wahre Verzicht muss sich auf beides beziehen. Eigentumsverzicht ist auch Kontrollverzicht. Der Mönch ist nicht mehr länger Herr einer Sache oder Person. V.a. hört er auf, Herr seiner selbst zu sein.[886] Johannes Cassian schreibt: „Das mönchische Leben lässt sich nur durch wahre Entsagung verwirklichen, wenn wir unser Selbst von allen irdischen Gütern befreien und reinigen ..., so dass in uns kein anderer Wunsch mehr lebt ausser dem Willen des Abtes."[887]

3.2.4.13. Gehorsam

Der Gehorsam ist gem. Johannes Cassian das vierte Kennzeichen („indicium") der Demut („humilitas"), wie er in Inst. 4.39 schreibt.[888] Der Gehorsam ist die Nachahmung Christi, der gehorsam bis zum Tod gewesen ist.[889] Die Weisung des Abba hat unmittelbare Gültigkeit für das Handeln des Schülers, der häufig um ein wegweisendes Wort bittet. Der Abba verlangt vom Schüler grosse Entschlossenheit, seine Weisung zu erfüllen; zur Veranschaulichung sind auch heroische Gehorsamsprüfungen überliefert.[890] Das Verhältnis des Abba zu seinem Schüler ist auf Zeit beschränkt. Puzicha bemerkt, dass das Wüstenmönchtum

883 Puzicha, RB-Komm., 204.

884 Inst. 2.5: „Eo enim fervore divinarum scripturarum lectionibus orationique et operi manuum diebus ac noctibus incubabant."

885 Brown, 604.

886 Inst. 2.3; Brown, 604.

887 Inst. 12.32: „quod nullatenus poterimus implere, nisi abrenuntiatio vera, quae in expoliatione omnium facultatum ac nuditate consistit ... ita ut praeter abbatis mandatum nulla penitus voluntas vivat in nobis."

888 Zusammen mit der Geduld; vgl. Inst. 4.39: „quarto si in omnibus servet oboedientiae mansuetudinem patientiaeque constantam."

889 Inst. 2.3–5. Es wird auf das Jesuswort in Joh. 6.38 verwiesen: „Ich bin nicht gekommen, meinen Willen zu tun, sondern den Willen dessen, der mich gesandt hat." Die spirituelle Sicht des Gehorsams wird von Johannes Cassian mehrfach betont.

890 Inst. 4.24–27; Puzicha, RB-Komm., 613 f.

etwas reserviert gegenüber den streng koinobitischen Lebensformen sei, v.a. „in der Ablehnung des lebenslänglichen Gehorsams gegenüber einem Oberen und einer schriftlichen Regel. Das Gesetz der Wüste ist die Demut, das Gesetz der Koinobiten der Gehorsam.“[891]

Der Abt muss Gehorsam vorher gelernt haben, bevor er anderen Menschen vorstehen kann.[892]

3.2.4.14. Dienen

Für Johannes Cassian ist das Dienen eng mit dem Gehorsam und der Demut verbunden.[893] Während bei Anfängern das Dienen durch gehorsame Befolgung des erteilten Auftrags im Vordergrund steht, geht es später mehr und mehr um das freiwillige und unaufgeforderte Dienen durch die Antizipierung dessen, was der Mitbruder an Unterstützung und Hilfe braucht. Hier werden die Aspekte der Demut, des Freude-Bereitens, der Nächstenliebe und des Friedens sichtbar.

3.2.4.15. Kein Murren

Das Murren („murmuratio“) ist zu unterlassen und wird bestraft.[894] Es ist ein Laster, das sich darin zeigt, dass man sich über alles ärgert, sich über jede einzelne Anstrengung beschwert und seufzt, wie Johannes Cassian schreibt.[895]

Das Murren nährt sich aus der Unzufriedenheit.[896] Die innere Haltung hinter der Unzufriedenheit ist der Stolz. Aus dem Stolz kommen „Verachtung, Neid, Ungehorsam, Gotteslästerung, Murren und Verleumdung“.[897] Der Mönch ist mit dem Willen Gottes und seinem eigenen Leben nicht im Reinen. Johannes Cassian zeigt, dass das Murren eine Gegenhaltung zum Gehorsam ist und verweist exemplarisch auf das Verhalten Israels in der Wüste.[898] Das

891 Puzicha, RB-Komm., 614.

892 Inst. 4.24–27.

893 Inst. 4.39.

894 Inst. 4.16: „si vel leviter murmuraverit“.

895 Inst. 7.8: „Sed ne … contentus idignatur ad omnia et ad singula opera murmurat atsque suspirat“. – „unzufrieden ärgert er sich über alles und murrt und seufzt über jede einzelne Anstrengung“. Vgl. auch Puzicha, RB-Komm., 145.

896 Inst. 4.16.

897 Coll. 5.16: „de superbia contemptus, invidia, inoboedientia, blasphemia, murmuratio, detractio.“ – „Aus dem Stolz kommen Verachtung, Neid, Ungehorsam, Gotteslästerung, Murren und Verleumdung.“

898 Coll. 3.7. Vgl. auch Puzicha, RB-Komm., 145.

Murren kann zur Gewohnheit, zur Sucht werden.[899] Sie kann auf andere ansteckend wirken. Die Anweisung, das Murren zu unterlassen, zieht sich durch die gesamte monastische Literatur.[900] Eine Variante des Murrens ist die Verleumdung („detractio"),[901] eine Haltung, die die Atmosphäre in der Gemeinde nachhaltig stört.[902]

3.2.4.16. *Keuschheit*

Es geht Johannes Cassian um die innere keusche Einstellung, darum, in der Lage zu sein, erst gar keine sexuellen, lüsternen Gedanken und Wünsche aufkommen zu lassen bzw. diese nicht zu entwickeln. Da die anderen Menschen Objekte der Begierde seien, könne man dieses Laster eigentlich wirklich nur so besiegen, indem man sich von ihnen fernhalte.[903]

Organisatorisch bedeutet das, dass zu anderen Menschen Distanz gesucht wird. Deshalb zieht sich der Mönch zuerst von der Welt zurück. Im Koinobion Unterägyptens haben die Mönche jeweils eine Zelle für sich, in der sie leben, also arbeiten, lesen, beten, essen und schlafen. Diese Zelle ist in mehrere Kammern unterteilt.[904] Der Mönch schläft alleine in seiner Kammer bzw. Zelle, angezogen[905] auf einer Matte auf dem Boden.[906] Falls ein Mönch zu einer Aufgabe ausserhalb seiner Zelle gerufen wird, sei sie so zu erledigen, dass kein Gespräch geführt werden könne. Nach der Arbeit soll er wieder sofort in seine Zelle zurückkehren. Bei der Arbeit soll er im Geiste einen Ps. oder eine Bibelstelle rezitieren. So sei er besser geschützt vor üblen Gedanken, Geschwätz und bösen Handlungen.[907] Was im unterägyptischen Koinobion gem. Johannes Cassian nicht statthaft ist, ist zu grosse Nähe zu anderen. Das zeigt sich am Schwatzen, gemeinsamen Rumlungern oder körperlichen Berührungen wie Händchenhalten, wofür jeweils eine spirituelle Busse zu verrichten ist.[908]

---

899 Puzicha, RB-Komm., 145.

900 Bei Johannes Cassian: Inst. 4.6, 4.16, 7.8; Coll. 3.7, 5.16, 6.10, 19.1. Vgl. Puzicha, RB-Komm., 145 m.w.H.

901 Coll. 5.16; Puzicha, RB-Komm., 145.

902 Puzicha, RB-Komm., 145.

903 Inst. 6.3 f.; vgl. auch Kardong, 45.

904 Vgl. Descoeudres, Mönchssiedlungen, 20 f.

905 Als Streiter Christi muss der Mönch immer in seiner Rüstung und gegürtet sein. Inst. 1.1.

906 Als Streiter Christi muss der Mönch immer in seiner Rüstung und gegürtet sein. Inst. 1.1.

907 Inst. 2.15.

908 Inst. 2.15; 2.16; 4.20; vgl. auch 4.16 und 4.20.

3.2.4.17. Schweigsamkeit

Das Schweigen ist Bestandteil der Enthaltsamkeit.[909] „Schweigen ist … mehr als Nicht-Sprechen“, wie Puzicha treffend festhält.[910]

Johannes Cassian stellt das Schweigen in den Dienst der mönchischen Berufung, deren letztes Ziel „das geistige Schauen und Betrachten jener himmlischen und über alles erhabenen Reinheit ist, welche nur gewonnen werden kann durch Stillsein, durch keine Ablenkung und durch Meditation.“[911] Nur die Ausübung solchen Schweigens, das seinen höchsten Ausdruck im schweigenden Gebet („ineffabilis oratio“) findet, führt den Mönch zur Gottesbegegnung. Das schweigende Gebet „übersteigt alle menschlichen Sinne. Mit keinem Laut der Stimme, keinem Zungenschlag und keinem gesprochenen Wort wird es wahrnehmbar. Vielmehr entströmt es dem [menschlichen] Geist, der durch das himmlische Licht erleuchtet worden ist. Nicht in menschlichen beschränkten Worten, sondern in unaussprechlich verdichteten Wahrnehmungen wie aus einer vollen Quelle strömt dieses Gebet unaufhaltsam aus dem Geist hervor und dringt bis zum Herrn. In einem ganz kurzen Zeitraum sprudelt diese Quelle so unendlich viel hervor, dass es gar nicht ausgesprochen werden und der [menschliche] Geist auch nicht nachvollziehen kann, wenn er wieder zu sich selbst zurückgekehrt ist.“[912]

3.2.4.18. Masshalten

Masshalten ist für Johannes Cassian eine wichtige Tugend. Masshalten gilt allgemein. Um das richtige Mass für die eigene Askese zu finden, braucht es eine ehrliche Selbsteinschätzung und -betrachtung (Discretio).[913] Zur Bekämpfung

---

909 Puzicha, RB-Komm., 178.

910 Puzicha, RB-Komm., 178.

911 Inst. 10.3: „actus suae professionis … qui non est alius quam intuitus et contemplatio divinae illius et excellentis super omnia puritatis, que non alibi potest nisi in silentio et iugi cellae perseverantia ac meditatione conquiri“.

912 Coll. 9.25.: „quae omnem transcendens humanum sensum nullo non dicam sono vocis nec linguae motu nec ulla verborum pronuntiatione distinguitur, sed quam mens infusione caelestis illius luminis inlustrata non humanis atque angustis designat eloquiis, sed conglobatis sensibus velut de fonte quodam copiosissimo effundit ubertim atque ineffabiliter eructat ad deum, tanta promens in illo brevissimo temporis puncto, quanta nec eloqui facile nec percurrere mens in semet ipsam reversa praevaleat.“

913 Coll. 2.4: „Haec est discretio… omnium namque virtutum generatrix, custos moderatrixque discretio est.“

der Unmässigkeit bei Aufnahme von Nahrung und Getränk verlangt Johannes Cassian das Masshalten. Er bemerkt, dass man bei der Askese, z.B. bei der Nahrungsaskese, auch übertreiben könne.[914] Übertreibungen können zu körperlichen und geistigen Schäden führen oder einen stolz machen, was sich mit einer demütigen Haltung nicht vertrage. Die Gesinnung und die geistliche Askese seien wichtiger als die äussere Praxis.[915]

Das Mass ist jedoch klar bei Armut und Keuschheit, nämlich kein Eigenbesitz und keine sexuellen oder lüsternen Gefühle, Gedanken, Worte und Handlungen.

3.2.4.19. Fasten

Das Fasten, d.h. die Reduktion von Speise und Trank, hat im Leben der alten Kirche einen festen Platz und spielt als äusserer Ausdruck der Ernsthaftigkeit der christlichen Nachfolge eine wichtige Rolle.[916] Schon früh wird das Fasten am Mittwoch und Freitag (sog. Wochenfasten)[917] gehalten.[918] Die frühmonastische Askese ist grundsätzlich beeinflusst vom Gedanken einer strengen Lebenspraxis. Diese findet ihren Ausdruck in verschiedenen Bussübungen wie häufiger geistiger Lesung, Beten, Psalmodieren, Nachtwachen und Fasten.[919] Johannes Cassian erwähnt, dass die Urkirche keine Fastenzeit kenne, weil das ganze Jahr hindurch gefastet werde.[920] Dies gilt ebenso für die Anfänge des Mönchtums.[921] Es ist gem. Johannes Cassian üblich, das ganze Jahr über zu fasten – ausser sonntags und an Ostern – und die Tagesmahlzeit zur neunten Stunde einzunehmen.[922] Für Johannes Cassian ist das Fasten ein Mittel neben Gebet, Nachtwachen, Meditation, Bibellesung, Zerknirschung des eigenen Herzens zur Erlangung der Tugenden. Fasten ist nicht das Ergebnis der Tugenden, sondern ein Mittel dazu. Es geht also nicht um die harte Lebensführung an sich, sondern das Fasten dient der Läuterung der eigenen Gesinnung.[923]

---

914 Coll. 2.
915 Vgl. auch Puzicha, RB-Komm., 456.
916 Puzicha, RB-Komm., 533.
917 Vgl. Did. 8.1.
918 Puzicha, RB-Komm., 533 m.w.H.
919 Puzicha, RB-Komm., 533 f.
920 Coll. 21.30: „Sciendum sane hanc observantiam Quadragensimae (sic!), quamdiu ecclesiae illius primitivae perfectio inviolata permansit, penitus non fuisse." Vgl. Auch Coll. 21.24.
921 Inst. 2.5, 5.14, 12.16; Coll. 1.17.
922 Inst. 2.18.
923 Coll. 21.15; Puzicha, RB-Komm., 533 f.

3.2.4.20. Kranke

Zur Krankheit äussert sich Johannes Cassian nicht ausführlich. Krankheit oder Schwäche ist für ihn keine Strafe Gottes. Die Hinwendung zu Menschen in Not und zu Kranken ist Ausdruck der Nächstenliebe und ist v.a. durch die Gerichtsrede in Mt. 25.36–40[924] begründet. Diese Aussage stellt den eigentlichen Kern neutestamentarischer Ethik dar und bleibt konstitutiv für die alte Kirche mit ihren Einrichtungen zu karitativer Hilfe und ihrer Einstellung zu Notleidenden. Für diesen wichtigen Dienst werden bestimmte ausgewählte weibliche Gruppen in der christlichen Gemeinde ausersehen (z.B. Witwen, Diakonissen, Asketinnen). Im Wüstenmönchtum ergibt sich der Krankendienst aus der Nächstenliebe; da man aufeinander achtet und einander Sorge trägt, bleiben genügend Möglichkeiten der Fürsorge. Der Altvater lebt normalerweise mit Schülern zusammen; falls ein Eremit, der in völliger Abgeschiedenheit lebt, am sonntäglichen Gottesdienst nicht erscheint, kümmern sich im Krankheitsfall die umliegenden Eremitenkolonien um ihn oder er begibt sich bei Krankheit, Schwäche oder Alter in eine Eremitenkolonie.[925]

---

924 Mt. 25.36–40: „Ich bin nackt gewesen und ihr habt mich gekleidet. Ich bin krank gewesen und ihr habt mich besucht. Ich bin im Gefängnis gewesen und ihr seid zu mir gekommen. Dann werden ihm die Gerechten antworten und sagen: Herr, wann haben wir dich hungrig gesehen und haben dir zu essen gegeben, oder durstig und haben dir zu trinken gegeben? Wann haben wir dich als Fremden gesehen und haben dich aufgenommen, oder nackt und haben dich gekleidet? Wann haben wir dich krank oder im Gefängnis gesehen und sind zu dir gekommen? Und der König wird antworten und zu ihnen sagen: Wahrlich, ich sage euch: Was ihr getan habt einem von diesen meinen geringsten Brüdern, das habt ihr mir getan." – „nudus et operuistis me infirmus et visitastis me in carcere eram et venistis ad me tunc respondebunt ei iusti dicentes Domine quando te vidimus esurientem et pavimus sitientem et dedimus tibi potum quando autem te vidimus hospitem et colleximus te aut nudum et cooperuimus aut quando te vidimus infirmum aut in carcere et venimus ad te et respondens rex dicet illis amen dico vobis quamdiu fecistis uni de his fratribus meis minimis mihi fecistis." (Vulgata) – „γυμνὸς καὶ περιεβάλετέ με, ἠσθένησα καὶ ἐπεσκέψασθέ με, ἐν φυλακῇ ἤμην καὶ ἤλθατε πρός με. τότε ἀποκριθήσονται αὐτῷ οἱ δίκαιοι λέγοντες· κύριε, πότε σε εἴδομεν πεινῶντα καὶ ἐθρέψαμεν, ἢ διψῶντα καὶ ἐποτίσαμεν; πότε δέ σε εἴδομεν ξένον καὶ συνηγάγομεν, ἢ γυμνὸν καὶ περιεβάλομεν; πότε δέ σε εἴδομεν ἀσθενοῦντα ἢ ἐν φυλακῇ καὶ ἤλθομεν πρός σε; καὶ ἀποκριθεὶς ὁ βασιλεὺς ἐρεῖ αὐτοῖς· ἀμὴν λέγω ὑμῖν, ἐφ' ὅσον ἐποιήσατε ἑνὶ τούτων τῶν ἀδελφῶν μου τῶν ἐλαχίστων, ἐμοὶ ἐποιήσατε."

925 Vgl. Puzicha, RB-Komm., 429 f., m.w.H. zu den altkirchlichen Autoren und 441.

3.2.4.21. Alte und Kinder

Johannes Cassian äussert sich nicht spezifisch zum Thema. Dass man sich um Alte und Kinder kümmern muss, ergibt sich aus der Nächstenliebe. Eremiten nehmen üblicherweise keine Kinder auf.[926] In den Koinobitenklöstern sind aber bereits Kinder akzeptiert.[927]

Nach damaliger Auffassung dauert die Kindheit bis zum 7. Lebensjahr, das Jugendalter vom 8. bis mindestens zum 14., längstens bis zum 18. Lebensjahr. Zw. dem 18. und dem 25. Lebensjahr erreicht man die Mündigkeit.[928] Es ist unklar, ab welchem Alter Kinder ins Kloster gegeben werden (Oblation) bzw. selbständig ins Kloster eintreten. Was bei Johannes Cassian deutlich wird, ist, dass es für den Eintritt in ein Kloster einen freien und nachhaltig gezeigten Willensentscheid braucht, der auch getestet wird.[929]

Basilios, auf den Johannes Cassian im Vorwort der Inst. Bezug nimmt,[930] nimmt in seinen Klöstern basierend auf Mk. 10.14[931] Kinder jeden Alters auf. Diese werden nicht ins Noviziat, sondern in ein Schulinternat aufgenommen. Das gilt für Knaben und Mädchen, was vielleicht auf die Praxis von Frauenklöstern hinweist. Die Kinder essen und wohnen von den Mönchen getrennt. So kann man besser auf sie Rücksicht nehmen und den Ruf der Bruderschaft schützen. Die Kinder werden in einer Klosterschule unterrichtet. Zur Aufsicht und zum Unterricht wird ein Lehrer mit viel Erfahrung und grosser Geduld beauftragt, der auch fähig sein muss, in angemessener Weise zurechtzuweisen. Der Jugendliche kann, wenn er will, aus eigener Entscheidung und Urteilskraft als Mönch ins Kloster eintreten, aber erst nach gründlicher Prüfung und reiflicher Überlegung. Wer nicht monastisch leben möchte, wird vor Zeugen entlassen.[932]

---

926 Chadwik, 11, erwähnt den Eremitenspruch der Sketis: „Wenn du Kinder in der Sketis siehst, nimm deinen Mantel und geh weg."

927 Chadwik, 11.

928 Vgl. Puzicha, RB-Komm., 639, Fn. 7.

929 Inst. 4.3, 4.32; Coll. 20.1.

930 Inst. Praef. 4.

931 Mk. 10.14: „Als es aber Jesus sah, wurde er unwillig und sprach zu ihnen: Lasst die Kinder zu mir kommen und wehret ihnen nicht; denn solchen gehört das Reich Gottes." – „quos cum videret Iesus indigne tulit et ait illis sinite parvulos venire ad me et ne prohibueritis eos talium est enim regnum Dei." (Vulgata) – „ἰδὼν δὲ ὁ Ἰησοῦς ἠγανάκτησεν καὶ εἶπεν αὐτοῖς· ἄφετε τὰ παιδία ἔρχεσθαι πρός με, μὴ κωλύετε αὐτά, τῶν γὰρ τοιούτων ἐστὶν ἡ βασιλεία τοῦ θεοῦ."

932 Vgl. dazu Puzicha, RB-Komm., 640; Chadwik, 11.

3.2.4.22. Freude

Die Traurigkeit, der Kummer („tristitia“) ist ein Laster. Für die weltlichen Dinge braucht es Gelassenheit.[933] Mit Mitmenschen muss man geduldig sein. Wenn man an sich selbst arbeitet, kann man eigentlich mit jedem Menschen zusammen sein.[934] Es geht darum, den Mitmenschen für sich einzunehmen, ihm Freude zu bereiten.[935] Für den Umgang mit den Mitmenschen braucht es die eigene Fähigkeit zur Aussöhnung und zur Friedfertigkeit. Wenn man seine Gedanken auf Gott ausrichtet und ausgerichtet hält,[936] wird man gestärkt und heiter.[937] Diese Heiterkeit und Freude überträgt sich auf die Mitmenschen.[938]

3.2.4.23. Frieden

Johannes Cassian führt in Inst. 2.5 und Coll. 18.5 aus, die Lebensordnung des Koinobion richte sich nach der Urgemeinde in Jerusalem aus, und zitiert an beiden Stellen aus der Bibel[939] die Verse Apg. 4.32–35,wonach die Gläubigen ein Herz und eine Seele waren und alles, was sie hatten, ihnen gemeinsam gehörte.[940] Johannes Cassian verwendet den Begriff der „communio“ für die Gemeinde und benutzt ihn auch bei der Erklärung für das Koinobion, das „κοινόβιον“ bzw. das „coenobium“ (in Anlehnung an die Begriffe „κοινός“ bzw.

---

933 Sowohl hinsichtlich des erlittenen Malheurs als auch ob des Glücksmoments; es ist ja beides hohl und bald vergangen. Inst. 9.13 i.f. Es sind Elemente der Stoa ersichtlich.

934 Inst. 9.8.

935 Inst. 9.7: „sed deliniri iubet“.

936 Inst. 9.13: „... ut mentem nostrum spiritali meditatione“ ... valebimus superare.

937 Inst. 9.13: „hoc enim modo universa tristiarum genera ... valebimus superare, cum aeternarum rerum ac futurarum untuitu semper laeti atque inmobiles perdurante ...“.

938 Vgl. auch Coll. 16.

939 Wohl aus der Vulgata. Hieronymus’ Übersetzung der Bibel vom Griech. ins Lat., die Vulgata, liegt Johannes Cassian bereits vor. Als AT dürfte Hieronymus die von Origenes um 245 redigierte Hexapla (Ἑξαπλᾶ) verwendet haben, eine mehrsprachige Synopse des AT in sechs Spalten. Johannes Cassian bezieht sich in Inst., Praef. 5, ausdrücklich auf die Übersetzungsarbeit des Hieronymus: „... verum etiam Graeca lingua digestos in Latinum vertit eloquim.“

940 Apg. 4.32: „Multitudinis autem credentium erat cor et anima una nec quisquam eorum quae possidebant aliquid suum esse dicebat sed erant illis omnia communia.“– „Τοῦ δὲ πλήθους τῶν πιστευσάντων ἦν καρδία καὶ ψυχὴ μία, καὶ οὐδὲ εἷς τι τῶν ὑπαρχόντων αὐτῷ ἔλεγεν ἴδιον εἶναι ἀλλ’ ἦν αὐτοῖς ἅπαντα κοινά.“ In Inst. 2.5 schreibt Johannes Cassian „multitudinis scilicet credentium ...“ und in Coll. 18.5 „multitudinis autem credentium ...“.

„communis“ in Apg. 4.32: „ἦν αὐτοῖς ἅπαντα κοινά“, „erant illis omnia communia“). Die Gemeinschaft ist ein Ort der Brüderlichkeit, wo Frieden herrscht, und der geprägt ist durch einen ethischen Wertekanon und Kohärenz der Mönche.[941] Die Gemeinschaft soll eine friedfertige sein. Im Frieden kann man frei sein, spirituell wachsen und ein reines Herz („puritas cordis“) entwickeln.[942]

941 Vgl. auch die Bekehrungsgemeinschaft bei Puzicha, RB-Komm., 407.
942 Inst. 9.13; Coll. 16.16.

Teil IV. Zum Institutionenbegriff von Benedikt von Nursia

1. Biographisches

1.1. Kontext seines Lebens

Benedikt wird wohl im Jahre 480 geboren. Vier Jahre vor seiner Geburt hat der faktische Machthaber in Italien und *patricius* Odoaker die Kaiserinsignien des Westkaisers Romulus Augustus (465–511) dem Ostkaiser Zenon (–491) zurückgegeben und sich stellvertretend für alle römischen Westprovinzen unter dessen Autorität gestellt. Diese Direktunterstellung des Westens unter die Herrschaft des Ostkaisers im Jahre 476 wird oft als faktisches Ende des weströmischen Reiches angesehen, was aber wohl in verfassungsrechtlicher Hinsicht nicht zutrifft.[943] Benedikt lebt Zweidrittel seines Lebens im Ostgotenreich des

943 Ergänzend kann auf Brown, 660, verwiesen werden, welcher ausführt, dass „in Rom und in Mittel- und Süditalien weiterhin das starke Gefühl" herrsche, „dass das römische *Ancien Régime* ungebrochen überlebt habe". Der römische Senat arbeitet wie bisher. Die meisten Senatsmitglieder stammen von Römer Familien. Brown, 660, macht darauf aufmerksam, dass Norditalien hingegen, dem „Korridor zwischen Gallien und dem Balkan" eine „ganz andere Welt" gewesen sei. Denn dort sei die römische Zivilbevölkerung seit langer Zeit „von einem riesigen Militärapparat flankiert gewesen, der hauptsächlich germanischen Ursprungs" sei. Die Bevölkerung Norditaliens habe sich „an die Anwesenheit von Barbaren gewöhnt" (Brown, 660). Die Truppen waren in den „Regierungszentren wie Mailand und Ravenna in der Umgebung des Kaiserhofes stationiert" (Brown, 660). Nach Brown ist es „deshalb auch nicht weiter überraschend, dass in Italien die Herrschaftsübernahme durch die Barbaren von innen heraus erfolgte und nicht das Ergebnis einer Invasion war. Stattdessen setzte sich in Norditalien eine nichtrömische Militärclique durch. Nach 476 gibt es einfach keinen Kaiser mehr, und die ganze Macht fiel in die Hände von Militärmachthabern, die aus den barbarischen Heereskontingenten stammen, die seit langem in Norditalien und auf dem Balkan stationiert waren: zuerst Odoaker (476–493) und dann Theoderich (493–526)" (Brown, 660). Allerdings lässt Brown hier ausser Acht, dass mit Odoakers Rückgabe der Kaiserinsignien des Westkaisers an den Ostkaiser m.E. verfassungsrechtlich ein Direktunterstellungsverhältnis begründet wird, womit sich die Macht zwar de facto bei Odoaker als Militärkommandanten in Italien, aber de iure bei Kaiser Zenon in Konstantinopel konzentriert (zumindest spätestens ab dem Tod des Julius Nepos (um 430–480), welcher bereits 474 von den Ostkaisern Leo II. und Zenon zum Westkaiser erhoben worden ist und

Theoderich d. Gr. (455–526), das letzte Drittel während der Gotenkriege, die Theoderichs Nachfolger gegen Kaiser Justinian führen. Während der Regierungszeit des Theoderich ist das Leben für die beiden Bevölkerungsgruppen, die katholische bzw. orthodoxe Mehrheitsbevölkerung der Römer und der kleinen Minderheit der herrschenden arianischen Goten, die sprachlich und rechtlich getrennt sind, einigermassen friedlich und prosperierend. Theoderich ist weitgehend tolerant in religiösen Fragen, fördert die römische Kultur, die Bautätigkeit und die Künste. Es kommt zu einer Blüte römischer Kultur, wie die Werke des Boethius (480/485–524/526) und des Cassiodor (485–585) belegen.[944] Beide Römer bekleiden unter Theoderich hohe Staatsämter; allerdings ist das Misstrauen der römischen Oberschicht gegenüber der Gotenherrschaft stark. Die Loyalität der römischen Senatsaristokratie gegenüber der ostgotischen Regierung in Ravenna nimmt seit der als willkürlich und ungerecht empfundenen Hinrichtung des Boethius und wegen der politischen Unberechenbarkeit von Theoderichs Nachfolgern zu. Der Kontakt der römischen Oberschicht zur Kaiserstadt Konstantinopel ist eng. Die Geiselnahme römischer Senatoren 547 durch den Ostgotenkönig Totila (+552) und dessen Drohung, Rom dem Erdboden gleichzumachen, verschärften die Lage.[945]

Nach Theoderichs Tod 526 und den darauffolgenden Machtstreitigkeiten entsteht eine politisch instabile Lage, die in Kämpfe ausartet und Kaiser Justinian zur militärischen Intervention veranlasst, aus welcher ein zwanzigjähriger, zunehmend verbissen geführter (Bürger-)Krieg zw. gotischen Truppen und regulären römischen Kampfverbänden erwächst. In diesem (Bürger-)Krieg stellen die verhältnismässig schwachen gotischen Einheiten auf Guerilla-Taktik um, wird die Infrastruktur und Wirtschaft Roms und Italiens nachhaltig zerstört, werden Landstriche aufgrund der (wohl von beiden Parteien angewandten) Taktik der verbrannten Erde verheert und entvölkert, Aquädukte, Strassen und andere Infrastrukturanlagen unbrauchbar gemacht. Die Gotenkriege dauern von 535–554 und führen letztlich zur völligen Vernichtung der Goten als politische Grösse. Kaiser Justinian kann den direkten kaiserlichen Einfluss in ganz Italien durchsetzen („renovatio imperii") – allerdings nur bis zur Invasion der Langobarden um 568, die Nord- und Mittelitalien wieder für Jahrzehnte bis

seit der faktischen Machtübernahme durch Odoaker 476 in Dalmatien residiert). Vgl. zu den Desintegrationsvorgängen allg. Brown, 640 ff.

944 Puzicha, Vita-Komm., 17.

945 Puzicha, Vita-Komm., 17 und 45 f.

zum Waffenstillstand von 605 in Unruhe versetzen.[946] Auch über Montecassino zieht die langobardische Eroberungswelle hin: Das Kloster wird um 577[947] zerstört und für rund 150 Jahre bis 718 aufgegeben. Die überlebenden Mönche werden vertrieben und fliehen nach Rom, wo sie im Kloster des Hl. Pankraz im Lateran, der päpstlichen Residenz, Zuflucht finden und die RB mitbringen.[948]

Benedikt von Nursia lebt in einem Land, das die grossen Zeiten hinter sich hat und nach dem Tode Theoderichs immer mehr ins Chaos abgleitet. Was Britannien und Gallien im 5. Jhdt. erleiden, erfährt nun Italien im 6. Jhdt. durch Verarmung der Bevölkerung infolge der sich ständig verschlechternden sozialen und wirtschaftlichen Lage, durch Seuchen und Hungersnöte und der zwanzigjährigen Gotenkriege zw. Theoderichs Nachfolgern und den Feldherren von Kaiser Justinian, der die kaiserliche Macht in Italien und Dalmatien (und wie vorher in Afrika) bis 554 erfolgreich durchsetzt. Die Invasion durch die Langobarden ab 568 ist für Italien eine weitere Schockwelle, die Benedikt aber nicht mehr selber erlebt. Diese Kriegswirren, die bis 605 dauern, betreffen die beiden nachfolgenden Generationen, z.B. das Leben Papst Gregors d. Gr., der um 595 die Benediktsvita verfasst.

1.2. Biographie

1.2.1. Die Benediktsvita

Über das Leben Benedikts gibt es nur wenig gesicherte biographische Angaben.[949] Einziger Autor aus der Spätantike ist Papst Gregor d. Gr. (540–604), der Mitte der 590er Jahre über Benedikt keine Biographie schreibt, sondern eine Vita. Dies ist eine neue Textform, die Mitte des 4. Jhdt. im christlichen Milieu entstanden ist, um die Verwirklichung der Nachfolge Jesu am lebensgeschichtlichen Bsp. zu schildern.[950]

---

946 Seit der langobardischen Invasion 568 bleibt Italien bis zur Risorgimentobewegung und Gründung des Königreichs Italien 1861 (bzw. Eroberung von Venetien und des Friauls 1866 und des Kirchenstaates 1871) über tausend Jahre keine eigenständige politische Grösse mehr. In dieser Zeit ist „Italien“ nur ein geografischer Begriff.

947 Puzicha, Vita-Komm., 18, Fn. 12 und Puzicha, Begegnung, 11; vgl. Gregor d. Gr., Dial. 2 XVII.2.

948 Puzicha Begegnung, 17; Vollmann-Profe, 136 f.

949 Vgl. dazu Faust, RB, Nachw., 178.

950 Puzicha, Vita-Komm., 35; die Autorin hält dafür, dass die Textform der Vita bereits Mitte des 3. Jhdt. entsteht. Als älteste Vita gilt aber die Antoniosvita des Patriarchen Athanasios von Alexandrien („Βίος καὶ Πολιτεία Πατρὸς ʼΑντωνίου“), die kurz nach dem Tode des Antonios (+356) erscheint, und in den 370er Jahren von Euagrios von

Inspiriert durch die vom Alexandriner Patriarchen Athanasios d. Gr. (300–373) verfasste Vita des Antonios (251–356), der als Gründer des christlichen Mönchtums gilt, und der von Sulpicius Severus verfassten Vita des Martin (316–397)[951] schreibt Papst Gregor d. Gr. eine Vita über Benedikt.[952] Eine solche spirituelle „Biographie" will keine Rekonstruktion des Lebens sein.[953] Die Benediktsvita findet sich in Gregors Werk „Dialogi de miraculis patrum italicorum" (Dialoge),[954] das insgesamt aus vier Büchern besteht und dessen zweites Buch mit dem Titel „De vita et miraculis venerabilis Benedicti abbatis" ausschliesslich Benedikt von Nursia gewidmet ist. In den anderen drei Büchern erzählt Gregor das Leben vieler Heiliger, die der lat. Westen hervorgebracht hat. Gem. Grün möchte Gregor „damit aufzeigen, dass nicht nur der Osten, sondern auch der Westen von heiligmässigen Menschen geprägt" sei.[955]

Gregor erwähnt über Benedikts Familie und seine Jugend nur wenig. Es fehlen nähere Angaben über sein Geburtsjahr, Todestag und Todesjahr. Benedikts Studienaufenthalt in Rom erwähnt er nur kurz. Es ist in der Forschung die Frage gestellt worden, ob Benedikt von Nursia nicht eher eine fiktive Gestalt sei, da ausser Gregors Vita keine Belege für seine Existenz vorhanden seien.[956] Aber es ist, wie Vollmann-Profe zu Recht entgegnet, wenig wahrscheinlich, dass jemand den Gründer eines echten Klosters erfinde, wenn dieser unter den ersten Lesern noch bekannt gewesen sein könne und zudem sein Kloster (d.h. Montecassino) unweit vom Ort der „Erfindung" (d.h. Rom) gelegen sei.[957] Des Weiteren ist Gregors Autorenschaft seit dem Zeitalter des Humanismus immer wieder angezweifelt worden, weil man dem hochgebildeten Autoren das vermeintlich niedrige Sprachniveau der Dialoge und so viel schlichte Naivität

---

Antiochien auf Lat. übersetzt wird. Diese Vita entwickelte sich zu einer grossen Inspirationsquelle für christliche Mönche. Vgl. Bertrand, 11 und 20 ff., m.w.H.

951 Vgl. Sulpicius und Huber-Rebenich.

952 Puzicha, Begegnung, 13.

953 Puzicha, Vita-Komm., 36.

954 „Dialogorum Gregorii Papae libri quator de miraculis patrum italicarum", siehe Gregor d. Gr., 14.

955 Grün, 15; Gregor d. Gr., Dial. 1.VII.

956 Vgl. Zusammenfassend Schröer, 30 ff. Fried, 393, hält dafür, dass erst die durch die Benediktsvita hervorgerufene, allmählich anwachsende Wirkung dazu geführt habe, dass die literarische Gestalt des Benedikt in ihrer „Fiktionalität nicht mehr erkannt und für Wirklichkeit gehalten wurde." A.M. Wollasch, 30.

957 Vollmann-Profe, 156. Die Historizität des Johannes Cassian ist demgegenüber nie in Frage gestellt worden.

punkto Wundererzählungen nicht hat zumuten mögen.[958] Gregors Autorenschaft ist von Clark mit Publikationen von 1987 und 2003[959] bestritten worden, was eine breite Diskussion ausgelöst hat. Die neueste Forschung bestätigt hingegen Gregors Autorenschaft.[960]

1.2.2. Jugend, Rom und Subiaco

Benedikt wird um 480 als Sohn eines reichen Landbesitzers in Norcia (Nursia) geboren. Er wird lat. christlich erzogen. Zu Studienzwecken wird er nach Rom geschickt. Das Stadtleben scheint ihm nicht zugesagt zu haben, geht er doch bereits nach kurzer Zeit in die Berge nach Affile (Enfide) und schliesst sich einer Gruppe von asketisch lebenden Anachoreten an. Um das Jahr 500 beschliesst Benedikt, in einer Höhle bei Subiaco (Sublacus oder Sublaqueum) im Tal des Flusses Aniene (Anio) östlich von Rom als Einsiedler zu leben. Im Aniene-Tal befinden sich drei künstliche Stauseen für die Trinkwasserversorgung der Stadt Rom.[961] Aufgrund der Bedeutung für Rom erhalten die Staumauern eine regelmässige Überwachung und Instandsetzung, welche erst während der Gotenkriege unterbleibt. Wegen der landschaftlichen Idylle der Region befinden sich im Aniene-Tal seit der Zeit der Römischen Republik Landvillen römischer Aristokraten.[962] Unter den Kaisern Claudius und Nero entstehen eine kaiserliche Sommerresidenz, die vom jeweiligen Kaiser selbst und anderen hochrangigen römischen Familien genutzt wird, sowie weitere luxuriöse Villen.[963]

Benedikt lebt für drei Jahre in einer kleinen Höhle. Einsiedlergewand und Nahrung erhält er von einem Mönch namens Roman aus einem nahen Kloster,

---

958 Vollmann-Profe, 151; Puzicha, Vita-Komm., 53.

959 Clark, Pseudo-Gregorian; Clark, Controversy; Clark, Dialogues.

960 Vollmann-Profe, 152; Puzicha, Vita-Komm., 58 f.

961 Sublacus bzw. Sublaqueum kann mit „Unterseen" übersetzt werden (es gibt eine Gemeinde gleichen Namens im Kanton Bern). Kaiser Claudius hat oberhalb der heutigen Stadt Subiaco drei Stauseen anlegen lassen, die als Reservoir zur Trinkwasserversorgung der Stadt Rom dienen. Eine der Staumauern von Subiaco ist eine römische Talsperre von 40–50 m Höhe. Das als Gewichtsstaumauer ausgeführte Absperrbauwerk ist das höchste je von den Römern gebaute und bleibt 1.200 Jahre, bis zur Zerstörung durch eine Flut 1305, das höchste Talsperrenbauwerk der Welt. Die Stauseen gibt es heute nicht mehr.

962 Z.B. die Villa von Manlius Vopiscus, die im Jahr 106 von einer grossen Überschwemmung des Aniene zerstört wird, deren Ruinen aber noch heute sichtbar sind.

963 Zusätzlich zur Villa des Nero haben sich dort die Villa des Dichters Horaz und jene des Kaisers Trajan befunden.

der ihn in den nächsten drei Jahren unterrichtet und ins Mönchsleben einführt.[964] Roman ist der erfahrene Altvater, der nach der Mönchsüberlieferung Benedikt als seinen Schüler annimmt und „in persönlicher und individueller Unterweisung befähigt, den geistlichen Weg zu finden und zu gehen."[965] Auch soll ihm seine Schwester Scholastica (480–542) zugeredet haben, seine Höhle drei Jahre lang nicht zu verlassen. Scholastica hat Benedikt immer unterstützt und begleitet.

Man wird auf ihn aufmerksam und bittet ihn, das Amt des Vorstehers des vor wenigen Jahren gegründeten Klosters der Hl. Cosmas und Damian[966] im nahegelegenen Ort Vicovaro zu übernehmen. Benedikt willigt ein und versucht, das Klosterleben neu zu ordnen. Dabei stösst er auf Widerstand der Mönchsgemeinschaft, die sogar versucht, ihren jungen strengen und unbequemen Abt mit Wein zu vergiften. Diese Erfahrung macht ihn reicher. Benedikt sieht den Fehler auch bei sich, da er mit der Erfahrung eines Anachoreten für die Mönche zu hart hat durchgreifen wollen. Er erkennt, dass der Mensch keine rigorose Führung braucht, sondern eine an seine Fähigkeiten angepasste. Diese Erfahrung wird ihn das weitere Leben begleiten und in die RB einfliessen.[967] Benedikt zieht sich wieder nach Subiaco in die Einsamkeit seiner Höhle zurück, meditiert, reift innerlich und „war ganz bei sich" („habitavit secum").[968] Es kommen immer mehr Menschen zu ihm, so dass er in einem Gebäude der Nero-Villa ein Kloster gründet[969] und im Aniene-Tal weitere Klöster. Jedes dieser zwölf Klöster hat zwölf Mönche, die einem von Benedikt eingesetzten Abt

964 Roman übernimmt für Benedikt Verantwortung. Er übergibt ihm den „habitus sanctae conversationis"; das bedeutet, dass er ihm den *habitus*, die monastische Lebensweise, beibringt und gleichzeitig die Mönchskutte als Zeichen dafür übergibt. Des Weiteren kümmert er sich um den jungen Eremiten Benedikt, indem er ihn täglich besucht und physische und geistige Nahrung bringt. Vgl. Gregor Dial. 2.I.4; Puzicha, Vita-Komm., 87.

965 Puzicha, Vita-Komm., 88.

966 Heute das Kloster San Cosimato.

967 RB 2, 21, 23 ff., 63, 64.

968 Gregor, Dial. 2.III.5.

969 Nichts spricht dagegen, dass die Villen und die Gegend allg. bewohnt sind. Es ist aufgrund der Kontinuität der Rechtsverhältnisse eher davon auszugehen, dass klare Eigentumsverhältnisse über die Villen und Ländereien bestehen. Benedikt dürfte wohl unter diesen Eigentümern, die auch aus der stadtrömischen Oberschicht stammen dürften, Gönner gefunden haben.

unterstehen.[970] Benedikt verbleibt im Zentralkloster am Seeufer von Subiaco. Es ist nicht ersichtlich, dass sich Benedikt in Subiaco zu einem Klosterverband im Sinne des Pachomius bekannt hätte.[971]

1.2.3. Montecassino

Im Jahr 529 zieht Benedikt mit einer kleinen Schar treuer Anhänger auf den 80 km südöstlich gelegenen Berg Casinum, der heute den Namen Montecassino trägt. Dort wird zu jener Zeit noch in einem Tempel des Apollon (oder Jupiter) der heidnische Kult praktiziert. Er gründet ein Kloster. In der heidnischen Kultstätte weiht Benedikt ein Oratorium des Hl. Martin ein und verkündet den Menschen dieser Gegend den christlichen Glauben.[972] Es entsteht ein zweites christliches Heiligtum, das dem Hl. Johannes Baptist geweiht wird.[973] Das Kloster Montecassino ist ein autonomes Einzelkloster.[974] Benedikt amtiert als Abt. Für diese koinobitische Klostergemeinschaft verfasst er um 540 seine Klosterregel. Beständigkeit ist dort sein Kennzeichen, denn er verlässt das Kloster nicht mehr.[975] Im Herbst 546 wird er vom Ostgotenkönig Totila besucht, bevor dieser im Dezember 546 Rom einnimmt.[976] Im März 547 verstirbt Benedikt im Oratorium, gestützt von seinen Mönchen, stehend, d.h. in der altkirchlichen Gebetsstellung der Wüstenväter,[977] und wird in der Klostergruft neben seiner vorverstorbenen Schwester Scholastica[978] beigesetzt.

Benedikt ist offensichtlich kein Priester gewesen, sonst hätte dies Gregor d. Gr. wohl erwähnt.[979] Es bringen vornehme Römer ihre Söhne zu Benedikt

---

970 Gregor, Dial. 2.III.13; Schröer, 19; Puzicha, Vita-Komm., 169, macht darauf aufmerksam, dass Benedikts Einsetzung der zwölf Äbte seiner Regel widerspricht, nach welcher die Mönche einer Gemeinschaft ihren Abt selber wählen sollen (vgl. RB 64.1).

971 Faust, RB, Nachw., 178.

972 Faust, RB, Nachw., 178 f.

973 Faust, RB, Nachw., 179.

974 Faust, RB, Nachw., 179.

975 Faust, RB, Nachw., 179. Es ist nicht überliefert, dass er seine zwölf früheren Gründungen um Subiaco besucht oder von dort Besuch empfangen hat.

976 Gregor, Dial. 2.XV.1–4; Schröer, 24; Puzicha, Vita-Komm., 251 f.

977 Stehen ist die typische Gebetsstellung im frühen Christentum; Ramsey, Inst. Trad., 52. Puzicha, RB-Komm., 256, 283, 288, 295 f. Puzicha erwähnt, dass in der frühen syrischen Tradition sich die Mönche als „die Stehenden" bezeichnen. Sie ahmen damit die Haltung der Engel nach, die als die immer Wachenden in beständigem Lob vor Gott in der Haltung der Anbetung stehen.

978 Scholastika stirbt um 542 als gottgeweihte Jungfrau.

979 Faust, RB, Nachw., 179.

zur Erziehung. Bekannte Bischöfe und Nonnen von vornehmer Herkunft pflegen Umgang mit ihm. Seine Novizen sind teilweise Angehörige freigeborener Familien, teilweise auch Sklaven. Trotz unterschiedlicher Herkunft sind sie in seinem Kloster einander gleichgestellt.[980]

Die Bedeutung des Klosters Montecassino wird schon durch Gregor d. Gr. deutlich, indem er für das Leben Benedikts vier Zeugen namentlich benennt: (i) Constantin, Benedikts unmittelbarer Nachfolger als Abt von Montecassino, (ii) dessen Nachfolger Simplicius, (iii) Valentinian, der Abt des Pankrazklosters im päpstlichen Lateran, wohin die Mönche aus Montecassino vor den Langobarden geflohen sind, und (iv) Honorat, der amtierende Abt eines von Benedikts Klöstern im Aniene-Tal. Gregor weist alle vier als Benedikts Schüler aus.[981]

In Benedikts Leben gibt es drei wichtige geistige Orte: (i) die Höhle in Affile, in der er drei Jahre als Anachoret lebt, vom Altvater Roman ins Mönchsleben eingeführt wird und Kraft und Stärke gewinnt, (ii) die Klöster, die er für seine Schüler bei Subiaco im Aniene-Tal gründet und für zwanzig Jahre aus seinem Zentralkloster betreut und (iii) Montecassino, wo er die letzten zwei Jahrzehnte lebt und wirkt. Für das Aufsuchen der jeweils neuen Orte gibt es für Benedikt je ein Schlüsselerlebniss: (i) die Erfahrung des Stadtlebens in Rom, das ihn anwidert, worauf er Eremit wird, (ii) die Ablehnung durch die Mönche im Kloster in Vicovaro als deren Abt, worauf er merkt, dass er diese Mönche nicht leiten kann und sich besser darauf konzentrieren soll, seine Kraft anderen Menschen zu schenken, worauf er Vicovaro verlässt, in den nächsten Jahren Schüler annimmt und für sie Klöster gründet, und (iii) die Nachstellungen des eifersüchtigen Diakons Florenz, was ihn veranlasst, Subiaco und seine im Aniene-Tal gegründeten Klöster zu verlassen, um schliesslich auf dem Montecassino mit einigen seiner Mönche ein neues Kloster zu gründen und dieses zu leiten.

Das Kloster Montecassino wird eine Generation nach Benedikts Tod, um 577, von den Langobarden zerstört.[982] Die überlebenden Mönche flüchten nach Rom, wo sie im Pankrazkloster im Lateranpalast, der päpstlichen Residenz, Zuflucht finden. Nochmals eine Generation später verfasst Papst Gregor d. Gr. um 595 die Benediktsvita, die sich im 2. Buch seiner Dialoge „Dialogi de miraculis patrum italicarum“ findet, und macht damit Benedikt und indirekt dessen Klosterregel im lat. Westen bekannt. Er schreibt über Benedikt: „Eines will

980 Faust, RB, Nachw., 179.

981 Gregor, Dial. 2.2; Schröer, 24; Puzicha, Vita-Komm., 114.

982 Das Kloster wird erst 150 Jahre später, im frühen 8. Jhdt., wiedererrichtet und -öffnet. Im gesamten 7. Jhdt. ist es eine Ruine.

ich dir nicht vorenthalten, dass nämlich der Gottesmann nicht nur durch die so zahlreichen Wunder in der Welt glänzte, sondern dass er auch in hohem Masse durch seine Lehre hervorleuchtete. Denn er schrieb eine Regel für Mönche, herausragend durch Unterscheidungsfähigkeit und klar in ihrer Sprache."[983]

2. Werk

2.1. Hintergrund und Entstehungsgeschichte

Zu der Zeit, als Benedikt seine Klosterregel verfasst, ist der Prozess der Selbstfindung und -darstellung des Mönchtums bereits abgeschlossen. „Seine biblische Fundierung im Nachfolgeruf und in der Aufforderung des Herrn zu evangelischer Vollkommenheit stehen eindeutig fest", bemerkt Schütz.[984] Nicht weniger klar sind die beiden Grundformen des Mönchtums, nämlich Anachorese und koinobitische Lebensweise. Klar ist, dass das Leben in Gemeinschaft der strukturellen Gliederung bedarf, welche die Beziehungen unter den Mönchen, die Verantwortungen und Kompetenzen der Klosterleitung regelt. Die für die einzelnen Klöster geltenden Regeln unterscheiden sich. Der Grundkonsens besteht über die für das Mönchtum konstitutiven spirituellen Werte, Inhalte und Forderungen: Primat Gottes und Priorität des Geistlichen, Vorrang der Gemeinschaft und des anderen vor dem Individuum,[985] Askese, Gehorsam, Demut, Liebe, Discretio, Geduld und Freude.[986] Klar ist, dass das monastische Leben auf den drei Grundpfeilern (i) Gebet, (ii) Arbeit und (iii) Schriftlesung („oratio, labor et lectio divina") ruht.[987] Die wesentlichen Elemente für das Leben im Koinobion liegen für Benedikt bereit. Er muss sie nicht erst erfinden. Benedikt

983 Gregor, Dial. 2.36.: „Hoc autem nolo te lateat, quod vir Die inter tot miracula, quibus in mundo claruit, doctrinae quoque verbo non mediocriter fulsit. Nam scripsit monachorum regulam discretion praecipuam, sermone luculentam."

984 Schütz, Profil, 36.

985 Die individuelle Entwicklung spielt aber eine sehr entscheidende Rolle, geht es doch darum, dass jeder einzelne Mönch innerlich wachsen, ein reines Herz entwickeln kann. Das geht am besten (i) im richtigen Milieu (Gemeinschaft), ohne störende Ablenkung, mit Fokussierung auf das Wichtige und (ii) unter Anleitung eines erfahrenen Mönchs und fortwährender Weiterbildung („lectio"). Es geht nicht in erster Linie darum, dass die Klostergemeinschaft als solche spirituell wächst, sondern eben der einzelne. Das Kloster ist in erster Linie eine Interessengemeinschaft Gleichgesinnter, die sich gegenseitig unterstützen. Benedikt setzt je nach persönlichen Fähigkeiten unterschiedliche Massstäbe (Discretio).

986 Schütz, Profil, 36.

987 Ebenso Schütz, Profil, 36.

macht diese Elemente für sein Kloster bewusst, ordnet und stabilisiert sie und setzt neue Akzente.[988] Das ist aber mehr als eine organisatorische Aufgabe.[989]

Alle wichtigen einschlägigen patristischen und monastischen Autoren und Quellen der alten Kirche haben einen Einfluss. Von wörtlichen Belegen ist es bisweilen schwierig auszumachen, was von wem wie in die RB gelangt ist. Man stösst auf ein „weitverzweigtes Netz von Kanälen und Rinnsalen, die sich alle in die RB ergiessen".[990] Der Filter für die vielen unterschiedlichen Traditionen und Einflüsse ist Benedikt selber. Er geht mit dem Spürsinn der Discretio an die Erbschaft der patristisch-monastischen Tradition heran. Er vermag Wesentliches von Unwesentlichem zu trennen, Wichtiges und Hilfreiches dem von ihm geschaffenen monastischen Lebenskontext sinnvoll zu integrieren und so eine Synthese zu schaffen, die das Beste der Vergangenheit, das sich bewährt hat, aufnimmt. Die RB vereinigt geistliche Theorie und Praxis in sich und ist gleichzeitig so konkret und anpassungsfähig, dass sie zukunftsfähig und vermittelbar wird. Solches Tradieren erscheint als höchst personengebunden; sein Exponent ist gem. der RB der Abt unter dem Blickwinkel dessen, was vor Ort zu entscheiden und zu ermessen ist. Es wird deutlich, wie Benedikt als Autor der RB mit Traditionen umzugehen weiss und diese pflegt. „Das Erben und Tradieren von Traditionen in seinem Sinn stellt vor allem einen geistlichen Vorgang dar. Auf diesem Weg wird der Mönchsvater völlig ungeplant und unbestellt zum ‚Treffpunkt westlicher und östlicher Spiritualität'."[991]

2.2. Regula Benedicti (540)

2.2.1. Entstehung und Absicht

Um das Jahr 540 verfasst Benedikt auf Montecassino seine Klosterregel. Sie ist nur für dieses Kloster gedacht. Welche Regeln seine früheren Klostergründungen bei Subiaco befolgen, ist nicht bekannt. Benedikt dürfte ihnen sicher Regeln gegeben haben, wohl eher mündlich und nicht oder nur sehr rudimentär schriftlich festgehalten. Es müssen aber nicht identische Regeln gewesen sein.

Aus den Jahrzehnten vor und um Benedikt sind rund dreissig verschiedene Klosterregeln erhalten geblieben.[992] Aus dem richtungsweisenden Wort des Abtes ist die schriftlich fixierte Regel geworden. Das gilt für alle Klöster. Die

988 Schütz, Profil, 36.
989 Schütz, Profil, 37.
990 Schütz, Profil, 37.
991 Schütz, Profil, 38, zitiert Holzherr, 71.
992 Salzburger Äbtekonferenz, 27.

Regeln unterliegen auch der Abänderung und Interpretation durch die einzelnen Klostervorsteher, so dass sich die einzelnen Regeln und die Praxis im Laufe der Zeit separat weiterentwickeln. Es ergibt sich eine Fülle von Regeln.[993] Alle Regeln schöpfen aus dem reichen Fundus der monastischen Tradition und Spiritualität. Jede Regel versucht, die Verbindung zur monastischen Tradition zu wahren.[994] Die Äbte wählen aus den vorliegenden Regeln das aus, was ihnen brauchbar und wertvoll erscheint, so auch Benedikt. Der breite Strom der patristisch-monastischen Überlieferung ist allgemein und auch Benedikt gut bekannt. Quer durch die geographischen Regionen und literarischen Gattungen ist ein innerer spiritueller Zusammenhang des Mönchtums erkennbar, „in den gemeinsamen Idealen und im Gebrauch einer nahezu einheitlich geprägten Mönchssprache, die mit festgelegter Terminologie weiträumig verbreitet ist".[995]

Die RB, gegen Ende seines Lebens geschrieben, darf als Ergebnis des Reifeprozesses von Benedikt angesehen werden. Es ist also gut möglich, dass die Klöster in Subiaco ähnliche Regeln, ev. etwas ursprünglichere, haben. Und es ist auch anzunehmen, dass die Äbte der Subiaco-Klöster, nachdem die RB nun schriftlich vorliegt, diese übernehmen oder sich von ihr zumindest inspirieren lassen.[996]

Die verschriftlichte Regel hat gegenüber mündlichen Regeln den Vorteil, dass sie beständig ist, bewahrt bleibt und nicht allzu schnell abgeändert oder verfälscht werden kann. Zudem kann sie einfacher transportiert, d.h. kopiert und weitergegeben und damit einem weiteren Kreis von Interessierten zugänglich gemacht werden. Eine verschriftlichte Regel hat klare Konturen und keine Ausfransungen. Man kann mit ihr besser umgehen. Gleichzeit ist eine verschriftliche Regel natürlich starrer. Das bedeutet, dass sie Gefahr läuft, im Laufe der Zeit irrelevant zu werden, weil sich die Lage, die Lebenssituation vor Ort oder der Zeitgeist ändern. Aber wenn sie einmal angenommen ist, bedeutet das auch, dass eine Praxisänderung oder Abänderung der Regel selbst grundsätzlich einer Begründung bedarf. Das heisst, man muss sich mit dem Text der Regel, der Intention des Regelgebers und den neuen Verhältnisses auseinandersetzen.

---

993 Salzburger Äbtekonferenz, 27.

994 Salzburger Äbtekonferenz, 28.

995 Salzburger Äbtekonferenz, 28.

996 Ausserdem ist über die weitere Entwicklung der einzelnen Klöster in Subiaco für die nächsten Jahrzehnte und Jhdt. sehr wenig bekannt. Es ist durchaus möglich, dass sie nicht längere Zeit Bestand gehabt und eventuell, wie Montecassino, die Langobardeninvasion ab 568 nicht überlebt haben.

Neben der RB gibt es andere Klosterregeln.[997] Ab 600 gewinnt die Klosterregel des iro-schottischen Wandermönchs und Priesters Columban grosse Bedeutung, welcher bedeutende Klöster in den Königreichen der Franken (Kloster Luxeuil, gegründet 590) und der Langobarden (Kloster Bobbio, gegründet 612) gründet. Dessen Klosterregel (regula monachorum),[998] die 627 an der Vierten Synode von Mâcon (Matisco) bestätigt wird,[999] tritt in Konkurrenz zur RB. Es ist aber davon auszugehen, dass schon bald danach Teile der RB im Kloster Luxeuil praktiziert werden,[1000] wodurch in der Folge eine Mischregel entsteht. Durch die Klostergründungen der von Columban initiierten Bewegung breitet sich diese Mischregel stark aus. Um das Jahr 670 beschliesst das Konzil von Autun (Augustodunum), dass die Klöster künftig nach der Regel Benedikts geführt werden sollen.[1001]

Im 7., 8. und 9. Jhdt. gibt es sog. Mischregeln,[1002] wo die Klostergründer bzw. -vorsteher eigene Regeln verfassen und Textbausteine oder Anregungen aus der RB übernehmen. Diese Regelvielfalt führt im fränkischen Reich letztlich dazu, dass an den Aachener Synoden (816–819) unter dem Einfluss des Benedikt von Aniane die RB zur massgebenden erklärt wird.[1003] Es braucht also etwas mehr als ein Vierteljahrtausend Zeit, bis sich die RB gegenüber den andern Regeln durchsetzt.

In den Anfängen des Mönchtums bis ins frühe Mittelalter wählt, wer Mönch werden will, nicht von vorneherein eine bestimmte festgeschriebene Regel, die ihm gefällt und der er folgen möchte. Vielmehr wählt man eine bestimmte Lebensform: Man entscheidet sich, ob man als Koinobit in Gemeinschaft, als Anachoret in der Einsamkeit oder – später – als Wander- bzw. Predigermönch leben möchte.[1004] Klostergründer stellen zusammen, was sie für ihre Vision einer monastischen Lebensweise brauchen. Streitereien um die richtige Lebensform von Mönchen bleiben nicht aus. Benedikt beschreibt in RB 1 gute und schlechte

---

997 Z.B. die Regel des Klostergründers Columban, die sog. Magisterregel, die Lériner Regeln, die Augustinusregel, die Pachomiusregel oder die Basiliusregel, die für die Ostkirche bestimmend ist. Vgl. aber auch Puzicha, Lérins, 7 ff.; Schütz, Profil, 36 f.; Raupach, 3.

998 Raupach, 3.

999 Prinz, Mönchtum, 147 f.

1000 Prinz, Columban, 330 f.; Raupach, 3 f.

1001 Raupach, 4.

1002 Raupach, 4.

1003 Vgl. dazu Raupach, 4, sowie Cabaniss, Kaffanke und Kettemann.

1004 Ziegler, Reform, 141.

Mönchsarten. Er will den Koinobiten eine Regel als Werkzeug geben, damit sie zum gemeinschaftlichen Leben fähig werden. Ziegler hält fest, dass sowohl das lat. Wort „regula“ (Regel) als auch das griech. Wort „κανών“ (Kanon) das Lineal und Mass bezeichnen, mit welchem Handwerker, insb. Maurer und Zimmerleute, gerade Linien und das richtige Mass anlegen.[1005] Über seine Regel schreibt Benedikt: „Diese Regel haben wir geschrieben, damit wir durch ihre Beobachtung in den Klöstern eine dem Mönchtum einigermassen entsprechende Lebensweise oder doch einen Anfang im klösterlichen Leben bekunden.“[1006] Dann verweist er den, der zur Vollkommenheit (des klösterlichen Lebens) eilt („ad perfectionem conversationis qui festinat“), auf die Lehren der heiligen Väter.[1007] Er nennt in RB 73.5 ausdrücklich die „collationes patrum et instituta“, d.h. die Werke des Johannes Cassian, die Regeln des Basileios sowie die „vitae patrum“, d.h. die Sammlung der Lebensbeschreibungen der Väter. Die Materialien sind für Mönche, die gut und recht leben („bene viventium“) und gehorchen, gute Anweisungen, um die Tugenden zu verwirklichen.[1008] Er spricht vom geraden Weg zu Gott („recto cursu“[1009]), den die Mönchsväter weisen. Sie sind das Vorbild.

Mit dieser Regel vermag Benedikt, der Mönchsgemeinschaft eines Klosters Struktur und Halt zu geben und einen Rahmen zu setzen, der dem einzelnen Mönch ermöglicht, sich auf das Ziel, die Vollkommenheit („perfectio“) und Reinheit („puritas cordis“), zu fokussieren. Eine Regel soll aber nicht ein starres Konstrukt, sondern flexibel sein, denn sie ist nicht Selbstzweck, sondern dient zu etwas.[1010] Sie gibt in unterschiedlichen oder unbekannten Situationen eine

---

1005 Ziegler, Reform, 142.

1006 RB 73.1: „Regulam autem hanc descripsimus, ut hanc observantes in monasteriis aliquatenus vel honestatem morum aut initium conversationis nos demonstremus habere.“

1007 RB 73.2; Vgl. Puzicha, RB-Komm., 762 ff.

1008 RB 73.4–6: „Aut quis liber sanctorum catholicorum patrum hoc non resonat, ut recto cursu perveniamus ad creatorem nostrum? Nencon et collationes patrum et instituta et vitas eorum, sed et regula sancti patris nostri Basilii, quid aliud sunt nisi bene viventium et oboedientium monachorum instrumenta virtutum?“ Zum Einfluss der Mönchsliteratur und Regeltradition auf die RB vgl. Jakobs, 7 und 154 ff. Etwas später als Benedikt, im Jahre 554, gründete Cassiodor sein Kloster Vivarium. Er trägt seinen Mönchen auf, die Inst. und Coll. zu studieren, wie Chadwick, 149, festhält. Ob Cassiodor die kürzlich für Montecassino verfasste RB kennt, ist, soweit ersichtlich, nicht belegt.

1009 RB 73.4.

1010 Ziegler, Reform, 143.

Spur vor und sichert den rechten Weg.[1011] Ziegler betont, dass das lat. Wort „pervenire“ (durchkommen, ans Ziel kommen, es schaffen) ein „äusserst wichtiger Marker der Vätertexte“ sei und Johannes Cassian es hundertemale verwendet habe.[1012] Das Ziel wird aber nicht durch die formale Regelbefolgung alleine und automatisch erreicht, sondern bedarf der vertieften inneren Auseinandersetzung mit den Weisheiten der Wüstenväter, wie Johannes Cassian sie wiedergegeben hat. Bei allem bedarf es dabei aber stets der Hilfe Christi: „Quisquis ergo ad patriam caelestam, hanc minimam inchoationis regulam descriptam adiuvante Christo perfice, et tunc demum ad maiora, quae supra commemoravimus, doctrinae virtutumque culmina deo protegente pervenies.“[1013]

Im Prolog hält Benedikt fest, dass er mit dem Kloster als eine „Schule für den Dienst des Herrn“ einrichten möchte.[1014] Es ist eine Gemeinschaft als „Lernort auf Lebenszeit“.[1015] Dabei geht es nicht nur um theoretisches lebenslanges Lernen, sondern auch um die „Einübung der Grundhaltungen des Evangeliums im Alltag“[1016] und den Unterricht in der Handhabung der Werkzeuge einer bestimmten Kunst und Technik.[1017] Die Regel richtet sich gem. Benedikt allgemein an denjenigen, der „gute Tage zu sehen wünscht“ („cupit videre dies bonos“).[1018]

2.2.2. *Inhalt*

Benedikt gibt der Lebensform der Koinobiten eine klare und verbindliche Ordnung (RB 1.13),[1019] der er sich selbst unterstellt. Hinter der Ordnung stecken nicht nur negative Erfahrungen, sondern noch mehr das Wissen um den positiven Wert von Gemeinschaft. Die vorherrschende Perspektive, unter der die RB die Mönchsgemeinde sieht, ist die der „Bruderschaft“ („fraternitas“).[1020] Der

---

1011 Ziegler, Reform, 144.
1012 Ziegler, 144.
1013 RB 73.8–9: „Wenn du also zum himmlischen Vaterland eilst, wer immer du bist, nimm diese einfache Regel als Anfang und erfülle sie mit der Hilfe Christi. Dann wirst du schliesslich unter dem Schutz Gottes zu den oben erwähnten Höhen der Lehre und der Tugend gelangen.“
1014 RB Prol. 45: „Constituenda est ergo nobis dominici scola servitii.“
1015 Puzicha, RB-Komm., 77.
1016 Puzicha, RB-Komm., 78.
1017 Ziegler, Reform, 141.
1018 RB Prol. 15; vgl. dazu Puzicha, RB-Komm., 65 f.
1019 Schütz, Profil, 41.
1020 Schütz, Profil, 41.

Begriff wird in der RB zwar nur ein einziges Mal verwendet,[1021] dem Inhalt nach ist er überall da gegenwärtig, wo von „Bruder“ und „Brüdern“, der häufigsten Bezeichnung für die Mönche bei Benedikt,[1022] die Rede ist. In diesem Sprachgebrauch lebt urchristliches, aber auch patristisch-monastisches Erbe weiter.[1023]

Die Haupt- oder Grundtugend, die das Klima der klösterlichen Bruderschaft prägt, ist die Nächstenliebe („caritas“).[1024] Ihr kommt der Primat zu. Mehr als alles andere liegen ihre Wahrung, ihre Bewahrung und ihr Erstarken der RB am Herzen. Diesem Anliegen dienen alle Bestimmungen, die die Ordnung („ordo“) der Gemeinschaft im Auge haben. Ordnung ist nicht Selbstzweck, sondern es geht um die Ordnung für die Nächstenliebe oder die Ordnung der Nächstenliebe („ordo caritatis“).[1025] Dies zeigt sich in Benedikts Strukturierung des Tages, der Woche und des Jahres. Das dem Abt abverlangte Gespür für den rechten Augenblick („miscens temporibus tempora“)[1026] zeugt von dieser Fähigkeit. Ähnliches gilt für die verschiedenen Orte und deren Einteilung, die den Umgang der Lebensgemeinschaft umschreiben. Die RB weiss um deren Verhältnisse,[1027] günstige und ungünstige Verhältnisse bei Ort, Arbeit und Temperatur[1028] oder Lebensweise;[1029] sie kennt auch alle Voraussetzungen, die für ein Leben im Kloster („habitare in monasterio“)[1030] notwendig sind.

Der Sinn für Ordnung erstreckt sich auf die Festlegung der Gebetsordnung (RB 8–18), die Gliederung und Struktur der Gemeinschaft (RB 63), die verschiedenen Aufgaben und Dienste (RB 2; 3; 21; 31; 35; 57; 64–66) und zentrale Lebensvorgänge der Mönchsgemeinschaft (RB 23–30; 39–41; 43–46; 53; 58–61). Eine sinnvolle und ausgewogene Ordnung ermöglicht nicht nur ein geordnetes Leben und Miteinander, sondern bringt und hält auch den einzelnen Menschen selbst in Ordnung.[1031] Sie spiegelt sich in gemeinschaftsbezogenen Gütern und

---

1021 RB 72.8.
1022 Schütz, Profil, 41.
1023 Vgl. Schliesser, 33.
1024 RB 35.6, 66.4, 71.4.
1025 Schütz, Profil, 42.
1026 RB 2.24 Er spricht damit den richtigen Moment („καιρός“) an.
1027 RB 35.4.
1028 RB 40.5/8.
1029 RB 61.2.
1030 RB 61.1.
1031 Ebenso Schütz, Profil, 43.

Haltungen wie Frieden,[1032] Freude,[1033] Rücksichtnahme,[1034] Ehrfurcht,[1035] Masshalten,[1036] Geduld,[1037] Barmherzigkeit,[1038] Kunst der Unterscheidung (Discretio),[1039] gegenseitiger Dienst,[1040] gegenseitiger Gehorsam,[1041] Sorgfalt[1042] oder Eifer im Guten.[1043]

Mit hoher Wachsamkeit registriert die RB alle Gefahren und Störungen, die das gemeinschaftliche Miteinander bedrohen. Das betrifft die Sanktionen, deren Absicht es ist, die äusseren und inneren Verletzungen wieder zu heilen, die Brüderlichkeit zu schützen und wirksam zur Entfaltung zu bringen. Die RB lehnt jede Form des Sonderbesitzes beim einzelnen Mönch ab,[1044] denn das widerspricht dem in Apg. 2.44 und 4.32–35 formulierten Ideal des gemeinsamen Lebens und der Gütergemeinschaft. Zum Ausgleich darf der Mönch alles Notwendige, das er braucht, vom Kloster bzw. Abt erwarten.[1045]

Die RB entwirft ein sehr subtiles und umfassendes Bild und Programm des Koinobion.[1046] Dahinter steckt ein klares Konzept von dem, was ein Kloster sein soll. Das Gemeinschaftsleben vollzieht sich nicht in einem luftleeren Raum und jenseits der Grenze der Zeit, sondern hat mit bestimmten Menschen und Situationen zu tun.[1047]

1032 RB Prol. 17; 3.9; 4.25/73; 13.12–13; 34.5; 65.11; 71.6–9. Benedikt verwendet das Wort „caritas" für die Beziehung unter den Brüdern und zu den Gästen (z.B. unter Brüdern: RB 36.6, 66.4, 71.4; zu Gästen: RB 53.3). Puzicha, RB-Komm., 157, Fn. 224. Für die Beziehung zu Gott verwendet Benedikt das Wort „amor" (vgl. RB 7.34/69; 72.9); Puzicha, RB-Komm., 157, Fn. 224.
RB 7.34/69; 63.13; 72.9.

1033 RB Prol. 49; 5.16; 49.6 f.

1034 RB 8.1; 34.2; 36.4; 37.2 f.; 40.5; 48.25; 53.19.

1035 RB 6.7; 60.7; 63.12; 65.16.

1036 RB 24.1; 30.1; 31.12; 39; 40; 48.9; 70.5.

1037 RB Prol. 50; 7.35/42; 58.11.

1038 RB 4.74; 7.46; 34.4; 37.1; 53.14; 64.9 f.

1039 RB 2.24; 34.2; 37; 64.17–19.

1040 RB 2.31; 35.1/6/13; 36.1/4/7/10; 38.11; 53.18.

1041 RB 58.7/17; 68.1; 71; 72.6.

1042 RB 2.33; 21.2; 27.1/5; 31.9; 36.7; 47.1; 53.15; 71.4.

1043 RB 72.

1044 RB 33 f.

1045 RB 34; Schütz, Profil, 43 ff.

1046 Schütz, Profil, 45.

1047 Je mehr man sich in die RB vertieft, desto schärfer wird das Profil ihres Autors; vgl. Schütz, Profil, 45.

2.2.3. *Wirkungsmacht und Rezeption*

Benedikt von Nursia ist Mönch, Klostergründer und Abt. Benedikt verbringt sein Leben in Mittelitalien und spricht sehr wahrscheinlich nur Lat., eventuell ein bisschen Gotisch, aber kein Griech. Er hat mit der RB seinem Koinobitenkloster Montecassino eine Klosterregel gegeben, die einen Weiterbestand seiner Klostergemeinschaft auch nach seinem Tod ermöglicht. Er verfasst seine RB in klarem, schnörkellosem Lat. Während allerdings das Kloster Montecassino eine Generation nach Benedikts Tod infolge der Invasion der Langobarden um 577 zerstört und bis 718 aufgegeben wird und damit das ganze 7. Jhdt. über gar nicht existiert, verbreitet sich die RB in dieser Zeit im lat. Westen.

Einzige spätantike Quelle über Benedikts Leben findet sich in der sog. Benediktsvita, die Papst Gregor d. Gr. (540–604) um 595 verfasst. Gregors Benediktsvita erweist sich als ausserordentlich erfolgreich: Durch sie wird nicht nur ein Heiliger, der bis dahin wohl nur in mündlichen Lokaltraditionen präsent gewesen sein dürfte,[1048] weiteren Kreisen der lat. Welt bekanntgemacht, sondern gleichzeitig wird auch die Verbreitung der RB entscheidend gefördert. Der Vita ist also letztlich zu verdanken, „dass Benedikt zum Gründer und seine Regel zur Grundlage eines Ordens wurden, dessen Leistung für die kulturelle Entwicklung Europas von kaum zu überschätzender Bedeutung werden sollte", wie Vollmann-Profe bemerkt.[1049] Allerdings ist zu betonen, dass Benedikt von Nursia in der Gegend von Subiaco zwölf Klöster[1050] und auf Montecassino ein weiteres Einzelkloster gegründet hat – und nicht einen Orden.[1051] Die RB ist für Montecassino gedacht: Das Konzept eines Ordens gibt es noch nicht.[1052]

Während Benedikts Kloster Montecassino infolge der Vernichtung durch die Langobarden im letzten Viertel des 6. Jhdt. nicht mehr existiert, bildet das

1048 Vollmann-Profe, 151; Faust bemerkt: „Zu Lebzeiten war Benedikts Wirkung beschränkt, wie auch seine Wunder von begrenzter Bedeutung waren." Faust, RB, Nachw., 179.

1049 Vollmann-Profe, 151.

1050 Es ist nicht ersichtlich, dass sich Benedikt betreffend seiner Klostergründungen im Aniene-Tal zu einem Klosterverband im Sinne des Pachomius bekannt hätte. Montecassino wird als Einzelkloster gegründet. Vgl. Faust, RB, Nachw., 178.

1051 Descoeudres, Klosteranlagen, 82.

1052 Als eigentlichen „Ordensgründer", wenn man so sagen will, ist eher Benedikt von Aniane anzusehen, der 300 Jahre nach Benedikt von Nursia für das karolingische Frankenreich im Zuge der politisch gewollten Etablierung einer Reichskirche und der Integration bzw. Vereinheitlichung der Klöster die RB für alle Klöster verbindlicherklären lässt.

7. Jhdt. die Zeit der iro-schottischen Mission und Klosterbewegung. Montecassino wird erst im ersten Viertel des 8. Jhdt. wiederaufgebaut und in Betrieb genommen. Ausgehend von der Missionstätigkeit und den Klostergründungen in Gallien und Norditalien durch den irischen Wandermönch Columban (540–615) werden im 7. Jhdt. im ländlichen Raum etliche Klöster gegründet.[1053]

Das Kloster Bobbio ist wichtig sowohl hinsichtlich der Schriften von Johannes Cassian als auch der RB. Gegründet 612 von Columban im langobardischem Königreich mit Unterstützung des katholischen Königspaares Agilulf und Theudelinde, entwickelt sich das Kloster Bobbio zu einem wichtigen Kloster für Italien im 7. und (frühen) 8. Jhdt. Die Schriften des Johannes Cassian werden dort gelesen und kopiert (Unziale, Psalimpseste).[1054] Auch Columban verfasst eine Klosterregel (regula monachorum),[1055] die 627 an der Vierten Synode von Mâcon (Matisco) bestätigt wird.[1056] Es ist aber davon auszugehen, dass schon bald danach Teile der RB im Kloster Luxeuil praktiziert werden,[1057] wodurch in der Folge eine Mischregel entsteht. Durch die Klostergründungen der von Columban initiierten Bewegung breitet sich diese Mischregel stark aus. Um das Jahr 670 beschliesst das Konzil von Autun (Augustodunum), dass die Klöster künftig nach der Regel Benedikts geführt werden sollen.[1058] Dennoch werden

1053 Columban gründet das Kloster Luxeuil (das zusammen mit Annegray und Fontaines unter einer Verwaltung steht), das nach einem Jahr untergegangene Kloster Bregenz und schliesslich das Kloster Bobbio. Er entspricht nicht dem Typ des Gyrovagen, den Benedikt in RB 1.10 erwähnt, sondern gründet im Rahmen seiner Missionsreisen Koinobitenklöster. Erst durch diese iro-schottische Missionierung hält das Christentum im ländlichen Raum des Frankenreichs wirklich Einzug. Unter römischer Vorherrschaft ist das Christentum nämlich mehrheitlich nur in den Städten, wo sich die Bischofssitze befinden, verbreitet gewesen und hat es nicht geschafft, die einheimische gallorömische noch die eingewanderte germanische Landbevölkerung zu erreichen.

1054 Ein Psalimpsest der Vatikanbibliothek ist eine Unziale aus Bobbio aus dem 8. Jhdt., welches die ersten zehn Coll. enthält. In der Nationalbibliothek in Turin findet sich das einzige Exemplar der vollständigen Texte der ersten vier Bücher der Inst. Es stammt aus dem Kloster Bobbio. Im 14. Jhdt. wird eine Liste von Verträgen des Klosters Bobbio, geschrieben auf einem Kodex aus dem 6 Jhdt., gefunden. Teile dieses Kodexes sind als Fragmente der Inst. entziffert worden. Vgl. dazu Chadwick, 40 und 42.

1055 Raupach, 3.

1056 Prinz, Mönchtum, 147 f.

1057 Prinz, Columban, 330 f.; Raupach, 3 f.

1058 Raupach, 4.

in der Folge vielfach Mischregeln, vor allem mit Teilen der Regeln Columbans und Benedikts, verwendet.[1059] Columban hat einen prägenden Einfluss auf die Christianisierung und das klösterliche Leben in Europa, seine strenge Klosterregel kann sich jedoch nicht gegen die RB durchsetzen.[1060]

Während Benedikt mit seinen Gründungen bei Subiaco und auf Montecassino sowie mit seiner RB nur einer unter vielen Klostergründern ist, wird 300 Jahre später das benediktinische Mönchtum zum abendländischen schlechthin.[1061] Die RB setzt sich als die massgebende Klosterregel im Abendland v.a. gegenüber dem bedeutenden iro-schottischen Mönchtum durch und wird, angeregt durch die Klosterreformen des aus Südgallien stammenden Benedikt von Aniane (um 747–821),[1062] schliesslich im ersten Viertel des 9. Jhdt. durch die Synoden von Aachen (816–819)[1063] zunächst im Frankenreich und dann im gesamten lat. Abendland zur alleinigen Mönchsregel verbindlicherklärt.[1064] In Benedikt von Aniane sehen manche „den eigentlichen Gründer des Ordens als Verband gleichberechtigter Klöster der Benediktiner".[1065] Den Frankenkönigen bzw. -kaisern Karl d. Gr. (747–814) und Ludwig dem Frommen (778–840) geht es darum, eine Reichskirche zu etablieren. Innerhalb dieser dienen die Klöster der Erschliessung neuer Gebiete durch deren Urbarmachung und Kultivierung (Entwicklungshilfe) und Verbreitung des Christentums (Missionierung) sowie als Zentren fränkischer Reichskultur für die Integration der Landbevölkerung und der neuen Territorien (Herrschaft). Zusätzlich dient die Vereinheitlichung des Klosterwesens dem

1059 Raupach, 4.

1060 Müller, Columban, 48.

1061 Kaffanke, 8.

1062 Vgl. zu Benedikt von Aniane Kettemann, 11 ff.

1063 Die Synode schreibt die Regel und eine von Benedikt von Aniane verfasste Consuetudo, das Capitulare monasticum, als alleinverbindliche Mönchsregel fest.

1064 Raupach, 4. Dies wird angeregt durch die Klosterreformen des Benedikt von Aniane (vor 750–821) mit Unterstützung des Kaisers Ludwig des Frommen (778–840), Sohn und Nachfolger Karls des Grossen. Gemeinsam setzten Benedikt und Ludwig das bereits von Kaiser Karl d. Gr. begonnene Werk fort, die Mönche vereinheitlicht unter der RB in die fränkische Reichskirche einzugliedern. Das betrifft nur (aber immerhin) die Gebiete Galliens, Helvetiens, Rätiens, Nord- und Mittelitaliens und Teile Germaniens. Hispanien ist seit 711 unter islamischer Herrschaft (al-Andalus) und Britannien ist in heidnische keltische und germanische Kleinkönigreiche aufgeteilt.

1065 Kaffanke, 8. Benedikt von Nursia ist ein Klostergründer und nicht ein Ordensgründer. Vgl. Descoeudres, Klosteranlagen, 82.

königlichen Zugriff auf die Güter und Einkünfte der Klöster und der Sicherstellung des Gebetsdienstes, dem staatstragende Bedeutung zukommt. König Karl d. Gr. ordnet 789 an, dass alle Klöster Klosterschulen zu unterhalten haben. Auch die Idee, grosse Bibliotheken in den Klöstern anzulegen, greift um sich und verhindert in den folgenden Jhdt. den (vollständigen) Verlust der antiken Literatur. Es ist weitgehend den Klöstern zu verdanken, dass das kulturelle Erbe der Antike über die Jhdt. des Frühmittelalters in Westeuropa erhalten geblieben ist.[1066]

3. Institutionenbegriff bei Benedikt

3.1. Ausgangslage

Wer sich spirituell weiterentwickeln möchte, kann das zwar für sich alleine tun. Es ist aber einfacher und zielgerichteter (zumindest am Anfang), wenn man sich mit anderen Gleichgesinnten zusammentut. Es braucht dafür einen Rahmen, eine Ordnung, eine Institution. Diese Institution ist das Koinobion, das Kloster, in der Mönche gemeinschaftlich zusammenleben. Die Gemeinschaft ist ein Ort der Brüderlichkeit, wo Friede herrscht und der geprägt ist durch einen ethischen Wertekanon und Kohärenz der Bewohner.[1067]

Die ethischen, spirituellen Grundlagen sowie die Ordnung des Zusammenlebens sind zur Zeit Benedikts bereits entwickelt. Sie sind im Wesentlichen in den Schriften Johannes Cassians enthalten. Es existieren aber auch rudimentär bereits erste schriftliche Hausordnungen auf Lat. Was Benedikt tun muss, ist, das Zusammenleben der Mönche so zu ordnen, dass die Gemeinschaft Bestand hat, in Frieden funktioniert und der einzelne in der Gemeinschaft in der Lage ist, spirituell zu wachsen. Dazu erlässt er eine schriftliche Regel auf Lat. Im Prolog seiner Regel beschreibt er seine Intention, nämlich mit der Gründung einer Institution („institutio“), d.h. dem Kloster, eine Schule für den Dienst am Herrn einzurichten.[1068]

Das Kloster stellt für den einzelnen Mönch den Weg zum Heil („via salutis“) dar, wie es Benedikt in RB Prol. 48 formuliert. Das „Heil“ ist das ewige Leben mit Gott.[1069] Damit jeder einzelne Mönch diesen Weg beschreiten kann,

---

1066 Vgl. dazu Kaffanke.

1067 Vgl. auch die Bekehrungsgemeinschaft bei Puzicha, RB-Komm., 407.

1068 RB Prol. 45–46: „Constituenda est ergo nobis dominici scola servitii. In qua institutione …“.

1069 RB Prol. 50.

gibt Benedikt dem Abt als verantwortlicher Führungsperson dieser Institution seinen Hauptauftrag, nämlich alles so zu regeln und zu ordnen, dass es dem Heil („salus") der Brüdern dient.[1070] Um diesen Weg des Heils zu gehen, sind die Mönche überhaupt erst ins Kloster gekommen. Ist dieser Weg nicht begehbar, nicht frei, sondern verbarrikadiert, stellt das einen offenkundigen Missstand dar. Dann haben die Mönche das Recht (und die Pflicht), sich beim Abt zu beschweren („iusta murmuratio").[1071]

Benedikt bestätigt, dass dieser Weg am Anfang zwar schwierig sei bzw. eng („angustus"), wie er in RB Prol. 48 schreibt.[1072] Aber wer den Weg fortschreite, könne auch ans Ziel kommen. Er werde auf dem Marsch besser und trainierter und auf dem Weg glücklich. Er könne ein reines Herz bekommen, und wenn er immer an sich im Kloster bis zum Tod arbeite, bestehe die Möglichkeit, das Endziel, das ewige Leben, zu erlangen.[1073] Programmatisch schliesst Benedikt damit an Johannes Cassian an: Die Reinheit des Herzens („puritas cordis") ist das Etappenziel („destinatio", „scopon") auf dem Weg zum Endziel („finis", „telos"), dem ewigen Leben („vita aeterna").[1074]

1070 RB 41.5: „Et sic temperet adque disponat, qualiter et animae salventur …".

1071 RB 41.5: „Et sic temperet adque disponat, qualiter et animae salventur et, quod faciunt fratres, absque iustam murmuratione faciant." – „Überhaupt regle und ordne [der Abt] alles so, dass es den Brüdern zum Heil dient und sie ohne einen berechtigten Grund zum Murren ihre Arbeit tun können."; vgl. auch in RB 2.33: „salus animarum". Es handelt sich hierbei um einen gewichtigen Missstand. Beschwerden wegen Kleinigkeiten lehnt die RB ab, wie z.B. in RB 55.7.

1072 RB Prol. 48: „[via salutis], quae non est nisi angusto initio incipienda."

1073 RB Prol. 49–50: „Wer aber im klösterlichen Leben und im Glauben fortschreitet, dem wird das Herz weit, und er läuft in unsagbarem Glück der Liebe den Weg der Gebote Gottes. Darum wollen wir uns seiner Unterweisung niemals entziehen und in seiner Lehre im Kloster ausharren bis zum Tod. Wenn wir so in Geduld an den Leiden Christi Anteil haben, dann werden wir gewürdigt, auch mit ihm sein Reich zu erben." (übers. bei Faust, RB, 13) – Im Original: „Processu vero conversationis et fidei dilatato corde inenarrabili dilectionis dulcedine curritur via mandatorum dei, ut ab ipsius numquam magisterio discidentes in eius docrinam usque ad mortem in monasterio perseverantes passionibus Christi per patientiam participemur, ut et regno eius mereamur esse consortes."

1074 Vgl. Coll. 1.2 und 1.5.

3.2. Begriffsumschreibung

3.2.1. Einleitende Bemerkungen

Der Institutionenbegriff des Benedikt umfasst die Elemente, die für das Leben als Mönch in Gemeinschaft wichtig sind.[1075] Der Begriff meint den Rahmen (Setting) für das Kloster und den Inhalt (Content) für die Tätigkeit bzw. das Denken des Mönchs (spirituelle Erbauung und Anleitung des Mönchs zur Tugend). Als Institution ist das Kloster eine Schule für den Dienst am Herrn („dominici schola servitii").[1076]

Benedikt beschreibt in seiner Regel:

(i) den Rahmen, nach welchem sich diese Institution organisiert,
(ii) die Leitplanken und Anweisungen für die Führung derselben sowie
(iii) die wesentlichen ethischen Werte vor, nach denen die Mönche leben sollen.

Für die Themen des spirituellen Wachstums verweist Benedikt im Wesentlichen auf die Schriften des Johannes Cassian.[1077]

3.2.2. Allgemeines

3.2.2.1. Quellen

Im 5. und 6. Jhdt. wächst die Bedeutung einer schriftlich niedergelegten Regel. Die „regula", die das Leben der Mönche einer Gemeinschaft ordnet, wird zum Terminus technicus.[1078] Durch normative Texte, welche die Intention des Mönchtums weitergeben, kann man Auswüchsen, subjektiven Einschätzungen von Äbten und divergierenden geistlichen Strömungen begegnen.

Benedikt steht in der Tradition der Väterlehren (Glaubensväter / Wüstenväter).[1079] Als Vorlage für seine Regel benutzt er teilweise die Regula Magistri, so beim Prol.[1080], ohne es ausdrücklich zu erwähnen. Als Quellen verwendet er

---

1075 Im ersten Satz der Inst. erklärt Johannes Cassian, dass er über die Institution und die Regeln des Klosters schreibe („[d]e institutis ac regulis monasteriorum dicturi ..."); Inst. 1.1.1.

1076 RB Prol. 45.

1077 RB 42.3/5, 73.5.

1078 Ziegler, Überlieferungen, 15.

1079 Vgl. Puzicha, RB-Komm., 768.

1080 Vgl. Puzicha, RB-Komm., 48.

ausdrücklich die Bibel, die Inst. und Coll., die Vitae Patrum[1081] und die Regel des Basileios d. Gr. Auf sie verweist er in RB 73.2–5 und empfiehlt sie zum weiterführenden Studium. An dieser Stelle interessiert, dass er die Coll. gem. RB 42.5 als Pflichtlektüre für die Abendlesung während der Fastenzeit vorschreibt. An Tagen mit Mittag- und Abendessen liest man gem. RB 42.3 die Coll., die Vitae Patrum oder sonst etwas Erbauliches.

3.2.2.2. Tradition

Verbindlich ist für Benedikt das östliche Mönchtum. Mehrfach verweist er auf das Bsp. der Wüstenväter als „maiorum exempla"[1082] oder „patres nostri"[1083]. Für ihn kommt noch die Erfahrung des Mönchtums seiner Zeit hinzu, die sich in der Regelüberlieferung in der Grundentscheidung des koinobitischen Mönchtums zeigt, unter „Regel und Abt" zu dienen.[1084]

3.2.2.3. Mönchsarten

Benedikt beschreibt in RB 1 die vier Mönchsarten wie Johannes Cassian. Wie für diesen ist die erste und beste Form das Koinobitentum. In RB 1.13 bezeichnet er die Koinobiten als die stärkste Mönchsart („coenobitarum fortissimum genus").

Klarer als bei Johannes Cassian beschreibt Benedikt in RB 1.2 die Koinobiten als Mönche, welche

(i) in einer klösterlichen Gemeinschaft sowie
(ii) unter:
   (a) einer Regel und
   (b) einem Abt leben.[1085]

1081 Antoniosvita von Athanasios von Alexandrien, Martinsvita von Sulpicius Severus, Mönchsbiographien des Hieronymus, Historia monachorum von Rufinus v. Aquileia, Historia Lausiaca des Palladios, Vita Patrum Jurensium Roman, Lupizin und Eugend; vgl. Puzicha, RB-Komm., 768.

1082 RB 7.55.

1083 RB 18.25, 42.3, 48.8.

1084 Das Leriner Mönchtum aber auch die Klöster der Juraväter wie in Romainmôtier oder das Kloster St. Maurice d'Agaune in der heutigen Schweiz. Vgl. auch Puzicha, RB-Komm., 217.

1085 RB 1.2: „Primum coenobitarum, hoc est monasteriale, miltans sub regula vel abbate." Klösterliche Gemeinschaft, Regel und Abt sind die drei Kennzeichen.

Dann erwähnt Benedikt in RB 1.3 die Anachoreten, die – nach Bewährung im Klosterleben hinreichend geschult – den Einzelkampf in der Wüste („ad singularem pugnam heremi") führen können und keinen Beistand anderer Mönche mehr brauchen.[1086]

Dann erwähnt er in RB 1.6 die Sarabaiten, die in kleinen Gruppen leben, keine Regel kennen und unerfahren sind.[1087]

Die vierte Mönchsart, die Benedikt aufführt und beim Namen nennt, sind die Gyrovagen (RB 1.10).[1088] Damit ist eine Form des Wandermönchtums gemeint. Das Wandermönchtum verfolgt ursprünglich die asketische Heimatlosigkeit, die peregrinatio ad Christum. Nun gibt es aber viele, die ziellos umherziehen, die sich weder in eine Gemeinschaft einfügen noch die Last des einsamen Lebens auf sich nehmen wollen und sich jeweils für drei oder vier Tage in verschiedenen Klöstern beherbergen lassen und dann weiterziehen.[1089] Ihr Lebenskonzept sei gem. Puzicha, „nie standzuhalten, immer zu flüchten, so dass sie nie zur Reife kommen, sich nirgends engagieren, niemals bei sich selbst" seien.[1090] Ihre Unbeständigkeit ist Zeichen der Acedia,[1091] der geistlichen Ruhelosigkeit, dem Mönchslaster schlechthin.[1092] Für Benedikt sind die Gyrovagen noch schlimmer als die Sarabaiten.[1093]

3.2.2.4. Vorbild

Allgemein dienen die Wüstenväter als Vorbilder (als „maiorum exempla"[1094] oder „patres nostri"[1095]), aber auch der Abt. Von ihm wird verlangt, dass er die

---

1086 Für Johannes Cassian wie für Benedikt ist das Koinobion die Kampfschule, wo man gestählt wird für den Einzelkampf des Anachoreten. Johannes Cassian nennt in Coll. 18.11 den Begriff „palaestra", die Kampfes- und Ringerschule. Der Begriff bezeichnet die Art des Handwerks („qualitas") und die Lehrinhalte bzw. die Regeln dieser Kunst („disciplina"). Vgl. Ziegler, Überlieferungen, 15. Benedikt hat das direkt übernommen und bezeichnet das Kloster in RB 4.78 als Werkstatt („officina").

1087 RB 1.8 f.: „… pro lege eis est desideriorum voluptas, cum, quidquid putaverint vel elegerint, hoc dicunt sanctum est, quod noluerint, hoc putant non licere". Dt.: „… Gesetz ist ihnen, was ihnen behagt und wonach sie verlangen. Was sie meinen und wünschen, das nennen sie heilig, was sie nicht wollen, das halten sie für unerlaubt."

1088 Von griech. „γύρος", rund, Erdkreis, und lat. „vagare", umherziehen.

1089 Puzicha, RB-Komm., 94.

1090 Ebda.

1091 Von Griech. „ἀκήδεια" für Sorglosigkeit, Nachlässigkeit, Nichtsmachenwollen.

1092 Inst. 10.5 f.; Puzicha, ebda.

1093 RB 1.11: „… per omnia deteriores sarabaites".

1094 RB 7.55.

1095 RB 18.25, 42.3, 48.8.

Regel einhält[1096] und durch sein Leben als Vorbild dient, wie es RB 2.12 festhält: „Er mache alles Gute und Heilige mehr durch sein Leben als durch seine Reden sichtbar."[1097] Für ihn gelten gem. RB 2.30 sogar noch höhere Anforderungen: „Wem mehr anvertraut ist, von dem wird mehr verlangt."[1098] Damit gilt für den Abt das Quanto-magis-Prinzip. Dieses Prinzip besagt, dass, wer höher steht, sich umso mehr („quanto magis") um die Einhaltung der Regel befleissigen und als Vorbild für die anderen dienen müsse.[1099] Der Abt muss Gottesfurcht („timor dei")[1100] haben und letztlich Gott Rechenschaft für seine Amtsführung ablegen („deo rationem reddere").[1101]

Das Quanto-magis-Prinzip wird auch für Mönchspriester[1102] und den Prior[1103] ausdrücklich verlangt. Auch ohne ausdrückliche Erwähnung bei den anderen Verantwortungsträgern gilt es für sie gleichermassen.[1104]

1096 RB 3.11, 64.20.

1097 RB 2.12: „id est omnia bona et sancta factis amplius quam verbis ostendat".

1098 RB 2.30: „quia cui plus committitur, plus ab eo exigitur".

1099 Benedikt schreibt dies ausdrücklich den Mönchspriestern (RB 60.5: Vorbild in Demut: „magis humilitatis exempla omnibus", RB 62.3: Sich-an-die-Regeln-Halten: „multo magis disciplinae subdendu[s]") und dem Prior (RB 65.17: „quia, quantum praelatus est ceteris, ita eum oportet sollicitius observare praecepta regulae") vor. Vgl. Puzicha, RB-Komm., 181. Dieser Grundsatz findet sich in der RB in 6.2, 20.2, 60.5 und 62.3.

1100 RB 7.10.

1101 Für den Abt gibt es vier Bestimmungen zur Rechenschaftsablage vor Gott, in RB 2.34, 3.11, 64.7 und 65.22. RB 2.34 lautet: „sed semper cogitet, quia animas suscepit regendas, de quibus et rationem redditurus est." – „Stets denke er daran: Er hat die Aufgabe übernommen, Menschen zu führen, für die er einmal Rechenschaft ablegen muss." RB 3.11 lautet: „sciens se procul dubio de omnibus iudiciis suis aequissimo iudici deo rationem redditurum" – „Er muss wissen, dass er sich ohne Zweifel für all seine Entscheidungen vor Gott, dem gerechten Richter, zu verantworten hat." RB 64.7 lautet: „Ordinatus autem abba cogitet semper, quale onus sucepit et cui redditurus est rationem vilicationis suae." – „Der eingesetzte Abt bedenke aber stets, welche Bürde er auf sich genommen hat und wem er Rechenschaft über seine Verwaltung ablegen muss." RB 65.22 lautet: „Cogitet tamen abbas se de omnibus iudiciis suis deo reddere rationem ..." – „Doch bedenke der Abt, dass er über alle seine Entscheidungen vor Gott Rechenschaft ablegen muss ...".

1102 RB 62.3: „sciens se multo magis disciplinae regulari subdendum." – „Er weiss ja, dass gerade er sich der Zucht der Regel zu fügen hat."

1103 RB 65.17: „quia, quantum praelatus est ceteris, ita eum oportet sollicitius observare praecepta regulae." – „Denn je höher er über andere gestellt ist, umso sorgfältiger muss er die Weisungen der Regel beobachten."

1104 Die Quanto-magis-Prinzip gilt implizit auch für andere Mönche, die eine höhere Funktion haben und Verantwortung übernehmen. Als Basis dienen die allgemeinen

3.2.2.5. Inneres und Äusseres

Nach Benedikt müssen Inneres und Äusseres des Mönchs übereinstimmen. Er schreibt, dass Demut sich nicht nur im Herzen zeigen müsse, sondern auch in der Körperhaltung.[1105] Während des Gottesdienstes sollen Herz und Stimme im Einklang sein („mens concordet voci").[1106]

3.2.2.6. Koinonia

Die Koinonia, das Leben in Gemeinschaft („in congregatione"[1107]), ist für Benedikt die beste Form des Mönchtum – wie er in RB 1.13 ausdrücklich festhält: „coenobitarum fortissimum genus" –, weil sie die günstigsten Voraussetzungen bietet, um einen Anfang im monastischen Leben zu machen – wie er in RB 73.1 begründet.[1108]

Es ist einfacher und zielgerichteter (zumindest am Anfang), wenn man sich mit anderen Gleichgesinnten zusammentut. Dafür braucht es einen Rahmen, eine Institution. Diese Institution ist das Koinobion („coenobium"), das Kloster („monasterium"[1109]), in welchem Mönche gemeinschaftlich nach einer Regel

---

Äusserungen in RB 2.30 („quia cui plus committitur, plus ab eo exigitur") und RB 65.17 („quia, quantum praelatus est ceteris, ita eum oportet sollicitius observare praecepta regulae").

1105 Inneres und Äusseres sollen im Einklang sein. RB 7.62: „Duodecimus humilitatis gradus est, si non solum corde monachus, sed etiam ipso corpore humilitatem videntibus semper indicet." – „Die zwölfte Stufe der Demut: Der Mönch sei nicht nur im Herzen demütig, sondern seine ganze Körperhaltung werde zum ständigen Ausdruck seiner Demut für alle, die ihn sehen."

1106 Dt.: „Herz und Stimme sind im Einklang." Es geht nicht um ein äusseres Verhalten, sondern darum, dass Herz und Stimme übereinstimmen; Puzicha, RB-Komm., 294 f. Im Gebet ist das besonders wichtig, da man im Angesicht Gottes und seiner Engel ist. Vgl. RB 19.6: „… consideremus, qualiter opporteat in conspectu divinitatis et angelorum eius esse" oder RB 58.18: „coram Deo et sanctis eius" und Inst. 4.36.: „coram deo et angelis eius". Dies gilt aber über den Gottesdienst hinaus, da uns Gott überall sieht; RB 19.1. Die Übereinstimmung von Innen und Aussen ist eine Zielvorstellung benediktinischer Lebenshaltung über den Gottesdienst hinaus; Salzburger Äbtekonferenz, 46.

1107 Z.B. in RB 4.78.

1108 Vgl. Puzicha, RB-Komm., 95.

1109 RB Prol. 50, RB 73.1.Benedikt meint mit „monasterium" ausschliesslich das Koinobitenkloster – anders als Johannes Cassian in Coll. 18.10, der „monasterium" als einen Oberbegriff definiert (und damit jeglichen Wohnort eines Mönchs meint) und das „coenobium" als einen Unterbegriff bezeichnet (und eine besondere Wohnform von gemeinschaftlich zusammenlebenden Mönchen meint).

und gemeinsamer Führung durch einen Abt miteinander leben. Die Gemeinschaft ist ein Ort der Brüderlichkeit, wo Friede herrscht und der geprägt ist durch einen ethischen Wertekanon und Kohärenz der Bewohner.[1110] Die Institution („institutio“[1111]) des Klosters bezeichnet Benedikt als „Schule für den Dienst am Herrn“ („dominici schola servitii“[1112]) und als „Werkstatt, in welcher das monastische Leben sorgfältig verwirklicht werden soll“ („officina, ubi haec omnia opperetur“[1113]). Benedikt bezeichnet das Kloster auch als Haus Gottes („domus dei“[1114]), in welchem der Abt als Stellvertreter Christi („vices Christi“[1115]) handelt.

3.2.3. Äusserliche Begriffselemente

3.2.3.1. Kleidung

Nach der Ablegung der feierlichen Profess im Oratorium in Gegenwart aller Mönche wird der Neuling mit den Mönchskleidern eingekleidet.[1116] Seine private Kleidung gibt er zur Verwahrung in der Kleiderkammer („vestiarium“) ab.[1117] Das Mönchsgewand erhält er vom Abt.[1118] Es handelt sich dabei um zwei Kukullen und Tuniken (im Winter wollig, im Sommer leicht), einen Überwurf für die Arbeit („scapulare“), Socken („pedules“), Schuhe („caliga“), Gürtel („bracile“), Messer („cultellum“), Nadel („acum“), Tuch („mappula“), Schreibgriffel („graphium“), Schreibtafel („tabulas“) und Hosen („femoralia“) für die Dauer einer Reise.[1119] Beim Mönchsgewand handelt es sich um eine eindeutig erkennbare Kleidung – dies bereits schon zu Zeiten, als Johannes Cassian

1110 Vgl. auch die Bekehrungsgemeinschaft bei Puzicha, RB-Komm., 407.

1111 RB Prol. 46.

1112 RB Prol. 45.

1113 Vgl. RB 4.78.

1114 In RB 31.19, 53.22 und 64.5. Der Begriff „domus dei“ findet sich sonst in keiner Klosterregel und keinem vergleichbaren monastischen Text als Selbstbezeichnung für die Klostergemeinschaft. „Der Begriff bedeutet Bekehrungs- und Glaubensgemeinschaft, Gebets- und Gütergemeinschaft, ein Ort, wo Friede herrschen soll und das Ideal der Einheit und Einmütigkeit – nicht Einstimmigkeit – verwirklicht wird auch bei unterschiedlichen Meinungen und Ansichten“; Puzicha, RB-Komm., 393.

1115 RB 2.2, 63.13. Vgl. Puzicha, RB-Komm., 114.

1116 RB 58.17 und 58.26; vgl. Puzicha, RB-Komm., 637 f.

1117 RB 58.27.

1118 RB 55.18: „… dentur ab abbate omnia quae sunt necessaria …“.

1119 RB 55.

in Ägypten gelebt hat (385–400).[1120] Es besteht aus Leinen und Wolle und ist rau und naturfarben bzw. ungefärbt.[1121] Die Kleidung ist schlicht und zweckmässig und soll auch die Lebensform für ihn und die Aussenwelt erkennbar machen.[1122]

3.2.3.2. Verbindlichkeit der Regel

Der Koinobit lebt in klösterlicher Gemeinschaft und dient unter Klosterregel und Abt („hoc es monesteriale, militans sub regula vel abbate").[1123] Das ist ein grosser Unterschied zum Anachoreten, der alleine lebt.[1124]

Benedikts Klosterregel enthält auch Vorschriften über die Prinzipien der Menschenführung und zum geeigneten Führungspersonal (Charaktereigenschaft, Ausbildung, Vorbildfunktion). Damit gibt er eine Antwort auf die Kritik, die Johannes Cassian an schlechten Äbten übt: Es gebe Klostervorsteher, die nur darauf aus seien, ihren Brüdern vorzustehen, sich selbst aber niemals den Vätern unterwerfen würden.[1125] Es gebe Klostervorsteher, „die die Regel der Väter nicht kennen und Äbte würden, bevor sie, wie es doch korrekt wäre, sich zunächst als Schüler bekannt und bewährt hätten. Solche sind eben leichter geneigt, auf die Einhaltung ihrer eigenen Einfälle zu dringen, als sich einfach an die bewährten Grundsätze der Vorfahren zu halten."[1126]

1120 Puzicha, RB-Komm., 584.

1121 Seide ist nicht angemessen, hingegen Felle schon. Es gibt auch schwarze und weisse Gewänder; das Färben ist teuer. Puzicha, RB-Komm., 583.

1122 Puzicha, RB-Komm., 583.

1123 RB 1.2.

1124 Salzburger Äbtekonferenz, 27.

1125 Coll. 4.20, Ziegler, Coll. Trad., 163: „Voller Hybris treten sie auf. Während sie unterweisen wollen, sind sie selber unfähig, zu lernen oder zu tun, was gelehrt werden sollte. Wie das Wort des Herrn sagt: Als blinde Blindenführer fallen sie unausweichlich selbst in die Grube." Er verweist auf Mt. 15.14: „Lasst sie, sie sind blinde Blindenführer! Wenn aber ein Blinder den andern führt, so fallen sie beide in die Grube." – „sinite illos caeci sunt duces caecorum caecus autem si caeco ducatum praestet ambo in foveam cadunt." (Vulgata) – „ἄφετε αὐτούς· τυφλοί εἰσιν ὁδηγοὶ [τυφλῶν]· τυφλὸς δὲ τυφλὸν ἐὰν ὁδηγῇ, ἀμφότεροι εἰς βόθυνον πεσοῦνται.".

1126 Inst. 2.3.5; Originaltext: „… quod plerumque seniorum institutionis expertes monasteriis praeesse audemus et abbates nos ante quam discipulos professi quod libitum fuerit statuimus, promptiores nostrorum inventorum exigere custodiam quam examinatam maiorum servare doctrinam".

Die Regel ist gem. RB 3.7 und RB 7.55 verbindlich für alle Mönche[1127] – auch für den Abt, für den diese Maxime gleich zweimal erwähnt wird (in RB 3.11 und RB 64.20).[1128] Erst bei Benedikt wird, soweit ersichtlich, klar, dass auch der Abt *unter* der Regel steht und nicht darüber.[1129] Dass der Abt die Regel einhalten muss, ist ein grosser Unterschied zum Verfassungsrecht des Römischen Reiches der damaligen Zeit (Dominat), wo der römische Kaiser dem Gesetz und der Rechtsprechung selber nicht unterworfen ist, sondern umgekehrt den Untertanen als Gesetzgeber („legislator“) das Gesetz („lex“) gibt („legislatio“, Gesetzgebung) und ihnen als Richter („iudex“) das Recht („ius“) spricht („iurisdictio“, Rechtsprechung).[1130]

Benedikt schreibt das Gleichbehandlungsgebot und das Willkürverbot vor. Das Gleichbehandlungsprinzip findet sich in RB 2.16/17 und RB 2.22. Es basiert auf dem Grundsatz der Gleichheit vor Gott, RB 2.20.[1131] Ungleichbehandlung ist u.U. gerechtfertigt; es braucht dafür aber immer einen vernünftigen Grund („rationalis causa existit“).[1132] Benedikt gibt auch Kriterien für eine mögliche

1127 RB 3.7: „In omnibus igitur omnes … sequantur regulam …“; RB 7.55: „… nihil agat monachus nisi quod communis monasterii regula vel maiorum cohortantur exempla“.

1128 RB 3.11: „Ipse tamen abba cum … observatione regulae omnia faciat…“; RB 64.20 „et praecipe ut praesentem regulam in omnibus conservet“.

1129 Ziegler, Überlieferungen, 15; vgl. RB 3.7.

1130 Nach den einprägsamen und geläufigen Prinzipien „princeps legibus solutus“ (der Prinzeps ist von den Gesetzen befreit) bzw. „quod principi placuit, legis habet vigorem“ (was dem Prinzeps gefällt, hat Gesetzeskraft). Vgl. eingehend dazu Behrend. Ein gutes Bsp. ist Kaiser Justinians Einführungskonstitution zu den Digesten, die constitutio „Tanta“: „Nemine audente comparare ea quae antiquitas habebat et quae nostra auctoritas introduxit“ (zit. bei Kroppenberg, 121). – Auf Dt.: „Es wage niemand, das alte Recht mit dem zu vergleichen, was unsere kaiserliche Amtsgewalt eingeführt hat.“ Wie Kroppenberg, 121, zu Recht bemerkt, ist das ein klarer Normgeltungsbefehl. Nebenbei sei bemerkt, dass Athanasios von Alexandrien als einer der ersten Autoren die Trennung von Kirche und Staat forderte, Hamman/Fürst, 84. Ambrosius von Mailand ist demgegenüber der Meinung, dass der Kaiser nicht über der Kirche steht, sondern in der Kirche („imperator intra ecclesiam non supra ecclesiam est.“), Hamman/Fürst 151, m.w.H.

1131 Das Prinzip der Gleichheit vor Gott ist Türöffner für die Entwicklung der Menschenwürde („dignitas humana“) und der Menschen- bzw. Freiheitsrechte. Vgl. zur historischen Entwicklung, Loretan, 57 ff., der darauf hinweist, dass „die Verteidigung der Menschenrechte als genuin christliches Anliegen“ begriffen wird, 134. Vgl. auch Baumgarten, Freiheitsrechte, 163.

1132 RB 2.18.

Ungleichbehandlung vor, so sei für den Rang eines Mönchs sein Eintrittsdatum ins Kloster („convertionis tempus") oder seine verdienstvolle Lebensführung („vitae meritum") nach Massgabe des Abtes entscheidend.[1133] Das Willkürverbot ist ausdrücklich vorgesehen in RB 63.2 („nec quasi libera utens potestate iniuste disponat aliquid").

Die Regel gibt dem Abt immer noch einen grossen Entscheidungsspielraum. Bei seinen Entscheiden muss der Abt gem. RB 64.12 und 64.17 Discretio üben, also klug handeln und nicht zu weit gehen[1134] bzw. „vorausschauend und besonnen sein. Bei Entscheiden unterscheide er genau und halte Mass."[1135] Damit ist das Verhältnismässigkeitsprinzip des modernen Rechts vorweggenommen.[1136] Die Entscheidungen des Abtes müssen nachvollziehbar und ausgewogen sein, damit die Mönchsgemeinschaft nicht verwirrt ist und in Unruhe gerät.[1137] RB 63.2 spricht deutlich von ungerechten Anordnungen des Abtes („iniuste disponat"), die unbedingt zu vermeiden seien.[1138] Damit wird deutlich, dass des Abtes Macht beschränkt ist. Er hat somit keine allumfassende Macht[1139] – ganz anders als das männliche Oberhaupt einer Familie, des sog. „pater familias", welcher seit alters her über alles, was zu seinem Hausverband gehört, die absolute und souveräne Vollgewalt („potestas") innehat. Darunter fallen die unter seiner Hausgewalt stehenden freien Personen, also die Kinder und regelmässig die Ehefrau, aber auch die freien, halb- und unfreien Hausgenossen, die Tiere und das leblose Gut.[1140]

1133 RB 63.1.

1134 RB 64.12: „... prudenter agat et ne quid nimis ...".

1135 RB 64.17: „in ipsis imperiis suis providus et consideratus, et ... opera, quam iniungit, discernat et temperet."

1136 Art. 5 Abs. 2 BV.

1137 RB 3.6, 63.3, 64.17; vgl. Puzicha, RB-Komm., 475.

1138 Puzicha, RB-Komm., 474 f.

1139 Puzicha, RB-Komm., 671.

1140 Jacobs, 17 f., m.w.H. Die Hausgewalt des pater familias beinhaltet die Macht, die Hauskinder und die gewaltunterworfene Ehefrau sogar zu töten („ius vitae necisque"), zu verstossen oder zu verkaufen. Der pater familias wird durch Missbräuche dieser Gewalt nicht vor dem Staat, sondern vor den Göttern verantwortlich. Gewisse schwere Vergehen gegen die Gewaltunterworfenen, wie die grundlose Tötung oder Misshandlung, gelten als Beleidigung der schützenden Gottheit. Der Täter ist damit der Gottheit verfallen („sacer"), so dass jedermann die Gottheit rächen und den Schuldigen töten kann. Der pater familias kann in einem säkularen Zivil- oder Strafprozess nicht verfolgt werden. Vgl. dazu Kaser, Rechtsgeschichte, 26 f.

Gem. der RB dürfen die Mönche ihre Klagen und Wünsche vortragen.[1141] Wie Puzicha erwähnt, könnte sich eine Klage auf eine dilettantische oder autoritäre Amtsführung, auf unausgewogene und intransparente Regelungen, auf mangelnde Hilfen, auf vermeidbare Belastungen und unkluge Forderungen, auf ungenügende Versorgung oder auf allgemeinen Gesprächs- und Klärungsbedarf richten.[1142]

Des Weiteren soll der Abt bei seinen Entscheiden immer beachten, dass er stets Gottesfurcht („timor dei")[1143] haben und letztlich vor Gott Rechenschaft ablegen („rationem reddere")[1144] muss, und zwar für die eigene Amtsführung und für alle ihm Untergebenen („ipsarum omnium animarum est redditurus domino rationem, sine dubio addita et suae animae").[1145]

Bei seinen Entscheiden soll er uneigennützig („castum"), nüchtern („sobrium") und barmherzig („misericordem") vorgehen.[1146]

Benedikt schreibt in seiner Regel vor:

(i) die Verbindlichkeit der Regel (RB 64.20);[1147]
(ii) das Gleichbehandlungsgebot (RB 2.16/17 und RB 2.22);[1148]

1141 RB 34.4, 41.5 („iusta murmuratio"), 68.2.

1142 Puzicha, RB-Komm., 474.

1143 RB 7.10.

1144 Vgl. RB 2.34/37–39, 64.7.

1145 RB 2.38: „Et quantum sub cura sua fratrum se habere scierit numerum, agnoscat pro certo, quia in die iudicii ipsarum omnium animarum est redditurus domino rationem, sine dubio addita et suae animae." – „Wie gross auch die Zahl der Brüder sein mag, für die er Verantwortung trägt, am Tag des Gerichts muss er für sie alle dem Herrn Rechenschaft ablegen, dazu ohne Zweifel auch für sich selbst."

1146 RB 64.9.

1147 RB 64.20: „et praecipe ut praesentem regulam in omnibus conservet". Vgl. Art. 5 Abs. 1 der BV, Titel „Grundsätze rechtsstaatlichen Handelns": „1 Grundlage und Schranke staatlichen Handelns ist das Recht."

1148 RB 2.22: „una praebeatur in omnibus … disciplina". Vgl. Art. 8 der BV, Titel „Rechtsgleichheit": „1 Alle Menschen sind vor dem Gesetz gleich." Der moderne Anspruch auf Gleichbehandlung verlangt, dass Rechte und Pflichten der Betroffenen nach gleichem Massstab festgesetzt werden. Die Rechtsprechung des Schweizer Bundesgerichts lautet formelhalft, dass Gleiches nach Massgabe seiner Gleichheit gleich und Ungleiches nach Massgabe seiner Ungleichheit ungleich zu behandeln sei. Somit müssen unterschiedlichen Regelungen rechtlich erhebliche Unterschiede zu Grunde liegen und dürfen Tatbestände, die sich wesentlich unterscheiden, nicht gleich geregelt werden. Vgl. BGE 136 I 1 E. 4.1 S. 5 f. und weiterführend Rütsche.

(iii) das Willkürverbot (RB 63.2);[1149]
(iv) das Verhältnismässigkeitsprinzip (RB 64.17);[1150]
(v) Entscheide für unterschiedliche Behandlung müssen vernünftig[1151] und nachvollziehbar[1152] sein.

Es handelt sich hier damit um Prinzipien, die heute als zentrale Grundsätze des modernen Staats- und Verwaltungsrechts ihre Wirkung entfalten.[1153]

Für den Abt gilt – wie für alle herausgehobenen Positionen im Kloster – das Quanto-magis-Prinzip. RB 2.30 lautet mit Hinblick auf den Abt: „Wem mehr anvertraut ist, von dem wird mehr verlangt."[1154] Das Prinzip besagt, dass, wer höher steht, sich umso mehr der Einhaltung der Regel befleissigen und als Vorbild für die anderen dienen müsse. Deshalb wird in RB 2.12 vom Abt ausdrücklich verlangt, dass er durch seine Lebensführung Vorbild sein soll.[1155] Das Quanto-magis-Prinzip schreibt Benedikt ausdrücklich auch den Mönchspriestern und dem Prior vor.[1156]

Mit dem Quanto-magis-Prinzip führt Benedikt einen wichtigen Grundsatz ein, der heute in der modernen militärischen und zivilen Führungslehre zentral ist: Der Vorgesetzte muss wissen, was er von seinen Unterstellten verlangt, um sie effektiv und zielgerichtet führen zu können. Das geht nur, wenn er deren Position früher auch innehatte. Des Weiteren zeigt die Erfahrung, dass

1149 RB 63.2: „nec quasi libera utens potestate iniuste disponat aliquid". Vgl. Art. 9 der BV, Titel „Schutz vor Willkür und Wahrung von Treu und Glauben": „Jede Person hat Anspruch darauf, von den staatlichen Organen ohne Willkür und nach Treu und Glauben behandelt zu werden."

1150 RB 64.17: „in ipsis imperiis suis providus et consideratus, et … opera, quam iniungit, discernat et temperet". Vgl. Art. 5 Abs. 2 der BV, Titel „Grundsätze rechtsstaatlichen Handelns": „2 Staatliches Handeln muss im öffentlichen Interesse liegen und verhältnismässig sein."

1151 RB 2.18: „rationalis causa existit".

1152 RB 63.2: „Qui abbas non conturbet gregem sibi commissum".

1153 Vgl. Art. 5, 8 und 9 der BV.

1154 RB 2.30: „quia cui plus committitur, plus ab eo exigitur". Vgl. Auch RB 2.12.

1155 RB 2.12: „id est omnia bona et sancta factis amplius quam verbis ostendat". Ins Schweizerdeutsche könnte man das übersetzen mit: „Meh lifere statt lafere" (Lieber machen statt schwätzen).

1156 Für die Mönchspriester in RB 60.5: „Vorbild in Demut" („magis humilitatis exempla omnibus") in RB 62.3: „Regeleinhaltung" („multo magis disciplinae subdendu[s]"); für den Prior in RB 65.17: „Regeleinhaltung" („quia, quantum praelatus est ceteris, ita eum oportet sollicitius observare praecepta regulae.") Vgl. Puzicha, RB-Komm., 181. Dieser Grundsatz findet sich in der RB in 6.2, 20.2, 60.5 oder 62.3.

ein Vorgesetzter sich nicht lange Zeit nur auf seine Autorität wg. seines Amtes verlassen kann, um sich durchzusetzen. Die sog. Amtsautorität kann mit der Zeit verblassen.[1157] Um langfristig bei den Untergebenen Gehör bzw. deren Gehorsam und damit ihre Gefolgschaft zu finden, muss der Vorgesetzte v.a. auch in seiner Person von seinen Untergebenen stets als Autorität angesehen werden (sog. persönliche Autorität). Denn aus Erfahrung weiss man, dass langfristig oder in schwierigen Situationen die Untergebenen demjenigen folgen, der persönliche Autorität hat, und nicht dem, der sich auf Amtsautorität beruft. Glaubwürdig ist der Vorgesetzte dann, wenn er die allgemeinen Regeln nicht nur so wie die Unterstellten einhält, sondern indem er die Regel noch mehr verinnerlicht und – gemessen an seinen zusätzlichen Aufgaben und der gesteigerten Verantwortung für seine Untergebenen – umso gewissenhafter einhält. Damit gewinnt nicht nur die Regel an Bedeutung, sondern auch das glaubwürdige Vorbild durch den Vorgesetzten.

3.2.3.3. Struktur und Tagesablauf (Gebetszeiten, Lesung, Arbeit, Mahlzeit, Schlafen)

Der Tag (inkl. Nacht) ist bei Benedikt klar durchstrukturiert. So gibt es festgesetzte Zeiten für Gebet, Lesung, Arbeit, Mahlzeit und Schlafen. Wann welche Aktivität stattfindet, hängt vom Kirchenkalender ab.

Benedikt teilt das Kirchenjahr für Gebet, Mahlzeit und Arbeit in unterschiedliche Rhythmen auf:

(i) für die Liturgien in zwei Einheiten:
  (a) Sommerszeit (Ostern bis 1. November) und
  (b) Winterszeit (1. November bis Ostern);[1158]

(ii) für die Tagesordnung in drei Einheiten:
  (a) Sommerszeit (Ostern bis 1. Oktober),
  (b) Winterszeit (1. Oktober bis zum Beginn der Fastenzeit) und
  (c) Fastenzeit bis Ostern;[1159]

1157 Das gilt umso mehr für Gruppen, die sich aus grundsätzlich Gleichberechtigten und Ebenbürtigen zusammensetzt, wie es auch die Mönchsgemeinschaft darstellt (vgl. RB 2.20). Jeder Mönch ist bei der Wahl seines Abtes beteiligt und letztlich für das Ergebnis dieser Wahl mitverantwortlich. Vgl. RB 64.1. Ein zusätzliches Element beim Kloster ist die lebenslange Verpflichtung zur Lebens- und Gütergemeinschaft.

1158 RB 8.

1159 RB 48.

(iii) für die Mahlzeiten in vier Einheiten:
  (a) Frühlingszeit (Ostern bis Pfingsten),
  (b) Sommerszeit (Pfingsten bis 13. September),
  (c) Winterszeit (13. September bis zum Beginn der Fastenzeit) und
  (d) Fastenzeit bis Ostern.[1160]

3.2.3.4. Armut und Eigentumsverzicht

Basierend auf dem monastischen Armutsideal verbietet Benedikt Eigentum. Er spricht vom Laster des Eigenbesitzes („vitium peculiaris“[1161]): „Keiner habe etwas als Eigentum, überhaupt nichts … – gar nichts.“ („[ne quis] aliquid habere proprium, nullam omnino rem … nihil omnino“).[1162] Benedikt folgt hier dem Anspruch Johannes Cassians, der nicht nur Reichtumsverzicht fordert, sondern Armut.[1163]

Mit seiner Ganzhingabe bei der Profess und der Verpflichtung zum Gehorsam gibt der Mönch auch seinen Eigenwillen auf und stellt sich körperlich wie auch geistig in den Dienst für den Herrn.[1164] Damit wird eine demütige Haltung ermöglicht, die als Basis für das spirituelle Wachstum des Mönchs dienen soll. Es geht, wie Puzicha zu Recht betont, hier nicht um Schikane oder Willkür oder Strafe – diese wäre mit dem Prinzip der Nächstenliebe und dem Respekt vor dem Mitmenschen („proximum tamquam seipsum diligere“,[1165] „filigat fratres“,[1166] „caritas“[1167]) sowieso nicht vereinbar – noch um Selbstentäusserung,[1168] sondern um Vertrauen und Gehorsam.

Die Mönche leben in Gütergemeinschaft: Alles gehört allen gemeinsam („omniaque omnium sint communia“).[1169] Benedikt beruft sich auf die christliche Urgemeinde. Das Ideal für das Mönchtum ist die persönliche Besitzlosigkeit

---

1160 RB 41.
1161 RB 55.18.
1162 RB 33.3.
1163 Vgl. dazu ausführlich Brown, 601 ff.
1164 RB 33.4 und 58.25. Damit spielt Benedikt auf die „nuditas“ und „paupertas“ (bzw. „ἀκτημοσύνη“) an.
1165 RB 4.2.
1166 RB 64.11.
1167 RB 35.6, 66.4, 71.5.
1168 Vor diesem Hintergrund sind RB 33.4 und RB 58.25 zu verstehen, die besagen, dass der Mönch nicht mehr eigenmächtig über seinen Leib und seinen Willen verfügen dürfe.
1169 RB 33.6.

bei einem Leben in Gütergemeinschaft.[1170] Einnahmen aus dem Verkauf von Klostergütern und -produkten gehen somit ans Kloster.[1171]

Der Abt hat die Aufgabe, dem einzelnen Mönch das Notwendige – so viel, wie dieser jeweils nötig hat – zuzuteilen. Damit ist ein relativer Massstab angelegt. Denn er bedeutet, dass auf Schwächen, Krankheit, Alter usw. entsprechend Rücksicht genommen werden muss.[1172] Jeder Mönch bekommt Kleidung, Schuhwerk, Bettzeug, Werkzeug und geistige Literatur, die für den persönlichen Gebrauch zur Verfügung gestellt werden. Es ist alles Eigentum des Klosters, mit dem sorgfältig umgegangen werden muss. Das gilt für jeden Mönch,[1173] aber insb. für den Abt,[1174] den Cellerar[1175] und die anderen Amtsträger.

Zur Durchsetzung der Besitzesaskese, zu der sich alle verpflichtet haben, und auch aus Gründen der Gleichheit und Gerechtigkeit, hat der Abt regelmässig die Bettstatt eines jeden Mönchs auf unerlaubten Eigenbesitz („opus peculiaris") bzw. Diebstahl zu kontrollieren.[1176] Bei Verstoss gegen die Besitzesaskese folgt eine strenge Strafe.[1177]

3.2.3.5. *Stabilitas*

Benedikt bezeichnet in RB 4.78 das Kloster als Werkstatt („officina") zur Ausübung der Werkzeuge der geistlichen Kunst („instrumenta artis spiritalis").[1178] Dafür braucht es Beständigkeit in der Gemeinschaft („stabilitas in congregatione"). Es ist gemeint, dass man einer Gemeinschaft beständig angehört und nicht an einem bestimmten Ort bleibt.[1179] Es geht bei den Koinobiten darum, in Gemeinschaft („in congregatione") zu leben – und nicht alleine (wie die

---

1170 Puzicha, RB-Komm., 407.

1171 RB 57.3.

1172 RB 34.1–2; Rücksichtnahme auf Alter, Krankheit und Schwäche zeigt sich auch an anderer Stelle, z.B. bei den Mahlzeiten (Essenszeiten RB 37.2; Fleischverzehr 36.8, 39.11, Krankenzimmer (36.7.), Krankenpfleger (RB 36.7), Bad (RB 36.8)). Sie werden sozusagen bevorzugt behandelt. RB 55.21, schreibt vor, dass sich der Abt von der Schwäche der Bedürftigen und nicht von der Missgunst der Neider leiten lassen müsse.

1173 RB 32, 57.6.

1174 RB 32, 64.20.

1175 RB 31.1/10–12/15.

1176 RB 55.16.

1177 RB 55.17.

1178 RB 4.75; vgl. Puzicha, RB-Komm., 160.

1179 Die „stabilitas in congregatione" ist wichtiger als die „stabilitas loci". Vgl. RB 4.78 und 5.12, aber auch RB 58.15 und RB 58.17; vgl. Puzicha, RB-Komm., 613, 631.

Anachoreten[1180]) oder an einem ganz bestimmten Ort („stabilitas loci") oder an gar keinem Ort und deshalb immer auf Wanderschaft zu sein (wie die Gyrovagen[1181]).

Die Gemeinschaft fördert die Einübung in die Grundhaltungen der geistlichen Kunst,[1182] d.h. nach einem gemeinsamen Ethos die Tugenden zu leben und sich auf diese Weise persönlich spirituell weiterzuentwickeln. Dies ist ein Lernprozess. Nur in Gemeinschaft ist es möglich, Fortschritte zu erzielen. Die Beständigkeit in der Gemeinschaft und die Verbindlichkeit durch diese Gemeinschaft ermöglicht dies. Dadurch gewinnt der Mönch innere Stabilität.[1183] Demgegenüber sind die Gyrovagen mit ihrer negativen Charakterisierung in RB 1.11 immer unterwegs, unverbindlich und unverpflichtet und damit unbeständig („semper vagi, numquam stabiles").[1184]

Die Stabilitas ist Benedikt so wichtig, dass er sie in die Profess integriert. Er sieht in RB 58.17 für jeden neuen Mönch eine Promissio/Profess bei seiner feierlichen Aufnahme vor, nachdem dieser ein einjähriges Noviziat erfolgreich absolviert hat: Im Oratorium in Gegenwart aller Mönche verspricht er vor Gott und den Heiligen:

(i) Beständigkeit,
(ii) klösterlichen Lebenswandel und
(iii) Gehorsam

(„in oratorio coram omnibus promittat de stabilitate sua et conversatione morum suorum et obedientiam coram deo et sanctis eius").[1185] Ausser der RB kennt keine zeitgenössische Klosterregel Aufnahmeriten und ausdrückliche Professinhalte.[1186]

Beständigkeit in der Gemeinschaft heisst nicht, dass man sich nicht vorübergehend an einen anderen Ort begeben kann. Benedikt sieht für Mönche, die auf Reisen geschickt werden, in RB 67 eine spezielle Regelung vor. Sie bleiben Teil der Gemeinschaft und kehren zurück. Während ihrer Abwesenheit wird für sie

1180 RB 1.3. Die Anachoreten sind ehemalige Koinobiten, die im Koinobion geschult worden sind.
1181 RB 1.10.
1182 RB 4.75.
1183 Salzburger Äbtekonferenz, 32.
1184 Puzicha, RB-Komm., 631.
1185 RB 58.17.
1186 Puzicha, RB-Komm., 612.

gebetet. Ausserhalb des Klosters gilt weiterhin das monastische Leben.[1187] Die festgesetzten Gebetszeiten bleiben verbindlich. Bei ihrer Rückkehr durchlaufen sie gem. RB 67 einen spirituellen Reinigungsprozess, der sich dadurch kennzeichnet, dass sie am Tage ihrer Rückkehr an allen festgesetzten Gebetszeiten am Schluss des Gottesdienstes im Oratorium die Prostration vollziehen und alle um das Gebet bitten wg. der Fehler, die vielleicht unterwegs vorgekommen sind, wenn sie Böses gesehen und gehört oder Unnützes geredet haben.

3.2.3.6. Funktionen / Ämter

Das Mönchtum ist eine Laienbewegung. Nach Benedikt gibt es verschiedene Funktionen oder Ämter im Kloster. Es gibt den Abt („abbas“), den Prior („praepositus“), den Cellerar („cellerarius“), den Gästebruder, den Krankenbruder („servitor“), den Pförtner („portarius“), die Dekane („decani“), die geistlichen Väter („seniores spiritales“), die Senpekten („senpectae“) und die Priester („sacerdotes“). Daneben erwähnt Benedikt die Mönchsversammlung („consilium fratrum“[1188]), die bei wichtigen Angelegenheiten auf Einberufung des Abtes diesem Ratschlag erteilt bzw. den Abt wählt[1189] und den Ältestenrat („seniorum consilium“)[1190], der den Abt bei weniger wichtigen Angelegenheiten berät.

Für den Klostervorsteher verwendet Benedikt den von Johannes Cassian benutzten Begriff des „Abba“.[1191] Dieser Begriff steht für einen vollkommenen, weisen und geistbegabten Mönch, eine Vaterfigur, eine Verkörperung Christi. Der Abt ist im Kloster der Stellvertreter Christi („vices Christi“).[1192] Die Stellvertreterschaft Christi ist konstitutiv für das Selbstverständnis des äbtlichen Dienstes.[1193] Er wird mit „dominus“ und „abbas“[1194] angesprochen. Der Abt untersteht der Regel und muss diese einhalten.[1195] Die Regel gibt ihm seine

1187 Puzicha, RB-Komm., 720.

1188 RB 3; vgl. Puzicha, RB-Komm., 118 ff.

1189 Diese Versammlung besteht aus allen Mönchen: „omnis congregatio“; vgl. RB 3.1 und RB 64. Vgl. Puzicha, RB-Komm., 679 ff.

1190 RB 3.12. Bei der Einsetzung eines Priors kann der Abt gem. RB 65.15 den Rat gottesfürchtiger, d.h. unparteiischer und verantwortungsvoller Mönche („consilium fratrum timentium deum“) einholen. Vgl. auch Puzicha, RB-Komm., 129 und 703.

1191 „Abbas, qui praeesse dignus est monasterio“ (RB 2.1).

1192 RB 2.2, 63.13. Vgl. Puzicha, RB-Komm., 114.

1193 Puzicha, RB-Komm., 101.

1194 RB 63.13. Die Anrede „dominus“ gilt in der patristischen Christologie sonst für Christus. Vgl. Puzicha, RB-Komm., 676; Jakobs, 17.

1195 RB 3.11, 64.20.

Hauptaufgabe: Das Heil der Mönche („salus animarum").[1196] Der Abt handelt wie der gute Hirte und ist daher auch für jeden Mönch verantwortlich bzw. für Fehler, die in seiner Herde geschehen.[1197] Er muss vor Gott über sich und seine Herde Rechenschaft ablegen („rationem reddere").[1198] Der Abt wird von der Mönchsversammlung gewählt; für die Wahl sind die entscheidenden Kriterien: (i) Bewährung im klösterlichen Leben und (ii) Weisheit in der Lehre.[1199] Die Regel enthält an verschiedenen Stellen Anweisungen an den Abt, RB 2 und 64 sind aber zentral. Danach soll er Schwächen heilen, zuhören, mehr helfen als herrschen[1200]. Er muss selbstlos („castus"), nüchtern („sobrius") und barmherzig („misericordis")[1201], aufmerksam[1202] und kritikfähig[1203] sein. Für den Abt gilt – wie für alle herausgehobenen Positionen im Kloster – das Quanto-magis-Prinzip. RB 2.30 lautet mit Hinblick auf den Abt: „Wem mehr anvertraut ist, von dem wird mehr verlangt".[1204] Das Prinzip besagt, dass, wer höher steht, sich umso mehr der Einhaltung der Regel befleissigen und als Vorbild für die anderen dienen müsse. Deshalb wird in RB 2.12 vom Abt ausdrücklich verlangt, dass er durch seine Lebensführung Vorbild sein soll (und nicht bloss davon reden).[1205] Im Rahmen des Mönchtums als Laienbewegung ist der Abt oft ein Laie.

Die Funktion des Priors („praepositus") wird im Wesentlichen in RB 65 geregelt.[1206] Er wird vom Abt nach Ratschlag durch gottesfürchtige Mönche

---

1196 RB 2.33, 41.5.

1197 RB 2.7 ff., 27.8.

1198 RB 3.11, 64.7, 65.22.

1199 RB 64.1–2.

1200 RB 64.8.

1201 RB 64.9: „castum, sobrium, misericordem"; RB 64.10: „et semper superexaltet misericordia iudicio".

1202 RB 3.39; es kann vorkommen, dass die gute Idee, das richtige Wort nicht einem alten Mönch zufällt, sondern einem jungen. Diese Bestimmung ist in der monastischen Tradition singulär. Zu denken ist hier an den professmässig oder altersmässig Jüngeren, aber auch an den, der weniger erfahren, weniger sprachgewandt oder gebildet ist. Vgl. Puzicha, RB-Komm., 123.

1203 RB 61.4 ist in der monastischen Tradition einmalig, wenn der Abt in der Kritik eines fremden Mönchs den Hinweis Gottes erkennen soll: „tracted abbas prudenter, ne forte pro hoc ipsud eum dominus direxerit".

1204 RB 2.30: „quia cui plus committitur, plus ab eo exigitur". Vgl. auch RB 2.12.

1205 RB 2.12: „id est omnia bona et sancta factis amplius quam verbis ostendat". Ins Schweizerdeutsche könnte man das übersetzen mit: „Meh lifere statt lafere" (Lieber machen statt schwätzen).

1206 RB 65; vgl. Puzicha, RB-Komm., 695 ff.

eingesetzt. Er ist der Stellvertreter des Abts im Kloster und handelt nur, sofern und soweit er vom Abt beauftragt ist.[1207] Für ihn gilt ausdrücklich das Quanto-magis-Prinzip.[1208]

Die Funktion des Cellerars („cellerarius“) wird im Wesentlichen in RB 31 beschrieben.[1209] Er ist der Verwalter des Klosters und trägt „Sorge für alles“ („[c]uram gerat de omnibus“)[1210]. Er wird vom Abt eingesetzt.

Der Gästebruder ist für die Unterkunft der Gäste verantwortlich.[1211]

Der Krankenbruder („servitor“) leitet das Krankenzimmer.[1212] Benedikt setzt als selbstverständlich voraus, dass dessen Eignung durch medizinische oder pflegerische Kompetenz gegeben ist, schreibt aber vor, dass er sich auch durch weitere Eigenschaften wie Eifer im Guten[1213] und Sorgfalt[1214] und, wie bei allen Führungspersonen im Kloster, durch Gottesfurcht auszeichnet.[1215]

Der Pförtner („portarius“) wacht über und bedient die Klosterpforte.[1216] Er ist der Kontakt zur Aussenwelt. Umgekehrt ist er der erste, mit dem Aussenstehende in Kontakt kommen. Weil er die Visitenkarte des Klosters ist, soll die Funktion des Pförtners immer ein weiser älterer Bruder übernehmen. Er schläft nicht mit den anderen Mönchen im Schlafsaal, sondern hat seine eigene Zelle neben der Pforte, damit alle, die ankommen nicht allzu lange warten müssen. Seine Funktion wird in RB 66 beschrieben.

Die Dekane („decani“) sind weise ältere Mönche, die für die Ausbildung von je zehn jüngeren Mönchen zuständig sind. Ihre Funktion wird in RB 21 beschrieben. Puzicha hält fest, dass diese Bestimmung historisch eine Sonderstellung einnimmt. Als Benedikt die Regel schreibt, ist es noch üblich, grössere Klöster in Dekanien aufzuteilen. Später wird die Funktion des Dekans immer mehr durch die Funktion des Priors als Stellvertreter des Abtes ersetzt und schliesslich ganz aufgegeben.[1217]

1207 RB 64.15–16.

1208 RB 65.17: „Regeleinhaltung“ („quia, quantum praelatus est ceteris, ita eum oportet sollicitius observare praecepta regulae.“).

1209 RB 31; vgl. Puzicha, RB-Komm., 375 ff.

1210 RB 31.3.

1211 RB 53.17.

1212 RB 36.7; vgl. Puzicha, RB-Komm., 435 und 437.

1213 RB 72.

1214 RB 2.33; 21.2; 27.1/5; 31.9; 36.7; 47.1; 53.15; 71.4.

1215 RB 36.7; vgl. Puzicha, RB-Komm., 437.

1216 RB 66; vgl. Puzicha, RB-Komm., 707 ff.

1217 RB 21; vgl. Puzicha, RB-Komm., 307 f.

Die geistlichen Väter („seniores spiritales") sind jeweils weise vollendete Mönche, die den anderen Mönchen für die geistliche Hilfe und Lebensbegleitung zur Verfügung stehen.[1218] Sie verstehen es, mit Schwierigkeiten diskret und wie ein weiser Arzt mit den entsprechenden Heilmitteln der heiligen Schrift umzugehen.[1219] Es geht nicht um Beichte, sondern um geistliche Hilfe, um Lebensbegleitung.[1220]

Die Senpekten („senpectae") sind ältere weise Mönche, die sich um Mitbrüder im persönlichen Gespräch kümmern und sie trösten sollen, damit sie nicht in tiefe Traurigkeit versinken.[1221]

Priester („sacerdotes") haben liturg. Aufgaben im Gottesdienst.[1222] Für sie gilt ausdrücklich das Quanto-magis-Prinzip.[1223]

3.2.3.7. *Gleichheit / Rangordnung*

Im Kloster sind die Mönche einander gleichgestellt („aequalis").[1224] Sie sind gleichwertig.[1225] Begründet wird diese Gleichheit und Gleichwertigkeit der Mönche unter Verweis auf das NT durch ihre Gleichheit und Gleichwertigkeit vor Gott.[1226] Benedikt betont damit die Abkehr von menschlichen Bewertungen und die Einführung eines neuen göttlichen Massstabes. Dies umfasst v.a. auch Themen der persönlichen Freiheit. So spielen im Kloster menschengemachte Massstäbe wie Freigeborener („ingenuus", „liber"), Freigelassener („libertus",

1218 RB 46.5; vgl. Puzicha, RB-Komm., 502 f.

1219 Puzicha, RB-Komm., 502 f.; vgl. auch zum Ideal des senior: RB 4.50, 70; 22.3; 23.2; 27.2; 58.6; 56.3; 63.16.

1220 RB 46.5; vgl. Puzicha, RB-Komm., 503.

1221 RB 27.2–3. Diese Senpekten sollen einem unaufdringlich beistehen und über pastorale Kompetenz verfügen. Vgl. Puzicha, RB-Komm., 354.

1222 RB 62; vgl. Puzicha, RB-Komm., 660 ff.

1223 RB 62.3.

1224 RB 2.16 ff. und insb. 2.22; vgl. Puzicha, RB-Komm., 105 ff. Der Abt kann aber Veränderungen in der Rangfolge vornehmen (RB 61.11/12, 62.6, 63.1). Kleriker haben ausserhalb des liturg. Bereiches keine Bevorzugung und haben den Rang ihres Eintritts. Vgl. RB 60.7 und vgl. Puzicha, RB-Komm., 649 f.

1225 Puzicha, RB-Komm., 107.

1226 RB 2.20: „... omnes in Christo unum sumus et sub uno domino aequalem servitutis militiam baiulamus, quia non est apud deum personarum acceptio." – „... in Christus sind wir alle eins, und unter dem einen Herrn tragen wir die Last des gleichen Dienstes. Denn bei Gott gibt es kein Ansehen der Person." Benedikt zitiert Gal. 3.28 und Röm. 2.11.

„libertinus") und Sklave („servus") keine Rolle: Es sind ja alle einander gleich.[1227] Vor Gott unterscheiden sich die Menschen nur durch die guten Werke („opera bona") und die Demut („humilitas").[1228]

Allerdings gibt es eine Rangordnung der Mönche nach dem Zeitpunkt des Klostereintritts oder verdienstvoller Lebensführung.[1229] Das Lebensalter des Mönchs darf dafür bewusst keine Rolle spielen.[1230] Die Rangordnung bestimmt die Reihenfolge bei Friedenskuss, Kommunion, Psalmieren und Standort im Chor.[1231] Der Rang („ordo") bedeutet in einer Gemeinschaft, in der jeder seinen bestimmten und nur ihm zukommenden Platz hat, Wertschätzung, Ansehen und Zugehörigkeit.[1232] Wie alle anderen haben auch Priester ihren Rang grundsätzlich gem. Klostereintritt. Für liturg. Zwecke haben sie im Oratorium ihren Platz gleich nach dem Abt.[1233] Die Rangordnung dient auch als eine objektive Garantie, die die Beziehung zw. Abt und Mönchen vor Willkür und Zufall schützen soll.[1234] Der Abt kann die Rangordnung verändern.[1235] So kann er den Rang eines Mönchs (zeitweilig) aufheben, z.B. als Sanktion für Unpünktlichkeit beim Gottesdienst, oder herunterstufen. Oder er kann einem Mönch wg. dessen vorbildhafter Lebensführung („vitae meritum")[1236] einen höheren Rang geben (z.B. auch bei der Aufnahme eines fremden Mönchs[1237] oder bei einem Priester[1238]). Es geht hier nicht um die Aufhebung der Gleichheit aller oder Bevorzugung einzelner, sondern um eine „typisch (spät)antike

1227 Ob gleich frei oder gleich unfrei, ist Ansichtssache und bei einer Gesamtbetrachtung von (i) Grund des freiwilligen Klostereintrittes, (ii) Hinwendung zu Gott als Ziel und (iii) gemeinsamem Beschreiten des Weges dahin durch Anwendung der (iv) gleichen ethischen Massstäbe (z.B. Demut, Gehorsam, Tugenden) letztlich irrelevant.

1228 RB 2.21.

1229 RB 63; vgl. Puzicha, RB-Komm., 668 ff.

1230 RB 63.1/5. Puzicha, RB-Komm., 677 f., vermutet, dass es bei Kindern und Jugendlichen („pueri parvi vel adulescentes") eine eigene Reihenfolge gegeben habe. Massgebend für die Festlegung könne z.B. der Zeitpunkt der Oblation gewesen sein.
Vgl. insgesamt RB 22.7; 30; 45.4; 31.9; 37; 39.10; 70.4–6.

1231 RB 63.4.

1232 Puzicha, RB-Komm., 490.

1233 RB 60.4–5, 62.5.

1234 Puzicha, RB-Komm., 107.

1235 RB 2.19.

1236 RB 63.1.

1237 RB 61.11.

1238 RB 62.6.

Auszeichnung“[1239] als Würdigung der Verdienste um die Gemeinschaft.[1240] Rangänderungen dürfen nicht willkürlich erfolgen, sondern müssen stets begründet sein („rationabilis causa“)[1241] und die Gerechtigkeit berücksichtigen („ita iustitia dictante“).[1242] Damit muss der Abt auch das Gesamtgefüge der Mönche untereinander berücksichtigen. Während die älteren Mönche von den jüngeren „nonnus“ („ehrwürdiger Vater“) genannt werden, werden die jüngeren von den älteren „frater“ („Bruder“) genannt.[1243]

3.2.3.8. Mönchspriester

Priester haben ihren Rang nach dem Eintritt. Für liturg. Zwecke haben sie im Oratorium ihren Platz gleich nach dem Abt.[1244] Wg. seiner Weihe muss sich der Priester vor Überheblichkeit und Stolz hüten.[1245] Für ihn gilt das Quanto-magis-Prinzip. Er muss daher die Regel besonders gut einhalten und vorbildlich demütig und gehorsam sein.[1246] Ist er eigenmächtig, handelt er ohne Auftrag oder Zustimmung des Abtes, kann er nach wiederholter Ermahnung und nach Beizug des Bischofs aus dem Kloster gewiesen werden.[1247]

3.2.3.9. Gastfreundschaft

Die Gastfreundschaft ist Benedikt wichtig. Sie ist ein Akt der Nächstenliebe.[1248] Mit RB 53 erlässt er dezidierte Vorschriften zur Aufnahme, Verpflegung und Unterkunft von Gästen, die er „hospes“ (Gäste) und „peregrini“ (Pilger) nennt und die ganz Armen „pauperes et peregrini“ mitmeint.[1249]

Abt und Cellerar haben sich um die Gäste zu kümmern.[1250] Die Gästeunterkunft, wo immer genügend Betten bereitstehen sollen, wird von einem Gästebruder geführt.[1251] Abt und Brüder sollen allen Gästen die Füsse waschen.[1252]

1239 Puzicha, RB-Komm., 107.
1240 Puzicha, RB-Komm., 107.
1241 RB 2.18.
1242 RB 2.19.
1243 RB 63.12; Jakobs, 17.
1244 RB 60.4–5, 62.5.
1245 RB 62.2.
1246 RB 60.5, 62.3.
1247 RB 62.7–11.
1248 Benedikt verwendet das Wort „caritas“ für die Beziehung unter den Brüdern und zu den Gästen. Puzicha. RB-Komm., 157, Fn. 224.
1249 RB 53.1,2,15.
1250 RB 53 und 31.9.
1251 RB 53.21–22.
1252 RB 53.13–14.

Der Abt hält sein Mahl gemeinsam mit den Gästen. Sie haben eine eigene Küche. Diese wird von zwei Gästeköchen geführt, die „gut geeignet“ sein müssen und den Kochdienst für je ein Jahr übernehmen.[1253] Dem Gast zuliebe ist für den Abt das Fasten aufgehoben (Dispens), nur nicht an einem allgemein vorgeschriebenen Fasttag; das betrifft auch die Stunde der Mahlzeit.[1254] Das Mahl mit den Gästen findet wohl nicht im Speisesaal der Mönche statt, wie der Hinweis in RB 56.3 auf die Tischaufsicht der Mönche durch die seniores nahelegt, sondern in einem separaten Saal.

Mit den Gästen darf niemand ohne Auftrag zusammen sein oder sprechen.[1255]

3.2.3.10. Aufnahme / Novizen

In RB 58 regelt Benedikt das Aufnahmeverfahren von Novizen. Der Eintritt wird nicht einfach gestaltet. Erst nach vier bis fünf Tagen beharrlichen Ausharrens und Klopfens an der Klosterpforte und ständigem Bitten um Einlass darf der Neuling schliesslich ins Kloster eingelassen werden, wo er sich dann für ein paar Tage in der Gästeunterkunft aufhalten darf, bevor er zu den anderen Novizen darf, um sein einjähriges Noviziat anzutreten.[1256] Die Novizen haben einen eigenen Bereich, wo sie lernen, essen und schlafen.[1257] Sie werden durch einen erfahrenen Bruder mit aller Sorgfalt geführt. Der Novize wird geprüft, ob er beharrlich und gehorsam ist. Benedikt ist wichtig, dass der Novize für den Eintritt ins Kloster eine freie Willensentscheidung für ein Leben in dieser Gemeinschaft trifft und dafür alle notwendigen Informationen erhält. So spricht man mit ihm offen über alles Harte und Schwere und liest ihm nach zwei, acht und zwölf Monaten die RB vor und erklärt ihm, dass er nach seiner feierlichen Aufnahme ins Kloster die Regel immer einhalten muss und das Kloster ohne Bewilligung nicht mehr verlassen darf. Er wird gefragt, ob er die Regeln einhalten möchte. Bei dessen Zustimmung erfolgt dann die feierliche Aufnahme. Vor seiner Aufnahme muss er sich seines Eigentums entledigen z.B. durch Vergabe an die Armen oder Schenkung ans Kloster. Im Gegensatz zu Johannes Cassian[1258] akzeptiert Benedikt Schenkungen wohlhabender Novizen ans Kloster.[1259]

1253 RB 53.1, 16–17.

1254 RB 53.10; vgl. Puzicha, RB-Komm., 598.

1255 RB 53.23.

1256 RB 58.

1257 RB 58.5.

1258 Inst. 4.4, vgl. dazu auch Brown, 604.

1259 RB 58.24; das gilt auch für die Oblation von Kindern ans Kloster, wo Eltern gem. RB 59.5–5 dem Kloster eine Spende machen können. Während bei Johannes

Benedikt sieht in RB 58.17 für jeden neuen Mönch eine Promissio/Profess bei seiner feierlichen Aufnahme vor: Im Oratorium in Gegenwart aller verspricht der Neuling vor Gott und seinen Heiligen (i) Beständigkeit, (ii) klösterlichen Lebenswandel und (iii) Gehorsam („in oratorio coram omnibus promittat de stabilitate sua et conversatione morum suorum et obedientiam coram deo et sanctis eius").[1260] Ausser der RB kennt keine zeitgenössische Klosterregel Aufnahmeriten und ausdrückliche Professinhalte.[1261] Über sein Versprechen erstellt der Neuling handschriftlich eine Urkunde, die im Kloster aufbewahrt wird. Er wird im Oratorium als Mönch eingekleidet. Seine eigenen Kleider werden in der Kleiderkammer („vestiarium") aufbewahrt.

Für die Aufnahme von Kindern, Priestern und fremden Mönchen gibt es separate Verfahren. Kinder können ins Kloster aufgenommen werden. Benedikt legt in RB 59 die Voraussetzung fest. Allerdings muss offenbleiben, ab welchem Alter Kinder ins Kloster gegeben werden (Oblation) bzw. selbständig ins Kloster eintreten können. Nach damaliger Auffassung dauert die Kindheit bis zum 7. Lebensjahr, das Jugendalter vom 8. bis mindestens zum 14. längstens bis zum 18. Lebensjahr. Zw. dem 18. und dem 25. Lebensjahr erreicht man die Mündigkeit.[1262]

Für die Aufnahme von Priestern gilt RB 60. Der Eintritt wird einem Priester nicht erleichtert. Er muss sich an die Regeln halten und unterliegt dem Quanto-magis-Prinzip.[1263] Abgesehen von seiner Priesterweihe, die sich in seiner liturg. Funktion zeigt, hat er keine Vorrechte. Im Oratorium darf er seinen Platz gleich neben dem Abt haben. Ansonsten wird sein Rang durch das Eintrittsdatum bestimmt.[1264]

Für die Aufnahme von fremden Mönchen gilt RB 61. Zunächst ist der fremde Mönch Gast, so dass man seine Lebensführung kennenlernen kann. Verpflichtet er sich zur Beständigkeit in dieser Klostergemeinschaft, kann er aufgenommen werden.

Cassian der Novize *vor* Klostereintritt schon arm sein muss („regelrecht sterilisiert vom Reichtum", wie es Brown, 604, formuliert) und das Kloster gem. Inst. 4.4 keine Schenkungen des Novizen akzeptiert, muss bei Benedikt der Novize erst *bei* Klostereintritt arm sein, weshalb das Kloster Schenkungen des Novizen akzeptiert.

1260 RB 58.17.

1261 Puzicha, RB-Komm., 612; vgl. zum Aufnahmeverfahren Jakobs, 70 ff., m.w.H.

1262 Vgl. Jakobs, 94 ff., m.w.H; Puzicha, RB-Komm., 639, Fn. 7.

1263 RB 60.5.

1264 RB 60.7.

3.2.3.11. Anleitung / Unterweisung (des jüngeren durch einen erfahrenen Mönch)

Das traditionelle Meister-Schüler-Verhältnis führt Benedikt fort. So werden erfahrene Mönche bestimmt, die sich um einen oder mehrere Novizen und junge Mönche kümmern und anleiten.[1265]

Benedikt gibt auch Anweisungen, wie sich die Mönche untereinander verhalten sollen. Für den älteren und ranghöheren Mönch verwendet Benedikt den Begriff „prior"[1266], „maior"[1267] oder „senior"[1268], für den jüngeren „iunior"[1269]. Der jüngere soll den älteren ehren, der ältere den jüngeren lieben.[1270] Der jüngere bittet den älteren um den Segen. Der jüngere bietet dem älteren seinen Platz an und setzt sich erst, wenn der ältere ihn dazu auffordert.[1271]

3.2.3.12. Geistlicher Vater

Gem. RB 46.5 kann sich der Mönch für die spirituelle Lebensbegleitung an den Abt oder einen der geistlichen Väter („spiritales seniores"), einen erfahrenen Mönch seiner Wahl,[1272] wenden. Die Eröffnung des Herzens bzw. seiner Gedanken ist als Weg geistiger Reifung fest im Wüstenmönchtum verwurzelt, wenn Mönche einem Altvater ihr Inneres öffnen und um Rat bitten. Die Novizen sollen behutsam und sorgfältig in diese Praxis eingeführt werden, damit sie sich nicht mit Scham äussern müssen.[1273]

Mit den „seniores spiritales" installiert Benedikt kein festes Amt und schreibt nicht vor, wen der Mönch aufsuchen soll.[1274] Der „senior spiritalis" hat ein anspruchsvolles geistliches Profil.[1275] Es ist ein vollendeter Mönch. Es handelt sich „um einen erfahrenen, bewährten, in der monastischen Lebensweise und an der eigenen Erfahrung gereiften Mönch in der Tradition des Altvaters der Wüste. Merkmale sind Selbsterkenntnis und Nicht-Urteilen. Dieser versteht es,

---

1265 RB 58.6.
1266 RB 63.10.
1267 RB 63.16.
1268 RB 63.16.
1269 RB 63.10.
1270 RB 63.11: „Iuniores igitur priore suos honorent, priores minores suos diligant."
1271 RB 63.15–16.
1272 Puzicha, RB-Komm., 502.
1273 Puzicha, RB-Komm., 502.
1274 Puzicha, RB-Komm., 502.
1275 RB 4.50, 7.44, 23.2, 27.2, 58.6.

mit Schwierigkeiten diskret und wie ein weiser Arzt mit den entsprechenden Heilmitteln der heiligen Schrift umzugehen."[1276] Es geht nicht um Beichte, sondern um geistliche Hilfe, d.h. Lebensbegleitung.[1277]

3.2.3.13. Lesung / Meditation / Weiterbildung

Benedikt kennt drei Arten der Lesung („lectio"): die Tischlesung (RB 38), die obligatorische Abendlesung vor der Komplet (RB 42.3/5) und die persönliche Lesung (RB 48.13).

Die Tischlesung erfolgt während der Mahlzeit.[1278] Die Aufgabe des Lektors ist ein Wochendienst, zu welchem geeignete Mönche vorgesehen werden.[1279] Benedikt sieht diesen Dienst, ganz in der monastischen Tradition, gefährdet durch Überheblichkeit und Stolz. Um dies zu vermeiden, erbittet der Lektor nach Messe und Kommunion bei Dienstantritt das Gebet aller Mönche für ihn.[1280] Gelesen wird aus der Bibel.[1281] Während der Lesung herrscht Stille („summum silentium").[1282] Die speisenden Mönche geben einander Zeichen, um etwas zu erbitten.[1283] Zur Vermeidung des Unfriedens sollen nach der Tischlesung keine Fragen gestellt oder Bemerkungen geäussert werden, doch kann der Prior etwas zur Erbauung sagen.[1284]

Die abendliche Lesung schreibt Benedikt vor der Komplet vor.[1285] Alle Mönche haben anwesend zu sein,[1286] denn neben der Weiterbildung und der Verinnerlichung des Gehörten hat die Lesung nämlich auch den Sinn, die Mönchsgemeinschaft zum Abschluss des Tages zu versammeln („omnes in unum").[1287] Die Hörer sitzen zur Lesung.[1288] Das Leseprogramm besteht in erster Linie aus

---

1276 Puzicha, RB-Komm., 502 f.; vgl. auch zum Ideal des senior: RB 4.50, 70; 22.3; 23.2; 27.2; 58.6; 56.3; 63.16.

1277 Puzicha, RB-Komm., 503.

1278 RB 38.

1279 RB 38.1; vgl. Puzicha, RB-Komm., 449.

1280 RB 38.2; vgl. Puzicha, RB-Komm., 449.

1281 Auch wenn der Inhalt der Tischlesung in der RB nicht genannt wird, ist klar, dass aus der Bibel gelesen wird. Puzicha, RB-Komm., 449.

1282 RB 38.5.

1283 RB 38.5–7.

1284 RB 38.8–9.

1285 Puzicha, RB-Komm., 480.

1286 RB 42.7.

1287 Puzicha, RB-Komm., 480.

1288 RB 42.3. Vgl. Puzicha, RB-Komm., 480.

den Coll. Dies ist die einzige Lektüre an Fastentagen.[1289] An den anderen Tagen kann neben den Coll. auch aus den Vitae Patrum oder etwas anderes Erbauliches gelesen werden.[1290] Nach der Komplet[1291] wird für die Nacht geschwiegen („taciturnitas") .[1292] Beim Schweigebrechen folgt eine schwere Strafe.[1293]

Des Weiteren kennt Benedikt die persönliche Lesung.[1294] Gem. der monastischen Tradition verwendet er die Begriffe „lectio" und „meditare"[1295]. Es geht hierbei um Lektüre und Studium der Bibel, wie sich aus dem Begriff der „lectio divina" ergibt.[1296] Für die persönliche Bibellektüre des Mönchs verwendet Benedikt den Terminus technicus „vacare lectioni(bus)", was „frei sein für die Lesung(en)" bedeutet.[1297]

Am Sonntag sind alle Mönche grundsätzlich den ganzen Tag frei für Gebet und Lesung, ausser jene, die für bestimmte Dienste eingeteilt sind.[1298]

An den anderen Tagen wird dem Mönch speziell Zeit zur Verfügung gestellt. Dies variiert nach der benediktinischen Dreiteilung des Jahres in

1289 RB 42.5.

1290 RB 42.3. Gem. RB 42.4 soll abends der Heptateuch (d.h. die fünf Bücher Mose, das Buch Joshua und das Buch der Richter) und die Bücher der Könige nicht gelesen werden; dies aus pädagogischen Gründen, denn es ist für nicht gefestigte (junge) Mönche („infirmis intellectibus") nicht klug, aufregende Bibelstellen zur Einstimmung in die Nachtruhe zu wählen. Vgl. Puzicha, RB-Komm., 482.

1291 Vgl. RB 18.19. Die Komplet ist entstanden aus dem persönlichen Gebet der Mönche im Dormitorium und wird bei Benedikt zum ersten Mal als gemeinsame Gebetszeit fassbar. Vgl. Puzicha, RB-Komm., 482. An der Komplet werden jeweils die gleichen Psalmen gebetet (Ps. 4, 90 und 133), die „psalmi completorii".

1292 RB 42.9. Ausnahmen sind die Gästebetreuung oder ein spezieller Auftrag des Abtes, wobei in diesen Fällen das Sprechen mit grossem Ernst („summa gravitate") und vornehmer Zurückhaltung („moderatione honestissima") erfolgt. Vgl. RB 42.8–11.

1293 RB 42.9. Es ist eine schwere Strafe vorgesehen. Ein Tadel oder eine leichte Strafe, wie es bei nachlässigem Umgang mit Werkzeugen möglich ist, genügt nicht (vgl. RB 32.4–5).

1294 RB 48.13.

1295 RB 48.23. Puzicha bemerkt, dass der Begriff „meditare" ursprünglich „lernen" bedeutet, aber im monastischen Sprachgebrauch zur Bezeichnung der Lesungszeit verwendet wird. Puzicha, RB-Komm., 515.

1296 RB 48.1; Puzicha, RB-Komm., 520.

1297 RB 48.4/10/13/14/17/22. Vgl. Puzicha, RB-Komm., 513 f. zum „vacare"-Begriff.

1298 RB 48.22. Vgl. die Ausführung zur Arbeitsruhe am Sonntag bei Puzicha, RB-Komm., 521 ff.

(i) Sommerszeit (Ostern bis 1. Oktober), (ii) Winterszeit (1. Oktober bis zum Beginn der Fastenzeit) und (iii) Fastenzeit (bis Ostern) wie folgt:

(i) In der Sommerszeit (von Ostern bis 1. Oktober) stehen für die Lesung zwei Stunden ab der 4. Stunde zur Verfügung, nach Arbeit und Terz.[1299] Nach dem Mittagessen wird nochmals Zeit gegeben (auf dem Bett liegend – wer nicht liest, der ruht).[1300]

(ii) In der Winterszeit (vom 1. Oktober bis zum Beginn der Fastenzeit) stehen für die Lesung zwei Stunden ab der 1. Stunde zur Verfügung, vor der Terz und der Arbeit[1301]. Nach dem Essen wird nochmals Zeit gegeben, wobei hier das Auswendiglernen der Bibel im Vordergrund steht.[1302]

(iii) Für die Fastenzeit, der Quadragesima, wird die Priorität der Lesung betont.[1303] Für die Lesung stehen die ersten drei Stunden des Tages zur Verfügung.[1304] Jeder Mönch bekommt einen Band der Bibel, den er von Anfang bis zu Ende ganz lesen soll („[i]n quibus diebus quadragesimae accipiant omnes singulos codices de bibliotheca, quos per ordinem ex integro legant").[1305]

Um die Bedeutung der Lesung zu unterstreichen, schreibt Benedikt vor, dass ein oder zwei ältere Brüder („seniores") über die Einhaltung der Lesezeit wachen und im Kloster umhergehen.[1306] Ein „träger Bruder" („frater acediosus") wird zunächst ein- bis zweimal getadelt, dann bestraft.[1307]

1299 RB 48.4.

1300 RB 48.5. Es ist ruhen („pausare") gemeint, nicht schlafen („dormire").

1301 RB 48.4/10. Vgl. Puzicha, RB-Komm., 521 ff.

1302 RB 48.13: „vacent lectionibis sui saut psalmis". Der Bezug auf die Ps. lässt sich im Sinne des Auswendiglernens des Psalters verstehen, womit Benedikt auf die alte und grundlegende Übung des Mönchtums zurückgreift, die ganze Bibel auswendig zu lernen. Im Zusammenhang mit den Lesungen im Gottesdienst weist Benedikt die Mönche an, einige Stellen auswendig oder doch zumindest flüssig vorzutragen (vgl. RB 9.10, 10.2, 12.4, 13.11). Vgl. Puzicha, RB-Komm., 243 und 524.

1303 Vgl. RB 41.7; 49.4.

1304 RB 48.14. Puzicha erwähnt, dass „die Tradition uneingeschränkt die drei ersten Stunden als die wertvollsten des Tages" betrachte; Puzicha, RB-Komm., 521, vgl. auch Puzicha, RB-Komm., 525.

1305 RB 48.15; vgl. auch die Ausführungen von Puzicha, RB-Komm., 525.

1306 RB 48.17: „seniores, qui circumeant monasterium horis, quibus vacant fratres lectioni".

1307 RB 48.18.

3.2.3.14. Dienst

Bei Benedikt gibt es einen Wochendienst in der Küche und bei Tisch[1308] und den Tischleser.[1309] Der Wochendienst beginnt am Sonntag[1310]. Die Küchengeräte und die Tücher werden am Samstag gereinigt und dem Cellerar zurückgegeben, der die Gerätschaften am nächsten Tag den dienstantretenden Mönchen übergibt. Auch Benedikt kennt wie Johannes Cassian eine Fusswaschung[1311] und den Segen in Form eines Gebets. Danach spricht jeder dienstbeginnende Mönch dreimal das Gebet: „Deus, in adiutorium meum intende; domine, ad adiuvandum me festina".[1312] Mit diesem Vers übernimmt Benedikt die Ruhegebetsformel (formula pietatis) des Johannes Cassian.[1313]

3.2.3.15. Arbeit

Arbeit ist für Benedikt wichtig. Er folgt der Tradition, die der Arbeit des Mönchs hohen Stellenwert beimisst. Die Arbeit hilft, der acedia, dem Müssigang zu entgehen, für den eigenen Lebensunterhalt und den der Mönchsgemeinschaft zu sorgen. Sie hilft auch beim Gebet. Zudem hat die Arbeit einen karitativen und sozialen Effekt, z.B. durch das Almosengeben der Mönche.[1314]

Benedikt hält paradigmatisch in RB 48.1 fest: „Müssiggang ist der Seele Feind" („otiositas inimica est animae"). Er hat die Erwartungshaltung, dass Mönche von ihrer Hände Arbeit leben können sollen.[1315] Benedikts Sorge geht dahin, dass die Brüder ihren Dienst ohne Murren, ohne Traurigkeit und ohne

---

1308 RB 35.

1309 RB 38.

1310 RB 35.15; 38.1.

1311 RB 39.9: „Pedes... omnibus lavent." („Die Brüder ... sollen allen die Füsse waschen."). Das Ritual zum Ende bzw. zu Beginn des Wochendienstes erfolgt sowohl durch die abtretende und als auch durch die übernehmende Schicht. Vgl. Rosenberger, 186 f. Puzicha, RB-Komm., 425.

1312 RB 35.17–18.

1313 Coll. 10.10: „Deus in adiutorim meum intende: domine ad adiuvandum mihi festina." (entspricht Ps. 70.2). Bei Benedikt ist dies auch der Einleitungsps. beim Stundengebet (RB 18.1 und RB 35.17).

1314 Puzicha, RB-Komm., 518. Was ein Mönch oder eine Klostergemeinschaft einnimmt, aber nicht für das eigene Überleben braucht, kann als Almosen an die Armen abgegeben werden. Puzicha, RB-Komm., 518.

1315 RB 48.8: „... vere monachi sunt, si labore manuum suarum vivunt, sicut et patres nostri et apostoli".

Überforderung tun können. Sie sollen aber auch nicht unterfordert sein. Man verliert ohne Arbeit die Spannkraft und wird nachlässig.[1316]

3.2.3.16. *Handwerk*

Benedikt hält fest, dass Mönche, die Handwerker sind, ihre Tätigkeit in Demut auszuüben haben. Wenn sich aber einer etwas auf seine Fähigkeiten einbildet, wird ihm seine Arbeit abgenommen. Er kann sie erst wieder ausüben, wenn er Demut zeigt und der Abt es ihm von neuem erlaubt.[1317]

Benedikt ist sich der Versuchungen bewusst, die sich aus dem Verkauf von Klosterprodukten für den einzelnen Mönch ergeben können. So schreibt er vor, dass, wer Erzeugnisse verkaufe, darauf achten solle, keinen Betrug zu begehen.[1318] Bei der Festlegung des Verkaufspreises dürfe sich die Habgier nicht einschleichen und man solle daher das Erzeugnis immer etwas billiger verkaufen, als es sonst ausserhalb des Klosters möglich sei.[1319]

3.2.3.17. *Werkzeug*

Zum Besitz des Klosters hat Benedikt mit RB 32 ein eigenes Kapital verfasst. Werkzeug, Kleidung und andere Dinge gehören der Mönchsgemeinschaft. Deshalb verlangt Benedikt einen sorgsamen Umgang damit. Der Abt hat diese Werkzeuge nur Mönchen anzuvertrauen, auf deren Lebensweise und Charakter er sich verlassen kann („fratres, de quorum vita et moribus securis sit").[1320] Der Abt muss ein Verzeichnis führen.[1321] Der Cellerar muss alle Geräte und den ganzen Besitz des Klosters („omnia vasam monasterii cunctamque substantiam") als heiliges Altargerät („si altaris vasa sacrata conspiciat") betrachten und darf nichts vernachlässigen.[1322] Bei unsorgfältigem Gebrauch muss der Abt einen Tadel aussprechen bzw. eine Strafe verfügen.[1323]

1316 Salzburger Äbtekonferenz, 49. Vgl. auch „frater acediosus" in RB 48.18.

1317 RB 57.1–2.

1318 RB 57.4. Es ist hier der Betrug an der Mönchsgemeinschaft gemeint, wenn z.B. ein Mönch, der mit dem Verkauf beauftragt ist, einen Teil des Geldes zu eigenen Zwecken zurückbehält, denn das Geld gehört dem Kloster. Benedikt greift hier auf die Warnung des Johannes Cassian vor Habgier in Inst. 7.7/14/25/30 zurück.

1319 RB 57.7–8: „In ipsis autem pretiis non subripiat avaritiae malum, sed semper aliquantum vilius detur, quam ab aliis saecularibus dari potest". Benedikt verbietet bewusst die Profitmaximierung, da dies in soteriologischer Hinsicht schädlich ist.

1320 RB 32.1.

1321 RB 32.3. Der Abt ist also letztlich auch selber kontrollierbar.

1322 RB 31.10 f.

1323 RB 32.4 f.

3.2.3.18. Schlafen / Bett

Jeder Mönch schläft in seinem eigenen Bett in einem gemeinsamen Schlafsaal.[1324] Ist ihre Anzahl zu gross, schlafen die Mönche unter der Führung von älteren Mönchen in separaten Sälen zu zehnt oder zu zwanzigst. Benedikt schreibt von, dass die Mönche angezogen und mit einem Strick oder Gürtel umgürtet schlafen müssen.[1325] Der Einzelplatz zum Schlafen ist allgemein monastische Vorschrift. Das Bekleidetsein im Schlaf dient v.a. auch dem Schutz der Keuschheit, ist aber auch Zeichen der Erwartung, dass der Mönch als Streiter Christi immer in seiner Rüstung und gegürtet sein soll.[1326] Damit Ordnung herrscht, haben die jüngeren Mönche ihre Betten nicht nebeneinander, sondern zw. denen der älteren.[1327] Im Schlafsaal brennt in der Nacht bis zum Morgen stets eine Lampe.[1328]

3.2.3.19. Sanktionen

Die RB enthält einen Sanktionskatalog. RB 3.10 sieht vor, dass bei einer Verfehlung die von der Regel vorgesehene Strafe folge.[1329] Die Sanktionsbestimmungen finden sich aber an verschiedenen Stellen. Die Bestimmungen gleichen eher einer Hausordnung und sind weniger wie ein modernes Strafgesetzbuch („Wer … tut, wird mit … bestraft.")[1330] formuliert. Das Sanktionensystem ist differenziert und zielt auf Besserung („emendatio") des Täters ab.[1331] Programmatisch

1324 RB 22.1: „Singuli per singula lecta dormiant". Benedikt verwendet das Wort „lectum" für „Bett"; im klassischen Latein heisst „Bett lectus" oder „lectulus", vgl. Georges, 2846 und Stowasser, 260. RB 22.3: „Si potest fieri, omnes in uno loco dormiant…"

1325 RB 22.5. Das Messer muss aber abgelegt werden.

1326 Puzicha, RB-Komm., 315, 317 f.

1327 RB 22.7.

1328 RB 22.4. Das Licht symbolisiert die Lebensweise des Christen, seiner Taufverpflichtung entsprechend zu leben, nach der Aussage in der Bergpredigt „Ihr seid das Licht der Welt" (Mt. 5.14–15).

1329 RB 3.10: „Quod si praesumpserit, regulari disciplinae subiaceat." – „Geht aber einer in seiner Anmassung so weit, dann treffe ihn die von der Regel vorgesehene Strafe." Dies wird an anderer Stelle wiederholt: RB 32.5, RB 48.20, RB 65.19, RB 67.6 und RB 70.6. Vgl. zum Sanktionensystem Jakobs, 103 ff.

1330 Vgl. aber RB 43.4 zur Unpünktlichkeit: „Kommt einer erst nach …, darf er nicht…" – „Quod si quis … post … occurrerit, non stet …".

1331 Besserung und Resozialisation des Täters sind Grundprinzipien des modernen Schweizer Strafrechts, vgl. Baumgarten, Strafrecht.

schreibt Benedikt in RB Prol. 36: „Deshalb sind uns die Tage dieses Lebens als Frist gewährt, damit wir uns von unseren Fehlern bessern."[1332]

Busse und Strafe sind Mittel zur Besserung des Täters und sollen grundsätzlich auch nur soweit angewendet werden, als es dem Zweck der Besserung dient.[1333] Es geht also nicht um Rache. Auf diese wird unter Verweis auf die Bergpredigt[1334] ausdrücklich verzichtet.[1335] Rache ist eine Form des Zorns („ira") und ist allgemein zu unterlassen.[1336] Damit wird eine Kernbotschaft des NT normativ umgesetzt.[1337] Stattdessen wird auf Barmherzigkeit gesetzt. Die

---

1332 RB Prol. 36: „Ideo nobis propter emendationem malorum huius vitae dies ad indutias relaxantur." Vgl. auch RB Prol. 47.

1333 Die härteste Strafe ist die Ausstossung eines Mönchs aus dem Kloster, die als letzte Strafe angewendet werden darf (RB 28.6–8), wenn (i) die Gemeinschaft geschützt werden muss und (ii) überhaupt keine Besserung ersichtlich ist. Aber selbst dann besteht immer noch die Hoffnung darauf, dass der Ausgestossene aus der Ausstossung etwas lernen und sich letztlich doch bessern wird.

1334 Vgl. Mt. 5.39–41; Lk. 6.29.

1335 RB 7.42–43.

1336 Vgl. Inst. 8; RB 4.23/29–32.

1337 Puzicha, RB-Komm., 210. Das Talionsprinzip des AT (Ex. 21.23–25: „ἐὰν δὲ ἐξεικονισμένον ἦν, δώσει ψυχὴν ἀντὶ ψυχῆς, ὀφθαλμὸν ἀντὶ ὀφθαλμοῦ, ὀδόντα ἀντὶ ὀδόντος, χεῖρα ἀντὶ χειρός, πόδα ἀντὶ ποδός, κατάκαυμα ἀντὶ κατακαύματος, τραῦμα ἀντὶ τραύματος, μώλωπα ἀντὶ μώλωπος." – „sin autem mors eius fuerit subsecuta reddet animam pro anima oculum pro oculo dentem pro dente manum pro manu pedem pro pede adustionem pro adustione vulnus pro vulnere livorem pro livore." – „Entsteht ein dauernder Schaden, so sollst du geben Leben um Leben, Auge um Auge, Zahn um Zahn, Hand um Hand, Fuss um Fuss, Brandmal um Brandmal, Beule um Beule, Wunde um Wunde."), das sich auch in anderen Gesetzbüchern des Morgenlandes findet, aber auch im Abendland im Zwölftafelgesetz des Römischen Reiches von 451 v. Chr. als Strafprinzip festgelegt worden ist (XII tab. 8.2: „Si membrum rupsit, ni cum eo pacit, talio esto." – „Wenn jemand einem anderen ein Glied verletzt hat und sich nicht mit ihm einigt, soll Gleiches mit Gleichem vergolten werden.") und als Strafe eine Ausgleichsduldung im Rahmen der Vergeltung stipuliert, wird durch die neutestamentarischen Prinzipien der Barmherzigkeit („misericordia") und der Besserung („emendatio") ersetzt. Der alte generelle und harsche Strafautomatismus, der mit Blick auf die Vergangenheit einen Ausgleich für erlittenes Unrecht verlangt, wird ersetzt durch eine individuelle und bedarfsgerechte Bestrafung, die auf besseres Verhalten in der Zukunft ausgerichtet ist. Bis zur Aufklärung bestand das säkulare Strafrecht als Erfolgsstrafrecht und hat sich erst später langsam zum Schuldstrafrecht entwickelt. Das sind Prinzipien, die im säkularen Strafrecht eigentlich erst in den letzten Jahrzehnten, in der Zeit *nach* dem 2. Weltkrieg ihre Wirkung entfalten. Als eines der

Barmherzigkeit[1338] ist ein zentraler ethischer Wertmassstab, der bei der Beurteilung von Fehlern und deren Ahndung zur Anwendung kommt. Gott ist barmherzig (RB 4.72). Folglich muss der Abt als sein Stellvertreter im Kloster („vices Christi"[1339]) auch barmherzig sein (so ausdrücklich in RB 64.9). Abgesehen von der rechtlichen Argumentation über die Stellvertretung, ergibt sich dies auch aus theologischer Sicht als ein Ergebnis der Theosis: So zu sein wie Gott oder ihm ähnlich, bedeutet auch, die göttlichen Kriterien im eigenen Denken und Handeln anzuwenden. Vom Abt, der letztlich für die Bestrafung und das Strafmass verantwortlich ist, wird verlangt, uneigennützig („castum"), nüchtern („sobrium") und eben barmherzig („misericordem") zu entscheiden.[1340] Damit kann in concreto auch einmal eine Strafe erlassen, wesentlich herabgesetzt oder aufgeschoben werden.

Benedikts Fokus liegt auf dem innerlichen Wachstum. Dazu braucht es Anleitung und Korrektur. Der Tadel ist ein Mittel der Korrektur, gleichzeitig auch eine Strafe.[1341] Damit wird eine Grenzüberschreitung mündlich dargelegt. Wenn mehrmaliges Tadeln nichts nützt, folgt eine härtere Strafe.[1342]

Der Tatkatalog, der Sanktionen nach sich zieht, sind Stolz, Trotz, Murren,[1343] Ungehorsam,[1344] Streitsucht,[1345] Unpünktlichkeit,[1346] Müssiggang,[1347] Nachlässigkeit,[1348] Anmassung wie Eigenmacht,[1349] jeder Verstoss gegen die Besitzesaskese („opus peculiare") wie Aneignung oder Diebstahl.[1350]

ersten Strafgesetzbücher, das klar auf Verschulden und Resozialisierung setzt, und keine Todesstrafe kennt, ist das StGB, das nicht nur die Referendumsabstimmung vom 3. Juli 1938 durch das Schweizer Volk bestanden hat, sondern auch mitten im 2. Weltkrieg, am 1. Januar 1942, in Kraft getreten ist.

1338 Vgl. RB 4.72.

1339 RB 2.2, 63.13.

1340 RB 64.9.

1341 Heute würde man von „Abmahnung" sprechen.

1342 Vgl. 23.4.

1343 RB 23.1.

1344 RB 23.1, 71.7.

1345 RB 71.5.

1346 RB 43.

1347 RB 48.18–19.

1348 RB 32.4–5.

1349 RB 69, 70.

1350 RB 55.13.

Die Busse ist eine Geste des Ausgleichs. Die Besserung erweist sich in einem äusseren Zeichen des Ausgleichs („satisfactio"). Der Begriff meint die altkirchliche Busspraxis i.S.d. äusseren Ausdrucks der Reue („paenitentia") und der inneren Umkehr. Ein solches Zeichen macht sichtbar, dass der Mönch sein Fehlverhalten einsieht und wiedergutmachen möchte.[1351] Die satisfactio steht v.a. im Zusammenhang mit Fehlern bei der Liturgie.

Die Strafen für Unpünktlichkeit sind: bei (i) Gottesdienst: Stehen an einem separaten Platz für die Dauer des Gebets, Satisfaktionsgeste am Ende des Gottesdienstes;[1352] bei (ii) Mahlzeit: zunächst Tadel, bei Wiederholung Ausschluss vom gemeinsamen Mahl und Einzelmahl bis zur Satisfaktionsgeste und Besserung.[1353]

Der Ausschluss („excommunicatio") meint, dass ein Mönch den gemeinsamen Aktivitäten fernbleiben muss, z.B. bei einer leichten Verfehlung („levior culpa") der Mahlzeit[1354] und bei einer schweren („gravior culpa")[1355] der Mahlzeit *und* dem Gottesdienst. Die Dauer des Ausschlusses kann über einen unterschiedlich langen Zeitraum erfolgen. Immer braucht es zur Beendigung eine Satisfaktionshandlung und die Vergebung. Während der Dauer des Ausschlusses und gem. dem Gemütszustand des Bestraften kann der Abt diesem einen der Senpekten („senpectae") senden, der ihn im persönlichen Gespräch tröstet und stärkt.[1356]

Rutenschläge („vindicta corporalis", „plaga")[1357] kommen dann zur Anwendung, wenn ein Mönch sich als unverbesserlich erweist, also öfter für ein Vergehen zurechtgewiesen oder sogar schon von Gemeinschaftsaktivitäten ausgeschlossen werden musste.[1358]

Die Ausstossung („expulsio") aus dem Kloster ist die schwerste Strafe. Sie ist dann gegeben, wenn ein Mönch sich nicht in die Gemeinschaft einfügen und unterordnen kann sowie keine Friedensbereitschaft zeigt. Die Ausstossung kann

---

1351 Vgl. Puzicha, RB-Komm., 485.

1352 RB 43.43.1–12.

1353 RB 43.13–19.

1354 In diesem Fall muss der betreffende Mönch alleine speisen, und zwar erhebliche Zeit nach den anderen. Vgl. 24.3–6.

1355 Keiner darf mit ihm reden und ihn grüssen; alle Arbeit muss er alleine machen; er muss alleine essen, Mass und Stunde bestimmt der Abt. Vgl. 25.1–5.

1356 RB 27.2.

1357 RB 23.5: „… vindictae corporali subdatur."; RB 28.3: „… plagarum virgae…".

1358 RB 1–3.

ausdrücklich in folgenden Situationen erfolgen: bei Unverbesserlichkeit,[1359] bei unerlaubtem Verlassen des Klosters,[1360] bei einem trotzigen Priester,[1361] bei einem trotzigen Prior,[1362] oder generell bei einem Unruhestifter.[1363]

Beim Strafmass soll gem. dem Verhältnismässigkeitsprinzip immer die mildere Strafe zur Anwendung kommen, soweit es die RB und die zu ahndende Verfehlung zulässt. So wird der Tadel zunächst im persönlichen Gespräch stattfinden, erst als nächste Stufe als öffentliche Zurechtweisung.[1364] Auch Dauer und Modalität des Ausschlusses können variiert werden. Die Strafe kann verschärft werden bei Nichtbesserung oder bei mangelnder Einsicht. Dazu gibt es eine kaskadenhafte Strafverschärfung.[1365] Bei Diebstahl aber verlangt die RB von Anfang an eine sehr strenge Strafe („gravissima disciplina").[1366]

Das Strafmass ist nach Schwere der Schuld und Einsichtsfähigkeit abzuwägen.[1367] Bei Knaben und Jugendlichen oder anderen, die nicht recht einsehen können, was der Ausschluss als Strafe bedeutet, sollen durch Fasten bzw. Rutenschläge bestraft werden.[1368] Bei Benedikt ist man ab 16 Jahren erwachsen.[1369] Die Körperstrafe ist ein Thema, das aus dem damaligen Erziehungskontext

---

1359 RB 28.6.

1360 RB 58.28; vgl. auch RB 67.7.

1361 RB 62.20.

1362 RB 65.21.

1363 RB 71.9.

1364 Vgl. RB 23.2–3.

1365 Vgl. RB 23 bei Nichtbesserung: private Ermahnung, öffentliche Zurechtweisung, Ausschluss, Körperstrafe; RB 28 bei sog. Unverbesserlichen: Ermahnungen, Ausschluss, Körperstrafe, Ausstossung. Vgl. auch die Bibellektion in RB 38.3.

1366 RB 55.16–17.

1367 RB 24.1: Nach der Schwere der Schuld („secundum modum culpae"); RB 30.1: Nach Alter und Einsicht gelten unterschiedliche Massstäbe („Omnis aetas vel intellectus proprias debet habere mensuras.").

1368 RB 30. Das gilt auch für Erwachsene, die die Ausschliessung nicht als Möglichkeit der Umkehr erkennen können (vgl. RB 23.5).

1369 RB 70.4. Vgl. zur Kindheit und Jugend im Mittelalter stellvertretend für viele Popovic/Marjanovic-Dusanic/Popovic, 83 ff. Auch das moderne staatliche Recht sieht beim 16. Altersjahr rechtliche Statusänderungen vor, nämlich Religionsmündigkeit (Art. 303 Abs. 3 ZGB) und Ende des Schutzalters im Sexualstrafrecht (Art. 187 StGB). In Bezug auf das kantonale Stimmrecht haben die Kantone die Gesetzgebungskompetenz, und es wird in einzelnen Kantonen über die Herabsetzung des Stimmrechtsalters auf 16 Jahre diskutiert. Sonst ist rechtliche Mündigkeit (bzw. Volljährigkeit) erst mit 18 Jahren gegeben, sowohl in zivil- als auch in öffentlich-rechtlicher Hinsicht (vgl. Art. 14 ZGB zur Volljährigkeit, Art. 94 ZGB

verstanden werden muss.[1370] Benedikt schliesst jede Willkür und jeden Missbrauch durch Mönche generell, aber insb. gegenüber Kindern und Jugendlichen aus,[1371] indem er die Zuteilung der Strafe ausschliesslich dem Abt zuweist und auf äusserster Zurückhaltung besteht.[1372]

Es besteht zudem die Erwartung, eigene Fehler unverzüglich und freiwillig dem Vorgesetzten, der Gemeinschaft oder dem Abt einzugestehen. Das kann ein Missgeschick bei der Arbeit oder einen Fehler anderswo betreffen. Falls der Fehler (später) durch einen anderen Mönch aufgedeckt wird, wirkt das strafverschärfend.[1373] Es geht hier in erster Linie darum, aufrichtig zu sein, die Konsequenzen für eigenes Tun oder Unterlassen verantwortlich zu übernehmen. Einen Fehler machen, ist das eine. Verheimlichen oder Lügen ist etwas Anderes. Dies führt zu Misstrauen und kann die Gemeinschaft nachhaltig schädigen. Geht es bei einem Fehler um eine Sünde, ist diese nur dem Abt oder einem der geistlichen Väter mitzuteilen, der es versteht, eigene und fremde Wunden zu heilen, ohne sie bekanntzumachen.[1374]

3.2.3.20. Austritt

Nach abgegebener Profess kann ein Mönch grundsätzlich nicht mehr aus dem Kloster austreten.[1375] Der Austritt wird gesehen als das Nachgeben gegenüber den eigenen Wünschen, Illusionen und Vorwänden bis zum eigenen Überdruss und Trägheit.[1376] Es wird aber niemand gegen seinen Willen zurückbehalten. Das Ablegen des eigenen Mönchsgewandes ist daher ein Akt des Selbstausschlusses aus der Gemeinschaft und der endgültigen Trennung. Die Rückgabe der eigenen Zivilistenkleider ist der Akt der Bestätigung des Ausschlusses durch die Gemeinschaft.[1377]

---

zur Ehefähigkeit, die kantonalen und Bundesgesetze zur Stimm- und Wahlberechtigung, Art. 9 StGB zum Erwachsenenstrafrecht). Strafmündigkeit ist hingegen bereits ab dem 10. Altersjahr zur Tatzeit gegeben (vgl. Art. 3 Abs. 1 JStG).

1370 Allerdings sind Körperstrafen bei Kindern (in der Familie, in der Schule und an der Lehrstelle) bis weit in die 2. Hälfte des 20. Jhdt. üblich gewesen.

1371 RB 70.6.

1372 RB 70.6; vgl. dazu Puzicha, RB-Komm., 375.

1373 RB 46.1–4.

1374 RB 46.5–6: „… qui sciat curare et sua et aliena vulnera, non detegere et publicare."

1375 Puzicha, RB-Komm., 638.

1376 Puzicha, RB-Komm., 638. Dies wird als „Einflüsterungen des Teufels" (RB Prol. 28) bezeichnet.

1377 Puzicha, RB-Komm., 638.

3.2.4. *Innerliche Begriffselemente*

3.2.4.1. *Askese und Einübung der Tugend durch Vermeidung der acht Hauptlaster*

In RB 4 führt Benedikt die Werkzeuge („instrumenta bonorum operum“) der geistlichen Kunst („ars spiritalis“) auf.[1378] Die spirituelle Achse von RB 4 bilden die Verse RB 4.20–21: „Saeculi actibus se facere alienum. Nihil amori Christi praeponere.“[1379] Sie beinhalten erstens die Absage an das Böse, das dem weltlichen Getriebe innewohnt, und heisst wörtlich „sich den weltlichen Dingen fremd machen“ und zweitens die Hinwendung zu Christus. RB 4.20 ist ein Schlüsselsatz frühchristlicher Taufspiritualität. „Sich fremd machen“ bedeutet keine dezidierte Weltverachtung oder Weltflucht, sondern meint die Distanz zw. dem, was die Welt umtreibt und der Taufverpflichtung.[1380] Aus der Taufspiritualität übernimmt das Mönchtum die Trennung von der Welt. Sich aus dem Getriebe der Welt[1381] entfernen, ist ein konstitutives Element des Mönchtums von Anfang an.[1382] Entsagt wird nicht der Welt als Schöpfung, sondern den Umtrieben der Gottlosigkeit und den irdischen Begierden.[1383] Die Absage an die Welt macht nur Sinn, wenn sie ausgerichtet ist auf die Liebe Christi. Nur diese ist der Grund zur Absage.[1384] In RB 4.22–24 und RB 4.34–40 übernimmt Benedikt die Achtlasterlehre des Johannes Cassian, die auf jene des Euagrios Pontikos zurückgeht.[1385]

3.2.4.1.1. *Gaumenlust (gastrimargia)*

Benedikt regelt in RB 39–41 die Mahlzeiten. Zur Hauptmahlzeit gibt es zwei gekochte Speisen, um auf Allergien und Unverträglichkeiten wie z.B.

1378 Vgl. die Titulatur von RB 4 und RB 4.75.

1379 Puzicha, RB-Komm., 137. RB 4.20–21: „Sich dem Treiben der Welt entziehen. Der Liebe zu Christus nichts vorziehen.“

1380 Puzicha, RB-Komm., 137.

1381 „Actus saeculi“ kann man auch mit „Treiben der Welt“, „Umtriebigkeit der Welt“ übersetzen. Die Verwendung von „Getriebe der Welt“ spricht mehr die Motorik und Maschinerie der Welt an, die einen Menschen zwangsläufig in ihre eigene üble Mechanik verwickelt und hineinzieht und ihn u.U. aufreibt wie der Mahlstein das Korn zerreibt. Nur ein Ausstieg aus dem Getriebe bzw. Rückzug aus dem Welttreiben schützt.

1382 Puzicha, RB-Komm., 139.

1383 Puzicha, RB-Komm., 139.

1384 Puzicha, RB-Komm., 139.

1385 So ausdrücklich Puzicha, RB-Komm., 143 f.

Laktoseintoleranz Rücksicht zu nehmen. Dazu sollen Obst, Gemüse und Brot kommen. Bei der Menge soll insgesamt auf Genügsamkeit geachtet werden, d.h. jeder bekommt genug, aber nicht zu viel.[1386] Der Verzehr von Fleisch von vierfüssigen Tieren wird generell untersagt; eine (zeitlich befristete) Ausnahme besteht für die ganz schwachen Mönche.[1387] Ist ein Mönch ausserhalb des Klosters zu einer Besorgung und kann erwartet werden, dass er am gleichen Tag zurückkehrt, darf er nicht auswärts essen.[1388] Jeder Mönch darf täglich einen Becher Wein pro Tag bekommen;[1389] besser ist aber, der Mönch verzichtet auf Wein.[1390] Für Benedikt stellt der völlige Verzicht auf Wein, wie aus dem Wüstenmönchtum überliefert ist, ein Ideal dar, das aber viele Mönche möglw. nicht erfüllen können.[1391] Wann die Hauptmahlzeit stattfindet, hängt von der Jahreszeit und dem Wochentag ab. Ist kein Fastentag, wird die Hauptmahlzeit („prandium") zur sechsten Stunde (12 Uhr mittags) und abends eine Stärkung („cena") eingenommen.[1392]

3.2.4.1.2. Unkeuschheit (fornicatio)

In der RB adressiert Benedikt das Thema nicht im Sinne eines Lasters wie z.B. den Stolz (RB 4.34) oder die Faulheit (RB 4.38), sondern als Antwort auf das Laster: „Die Keuscheit lieben" („Castitatem amare", RB 4.64, vgl. auch RB 4.95). Die Keuschheit gehört als Absage an die Unzucht zum festen Bestandteil der frühkirchlichen und monastischen Ethik, meint aber in erster Linie die lautere Gesinnung.[1393] Es ist klar, dass damit nicht nur sexuelle Enthaltsamkeit und die Unterlassung von erotischem Geschwätz gemeint ist, sondern auch die Vermeidung von lüsternen Gedanken und Blicken.

3.2.4.1.3. Habgier (filargyria)

Habgier verträgt sich nicht mit dem Armutsprinzip, ist ein Laster und muss vermieden werden. Diebstahl ist Ausdruck der Habgier.[1394] Benedikt gibt verschiedene Anweisungen, um Anreize für habgieriges Verhalten zu vermeiden.

1386 RB 39.1–10.
1387 RB 39.11. und RB 36.9.
1388 RB 51. Ausser, es sei ihm vom Abt bewilligt worden.
1389 RB 40.3.
1390 RB 40.4 ff.
1391 Puzicha, RB-Komm., 467.
1392 RB 41.1; Puzicha, RB-Komm., 473.
1393 Puzicha, RB-Komm., 156.
1394 RB 4.5–6.

So muss z.B. der Abt häufig die Betten aller Mönche untersuchen, um festzustellen, ob jemand etwas als Eigenbesitz („opus peculiare") versteckt.[1395] Diejeningen, die Produkte des Klosters verkaufen, müssen darauf achten, alle Einnahmen und Erträge dem Kloster abzuliefern.[1396] Damit sich bei der Preisfestlegung nicht Habgier einschleicht, sollen Produkte immer etwas günstiger als es sonst ausserhalb des Klosters möglich ist, verkauft werden.[1397] Mit dem Eigentum des Klosters muss sorgfältig und redlich umgegangen werden.[1398]

3.2.4.1.4. Zorn (ira)

Zorn, Rachsucht und Arglist sind gem. RB 4.22–24 Laster und zu vermeiden. Interessant ist, dass der Zorn auch im Zusammenhang mit der eigenmächtigen Bestrafung steht: Gem. RB 70.6. wird bestraft, wer eigenmächtig jemand anderen und v.a. die Knaben, die Wehrlosen und Schwächeren in „masslosem Zorn" bestraft.[1399]

3.2.4.1.5. Traurigkeit (tristitia)

Das Kloster ist ein Ort des Friedens und der Freude. Für Traurigkeit soll kein Anlass sein. So gibt Benedikt Anweisungen zur Vermeidung von Traurigkeit. Wenn jemandem etwas schwerfällt, dann soll man ihm helfen, damit er nicht traurig ist.[1400]

3.2.4.1.6. Trägheit (acedia)

Trägheit, Überdruss und Langeweile sind für Benedikt ein Laster. In RB 48.1 schreibt er deutlich: „Müssiggang ist der Seele Feind." („Otiositas inimica est animae.")[1401] Deshalb strukturiert Benedikt den Tagesablauf mit Zeiten für

1395 RB 55.15.
1396 RB 57.4.
1397 RB 57.7–8: „In ipsis autem pretiis non subripiat avaritiae malum, sed semper aliquantum vilius detur, quam ab aliis saecularibus dari potest". Benedikt verbietet bewusst die Profitmaximierung, da dies in soteriologischer Hinsicht schädlich ist.
1398 RB 31.10, 57.6.
1399 RB 70.6: „… in ipsis infantibus sine discretione exarserit …".
1400 RB 35.3: „Inbecillibus autem procurentur solatia, ut non cum tristitia hoc faciant".
1401 RB 48.1. Der Begriff „otiositas" ist nicht mit dem Begriff „otium" zu verwechseln: Dieser meint die Musse, die die Beschäftigung des freien Römers mit Philosophie, Dichtung und Kunst bedeutet; jener ist eine Bildung der christlichen Sondersprache und meint den Müssiggang. Vgl. aber RB 48.18, wo Benedikt dennoch den Begriff „otium" verwendet. Vgl. die Ausführungen von Brown, 603 f.,

Arbeit, Lesung, Gebet, Essen und Schlaf.[1402] Die Arbeit beugt der Trägheit vor. RB 48 beschreibt den Tagesablauf. Ein Müssiggänger („frater acediosus") wird zunächst ein- bis zweimal getadelt, dann, falls erforderlich, bestraft.[1403]

3.2.4.1.7. Ruhmsucht (cenodoxia)

Die Ruhmsucht und Prahlerei sind Laster und müssen vermieden werden. Alle Mönche, aber Priester, der Prior und andere höhergestellte Mönche im Kloster sowie jene, die eine spezielle Fertigkeit haben wie z.B. Handwerker, müssen sich in besonderer Weise vor Überheblichkeit und Stolz hüten.[1404] Als Gegenmittel wird ihnen verordnet, die Regel umso mehr einzuhalten und den anderen ein Vorbild zu sein (Quanto-magis-Prinzip).

3.2.4.1.8. Stolz (superbia)

Stolz ist ein Laster und muss vermieden werden. In engem Zusammenhang mit dem Stolz steht die Anmassung („praesumptio", „praesumare"), vor der Benedikt immer wieder warnt.[1405] Sie bedeutet, ohne Auftrag und ohne Absprache nach eigenem Gutdünken zu handeln.[1406] Sie ist Ausdruck des Eigenwillens, den es ja gerade schon am Anfang abzulegen gilt.[1407] Rechthaberei und die eigenen Ansichten anmassend und hartnäckig zu verteidigen, sind Ausdrucksformen des Stolzes.[1408]

über das halbherzige gallische Mönchtum im 4. Jhdt. i.S.v. Sulpicius Severus, wo klösterlicher Müssiggang betrieben worden ist, was scharfe Kritik durch Johannes Cassian in Inst. 4.4 und Inst. 10.23 hervorgerufen hat.

1402 Vgl. RB 48.

1403 RB 48.18: „... frater acediosus, qui vacat otio aut fabulis ..." – „... ein träger Bruder..., der mit Müssiggang oder Geschwätz seine Zeit verschwendet ...". Zu den „fratres delicati", denen körperliche Arbeit schwerfällt, vgl. Puzicha, RB-Komm., 530 f.

1404 Für alle: RB 4.34; für Priester: RB 62.2; für den Prior: RB 65.2; für Handwerker: RB 57.2.

1405 Z.B. RB 60.5; 62.3; 69, Titel 1.3; 70.1.

1406 Vgl. Puzicha, RB-Komm., 664. Benedikt verwendet diesen Begriff 32 mal. Puzicha, RB-Komm., 731, Fn. 5.

1407 Die Aufgabe des Eigenwillens („voluntas propria") ist die zweite Stufe der Demut; vgl. RB 7.31 (vgl. auch RB 7.19). Zudem schulden die Mönche nicht nur gegenüber dem Abt, sondern auch untereinander Gehorsam; die jüngeren sollen den älteren gehorchen. Allgemein geht der Gehorsam gegenüber dem Abt bzw. Vorgesetzten vor; RB 71.1–4; 3.5.

1408 RB 3.4/31.

Das betrifft nicht nur Personengruppen, denen eine Vorbildfunktion zugeordnet wird, wie dem Mönchspriester oder dem Prior, sondern jeden einzelnen Mönch. So ist die eigenmächtige Verteidigung, Beschützung oder Bestrafung eines Bruders verboten und wird bestraft.[1409] Diese Verhaltensweisen stören die Gleichheit der Mönche untereinander und das gemeinsame Leben und führen oft zu Parteinahme und Parteiungen. Eigenmächtiges Handeln richtet sich oft gegen die Weisung des Abtes und dient der eigenen Profilierung.[1410] Wer so handelt, macht den beschützten oder bestraften Mönch zum Objekt seines eigenen Machtwillens, dem sich der Mitbruder kaum entziehen kann. Das Verbot der Anmassung gilt auch bei Blutsverwandten. Die Blutsverwandtschaft wird beim Klostereintritt zweitrangig.[1411] Benedikt geht es nicht darum, Sorge und Fürsprache füreinander zu unterbinden oder vor Willkür und Unrecht in der Gemeinschaft die Augen zu verschliessen oder dies zu verschweigen, sondern vielmehr um eine Form der Einmischung, die nur scheinbar einem anderen zum Recht verhilft, aber mehr das eigene Interesse bedienen soll.[1412]

Es sind auch organisatorische Vorkehrungen zu treffen, so dass niemandem Anlass zum Stolz gegeben werden kann. In RB 65.1–10 äussert sich Benedikt über die Einsetzung des Priors durch denselben Bischof, der den Abt eingesetzt hat, was oft schon zu Neid, Streit, Verleumdung, Eifersucht, Zwietracht und Unordnung („invidiae, rixae, destractiones, emulationes, dissensiones, exordinations")[1413] geführt habe, wenn Abt und Prior gegeneinander stünden. Zur Wahrung des Friedens und der Liebe hält Benedikt es für angebracht, dass der Abt die Ämter in seinem Kloster nach eigenem Ermessen besetzt.[1414]

1409 RB 60; 70.

1410 Puzicha, RB-Komm., 731.

1411 Puzicha, RB-Komm., 731 f. Gem. Coll. 16.2 ist die Bindung an die Familie für Johannes Cassian infolge Blutsverwandtschaft („consanguinitatis lex") eine natürliche Erscheinung, weswegen Kinder, Geschwister, Eltern, Gatten und Stammesgenossen anderen Menschen vorgezogen würden. In Coll. 24.26 macht er aber darauf aufmerksam, dass die Liebe unter Blutsverwandte kurz und rissig sei und sie sich streiten, sobald Anlass dazu bestehe, was bei den Mönchen eben gerade nicht der Fall sei. Insofern ist die Klostergemeinschaft der Familiengemeinschaft überlegen.

1412 Puzicha, RB-Komm., 731.

1413 RB 65.7.

1414 RB 65.11.

Der Abt muss prüfen, wer für das Priesteramt geeignet ist. Der Priester muss sich vor Überheblichkeit und Stolz hüten („caveat elationem aut superbiam“), darf sich nichts anmassen und nie ohne Auftrag des Abtes handeln.[1415]

Wenn ein Mönch sich aufgrund seiner Fähigkeiten etwas einbildet und überheblich wird, wird ihm eine andere Aufgabe zugewiesen, so dass er sich in Demut üben kann.[1416]

3.2.4.2. Discretio

Die Discretio ist eine Tugend und Kunst.[1417] „Dieses höchst geistliche Scheidungs- und Unterscheidungsvermögen vereinigt in sich Umsicht und Erfahrung, Intuition und Sinn für Forderungen und Proportionen, Weisheit und Gelassenheit, Selbstlosigkeit und ein Sensorium für Mitte und Mass.“, führt Schütz aus.[1418]

Die Regel gibt dem Abt einen grossen Entscheidungs- und Ermessensspielraum. Bei seinen Entscheiden muss der Abt gem. RB 64.12 und 64.17 Discretio üben, also klug handeln und darf nicht zu weit gehen[1419] bzw. muss „vorausschauend und besonnen sein. Bei Entscheiden unterscheide er genau und halte Mass.“[1420] Damit ist das Verhältnismässigkeitsprinzip des modernen Rechts vorweggenommen.[1421] Die Entscheidungen des Abtes müssen nachvollziehbar und ausgewogen sein, damit die Mönchsgemeinschaft nicht verwirrt wird und in Unruhe gerät.[1422] RB 63.2 spricht deutlich von ungerechten Anordnungen des Abtes („iniuste disponat“), die unbedingt zu vermeiden seien.[1423] Das Gesagte gilt a maiore minus auch für die anderen Amtsträger und Mönche.

1415 RB 62.1–3.

1416 RB 57.2–3.

1417 Schütz, Profil, 37; vgl. Jakobs, 147 ff., zur Diskretio als grundlegendes Rechtsprinzip der RB.

1418 Schütz, Profil, 37.

1419 RB 64.12: „… prudenter agat et ne quid nimis …“.

1420 RB 64.17: „in ipsis imperiis suis providus et consideratus, et … opera, quam iniungit, discernat et temperet.“

1421 Art. 5 Abs. 2 BV.

1422 RB 3.6, 63.3, 64.17; vgl. Puzicha, RB-Komm., 475.

1423 Puzicha, RB-Komm., 474 f.

3.2.4.3. Gebet

Im Kloster Benedikts gibt es einen Ort, der ausschliesslich für das Gebet genutzt werden darf, das Oratorium (RB 52.1).

Benedikt legt die Priorität des Gottesdienstes fest, wenn er in RB 43.3 bestimmt, dass dem Gottesdienst nichts vorgezogen werden darf.[1424]

Er legt das von Johannes Cassian als Grundgebet des Mönchs bestimmte Ruhegebet, die sog. formula pietatis, aus Coll. 10.10 als Einleitung zum Stundengebet[1425] und für den Antritt des Wochendienstes fest.[1426] Die formula pietatis bildet erstmals bei Benedikt die Stundengebetseinleitung.[1427]

Für das Singen des Halleluja gibt Benedikt separate Anweisungen.[1428]

Wie wichtig der gemeinsame Gottesdienst ist, zeigt einerseits, dass Benedikt die Mönche anweist, einige Lesungen auswendig vorzutragen,[1429] und andererseits die Sanktion für Fehler: Wer beim Vortrag eines Ps., eines Responsoriums, einer Antiphon oder einer Lesung einen Fehler begeht und sich nicht umgehend vor allen durch die Satisfaktionsgeste um Verzeihung bittet, erhält eine schwere Strafe.[1430] Das Stundengebet soll möglichst störungsfrei und würdig vollzogen werden. Benedikt ist sich dessen bewusst, dass mal Fehler unterlaufen können. Dann wird aber erwartet, dass man sich sofort durch die „satisfactio", „eine Geste, die vielleicht im Verneigen bis zum Boden oder im Niederknien besteht,"[1431] entschuldigt. Die Geste ist das Zeichen der Einsicht, die im gesamten Bussprozess das eigentliche geistliche Anliegen ist. Die satisfactio erfolgt vor allen Anwesenden, weil alle vom Fehler betroffen sind, und zeigt, dass der Mönch sein Fehlverhalten nicht einfach ignoriert. Die Weigerung wird als Mangel an Demut gesehen. Benedikts Interesse liegt auf dem freiwilligen Eingeständnis des begangenen Fehlers.[1432]

1424 RB 43.3: „Ergo nihil operi die praeponatur."

1425 Coll. 10.10: „Deus in adiutorium meum intende: domine ad adiuvandum mihi festina"; RB 18.1 und RB 35.17: „deus in adiutorium meum intende; domine ad adiuvandum me [sic!] festina."

1426 RB 18.1. und 35.17. Die formula pietatis (d.h. Ps. 70.2) wird an beiden Stellen wörtlich zitiert. Es ist der einzige Ps., der sich wörtlich in voller Länge in der RB findet, und das zweimal. Vgl. auch für die Prim. 17.3.

1427 Puzicha, RB-Komm., 275.

1428 RB 15.

1429 Vgl. RB 9.10, 10.2, 12.4, 13.11; vgl. Puzicha, RB-Komm., 243 und 524.

1430 RB 45.1.

1431 Puzicha, RB-Komm., 498.

1432 Vgl. zum Ganzen Puzicha, RB-Komm., 498 f. Vgl. auch die Erwartung des freiwilligen Eingeständnisses eines Fehlers in allen andern Bereichen RB 46.1–3.

3.2.4.4. Gebetszeiten

In RB 8–18 geht Benedikt auf die Stundengebete und die Gebetszeiten ein. Gem. RB 16.2 sieht er sieben Stundengebete für den Tag vor: Laudes, Prim, Terz, Sext, Non, Vesper und Komplet. Für die Nacht sieht er ein Gebet vor. Für den Nachtgottesdienst verwendet er verschiedene Begriffe: „De officiis divinis in noctibus",[1433] nocturnis horis,[1434] „nocturna laus",[1435] und „vigiliae".[1436] Die Laudes/Matutin findet bei Tagesanbruch statt. Für jedes Gebet begibt man sich ins Oratorium und betet eine bestimmte Anzahl von Ps.

3.2.4.5. Äussere Haltung beim Gebet

Die Gebetshaltung zum Psalmieren ist das Stehen.[1437] Das Stehen vor Gott im Heiligtum bzw. Oratorium wird als Ausdruck der umfassenden Lebenswidmung zum biblischen Beten gesehen und prägt auch das monastische Verständnis.[1438] Das Stehen beim Gebet ist altkirchliche Tradition und charakterisiert das Beten der Wüstenväter.[1439] Beim Gebet ausserhalb des Klosters erfolgt gem. RB 50.3 die Kniebeuge als Zeichen der Ehrerbietung, nicht als Busse.[1440]

3.2.4.6. Innere Haltung beim Gebet

Gott ist allzeit gegenwärtig, ganz besonders beim Gottesdienst.[1441] Benedikt fordert den Mönch auf, darauf zu achten, beim Gebet mit Herz und Stimme im Einklang zu seien („mens concordet voci").[1442] Die Übereinstimmung von Innen und Aussen ist eine Zielvorstellung benediktinischer Lebenshaltung, die aber über den Gottesdienst hinausgeht und immer angestrebt wird.[1443]

1433 RB 8.

1434 RB 9.

1435 RB 10.

1436 RB 11.

1437 RB 19.7; Puzicha, RB-Komm., 288.

1438 Puzicha, RB-Komm., 288.

1439 Stehen ist die typische Gebetsstellung im frühen Christentum; Ramsey, Inst. Trad., 52. Puzicha, RB-Komm., 256, 283, 288, 295 f. Puzicha erwähnt, dass in der frühen syrischen Tradition sich die Mönche als „die Stehenden" bezeichnen. Sie ahmen damit die Haltung der Engel nach, die als die immer Wachenden in beständigem Lob vor Gott in der Haltung der Anbetung stehen.

1440 Puzicha, RB-Komm., 546.

1441 RB 19.1–2.

1442 RB 19.7.

1443 Salzburger Äbtekonferenz, 46.

Die innere Haltung beim Gebet soll generell Demut („humilitas"), Ehrfurcht („reverentia") und lautere Hingabe („devotio puritatis") sein.[1444] Wer im Gottesdienst vorsingen oder lesen soll, soll dies mit Demut („humilitas"), Ernst („gravitas") und Ehrfurcht („tremor") tun.[1445] Es handelt sich dabei um drei Schlüsselbegriffe der RB.[1446]

Benedikt ruft in Erinnerung, dass es beim Beten nichts nützt, viele Worte zu machen, sondern es entscheidend sei, mit lauterem Herzen und reuiger Einstellung zu beten („in puritate cordis et compunctione lacrimarum sciamus").[1447]

Benedikt fordert die Mönche auf, v.a. während der Fastenzeit darauf zu achten, sich vor Fehlern zu hüten und sich um die Reue des Herzens („compunctio cordis") und um Verzicht („abstinentia") zu bemühen.[1448] Beim persönlichen Gebet im Oratorium soll man nicht mit lauter Stimme beten, sondern demütig und mit herzlicher Hingabe („oret, non in clamosa voce, sed in lacrimis et intentione cordis").[1449]

3.2.4.7. Reines Herz

Ein reines Herz zu haben, ist zentral auf dem Weg zum Heil, wie Benedikt in RB Prol. 49 schreibt. Wer das klösterliche Leben lebt und seinen Glauben festigt, kann ein reines Herz bekommen und, wenn er immer an sich im Kloster bis zum Tod arbeitet, besteht die Möglichkeit, das Endziel – das ewige Leben – zu erlangen.[1450] Damit schliesst Benedikt programmatisch an Johannes Cassian an: Die Reinheit des Herzens („puritas cordis") ist das Etappenziel („destinatio", „scopon") auf dem Weg zum Endziel („finis", „telos"), dem ewigen Leben

---

1444 RB 20.1–2.

1445 RB 47.4.

1446 Puzicha, RB-Komm., 509.

1447 RB 20.3.

1448 RB 49.4.

1449 RB 52.4.

1450 RB Prol. 49–50: „Wer aber im klösterlichen Leben und im Glauben fortschreitet, dem wird das Herz weit, und er läuft in unsagbarem Glück der Liebe den Weg der Gebote Gottes. Darum wollen wir uns seiner Unterweisung niemals entziehen und in seiner Lehre im Kloster ausharren bis zum Tod. Wenn wir so in Geduld an den Leiden Christi Anteil haben, dann werden wir gewürdigt, auch mit ihm sein Reich zu erben." (übers. bei Faust, RB 13) – Im Original: „Processu vero conversationis et fidei dilatato corde inenarrabili dilectionis dulcedine curritur via mandatorum dei, ut ab ipsius numquam magisterio discidentes in eius docrinam usque ad mortem in monasterio perseverantes passionibus Christi per patientiam participemur, ut et regno eius mereamur esse consortes."

(„vita aeterna").[1451] Damit übernimmt Benedikt zentrale Überlegungen des Johannes Cassian. Das reine Herz ist Ausdruck der Liebe zu Gott. In der RB werden neben dem Begriff der „puritas cordis"[1452] für das gleiche noch andere Begriffe verwendet: „amor",[1453] „devotio puritatis",[1454] „compunctio cordis"[1455] und „intentio cordis".[1456]

3.2.4.8. *Demut*

Alle Mönche sollen sich in Demut üben. Das gilt generell, wird aber für die Handwerker-Mönche wiederholt, die ihre Arbeit in aller Demut („cum omni humilitate") zur Vermeidung von Überheblichkeit wegen ihrer Fähigkeiten ausüben sollen.[1457] Mönche, die eine Vorbildfunktion oder ein bestimmtes Amt haben, müssen sich umso mehr in Demut üben und um die Einhaltung der Regel befleissigen (Quanto-magis-Prinzip). Dies schreibt Benedikt zum Amt des Priors,[1458] wiederholt es aber an anderer Stelle auch, z.B. in Bezug auf die Priester.[1459]

In RB 7 beschreibt Benedikt die zwölf Stufen („gradus")[1460] der Demut („humilitas"):[1461]

(i) Gottesfurcht haben;[1462]
(ii) keinen Eigenwillen haben;[1463]
(iii) Gehorsam gegenüber den Vorgesetzten üben;[1464]

1451 Vgl. Coll. 1.2 und 1.5.
1452 RB 20.3.
1453 RB 4.21.
1454 RB 20.2.
1455 RB 49.3.
1456 RB 52.4.
1457 RB 57.1/3.
1458 RB 65.17: „quia, quantum praelatus est ceteris, ita eum oportet sollicitius observare praecepta regulae" – „Denn je höher er über andere gestellt ist, umso sorgfältiger muss er die Weisungen der Regel beobachten."; vgl. Puzicha, RB-Komm., 181.
1459 RB 60.5, 62.3.
1460 Das Wort „Stufe" („gradus") ersetzt das durch Johannes Cassian in Inst. 4.39 benutzte Wort „Kennzeichen" („indicia").
1461 RB 7.10 ff.: „humilitatis gradus"; für den Cellerar RB 31.13: „humilitatem ante omnia habet".
1462 Gottesfurcht: „timor dei" in RB 7.10, RB 53.21 oder „timens deum" in RB 31.2; Gottesliebe: „deum deligere" in RB 4.1, „amor dei" in RB 7.34; vgl. Puzicha, RB-Komm., 195 f.
1463 RB 7.4/11.
1464 RB 3.34; vgl. auch RB 3.4; 5; 71.3–4.

(iv) Geduld üben;
(v) beichten;
(vi) genügsam sein;
(vii) an die eigene Geringheit glauben;
(viii) die RB einhalten und dem Bsp. der Väter folgen;
(ix) schweigsam sein;
(x) ernsthaft sein;
(xi) wenig, ruhig, überlegt und ohne Gelächter sprechen und
(xii) Demut in der Körperhaltung verinnerlichen.

3.2.4.9. Gottesfurcht / Gottesliebe / Nächstenliebe

Die Gottesfurcht ist bei Benedikt ein zentraler Begriff. Der Begriff der Gottesfurcht meint nicht die kreatürliche Angst des Menschen, sondern bringt zum Ausdruck, dass der Mensch Gott anerkennt und anbetet und ihm mit Ehrfurcht begegnet. Der Begriff der Gottesfurcht ist positiv bewertet: Die Furcht vor Gott befähigt zur Freiheit, während die Furcht vor Menschen letztlich Unterdrückung und Sklaverei bringt.[1465] In Gottesfurcht leben heisst, sein Tun und Lassen nicht nach dem Mass der Welt zu bemessen („was würde der Nachbar tun?"), sondern Gott zum Massstab aller Dinge zu machen („was würde Jesus Christus tun?").[1466] Für den Begriff der Gottesfurcht verwendet Benedikt den Begriff „timor dei".[1467] Die Gottesfurcht ist die Basis für die Demut und bildet die erste Demutsstufe derselben.[1468] Sie gilt für jeden Mönch.

Gottesfurcht wird in besonderem Masse von jenen verlangt, die ein Amt übernehmen, nämlich von Abt,[1469] Prior,[1470] Cellerar,[1471] Krankenbruder,[1472] Gastbruder[1473] und Pförtner.[1474] Die Ausübung eines Amtes kann es mit sich bringen, dass der Amtsträger Versuchungen stärker ausgesetzt ist und er sich deshalb speziell darum bemühen muss, nicht nur Versuchungen abzuwehren, sondern auch eine gute Entscheidung zu treffen. Der Abt bestimmt diese

1465 Vgl. Puzicha, RB-Komm., 196.
1466 Salzburger Äbtekonferenz, 40.
1467 In RB 3.11 und RB 7.10.
1468 RB 7.10.
1469 RB 3.11.
1470 RB 65.15/22.
1471 RB 31.2.
1472 RB 36.7.
1473 RB 53.21.
1474 RB 66.4.

Amtsträger. Er muss bei der Bestellung der Amtsträger dieses Eignungskriterium der Gottesfürchtigkeit prüfen. Wegen der herausgehobenen Position des Priors soll der Abt den Ratschlag gottesfürchtiger Mönche anhören, bevor er jemanden auf diese Position beruft.[1475] Auch die Wahl des Abtes selbst, die gem. RB 64.1 durch die Mönchsgemeinschaft („omnis concors congregatio") erfolgt, soll einmütig in Gottesfurcht erfolgen.[1476]

Mit der Gottesfurcht ist gleichzeitig auch die Rechenschaftsablage vor Gott verbunden: Wer Menschen führt, muss für sich, seine Entscheide und die ihm unterstellten Menschen vor Gott Rechenschaft ablegen. Führungsverantwortung gibt es nicht ohne Rechenschaftsablagepflicht. Wer führt, übernimmt Verantwortung für sich und die ihm unterstellten Menschen (Herde). Fehler von Vorgesetzten betreffen auch andere Menschen. Deshalb sind die Auswirkungen gravierend. Es braucht also richtige Entscheide. Als Massstab dafür dient der klösterliche Wertekanon. Als innere Haltung braucht es die Gottesfurcht. Nur wer um die Verantwortung vor Gott weiss, kann Entscheidungen für andere treffen.[1477] Benedikt verwendet für die Rechenschaftsablage vor Gott den Begriff „deo rationem reddere".[1478] Für den Abt gilt dies in besonderem Masse. Er muss sich an die Regel halten. Diese gibt ihm aber in concreto einen grossen Entscheidungs- und Ermessensspielraum. Mehrmals schreibt Benedikt die Pflicht des Abtes zur Rechenschaftsablage vor Gott in seine Regel. Exemplarisch kann RB 3.11 angefügt werden, wo Gottesfurcht und Rechenschaftsablage zusammenkommen: „Ipse tamen abba cum timore dei et observatione regulae omnia faciat sciens se procul dubio de omnibus iudiciis suis aequissimo iudici deo rationem redditurum." – „Der Abt allerdings muss seine Anordnungen immer in Gottesfurcht treffen und sich dabei an die Regel halten. Er muss wissen, dass er sich ohne Zweifel für all seine Entscheidungen vor Gott, dem gerechten Richter, zu verantworten hat."[1479]

1475 RB 65.15.

1476 RB 64.1.

1477 Salzburger Äbtekonferenz, 40; vgl. auch Puzicha, RB-Komm., 128.

1478 RB 65.22.

1479 Für den Abt gibt es vier Bestimmungen zur Rechenschaftsablage vor Gott, in RB 2.34, RB 3.11, RB 64.7 und RB 65.22. RB 2.34 lautet: „sed semper cogitet, quia animas suscepit regendas, de quibus et rationem redditurus est." – „Stets denke er daran: Er hat die Aufgabe übernommen, Menschen zu führen, für die er einmal Rechenschaft ablegen muss." RB 3.11 lautet: „sciens se procul dubio de omnibus iudiciis suis aequissimo iudici deo rationem redditurum" – „Er muss wissen, dass er sich ohne Zweifel für all seine Entscheidungen vor Gott, dem gerechten Richter, zu verantworten hat." RB 64.7 lautet: „Ordinatus autem abba cogitet semper, quale onus sucepit et cui redditurus est rationem vilicationis suae." – „Der eingesetzte Abt

Die anderen Amtsträger haben eine analoge Rechenschaftsablagepflicht vor Gott und sind auch dem Abt verantwortlich und haben seinen Anweisungen zu folgen.[1480]

Mit der Gottesfurcht geht die Gottesliebe einher, denn wer Gott respektiert und ihn anbetet, liebt ihn auch. Aus der Liebe zu Gott erwächst die Nächstenliebe. Der Liebe ist zwar kein eigenes Kapitel gewidmet. Das Thema durchzieht aber die RB als Grundtenor.

Benedikt verwendet für die Liebe drei Begriffe: „dilectio“, „amor“ und „caritas“:

(i) Das Wort „dilectio“ (bzw. das Verb „diligere“[1481]) bedeutet „Hochachtung“, „Wertschätzung“ und „Liebe“ und meint einen willentlichen Akt: Man entscheidet sich, zu lieben. Benedikt verwendet es für die Liebe zu Gott (Gottesliebe) und zum Menschen (Nächstenliebe). In RB 4.1 schreibt Benedikt: „In primis dominum deum diligere ex toto corde, tota anima, tota virtute.“ – „Vor allem: Gott, den Herrn, lieben mit ganzem Herzen, mit ganzer Seele und mit ganzer Kraft.“

(ii) Benedikt verwendet den Begriff „amor“ für die ganzheitliche, umfassende Liebe des Mönchs zu Christus, z.B. in RB 4.21: „Nihil amori Christi praeponere“ – „Der Liebe zu Christus nichts vorziehen“.[1482]

(iii) Für die Nächstenliebe verwendet Benedikt neben dem Begriff „diligere“[1483] v.a. auch jenen der „caritas“[1484]. Mit dem Begriff der „caritas“ ist „Liebe“ und „Sorge“ im Sinne des Dienens gemeint.

---

bedenke aber stets, welche Bürde er auf sich genommen hat und wem er Rechenschaft über seine Verwaltung ablegen muss.“ RB 65.22 lautet: „Cogitet tamen abbas se de omnibus iudiciis suis deo reddere rationem …“ – „Doch bedenke der Abt, dass er über alle seine Entscheidungen vor Gott Rechenschaft ablegen muss …“.

1480 RB 71.1.

1481 Vgl. Prol. 49: „… corde inenarrabili dilectionis dulcedine…“; RB 4.2: „deinde proximum tamquam seipsum [diligere]“, RB 4.31: „Inimicos diligere“, RB 4.71: „iuniores diligere“, RB 64.3: „… diligat fratres“, RB 72.10: „abbatem suum sincera et humili caritate diligant“.

1482 In RB 4.72: „In Christi amore …“, RB 5.10: „… amor incumbit“, RB 7.34: „… pro dei amore…“, RB 7.69: „… amore Christi…“, RB 72.9: „amore deum timeant“. Vgl. Aber auch RB 72.11.

1483 Z.B. in RB 4.2: „deinde proximum tamquam seipsum [diligere]“, RB 4.31: „Inimicos diligere“, RB 4.71: „iuniores diligere“, RB 64.3: „… diligat fratres“, RB 72.10: „abbatem suum sincera et humili caritate diligant“.

1484 Z.B. in RB 35.6: „Ceteri sibi sub caritate invicem serviant“, RB 53.3: „… cum omni officio caritatis“, RB 66.4: „… cum fervore caritatis“, RB 71.4: „… omni caritate … oboediant“.

3.2.4.10. Pünktlichkeit

Pünktlichkeit ist für Benedikt ein wichtiger Wert, verhindert er doch die Trägheit, erleichtert das Zusammenleben und ist Ausdruck des Respekts gegenüber Gott und dem Mitmenschen. In RB 5.1 schreibt Benedikt, dass der erste Schritt zur Demut der „Gehorsam ohne Zögern" („oboedientia sine mora") sei.

Besonders zum Gottesdienst hat man pünktlich zu erscheinen. Es gibt keinen Grund, nicht zu erscheinen, denn dem Gottesdienst soll nichts vorgezogen werden.[1485] Hört man das Zeichen zum Gottesdienst, beendet man seine Tätigkeit sofort (d.h. Arbeit, Lesung, Gebet) und kommt ins Oratorium. Kommt ein Mönch z.B. bei den Vigilien zu spät (d.h. nach dem Ps. 94, der deswegen sehr langsam und gedehnt zu singen ist), soll der Mönch ins Oratorium kommen,[1486] muss aber am letzten Platz oder an einem speziell bezeichneten Platz stehen und Busse tun.[1487]

Falls einer „aus Nachlässigkeit oder eigener Schuld" zu spät zu Tisch kommt,[1488] wird er dafür bis zu zweimal getadelt, danach vom gemeinsamen Tisch vorübergehend ausgeschlossen und muss in dieser Zeit alleine essen.

3.2.4.11. Beharrlichkeit

Beharrlichkeit („perseverentia") ist eine wichtige Charaktereigenschaft. Es geht um Ausdauer, Geduld, um das Nicht-Nachlassen und Dran-Bleiben. Kandidaten müssen Beharrlichkeit schon vor dem Klostereintritt beweisen. Das zeigt sich am bewusst harten Aufnahmeverfahren: Erst nach vier bis fünf Tagen beharrlichen Wartens und Klopfens an der Klosterpforte und ständigem Bitten um Einlass darf der Kandidat schliesslich ins Kloster eingelassen werden, wo er sich dann für ein paar Tage in der Gästeunterkunft aufhält, bevor er zu den anderen Novizen darf, um sein einjähriges Noviziat anzutreten.[1489] Benedikt nimmt den Topos der Beharrlichkeit in seinem Schlusskapitel RB 73 auf, wenn er festhält, dass er die Regel zumindest für „einen Anfang im klösterlichen Leben"[1490] geschrieben habe und, wer zur Vollkommenheit des klösterlichen

---

1485 RB 43.3: „Ergo nihil operi dei praeponatur."

1486 Anders als bei Johannes Cassian in Ägypten, wo vor dem Gebetsraum gewartet wird (Bussschweigen); vgl. Inst. 2.16, 3.1. In RB 43.8 erklärt Benedikt auch, warum er einen Zu-Spät-Kommenden nicht vor dem Oratorium warten lassen will, denn er könnte rumlungern, schwätzen oder sich schlafen legen.

1487 Vgl. RB 43.1–12.

1488 RB 43.13.

1489 RB 58.

1490 RB 73.1.

Lebens strebe,[1491] sich nun weiterbilden solle.[1492] Benedikt nimmt an gleicher Stelle das Thema der Ernsthaftigkeit auf, geht er doch davon aus, dass die Mönche die RB erkennbar einhalten (wie sich aus dem Wort „demonstremus" – „wir zeigen", ergibt).[1493] Die Ernsthaftigkeit des klösterlichen Lebens soll sich auch in der erkennbaren Einhaltung der RB manifestieren.[1494] Dabei verwendet Benedikt den Begriff der „conversatio" für das klösterliche Leben.[1495]

3.2.4.12. Kein Eigenwille

In der RB bezieht sich der Eigenwille („propria voluntas") auf die Ausrichtung am eigenen Gutdünken. Der eigene Wille zeigt sich darin, dass man etwas eigenmächtig, d.h. ohne Erlaubnis, tut, z.B. das Kloster unerlaubt verlässt.[1496] Der Eigenwille hat eine egozentrische Dynamik und verfolgt die Erfüllung der eigenen Wünsche ohne Rücksicht darauf, ob sie angemessen sind und mit den monastischen Zielen, den Gegebenheiten der Gemeinschaft und dem Willen Gottes in Einklang stehen.[1497] Der Eigenwille ist ein entscheidendes Hindernis auf dem Weg zu Gott.[1498] Deshalb ist der eigene Wille aufzugeben.[1499] Der Verzicht auf den eigenen Willen tritt neben den Verzicht auf Eigentum und geht sogar weiter. Benedikt schreibt ausdrücklich, dass der Mönch weder Eigentum habe, noch Verfügungsrecht über den eigenen Leib und den eigenen Willen.[1500] Die Aufgabe des Eigenwillens („voluntatem propriam deserentes")[1501] bzw. dessen Überwindung ist die zweite Demutsstufe („secundus humilitatis gradus").[1502] Eng im Zusammenhang steht damit der Gehorsam.

1491 RB 73.2.

1492 RB 73.5. Vgl. dazu auch Puzicha RB-Komm., 767; Dahlman, Fluidity 288 ff. und Dahlman, Cassian, 98 f., m.w.H.

1493 RB 73.1.

1494 Puzicha, RB-Komm., 766.

1495 Vgl. RB 58.1 und 17; RB 73.1. Anders als in den ägyptischen Klöstern, wo man vor dem Gebetsraum warten muss.

1496 RB 67.7.

1497 Puzicha, RB-Komm., 204.

1498 Puzicha, RB-Komm., 201.

1499 RB 3.8, 4.60, 7.18–21.

1500 RB 33.4, 58.25; vgl. auch Brown, 603 f. über das Zusammenwirken des Verzichts auf Eigentum und des Verzichts auf den eigenen Willen.

1501 RB 5.7.

1502 RB 7.31.

3.2.4.13. *Gehorsam*

So wie Christus nach Joh. 6.38[1503] gehorsam gewesen ist, so soll auch der Mönch Gehorsamkeit („oboedientia") lernen und üben. Die Wichtigkeit des Gehorsams zeigt sich daran, dass er ausdrücklicher Bestandteil der Profess ist.[1504] Gehorsam ist die dritte Stufe der Demut („tertius humilitatis gradus").[1505] Gehorsam wird vertikal gegenüber dem Abt, den Oberen und auch horizontal unter den Mönchen verlangt.[1506] Der Gehorsam soll ohne Zögern („oboedientia sine mora")[1507] erfolgen. Es geht dabei nicht um unbedachte Eilfertigkeit, sondern um dauernde Verfügbarkeit für den anderen und durch diesen für Christus.[1508] Eng im Zusammenhang steht damit das Dienen.

3.2.4.14. *Dienen*

Für Benedikt ist das Dienen eng mit Demut und gegenseitigem Gehorsam[1509] verbunden. Der Abt hat Menschen zu führen und der Eigenart vieler gerecht zu werden.[1510] Er soll mehr helfen als herrschen.[1511] Die dienende Funktion am Mitmenschen zeigt sich auch an der Bezeichnung des Krankenbruders als „servitor" (Diener).[1512] Der Wochendienst in der Küche und bei Tisch ist ein Dienst am Mitmenschen.[1513]

3.2.4.15. *Kein Murren*

Mehrfach weist Benedikt die Mönche an, nicht zu murren. Das Murren ist ein Laster und Ausdruck der Unzufriedenheit. Das Murren kann zur Gewohnheit, zur Sucht werden.[1514] Es kann auf andere ansteckend wirken. Die Anweisung,

---

1503 Joh. 6.38: „Ich bin nicht gekommen, meinen Willen zu tun, sondern den Willen dessen, der mich gesandt hat." – „quia descendi de caelo non ut faciam voluntatem meam sed voluntatem eius qui misit me." – „ὅτι καταβέβηκα ἀπὸ τοῦ οὐρανοῦ οὐχ ἵνα ποιῶ τὸ θέλημα τὸ ἐμὸν ἀλλὰ τὸ θέλημα τοῦ πέμψαντός με."

1504 RB 58.17.

1505 RB 4.61/63, 7.34.

1506 RB 71.1, 72.6.

1507 RB 5.1/4.

1508 Vgl. RB 5.4; vgl. Puzicha, RB-Komm., 170.

1509 RB 71, 72.

1510 RB 2.31: „regere animas et multorum servire moribus".

1511 RB 64.8: „prodesse magis quam praeesse".

1512 RB 36.7.

1513 RB 35.

1514 Puzicha, RB-Komm., 145.

das Murren zu unterlassen, zieht sich durch die gesamte monastische Literatur.[1515] Eine Variante des Murrens ist die Verleumdung („detractio“),[1516] eine Haltung, die die Atmosphäre in der Gemeinschaft nachhaltig stört.[1517] Das Murren ist eine Gegenhaltung zum Gehorsam.[1518] Deshalb erwähnt Benedikt das Murren in RB 5, wo es um den Gehorsam geht, viermal[1519] und erwähnt das Murren auch an anderen Stellen.[1520] Ebenso ist das Verleumden untersagt.[1521]

An einer Stelle, in RB 41.5, spricht Benedikt aber von einem „gerechtfertigten Murren“ („iusta murmuratio“):[1522] Der Abt muss alles so ordnen, dass es den Brüdern zum Heil dient und sie ihre Arbeit tun können. Zudem hat er gem. RB 63.2 ungerechte Anordnungen („iniuste disponat“) unbedingt zu vermeiden.[1523] Falls der Abt dieser Aufforderung nicht in genügender Weise nachkommt, erlaubt Benedikt das berechtigte Murren als Beschwerde oder Aufforderung. Dass in diesem Fall diese Redeweise erlaubt ist, ist in der gesamten Mönchstradition singulär.[1524] Gem. RB dürfen also die Mönche ihre Klagen und Wünsche vortragen.[1525] Wie Puzicha ausführt, könnte sich eine Klage auf eine dilettantische oder autoritäre Amtsführung des Abtes selber oder anderer Führungspersonen wie z.B. des Priors oder des Cellerars beziehen, oder auf unausgewogene und intransparente Regelungen, auf mangelnde Hilfen, auf vermeidbare Belastungen und unkluge Forderungen, auf ungenügende Versorgung oder auf Gesprächs- und Klärungsbedarf.[1526] Es muss immer ein berechtigtes Anliegen vorliegen.[1527]

1515 Bei Johannes Cassian: Inst. 4.6, 4.16, 7.8; Coll. 3.7, 5.16, 6.10, 19.1. Vgl. Puzicha, RB-Komm., 145 m.w.H.

1516 Coll. 5.16; Puzicha, RB-Komm., 145.

1517 Puzicha, RB-Komm., 145.

1518 Puzicha, RB-Komm., 145.

1519 RB 5.14, 17–19.

1520 RB 23.1, 34.6, 35.13, 40.8–9, 53.18.

1521 RB 4.39–40.

1522 RB 41.5: „Et sic temperet adque disponat, qualiter et animae salventur et, quod faciunt fratres, absque iustam murmuratione faciant.“ – „Überhaupt regle und ordne [der Abt] alles so, dass es den Brüdern zum Heil dient und sie ohne einen berechtigten Grund zum Murren ihre Arbeit tun können.“

1523 Puzicha, RB-Komm., 474 f.

1524 Puzicha, RB-Komm., 474.

1525 RB 34.4, 41.5 („iusta murmuratio“), 68.2.

1526 Puzicha, RB-Komm., 474.

1527 Ansonsten kann das Vorbringen als Verleumdung, die der Mönch zu vermeiden hat, qualifiziert werden. RB 4.40: „Non [esse] detractorem.“ – „Nicht verleumden.“

Gemessen werden der Abt und das Führungspersonal auch an der RB selber. Die Mönche kennen die entsprechenden Aufgaben und Kompetenzbereiche sowie die Intention bzw. den Geist der RB.[1528] Sie sind oftmals auch vor ganz praktische Fragen gestellt, bei der es eine Grundsatzentscheidung braucht. Es handelt sich bei der „iusta murmuratio" um ein Instrument der Konfliktlösung. Da dieses Instrument innerhalb der Institution besteht, kann man von einem intrainstitutionellen Konfliktlösungsmechanismus bzw. vom Mechanismus der institutionellen Selbstkontrolle sprechen.

Der Abt und das Führungspersonal des Klosters unterliegen damit einer Kontrolle durch die Mönchsgemeinschaft, deren Teil sie sind, die sie leiten und für die sie Vorbild sein sollen. Kontrolle kann aber auch ausarten, die Gemeinschaft lähmen und blockieren oder Unruhe verursachen. Für diesen Fall gibt Benedikt gem. RB 64.4 dem Diözesanbischof die Kompetenz, von aussen einzugreifen und die Ordnung wiederherzustellen. Benedikt erwähnt in RB 64.3 sogar den Fall, dass die Mönchsgemeinschaft einmütig einen schwachen oder charakterlosen Abt wählt. In diesem Fall sind der Ortsbischof, die Nachbaräbte und die Christen der Nachbarschaft zum Handeln, das auf eine entsprechende Korrektur abzielt, aufgerufen. Das Handeln muss aber stets aus selbstlosen Motiven („caste et zelo")[1529] erfolgen und darf nicht der Verfolgung eigener Machtansprüche dienen.[1530] Wer nicht handelt, macht man sich mitschuldig („peccatum, si neglant").[1531] Benedikt spricht hier die disziplinäre Gewalt des Ortbischofs über den Abt an – eine Kompetenz, die erst ein paar Jahre, bevor Benedikt die RB verfasst, per Konzilsbeschluss festgelegt worden ist (zunächst am 1. Konzil von Orléans (Aurelianum) von 511 und bestätigt am 2. Konzil von Orléans von 533).[1532] Damit spricht Benedikt auch die Beziehung des Klosters zur Ortskirche, zu den Nachbarklöstern sowie die Verantwortung der christlichen Gemeinden füreinander an.[1533] Bei der Disziplinargewalt des Ortsbischofs über den Abt bzw. das Kloster handelt sich um ein Instrument der externen Institutsaufsicht.

Beide Kontrollprinzipien, der intrainstitutionelle Konfliktlösungsmechanismus und die externe Institutsaufsicht, finden sich heute auch im modernen

---

1528 Sie lernen die RB intensiv kennen, bevor sie die Profess ablegen; vgl. RB 58.9/12–117.
1529 RB 64.6.
1530 Puzicha, RB-Komm., 685.
1531 RB 64.6.
1532 Puzicha, RB-Komm., 684.
1533 Puzicha, RB-Komm., 684 f.

weltlichen Recht, so z.B. im Finanzmarkt- bzw. Revisionsrecht. Das Prinzip der institutionellen Selbstkontrolle zeigt sich bei einer zeitgemäss organisierten Unternehmung z.B. im Vorhandensein und Betrieb eines adäquaten internen Kontrollsystems (IKS), bei Compliance-Abteilungen und Whistleblower-Regelungen.[1534] Diese Betriebsorganisation wird teilweise vom staatlichen Aufsichtsrecht (z.B. Bankenrecht) vorgeschrieben. Die externe Institutsaufsicht wird von staatlichen Organen ausgeübt und betrifft in erster Linie Finanzunternehmen (Finanzmarktaufsichtsrecht), Buchprüfungsfirmen (Revisionsaufsichtsrecht) und Verwertungsgesellschaften (Urheberrecht). Diese Behörden stellen entsprechende Bewilligungen für eine bestimmte Geschäftstätigkeit aus (z.B. Banklizenz) und üben die sog. fortlaufende prudentielle Aufsicht über ein Unternehmen (z.B. Bank) aus, die sog. Institutsaufsicht. Diese Aufsichtsbehörden sind dafür verantwortlich, dass ein Markteilnehmer richtig organisiert ist, alle Marktteilnehmer nach den gleichen Regeln handeln und die entsprechenden Gesetze einhalten. Sie können auf eigene Initiative oder auf Anzeige hin aktiv werden, Untersuchungen einleiten und Massnahmen verfügen, um den ordnungsgemässen Zustand in einem beaufsichtigten Unternehmen wiederherzustellen; dazu gehört in Analogie zu RB 64.3–4 auch die Entfernung von Führungspersonal.[1535]

1534 Dies wird teilweise durch die staatliche Aufsichtsgesetzgebung verlangt, teilweise wird es aus unternehmerischer Eigeninitiative in die Betriebsorganisation eingeführt. Ziel ist es, allfällig bestehende interne Missstände oder Regelverstösse zu verhindern und notfalls aufzudecken, dies zur Vermeidung oder Verminderung von Aufsichts- oder Haftungsrisiken. Vgl. dazu Kurer mit näheren Ausführungen. Der generelle gesetzliche Schutz von Whistleblowern ist in der Schweiz nicht gegeben, da die Gesetzesvorlage der Regierung zur Revision des Arbeitsvertragsrechts am Widerstand des Parlaments am 5. März 2020 gescheitert ist (Parlamentsgeschäft Nr. 13.094). Privatorganisationen können aber unabhängig von gesetzlichen Verpflichtungen einen betriebsinternen Whistleblower-Schutz vorsehen. Bei staatlichen Behörden oder Einheiten der (dezentralen) Verwaltung wie z.B. öffentlich-rechtlichen Heil-, Pflege- und Bildungseinrichtungen bedarf es i.d.R. einer gesetzlichen Grundlage. Die Europäische Union kennt demgegenüber seit dem 23. Oktober 2019 mit der EU-WB-RL einen gesetzlichen Whistleblower-Schutz.

1535 Vgl. dazu wegleitend Baumgarten/Burckhardt/Rösch, 169 ff. Im modernen weltlichen Recht findet sich das Prinzip der externen Aufsicht und Kontrolle im Finanzmarkt- und Revisionsaufsichtsrecht. Als Bsp. kann die Schweizer Finanzmarktgesetzgebung erwähnt werden, z.B. das Versicherungsaufsichtsgesetz, das Bankgesetz oder das Finanzinstitutsgesetz, das Versicherungsvertragsgesetz, das

3.2.4.16. Keuschheit

In RB 4.59 schreibt Benedikt vor, keusch zu sein („desideria carnis non efficere"). Allerdings wird der Begriff „carnis" im paulinischen Sinn als Gegenbegriff zu Geist („spiritus") verstanden und meint alles, was dem Willen Gottes entgegenwirkt und dem Eigenwillen zudient. Er ist nicht auf den sexuellen, körperlichen oder materiellen Bereich beschränkt, sondern umfasst auch Feindschaften, Streit, Eifersucht, Jähzorn, Eigennutz, Spaltungen und Parteiungen.[1536]

In RB 4.64 schreibt Benedikt, man solle die Keuschheit lieben („castitatem amare"). Damit ist die Absage an die Unzucht gemeint – nicht nur körperlich, sondern auch geistig.[1537]

Jeder Mönch hat sein eigenes Bett und eigenes Bettzeug.[1538] Er schläft angezogen und mit einem Gürtel oder Strick umgürtet.[1539] Sein Messer trägt der Mönch nicht an seiner Seite, zur Vermeidung von Verletzungen. Die Mönche schlafen gemeinsam in einem oder mehreren Schlafsälen, unter der Aufsicht der Älteren. Die jüngeren haben ihre Betten zw. den älteren Mönchen.[1540] Dies dient der Kontrolle und der Disziplin. In der Abendlesung soll gem. RB 42.4 auf gewisse aufregende Bibelstellen aus psychologischen Gründen verzichtet

---

Finanzdienstleistungsgesetz, das Finanzinfrastrukturgesetz oder das Kollektivanlagegesetz (Gesetze, die die Voraussetzung für eine Bewilligung und den Betrieb eines Finanzinstituts sowie die Regeln für die Teilnahme am Markt festlegen), das Finanzmarktaufsichtsgesetz (ein Gesetz, das die Kompetenz und Organisation der Aufsichtsbehörde und Grundsätze der Finanzierung, der Unabhängigkeit und der Zusammenarbeit mit anderen Behörden [z.B. Straf- oder Steuerbehörden] festlegt) oder das Verwaltungsverfahrensgesetz (ein Gesetz, das Bestimmungen zum Verfahren vor einer Aufsichtsbehörde) regelt. Das Prinzip der externen Institutsaufsicht gibt es seit Inkraftsetzung des Bankgesetzes in den 1930er Jahren. Diese externe Institutsaufsicht ist ausgebaut worden. Interessant ist die Feststellung, dass viele der genannten Gesetze in diesen Rechtsbereichen erst in den ersten beiden Jahrzehnten des 21. Jhdt. eingeführt bzw. wesentlich revidiert worden sind. Das gilt insb. für die Einführung des Revisionsaufsichtsrechts. Das URG ist am 1. Juli 1993 in Kraft getreten.

1536 Puzicha, RB-Komm., 154, m.w.H.

1537 Puzicha spricht von lauterer Gesinnung; Puzicha, RB-Komm., 474.

1538 RB 22.1.

1539 Der Einzelplatz zum Schlafen ist allgemein monastische Vorschrift. Das Bekleidetsein im Schlaf dient v.a. auch dem Schutz der Keuschheit, ist aber auch Forderung, dass der Mönch als Streiter Christi immer in seiner Rüstung und gegürtet sein soll. Puzicha, RB-Komm., 315, 317 f.

1540 RB 22.3/7.

werden, da sie für junge und weniger gefestigte Mönche aufregend und aufreizend und nicht unbedingt beruhigend sein könnten. Zudem darf nach der Komplet gem. RB 42.8 nicht mehr gesprochen werden.

Übergriffe, Misshandlungen auf andere Mönche und unzüchtige Handlungen sind gem. RB 70 werden bestraft.

3.2.4.17. Schweigsamkeit

Das Schweigen gehört im frühen Mönchtum wie das Fasten zur Enthaltsamkeit.[1541] Schweigen ist mehr als Nicht-Sprechen. Die Wüstenväter betonen, dass der Mensch zu einem inneren Schweigen kommen müsse, das sich dadurch auszeichne, dass man nicht richte und niemanden verurteile. Erst aus diesem Schweigen erwachse die eigentliche Tiefe, die in der Herzensruhe bestehe. Diese meine nicht äussere Störungsfreiheit, sondern den Frieden des Menschen, der innerlich zur Ruhe gekommen sei, weil sein Herz frei von bösen Gedanken sei.[1542]

Die Ruhe und das Schweigen sind bei Benedikt zentral. Er verwendet zwei Begriffe: „Taciturnitas" steht für innere Schweigsamkeit, den Verzicht auf Äusserung, und „silentium" für äussere Stille, Lautlosigkeit, unabhängig von den näheren Umständen.[1543]

Silentium gilt:

(i) bei Tisch;[1544]
(ii) während der Mittagsruhe, die der Mönch auf dem Bett liegend verbringt;[1545]
(iii) nach der Komplet und während der Nacht[1546] und
(iv) nach dem Gottesdienst auf dem Weg aus dem Oratorium[1547].

1541 Puzicha, RB-Komm., 178.

1542 Puzicha, RB-Komm., 178.

1543 Puzicha, RB-Komm., 180.

1544 Bei Tisch: RB 38.5: „Et summum fiat silentium, ut nullius musitatio vel vox nisi solius legentis ibi audiatur." – „Es herrsche grösste Stille. Kein Flüstern und kein Laut sei zu hören, nur die Stimme des Tischlesers."

1545 Während der Mittagsruhe: RB 48.5: „… pausent in lecta sua com omni silentio aut forte." – „… sollen sie unter völligem Schweigen auf ihren Betten ruhen."

1546 RB 42.8 Während der Nacht: RB 42.1: „Omni tempore silentium debent studere monachi, maxime tamen nocturnis horis." – „Immer müssen sich die Mönche mit Eifer um das Schweigen bemühen, ganz besonders aber während der Stunden der Nacht."

1547 Nach dem Gottesdienst: RB 52.2: „Expleto opere dei omnes cum summo silentio exeant …" – „Nach dem Gottesdienst gehen alle in grösster Stille hinaus …".

Hier geht es um Lautlosigkeit, um das Still-Sein[1548], um das Frei-Sein von Störung.[1549]

Taciturnitas gilt generell als Grundhaltung des Schweigens.[1550] Für Benedikt ist sie die neunte Stufe der Demut: Der Mönch ist schweigsam und redet nicht, bis er gefragt wird.[1551] Es geht dabei einerseits darum, seinen Mund vor bösem und falschem Reden zu hüten[1552] und andererseits um die Bedeutungsschwere („gravitas") des Schweigens.[1553] Das Vermeiden und Meiden böser Worte, womit nicht nur bspw. das Fluchen, Schimpfen, Lügen und Lästern gemeint sind, sondern auch das Murren, ist ein gängiges Thema altkirchlicher und monastischer Lehre.[1554] Es herrscht die Vorstellung, dass Reden fast zwangsläufig zu einer Sprechsünde führe.[1555] Benedikt zitiert in RB 7.57 den Bibelvers Spr. 10.19 „Bei vielem Reden entgeht man doch der Sünde nicht."[1556] Wer schweigt, vermeidet diese Sünde. Es geht hier um das Nicht-Reden. Aber das Schweigen hat selber eine Bedeutungsschwere und Aussagekraft. Deswegen soll man bisweilen sogar auf gute Gespräche verzichten.[1557] Es geht darum, das Schweigen auf einen wirken und quasi selber sprechen zu lassen (und nicht durch ein Gespräch zuzudecken). Die zehnte Demutsstufe reiht sich daran an und handelt von der (Ver-)Meidung des Gelächters.[1558]

3.2.4.18. Masshalten

Masshalten ist ein zentraler Begriff bei der Askese. Abgesehen von der Keuschheit und Armut (hier gilt die Maxime „zero tolerance"), geht es sonst bei der Askese um Einschränkung und nicht um totalen Verzicht.

1548 Salzburger Äbtekonferenz, 38.

1549 Puzicha, RB-Komm., 522.

1550 Salzburger Äbtekonferenz, 38.

1551 RB 7.56–58; vgl. auch RB 4.51–54.

1552 RB 4.51–54.

1553 RB 6.3: „… propter tacurnitatis gravitatem rara loquendi concedatur licentia."

1554 Puzicha, RB-Komm., 182.

1555 Puzicha, RB-Komm., 183; vgl. RB 4.53: Leere und zum Gelächter reizende Worte sind zu (ver-)meiden. Dazu gehören nicht nur das Blabla und Süssholzraspeln, sondern auch das Witze- und Zoten-Reissen, das Possen-Machen sowie das Sich-Lächerlich-Machen.

1556 RB 7.57: „in multiloquio non effugitur peccatum."

1557 RB 6.2–3.

1558 RB 7.59; vgl. auch RB 4.54: Häufiges und ungezügeltes Gelächter ist zu (ver-)meiden.

Masshalten gilt allgemein. Um das richtige Mass für die eigene Askese zu finden, braucht es eine ehrliche Selbsteinschätzung und -betrachtung (Discretio).[1559] Zur Bekämpfung des Übermasses bei der Nahrungsmittelaufnahme verlangt Benedikt das Masshalten. Um Übertreibungen bei der Askese zu verhindern, muss der Mönch seine Fastenziele vom Abt bewilligen lassen, ansonsten gilt das Fasten als eigenmächtig und ruhmsüchtig.[1560]

Beim Masshalten geht es nicht nur darum, ein Übermass zu vermeiden, sondern auch ein Untermass. Bei der Menge des Essens achte man auf Genügsamkeit, d.h. genug, aber nicht zu viel.[1561] Eigenmächtiges Essen, also Naschen, ist nicht erlaubt.[1562]

Der Verzehr gewisser Nahrungsmittel ist verboten wie z.B. das Fleisch vierfüssiger Tiere.[1563] Alkohol ist im Mass eines Bechers Wein pro Tag erlaubt.[1564]

3.2.4.19. Fasten

Das Fasten richtet sich nach dem Kirchenjahr. Nicht gefastet wird von Ostern bis Pfingsten. Dann wird die Hauptmahlzeit („prandium“) zur sechsten Stunde (mittags) eingenommen und abends ein Abendessen („cena“).[1565] Für die Zeit nach Pfingsten bis zum 13. September gilt das sog. Wochenfasten: am Mittwoch und am Freitag, den alten kirchlichen Fastentagen, findet die Hauptmahlzeit erst zur neunten Stunde (um 15 Uhr) statt; am Abend gibt es eine kleine Stärkung.[1566] Ab dem 13. September bis zum Beginn der Quadragesima gilt das sog. Winterfasten, an dem täglich gefastet wird, d.h. mit einer einzigen täglichen Mahlzeit zur neunten Stunde und ohne abendliche Stärkung.[1567] Während der Quadragesima findet die einzige Tagesmahlzeit am frühen Abend statt. Durchs ganze Jahr müssen die Mahlzeiten bei Tageslicht eingenommen werden können.[1568]

1559 Coll. 2.4: „Haec est discretio… omnium namque virtutum generatrix, custos moderatrixque discretio est.“

1560 RB 49.9–10.

1561 RB 39.7/10, 40.5.

1562 RB 43.18.

1563 RB 39.11; vgl. aber den Dispens für ganz Schwache in RB 36.9.

1564 RB 40.3.

1565 RB 41.1; Puzicha, RB-Komm., 473.

1566 RB 41.2; Puzicha, RB-Komm., 473.

1567 RB 41.6–8. In der alten monastischen Tradition war es üblich, das ganze Jahr über zu fasten und die Tagesmahlzeit zur neunten Stunde einzunehmen. Vgl. Inst. 2.18.

1568 Vgl. Puzicha, RB-Komm., 476.

Für die Fastenzeit soll sich jeder Mönch beim Essen und Trinken mehr als gewohnt einschränken.[1569] Es geht um Einschränkung, nicht um kompletten Nahrungsverzicht. In RB 49.2 wird der Mönch aufgefordert, über das allgemeine Mass des Nahrungsverzichts infolge der fastenzeitbedingten Reduktion der Mahlzeiten persönlich ein bisschen weiterzugehen. Der zusätzliche Verzicht wird als persönliches Opfer gesehen; wie weit einer persönlich zusätzlich fasten möchte, ist unterschiedlich und kann jeder selber entscheiden („aliquid propria voluntate“, RB 49.6). Jeder Mönch muss die Einwilligung des Abtes für dieses Fastenopfer einholen.[1570] So kann der Abt Übertreibungen verhindern.[1571] Ohne Einwilligung vollzogenes Fasten kann als Anmassung und eitle Ehrsucht (cenodoxia) ausgelegt werden.[1572] Es geht Benedikt bei dieser Regelung um die Vermeidung übertriebener Askese, wie sie vielfach überliefert ist.[1573]

3.2.4.20. Kranke

Wer Hilfe benötigt, z.B. wg. Krankheit oder Schwäche, dem muss geholfen werden. Dies gebietet die Nächstenliebe und der Respekt vor dem Mitmenschen. Für die Hilfe und Heilung von kranken Mönchen sieht Benedikt organisatorische Massnahmen vor. So wird im Kloster ein separates Krankenzimmer eingerichtet, das von einem Krankenbruder („servitor“) betreut wird.[1574] Benedikt setzt als selbstverständlich voraus, dass dessen Eignung durch medizinische oder pflegerische Kompetenz gegeben ist, schreibt aber vor, dass er sich auch durch weitere Eigenschaften wie Eifer und Sorgfalt und, wie bei allen Führungspersonen im Kloster, durch Gottesfurcht auszeichne.[1575] Seine dienende Funktion am Mitmenschen zeigt sich an der Bezeichnung, die Benedikt wählt: „servitor“ (Diener). Wenn dieser Unterstützung braucht, wird ihm diese gewährt. Zu denken ist an personelle Unterstützung durch Hilfspersonen wie Krankenpfleger oder Materialien und Medikamente durch den Cellerar.[1576]

1569 RB 49.1.

1570 RB 49.8–10.

1571 Zu denken ist an ein Fasten, das den Mönch sehr schwächt, oder an einen Fastenwettkampf.

1572 RB 49.9.

1573 Vgl. Coll. 8.1.

1574 RB 36.7.

1575 RB 36.7; vgl. Puzicha, RB-Komm., 437.

1576 Vgl. RB 31.9. für den Cellerar.

Letztlich hat der Abt dafür zu sorgen, dass die Kranken alles bekommen, was sie für ihre Heilung und Pflege benötigen.[1577]

Die Kranken profitieren von zwei Dispensen zur Nahrungs- und Badeaskese: Erstens dürfen die ganz Schwachen zur Wiederherstellung ihrer Gesundheit Fleisch essen.[1578] Zweitens bietet man den Kranken ein Bad an, sooft es ihnen guttut.[1579]

Kranken wird eine passende Beschäftigung oder geeignetes Handwerk zugewiesen, damit sie nicht müssig und gelangweilt werden.[1580]

3.2.4.21. Alte / Kinder

Alte und Kinder bedürfen besonderer Beachtung aufgrund ihrer Schwäche.[1581] So gib es Erleichterungen für die Nahrungsaskese, denn sie dürfen schon vor der festgesetzten Zeit essen und bekommen immer zwei Mahlzeiten, auch an Fastentagen.[1582] Für die Kinder gibt es zum Essen Kinderportionen.[1583]

Kinder können ins Kloster aufgenommen werden. Benedikt legt in RB 59 die Voraussetzung fest. Allerdings muss offenbleiben, ab welchem Alter Kinder ins Kloster gegeben werden (Oblation) bzw. selbständig ins Kloster eintreten dürfen. Nach damaliger Auffassung dauert die Kindheit bis zum 7. Lebensjahr, das Jugendalter vom 8. bis mindestens zum 14. längstens bis zum 18. Lebensjahr. Zw. dem 18. und dem 25. Lebensjahr erreicht man die Mündigkeit.[1584] Bei Benedikt ist man ab 16 Jahren erwachsen.[1585]

1577 RB 36.6/10.

1578 D.h. Fleisch vierfüssiger Tiere. RB 36.9, 39.11.

1579 RB 36.8. Vgl. Puzicha, RB-Komm., 437 f., zu den Ansichten der alten Kirche zum Baden und insb. zum Besuch eines öffentlichen Bades. Die luxuriöse römische Badekultur mit Nacktbaden beider Geschlechter ist für Christen von Anfang an anstössig. Für das Bad gibt es im Kloster einen gesonderten Bereich. Für gesunde Mönche belässt es Benedikt beim asketischen Verzicht auf häufiges Baden (RB 36.8). Für Kranke und Schwache wird für die Dauer ihrer Krankheit und Schwäche allg. ein zeitlich befristeter Dispens zum Baden gewährt. Vgl. Puzicha, RB-Komm., 438.

1580 RB 48.24.

1581 RB 37.2.

1582 Allerdings ist Naschen generell nicht erlaubt; vgl. RB 43.18.

1583 RB 39.10.

1584 Vgl. Puzicha, RB-Komm., 639, Fn. 7.

1585 RB 70.4. Vgl. zur Kindheit und Jugend im Mittelalter stellvertretend für viele Popovic/Marjanovic-Dusanic/Popovic, 83 ff. Auch das moderne staatliche Recht sieht beim 16. Altersjahr rechtliche Statusänderungen vor, nämlich Religionsmündigkeit (Art. 303 Abs. 3 ZGB) und Ende des Schutzalters im Sexualstrafrecht (Art. 187

Ob Kinder einen eigenen Schlafsaal haben müssen, ist nicht geregelt, ist aber für gewisse Altersgruppen anzunehmen. Die Regel besagt nur, dass die jüngeren Mönche ihre Betten nicht nebeneinander, sondern zw. den Älteren haben müssen.[1586] Die Regel gewährt die nötige Flexibilität, und der Abt hat im Rahmen der Discretio die notwendigen Unterscheidungen vorzunehmen und vorausschauend sowie besonnen zu entscheiden.[1587]

Allgemein müssen sich Tadel und Strafen nach der Schwere der Schuld ausrichten.[1588] Alter und Einsichtsfähigkeit werden berücksichtigt.[1589] Für Knaben und Jugendliche und andere, die nicht einsehen können, was die Ausschliessung z.B. vom Tisch oder Oratorium[1590] bedeutet, werden mit Fasten oder Rutenschlägen bestraft.[1591] Die Körperstrafe ist ein Thema, das aus dem damaligen Erziehungskontext verstanden werden muss.[1592] Benedikt schliesst jede Willkür und jeden Missbrauch durch Mönche generell, aber insb. gegenüber Kindern und Jugendlichen aus,[1593] indem er die Zuteilung der Strafe ausschliesslich dem Abt zuweist und auf äusserster Zurückhaltung besteht.[1594] Auch werden Kinder oder Jugendliche, die beim Müssiggang oder Schwatzen ertappt werden, zunächst ermahnt.[1595]

StGB). In Bezug auf das kantonale Stimmrecht haben die Kantone die Gesetzgebungskompetenz, und es wird in einzelnen Kantonen über die Herabsetzung des Stimmrechtsalters auf 16 Jahre diskutiert. Sonst ist rechtliche Mündigkeit (bzw. Volljährigkeit) erst mit 18 Jahren gegeben, sowohl in zivil- als auch in öffentlichrechtlicher Hinsicht (vgl. Art. 14 ZGB zur Volljährigkeit, Art. 94 ZGB zur Ehefähigkeit, die kantonalen und Bundesgesetze zur Stimm- und Wahlberechtigung, Art. 9 StGB zum Erwachsenenstrafrecht). Strafmündigkeit ist hingegen bereits ab dem 10. Altersjahr zur Tatzeit gegeben (vgl. Art. 3 Abs. 1 JStG).

1586 RB 22.7.

1587 RB 22.3; RB 64.17 f.

1588 RB 24.1.

1589 RB 30.1.

1590 RB 25.1.

1591 RB 30.2–3.

1592 Allerdings sind Körperstrafen bei Kindern (in der Familie, in der Schule und an der Lehrstelle) in Europa bis weit in die 2. Hälfte des 20. Jhdt. üblich gewesen. In anderen Kulturräumen sind sie es möglw. bis heute oder bereits schon vor den europäischen Ländern aufgegeben worden.

1593 RB 70.6.

1594 RB 70.6; vgl. dazu Puzicha, RB-Komm., 375.

1595 RB 48.17 ff.

Bei der Rangordnung spielt das Lebensalter des Mönchs bewusst keine Rolle, sondern der Zeitpunkt des Klostereintritts oder eine verdienstvolle Lebensführung.[1596] Knaben und Jugendliche sollen bei Tisch und im Oratorium die Rangfolge ordentlich einhalten und draussen und überall beaufsichtigt und zur Ordnung angehalten werden, bis sie das verständige Alter erreichen.[1597] Bis zum Alter von 15 Lebensjahren haben alle Mönche die Knaben gewissenhaft zu beaufsichtigen, doch immer massvoll und überlegt, also ohne Willkür. Kinder sind vor Übergriffen und Misshandlung geschützt.[1598] Wer im Zorn oder wutentbrannt auf einen anderen losgeht, offenbart einen erheblichen Mangel an Selbstkontrolle und Reife.[1599]

3.2.4.22. Freude

Eine Maxime des Koinobions ist, dass alle in Freude leben können. Es soll keinen Grund für Traurigkeit geben. Es wird insb. dem Cellerar aufgetragen, dass er die Mönche nicht traurig machen soll, indem er Anträge ablehnen muss; so soll er dabei behutsam vorgehen.[1600] Das gilt implizit auch für die anderen Amtsträger. Die Atmosphäre im Kloster soll von Angstfreiheit, Freundlichkeit und Offenheit geprägt sein; es geht um ein brüderliches Miteinander.[1601] Der Mönch soll aber auch dankbar sein für das, was er hat, und so versuchen, Traurigkeit zu vermeiden.[1602] An die Adresse der Kranken wird gesagt, dass sie ihre Pfleger nicht durch übertriebene Ansprüche traurig machen sollen.[1603]

1596 RB 63.1/5. Puzicha, RB-Komm., 677 f., vermutet, dass es bei Kindern und Jugendlichen („pueri parvi vel adulescentes") eine eigene Reihenfolge gegeben habe. Massgebend für die Festlegung könne der Zeitpunkt der Oblation gewesen sein. Benedikt nimmt Rücksicht auf ihr Lebensalter, z.B. bei der Ordnung im Schlafsaal, bei der Bestrafung, in der Aufgabenzuteilung an den Cellerar, bei den Speisen, oder bei der Inschutznahme vor unvernünftiger Strenge oder Zorn eines Mönchs. Benedikt schreibt in RB 70.4 vor, dass die Aufsicht über Kinder („infantes") unter 15 Jahren allen Mönchen obliegt. Es scheint keine separate Funktion des Kindererziehers zu geben. Vgl. insgesamt RB 22.7; 30; 45.4; 31.9; 37; 39.10; 70.4–6.

1597 RB 63.18–19.

1598 RB 70.4–6.

1599 Vgl. Puzicha, RB-Komm., 736.

1600 RB Prol. 49, 31.6/7/19.

1601 Puzicha, RB-Komm., 383; RB 72.8; Apg. 4.32.

1602 RB 34.3.

1603 RB 36.4.

Benedikts Sorge geht dahin, dass die Brüder ihren Dienst ohne Murren, ohne Traurigkeit und ohne Überforderung tun können. Sie sollen aber auch nicht unterfordert sein. Man verliert ohne Arbeit die Spannkraft und wird nachlässig.[1604] Wer Hilfe benötigt, der soll sie bekommen.[1605] Als eigentlichen Tröster („senpecta“) kann der Abt einen älteren weisen Mönch bestimmen, der sich um einen Mitbruder im persönlichen Gespräch kümmern und ihn trösten soll, damit dieser nicht in tiefe Traurigkeit versinke.[1606]

3.2.4.23. Frieden

In RB Prol. 17 zitiert Benedikt Ps. 34.15 „Meide das Böse und tu das Gute; suche den Frieden und jage ihm nach!“[1607] Die Koinonia ist ein Ort der Brüderlichkeit, an dem Friede herrschen soll und der geprägt ist durch ein ethisches Milieu und die Kohärenz der Hausgenossen.[1608] Programmatisch schreibt Benedikt, alle sollen in Frieden sein und nicht streiten.[1609]

In einer lebenslangen Gemeinschaft ist Frieden und Aussöhnung wichtig. Jeder Mensch hat oder macht Fehler. Es soll deswegen kein Argwohn entstehen. Aus kleinen Problemen können über lange Zeit grosse werden. Deshalb ist es wichtig, dass ernsthafte Probleme so schnell wie möglich bereinigt werden. Die Versöhnung soll zeitnah erfolgen; Unfriede darf nicht zum Dauerzustand werden.[1610] Als Friedensordnung weist Benedikt die Mönche an, nach einem Streit noch vor Sonnenuntergang Frieden zu schliessen.[1611] An Laudes und Vesper wird stets um (gegenseitige) Vergebung gebetet.[1612] Das Zusammenkommen der Mönche zur Komplet dient auch der Eintracht, der Einmütigkeit, dem Frieden und der Zusammengehörigkeit.[1613]

Ist der Friede gestört, liegt es in der Verantwortung des einzelnen Mönchs, ihn wiederherzustellen.[1614] Benedikt ordnet an, dass man bei Streit den anderen

---

1604 Salzburger Äbtekonferenz, 49.
1605 RB 35.3; RB 53.20.
1606 RB 27.2–3. Diese Senpekten sollen einem unaufdringlich beistehen und über pastorale Kompetenz verfügen. Vgl. Puzicha, RB-Komm., 354.
1607 RB Prol. 17: „deverte a malo et fac bonum, inquire pacem et sequere eam.“
1608 Puzicha, RB-Komm., 407. Inst. 16; Inst. 18.
1609 RB 34.5, 4.68.
1610 Puzicha, RB-Komm., 148.
1611 RB 4.25, 4.73: „com discordante ante solis occasum in pacem redire“.
1612 RB 13.12–13.
1613 Puzicha, RB-Komm., 481.
1614 Puzicha, RB-Komm., 157.

durch die starke Geste der Prostration um Vergebung bitten und der andere durch Erteilen des Segens vergeben soll.[1615] Wer sich nicht um Frieden und Aussöhnung bemüht, verweigert seinen Beitrag zur Verständigung untereinander und stört das Einvernehmen, selbst wenn er sich keiner Schuld bewusst ist. Wer sich dem ersten Schritt zur Versöhnung aus Gleichgültigkeit, Geringschätzung und Verachtung verweigert, zeigt seine mangelnde Friedensbereitschaft.[1616] Wenn er trotzig und rechthaberisch bleibt und uneinsichtig[1617] ist, muss sich die Gemeinschaft von ihm konsequenterweise trennen.[1618]

Damit kein Unfriede aufkommt und keine Parteiungen entstehen, soll der Abt alleine entscheiden, mit welcher Person er welches Amt besetzt.[1619]

1615 RB 71.6–8.

1616 Puzicha, RB-Komm., 743.

1617 Vgl. RB 23.1, 28.6 ff.

1618 Er wird aus dem Kloster gestossen. RB 71.9: „... de monasterio expellatur." Vgl. auch RB 28.6, 58.28, 62.10, 65.21.

1619 RB 65.11. Es gibt also keinen Wahlkampf für bestimmte Positionen, z.B. „he is running for prior". Ganz abgesehen von der äussern Handlungsweise würde das dem inneren Gebot der Bescheidenheit und Demut widersprechen.

Teil V. Vergleich zwischen Johannes Cassian und Benedikt

1. Das Koinobion

1.1. Bei Johannes Cassian

Johannes Cassian verfasst seine Werke auf Lat., gerichtet an eine intellektuelle Leserschaft in Südgallien. Er ist einer der ersten Autoren, die sich zum Mönchtum generell, aber auch zum ägyptischen Mönchtum, äussert und, soweit ersichtlich, der erste Autor überhaupt, der über Entstehung und Geschichte des Mönchtums schreibt.[1620] Das Leben eines Mönchs ist das apostolische Leben.[1621] In Coll. 18 berichtet Johannes Cassian über die Geschichte und die drei Arten von ägyptischen Mönchen: „Tria sunt in Aegypto genera monachorum."[1622] Er bezeichnet sie als Koinobiten, Anachoreten und Sarabaiten. Dazu nennt er noch eine vierte Mönchsart, für die er keinen Namen hat.[1623]

Die Koinobiten leben in einer Gemeinschaft unter Leitung eines Abtes. Die Anachoreten sind jene Mönche, die ein Leben in Einsamkeit führen, nachdem sie sich im Koinobion bewährt haben. Die dritte Gruppe sind gemäss Johannes Cassian die Lauen und Halbherzigen, die er die Sarabaiten[1624] nennt. Letztere sind Mönche, die in kleinen Gruppen leben und die Strenge eines Klosters und die Führung durch einen Abt meiden und darauf bedacht sind, „frei vom Joch der Väter die Freiheit zu haben, ihren eigenen Willen zu tun, nach Belieben wegzugehen, umherzuschweifen und zu tun, was ihnen gerade einfällt."[1625] Johannes Cassian führt aber noch eine vierte Mönchsgruppe an, für die er keine Bezeichnung hat: Es sind Einsiedler, die wie Anachoreten aussehen und

1620 Chadwick, 51.
1621 Chadwick, 51.
1622 Coll. 18.4.
1623 Bei Benedikt sind dies die Gyrovagen, RB 1.10.
1624 Johannes Cassian führt den Begriff auf die koptische Sprache zurück: „Aegyptiae linguae proprietate Sarabaite nuncupati sunt" (Coll. 18.7). Vgl. auch Descoeudres, Mönchssiedlungen, 31; Puzicha, RB-Komm., 93: Sarabaiten meint in kleinen Gruppen lebende Mönche.
1625 Coll. 18.7 nach Ziegler, Coll. Trad., 66.

sie äusserlich nachahmen,[1626] aber innerlich matt[1627] seien, die ihre Laster verstecken und nicht bekämpfen.

Johannes Cassian führt in Inst. 2.5 und Coll. 18.5 aus, die Lebensordnung des Koinobion richte sich nach der Urgemeinde in Jerusalem aus, und zitiert an beiden Stellen aus der Bibel[1628] die Verse Apg. 4.32–35,wonach die Gläubigen ein Herz und eine Seele waren und alles, was sie hatten, ihnen gemeinsam gehörte.[1629] Johannes Cassian verwendet den Begriff der „communio" für die Gemeinde und benutzt ihn auch bei der Erklärung für das Koinobion, das „κοινόβιον" bzw. das „coenobium" (in Anlehnung an die Begriffe „κοινός" bzw. „communis" in Apg. 4.32: „ἦν αὐτοῖς ἅπαντα κοινά", „erant illis omnia communia"). Die Gemeinschaft ist ein Ort der Brüderlichkeit, wo Frieden herrscht und der geprägt ist durch einen ethischen Wertekanon und Kohärenz der Mönche.[1630] Die Gemeinschaft soll eine friedfertige sein. Im Frieden kann man frei sein, spirituell wachsen und ein reines Herz („puritas cordis") entwickeln.[1631]

Durch die Einführung des lat. Begriffes „coenobium" greift er auf den griech. Begriff der „κοινωνίᾳ" in Apg. 2.42[1632] zurück, den Begriff für das

---

1626 „… qui anachoretarum sibi specie atque imagine blandiuntur …" (Coll. 18.8).

1627 „… immo tepor eos semel infecerit…" (Coll. 18.8). Ziegler, Coll. Trad., 68, übersetzt dies mit „Ohne-Feuer-Sein".

1628 Wohl aus der Vulgata. Hieronymus' Übersetzung der Bibel vom Griech. ins Lat., die Vulgata, liegt Johannes Cassian bereits vor. Als AT dürfte Hieronymus die von Origenes um 245 redigierte Hexapla (Ἑξαπλᾶ) verwendet haben, eine mehrsprachige Synopse des AT in sechs Spalten. Johannes Cassian bezieht sich in Inst. Praef. 5, ausdrücklich auf die Übersetzungsarbeit des Hieronymus: „… verum etiam Graeca lingua digestos in Latinum vertit eloquim."

1629 Apg. 4.32: „Multitudinis autem credentium erat cor et anima una nec quisquam eorum quae possidebant aliquid suum esse dicebat sed erant illis omnia communia."– „Τοῦ δὲ πλήθους τῶν πιστευσάντων ἦν καρδία καὶ ψυχὴ μία, καὶ οὐδὲ εἷς τι τῶν ὑπαρχόντων αὐτῷ ἔλεγεν ἴδιον εἶναι ἀλλ' ἦν αὐτοῖς ἅπαντα κοινά." In Inst. 2.5 schreibt Johannes Cassian „multitudinis scilicet credentium…" und in Coll. 18.5 „multitudinis autem credentium…".

1630 Vgl. auch die Bekehrungsgemeinschaft bei Puzicha, RB-Komm., 407.

1631 Inst. 9.13; Coll. 16.16.

1632 Apg. 2.42: Sie hielten an der Lehre der Apostel fest und an der Gemeinschaft – „καὶ τῇ κοινωνίᾳ" – am Brechen des Brotes und an den Gebeten. „Ἦσαν δὲ προσκαρτεροῦντες τῇ διδαχῇ τῶν ἀποστόλων καὶ τῇ κοινωνίᾳ, τῇ κλάσει τοῦ ἄρτου καὶ ταῖς προσευχαῖς." – „Erant autem perserverantes in doctrina apostolorum et communicatione, in fractione panis et orationibus." (Vulgata). Vgl. auch Phil 1.5: Die Gemeinschaft („κοινωνίᾳ") auf das Evangelium ausgerichtet („κοινωνίᾳ εἰς τὸ εὐαγγέλιον").

gemeinschaftliche Zusammenleben der Urgemeinde, und impliziert deren Ideale:

(i) die Bekehrungsgemeinschaft;
(ii) die Gemeinschaft im Glauben und Gebet;
(iii) das gemeinsame Brotbrechen;
(iv) die Gütergemeinschaft und
(v) die Einmütigkeit des Herzens.[1633]

Johannes Cassian führt weiter aus, dass, nachdem sich die erste Glaubensglut und Askese der Urgemeinde durch das Hinzukommen von neuen Gläubigen und Heidenchristen abgekühlt habe, einzelne Menschen einen Sonderweg zu praktizieren beginnen, um weiterhin asketisch zu leben. Sie ziehen sich von den anderen Menschen zurück, enthalten sich der Ehe, des Umgangs mit der Familie und des Kontaktes mit der Welt. Wegen der Strenge ihrer Lebensführung, alleine und abgesondert von den Mitmenschen lebend, werden sie „monachi" oder „μονάζοντες", Alleinlebende bzw. Mönche, genannt.[1634]

Auf die Frage des Germanus, ob es einen Unterschied zw. einem Koinobion („coenobium") und einem Monasterion („monasterium") gebe, legt Johannes Cassian in Coll. 18 Abba Piamun folgende Antwort in den Mund: „Obwohl von einigen ohne Unterscheidung von Monasteria anstatt von Koinobia gesprochen wird, besteht doch der Unterschied, dass Monasterion nur der Name eines Aufenthaltsortes ist und also nichts anderes als einen Ort, das heisst den Wohnort der Mönche bezeichnet. Koinobion aber kennzeichnet auch die Art des Gelübdes und die Lebensform. Monasterion kann auch die Wohnung eines einzelnen Mönchs genannt werden, von einem Koinobion aber kann man nur reden, wenn mehrere Bewohner in einer Gemeinschaft vereint leben."[1635]

1633 Vgl. Puzicha, RB-Komm., 88.
Vgl. dazu Schliesser, 31 ff.

1634 Coll. 18.5 (Ziegler, Coll. Trad., 63); Originaltext: „monachi sive μοναζοντες a singularis ac solitariae vitae districtione nominati sunt".

1635 Coll. 18.10 (Ziegler, Coll. Trad., 69); Originaltext: „Licet a nonnullis soleant indifferenter monasteria pro coenobiis appellari, tamen hoc interest, quod monasterium nomen est diversorii, nihil amplius quam locum, id est habitaculum significans monachorum, coenobium vero etiam professionis ipsius qualitatem disciplinamque designat. et monasterium potest etiam unius monachi habitatio nominari, coenobium, nisi ubi plurimorum cohabitatium deget unita communio, non potest appellari."

Johannes Cassian führt aus, dass jene Gleichgesinnten, die sich in Gemeinschaften zusammengetan haben, Koinobiten genannt worden seien und ihre Aufenthaltsorte Koinobia. Daraus seien später die Anachoreten hervorgegangen, die, als Eremiten lebend, den Kampf mit den Lastern offen austragen wollen, so wie Johannes der Täufer oder Elias.[1636] Das Christentum erfreue sich dieser beiden Mönchberufungen: Koinobitentum und Anachoretentum.[1637]

Johannes Cassian vertritt die authentische ägyptische Tradition. Danach steht das Eremitenleben in höherem Ansehen; dabei geht es aber nicht um die totale Einsamkeit, sondern um eine Gemeinschaft von Eremiten mit einer gemeinsamen Disziplin und Liturgie. Mönche ausserhalb einer gemeinsamen Disziplin sind die Sarabaiten.[1638] Aber wer Eremit werden möchte, könne dies nach Johannes Cassian nicht einfach so tun, denn nicht jeder Mönch sei in der Lage, in der Einsamkeit zu (über-)leben, da es sehr schwer sei und viele den Herausforderungen auf Dauer nicht gewachsen seien. Das Eremitentum sei nur etwas die gereiften Mönche. Reife erlange man nur im Koinobion. Wie Chadwick zu Recht feststellt, kann die Höherstellung des Eremitentums über das Koinobitentum aber auch zu Problemen führen, denn wenn Mönche veranlasst werden, das Kloster für das Eremitenleben zu verlassen, könne das Klosterleben nicht wirklich religiöse Erfüllung bringen.[1639] Deshalb muss das gemeinsame Leben gestärkt werden, und die Mönche müssen das gemeinsame Leben als ihre wahre Berufung ansehen.[1640] Für das Koinobitentum setzt sich Johannes Cassian mit den Inst. stark ein: diese Form sei für die meisten Mönche die beste.

Mit diesem geschichtlichen Rückblick beabsichtigt Johannes Cassian, die Mönche als traditionelle Christen darzustellen. Die Gallier wollen Mönche haben, wissen aber nicht, wie sie das bewerkstelligen können.[1641] Johannes Cassians Idee ist es nun, dass sie sich nur einer alten etablierten und erprobten

---

1636 Coll. 18.6.

1637 Chadwick, 52.

1638 Chadwick, 53; Chadwick, 65: „... Sarabaites, individuals without discipline". Man könnte diesbezüglich auch von den irregulären Mönchen sprechen, während die Koinobiten und die Anachoreten die regulären sind.

1639 Chadwick, 53.

1640 Chadwick, 53. Gem. Weber schlägt Johannes Cassians Herz eigentlich für die Anachorese, aber seine Aufgabe und Pflicht als Vorsteher zweier Klöster in Gallien zwingen ihn dazu, konsequenterweise das Koinobitentum zu empfehlen. Vgl. die Publikation von Weber; Delius, 124.

1641 Chadwick, 52: „The Gauls wish to have monks and do not know how to be monks."

Lebensweise anpassen müssen; das habe mit einer neuen Mode nichts zu tun, auch wenn das Mönchtum im Westen noch sehr neu sei.[1642] Obwohl Johannes Cassian die harte und genügsame ägyptische Mönchslebensweise für die überlegene hält, berücksichtigt er Klima und Volksschlag Galliens und mildert die ägyptischen Regeln ab. Ein Gallier meint, als er die ägyptischen Essenvorschriften vernimmt: „Wir Gallier sollten nicht gezwungen werden, wie die Engel zu leben."[1643] Zur Abmilderung der harten ägyptischen Regeln muss Johannes Cassian nicht etwas Neues erfinden, sondern kann auf die Mönchstradition in Palästina und Mesopotamien verweisen, die etwas milder als jene in Ägypten ist, so dass die Gallier sich auf tradierte östliche Regeln berufen können, die auch zu ihnen passen.[1644] So schreibt er ausdrücklich in seinem Vorwort zu den Inst.: „I do not at all believe that a new constitution in the West, in Gaul, could be more reasonable or indeed more perfect than what has already been instituted in those parts where monasteries founded by holy and spiritual fathers at the time when the apostles started preaching remain even to our own day. I shall take it upon myself, however, to inject some moderation into this little work. Thus, what I discern in the rule of the Egyptians to be impossible or hard or arduous for this country, because of either harsh climate or difficulty and diversity of behavior, I shall temper somewhat by recourse to the customs of the monasteries in Palestine and Mesopotamia, for, if reasonable possibilities are offered, the same perfection of observance may exist even where there is unequal capability."[1645] So macht Johannes Cassian das Mönchsleben für die Gallier einfacher und annehmbarer und ermöglicht gleichzeitig im Ostteil des

---

1642 Chadwick, 52.

1643 Vgl. Chadwick, 52; ein Angelismus-Vorwurf.

1644 Chadwick, 53.

1645 Inst. Praef. 8–9 (Ramsey, Inst. Trad., 14). Im Orginal: „[N]equaquam credens rationabilius quippiam vel perfectius novella constitutionem in occidius Galliarum partibus repperire potuisse quam illa sunt instituta, in quibus ab exordio praedicationis apostolicae a sanctis ac spiritalibis patribus fundata monasteria ad nos usque perdurant. illam sane moderationem opusculo huic interserere praesumam, ut ea, quae secundum Aegyptiorum regulam sev pro asperitate aërum sev pro difficultate ac diversitate morum impossibilia in his regionibus vel dura vel ardua conprobavero, institutis monasteriorum, quae per Palaestinam vel Mesopotamiam habentur, aliquatenus temperem, quia, si rationalibis possibilium mensura servetur, eadem observantiae perfectio est etiam in impari facultate."

Reiches die Akzeptanz des westlichen Mönchtums. Im gallischen Mönchtum besteht für lange Zeit gegenüber dem östlichen ein Inferioritätsgefühl.[1646]

Descoeudres bemerkt hierzu, dass Johannes Cassians Umkehrung der tatsächlichen historischen Entwicklung von Anachoretentum und Koinobitentum nicht nur dem eigenen Werdegang entspreche – er war vor seinem Aufbruch zu den ägyptischen Wüstenvätern Mönch in einem Kloster in Bethlehem. Sie sei auch eine didaktisch begründete Aussage für sein Zielpublikum, die Mönche in Südgallien.[1647] Zellen waren damals der übliche Aufenthaltsort der Koinobiten in Ägypten, worunter man sich nach Descoeudres dem archäologischen Befund nach alleinstehende Behausungen und keinesfalls aneinandergereihte Räume wie in einem abendländischen Kloster vorstellen darf.[1648] Johannes Cassian zählt die offenen Mönchssiedlungen wie Nitria, Kellia oder Sketis zur koinobitischen Lebensform. Unsere Vorstellung von einem Koinobion, d.h. dem Kloster gemeinschaftlich lebender Mönche, ist nach Descoeudres von den Anschauungen mittelalterlicher Klöster im lat. Westen geprägt und hat im frühchristlichen Mönchtums Ägyptens einzig in den Klöstern des Pachomios eine gewisse Entsprechung gehabt; von pachomianischen Klöstern ist in den Coll. des Johannes Cassian jedoch nirgends explizit die Rede.[1649] Die Mönche in einer Mönchssiedlung in der Sketis leben jeder für sich oder zu zweit in einer Zelle, bemerkt Descoeudres.[1650] Die Zelle ist ein grösserer ummauerter Komplex mit Garten, Kapelle, Appartments (Räumen) und einem Empfangsraum. Die Mönche verstehen sich als Gemeinschaft und leben unter der Leitung eines Abba, der oft zugleich Priester ist. Am Wochenende (am Sabbat und am Herrentag) treffen sie sich zu gemeinsamem Gebet und Speise. Descoeudres weist auf das weite Spektrum asketischer Praxis hin und darauf, dass der Wechsel der Lebensweise verhältnismässig einfach möglich ist. Palladios führt in seiner Historia Lausiaca aus, dass gegen fünftausend Mönche in Nitria leben, deren Lebensführung ganz unterschiedlich sei; jeder lebe so, wie er könne und wolle. Diese Formulierung klingt, wie Descoeudres bemerkt, nach ungebundener Selbstverwirklichung. Aber die Sozialkontrolle unter den Mönchen scheint ausgeprägt gewesen zu sein: In den Siedlungen gibt es einen Ältestenrat von erfahrenen und bewährten Wüstenvätern unter dem Vorsitz des Vorstehers

1646 Dieser Minderwertigkeitskomplex schimmert in den Dialogen des Sulpicius Severus und in der Vita der Juraväter durch. Vgl. Frank, Juraväter, Fn. 81.

1647 Descoeudres, Gemeinschaft, 29.

1648 Descoeudres, Gemeinschaft, 30.

1649 Descoeudres, Gemeinschaft, 30.

1650 Descoeudres, Gemeinschaft, 30 ff.

der Siedlung, der über Verfehlungen von Mitbrüdern befindet. Auch ohne geschriebene Regel weiss im Grunde jeder, was sich eines Mönchs geziemt.[1651]

Basileios d. Gr. ist nicht für das Eremitentum, denn das einsame Leben habe nur ein Ziel, nämlich die Bedürfnisse des einzelnen zu stillen; aber das stehe im Widerspruch zum Gesetz der Liebe.[1652] Die Anfrage des Bischofs Castor von Apt an Johannes Cassian bezieht sich direkt auf das Koinobitentum, nicht auf die Anachorese.[1653] Für Johannes Cassian ist wichtig, dass, wer eine Fertigkeit erlernen will, sich an die Instruktionen derer halten solle, die darin schon Meister seien, um dann auf diesem Fundament in seinem eigenen Tun Erfahrung zu sammeln.[1654] Die Instruktionen erhalten die Mönche von den Wüstenvätern. Eine schriftliche, alle verpflichtende Klosterregel kennt das frühe Mönchtum nicht. Es ist eher von einer ungeschriebenen Regel auszugehen, d.h. von einem Grundwissen, wie man als Mönch zu leben hat, das mündlich vom Meister zum Schüler weitergegeben wird.[1655] Puzicha führt aus, dass in den Anfangszeiten des Mönchtums der Abt selber die lebendige Regel, d.h. das Vorbild für die Gemeinschaft gewesen sei. Er lebe vor, was als mündliche Regel auf der Grundlage des Evangeliums überliefert sei.[1656] „Der eigentliche ‚Autor' einer Mönchsregel ist daher Christus, der Abt sein Interpret," erklärt Puzicha.[1657]

Der erfahrene Mönch wird Abba genannt. Er dient aber auch durch sein Leben als Vorbild. Die meist sehr stark erfahrungsgeprägten Ratschläge des Abba dienen als Orientierungshilfe auf dem Weg zum Heil.[1658] Die Weisheit, welche ein Abba lehrt, ist nicht nur Ausdruck der Gabe des Heiligen Geistes,

---

1651 Descoeudres, Gemeinschaft, 42.

1652 Chadwick, 65. Johannes Cassian verweist zwar auf Basileios, aber Chadwick zeigt auf, dass Basileios klar gegen die Anachorese und für das Koinobitenkloster ist, während Johannes Cassian die Anachorese zwar für die edlere und fortgeschrittener Lebensweise hält, das Koinobitentum aber als Schule dafür ansieht; Chadwick, 64 f.

1653 Inst. Praef. 3: „in provincia siquidem coenobiorum experti Orientalium maximeque Aegyptiorum volens instituta fundari, … ut aliquid conferam, poscis praecipisque ut instituta monasteriorum, quae per Aegyptum ac Palaestinam custodiri conspeximus, … sanctorum simplicem vitam simplici sermone fratribus in novello monasterio tuo cupiens explanari."

1654 Coll. 18.2: „quae vel visu vel traditione perceperant, operibus experiri". Vgl. Ziegler, Überlieferungen, 15.

1655 Puzicha, RB-Komm., 89.

1656 Puzicha, RB-Komm., 89.

1657 Puzicha, RB-Komm., 89.

1658 Müller, Väter, 219.

sondern auch ein Niederschlag errungener Erfahrung und persönlicher Klugheit. Ihr Charakter ist asketisch-pastoral.[1659] Das Heil ist letztlich eine Gabe des barmherzigen Gottes.[1660] Weise Mönche werden bewundert und zu Autoritäten; Laien und andere Mönche und Kleriker ersuchen sie um spirituelle Beratung,[1661] Lebensbegleitung,[1662] Unterweisung und Heilung.[1663] Er gibt ihnen Lebensmut und dient als Vorbild.[1664] Der Vorsteher eines Klosters ist ebenfalls ein Abba und oft auch Priester.

Mit dem Koinobion erschafft Johannes Cassian das Modell einer Gegenwelt zur säkularen Welt. Die säkulare Welt zeichnet sich aus durch:

(i) fortschreitende Verarmung ganzer Bevölkerungsschichten im lat. Westen;
(ii) Entstehung grosser Landgüter;
(iii) Konzentration von Reichtum in den Händen weniger Familien;
(iv) rechtliche Dychotomie der Reichsbevölkerung in die kleine Schicht der Vornehmen („honestiores") und die grosse Mehrheit der Niedrigen („humiliores") und

1659 Hörmann, 25. Hörmann, stellt zu Recht fest, dass die Verwandtschaft mit stoischer Lebensweisheit zum Teil unverkennbar sei; Hörmann, 25.

1660 Müller, Väter, 219, m.w.H.: „Das Heil selber war aber nach Meinung der Wüstenväter durch die Befolgung der Ratschläge in Form von ‚guten Werken' letztlich nicht zu verdienen, sondern vielmehr eine Gabe des barmherzigen Gottes". Es gibt keinen Automatismus: Arbeit gegen Heil. Das Heil ist kein Verdienst i.S. eines Anspruches auf einen Lohn, sondern stets eine freiwillige Gabe, ein Geschenk Gottes.

1661 Der Mönchsvater ist aber nicht vollkommen, sondern selber auf dem Weg. Dies soll er seinen geistlichen Kindern immer wieder deutlich machen, um möglichst nahe bei ihren Problemen zu sein. Andererseits hat er aber seine besonderen Gaben, die er in der Einsamkeit geschärft hat, einzusetzen, nämlich v.a. die Gaben zur Unterscheidung der Geister („διάκρισις πνευμάτων") und zur Herzenskenntnis („καρδιογνωσία"). Vgl. Müller, Väter, 240.

1662 Die Gespräche der Wüstenväter haben non-direktiven Charakter. Sie weigern sich, ihren Schülern Entscheidungen abzunehmen, auch wenn sie darum gebeten werden. Müller, Väter, 249.

1663 Es geht dabei aber nicht bloss um Psychotherapie, sondern auch um die „Freilegung und Förderung der Gedanken und Kräfte einer Person, die zu Gott führen, um das Horen auf Gottes Willen." Müller, Väter, 241: Es geht um Hilfe zur Theosis („θέωσις"), der Vereinigung mit Gott oder seine Nachahmung. Die Hochschätzung charismatischer, also mit besonderer pneumatischer Gnade versehene Seelsorger, hält sich in der orthodoxen Kirche bis heute. Müller, Väter, 221.

1664 Müller, Väter, 243 f.

(v) zunehmende Hierarchisierung der Gesellschaft.

Wie sich die rechtliche Situation für viele Menschen zunehmend verschlechtert, zeigt Flaig auf: Ab dem 3. Jhdt. nähert sich der rechtliche und faktische Status zw. Sklaven und Freien einander an.[1665] So greifen die Kaiser mit Schutzgesetzen für Sklaven in das Eigentumsrecht der Sklavenhalter ein; andererseits verliert die persönliche Freiheit des römischen Bürgers auf dem Lande seine Bedeutung. Ab dem 3. Jhdt. sind etwa drei Viertel aller Sklaven Nachkommen von Sklaven.[1666] Die Rechtsprechung reagiert darauf, indem sie anfängt, die Sklavenfamilien bei Verkauf (kein Auseinanderreissen der Familien) oder Erbgang (bei Vererbung eines Landgutes müssen auch alle dortigen Sklaven, inkl. Frauen, vom Erben übernommen werden) zu schützen.[1667] Infolge des Wirtschaftsabschwunges im lat. Westen fällt der Bedarf an Sklaven als Arbeitskräfte in der Landwirtschaft markant, der Grossgrundbesitz breitet sich zulasten der Kleinbauern aus, die als Kolonen über die Steuergesetzgebung an die Scholle gebunden werden. In diese neue Form von Unfreiheit gleitet ein substantieller Anteil der Reichsbewohner hinein.[1668] Sklaverei bleibt eigentlich nur als Haussklaverei bestehen.[1669] Gleichzeitig verändert sich die „Quelle" der Sklaven: Sklaven rekrutieren sich nun weniger aus Kriegsgefangenen, sondern aus Nachfahren von Sklaven und mehr und mehr aus freien Bürgern, die sich oder ihre Kinder in die Sklaverei verkaufen.[1670] Zudem wird die befristete oder lebenslängliche Zwangsarbeit als Strafe für freie Bürger eingeführt (Strafsklaverei). Der Sklave ist nicht mehr der Fremde, den man aus der Ferne kauft oder gefangen herbeischleppt, sondern der Bekannte, dessen Vorfahren schon Sklaven gewesen sind, sowie der Nachbar, der über den sozialen Rand gekippt ist.[1671]

Seit Kaiser Hadrian (76–138) unterscheiden die Rechtstexte zw. den Vornehmen („honestiores") und den Niedrigen („humiliores"). Letztere können zur befristeten oder lebenslänglichen Zwangsarbeit verurteilt werden – unabhängig davon, ob sie römische Bürger sind oder nicht. Diese Zweiteilung des

---

1665 Flaig, 67 ff.

1666 Flaig, 67 ff.

1667 Flaig, 67 ff.

1668 Flaig, 67 ff.

1669 Flaig, 67 ff. Der Haussklave hat de facto oft ein besseres Leben als der freie, an die Scholle gebundene Bauer.

1670 Flaig, 71, unterscheidet die Sklaverei in (i) intrusiver Form, die sich aus der Kriegsgefangenschaft generiert, und (ii) extrusiver Form, die sich aus den Menschen im Reich selber generiert.

1671 Flaig, 71.

Strafsystems hat auf Dauer fatale politische Rückkopplungseffekte, wie Flaig feststellt: Das Bürgerrecht entwertet sich an einer empfindlichen Stelle, die römischen Bürger hören auf, eine Rechtsgemeinschaft zu sein, sie entsolidarisieren sich allmählich; damit ist der antike Staat freier Bürger faktisch am Ende.[1672] Seit der Verleihung des römischen Bürgerrechts an alle freien Reichsbewohner unter gleichzeitiger Erhöhung der Steuern für die freien Bürger mit der Constitutio Antoniniana im Jahre 212 durch Kaiser Caracalla (188–217) wird faktisch die gesamte Reichsbevölkerung mit Ausnahme der kleinen Schicht der Vornehmen zu einem Pool von potenziellen Zwangsarbeitern.[1673] Die allgemeine Einstellung zur unfreien Arbeit und zur Freiheit wandelt sich im Zeitraum vom 3. bis zum 6. Jhdt.: Sklaven sind nicht mehr die Unfreien schlechthin, sondern befinden sich de iure auf der untersten Stufe in einem System abgestufter Unfreiheit – aber als privilegierte Haussklaven nicht unbedingt de facto.[1674] Die Gesellschaft hierarchisiert sich.

Die Christianisierung des römischen Reiches hat keine direkte Auswirkung auf diesen gesellschaftlichen und rechtlichen Wandel.[1675] Der Apostel Paul ist klar gegen die Sklaverei.[1676] Die Bischöfe kommen im Laufe der Zeit nicht umhin, ihre Haltung zur Sklaverei zu klären. Fast die gesamte patristische Literatur nimmt an, der Mensch sei von Natur aus frei, Sklaverei sei menschengemacht und Folge des Sündenfalls.[1677] Im griech. Teil des Reiches bekämpfen Mönche und Kleriker die Sklaverei. Der Mönch Eustathios von Sebasteia (verst. 377) hat die Sklaven gegen ihre Herren aufgestachelt, was aber mit der Synode von Gangra 340–341 unterbunden wird. Gregor von Nyssa erachtet die Sklaverei als unvereinbar mit der Gottebenbildlichkeit.[1678] Patriarch Johannes Chrisostomos meint, christliche Sklavenhalter seien verpflichtet, Sklaven als Brüder anzuerkennen und das Zwangsverhältnis aufzulösen.[1679] In der westlichen Patristik wird hingegen die Sklaverei gerechtfertigt, sowohl von Ambrosius und noch mehr von Augustinus. Letzterer meint, Sklaverei sei Folge der persönlichen Schuld.[1680] Freiheit sei eine Gnade, kein Verdienst. Sklaverei sei

1672 Flaig, 72.
1673 Vgl. Flaig, 71 f.
1674 Flaig, 72.
1675 Flaig, 72.
1676 Phlm. 8 ff.
1677 Flaig, 80.
1678 Flaig, 81.
1679 Flaig, 81.
1680 Flaig, 82, unter Verweis auf Augustinus, De civitate Dei, 19.15, Titel: „De libertate naturali et de servitute, cuius prima causa peccatum est."

hingegen nicht bloss gerecht, sondern ein Medium der Nächstenliebe, denn der Sklavenhalter hindere den Sklaven am Sündigen.[1681] Vor Augustinus sieht man im Sündenfall nur die entfernte Ursache der Sklaverei; er hingegen macht aus ihm die Rechtfertigung ihrer Permanenz.[1682] Die Position von Augustinus ruft immer wieder Proteste im Mönchtum und in der Kirche hervor.[1683] Aber so ist die säkulare Welt nicht zu verändern. Johannes Cassians Idee ist es, der säkularen Welt die Klosterwelt entgegenzustellen, in der nicht Sklaverei, sondern Gleichheit existiert.

Mit seiner klösterlichen Gegenwelt geht es Johannes Cassian nicht darum, die säkulare Welt zu revolutionieren, wie das Pelagius und Julian von Eclanum versuchen und damit den Widerstand von Augustinus und der weltlichen Autoritäten hervorrufen.[1684] Für Johannes Cassian ist soziale Ungleichheit Teil der Welt und wird bestehen bleiben, aber man kann die Ungleichheit verringern.[1685] Es geht ihm auch nicht darum, sich bloss aus der säkularen Welt zurückzuziehen und für sich alleine zu leben, wie es die Anachoreten tun. Sondern die eigentliche Innovation liegt darin, dass er mit dem Kloster eine Welt konzipiert, die völlig anders organisiert ist und ein ganz anderes Leben in Gemeinschaft mit anderen Menschen nach einem neuen ethischen Wertemassstab ermöglicht. Als ideelle Basis dient ihm die christliche Urgemeinde in Jerusalem. Im Kloster sind die Menschen einander gleichgestellt, alle gleichermassen geführt durch einen Abt und leben nach einem neuen und gemeinsam aufrechterhaltenen ethischen Wertekanon, der u.a. auf Gleichheit, Brüderlichkeit, Solidararität, Respekt, Nächstenliebe und Freude basiert.[1686] Es geht Johannes Cassian nicht nur darum, dem Individuum spirituelle Erbauung zu ermöglichen, sondern soziale Ungleichheit, die in der Welt besteht, im Kloster selbst auszuschliessen.[1687] Er entwirft innerhalb der klösterlichen Grenzen

1681 Flaig, 82.
1682 Flaig, 82.
1683 Flaig, 82.
1684 Brown, 603 ff.
1685 Coll. 1.10.
1686 Vgl. dazu Brown, 605 ff.
1687 Interessant sind Johannes Cassians Ausführungen in Coll. 8.21 über die Entstehung des Reichtums, der nicht zuletzt durch Ausbeutung der Schwachen durch diejenigen, die nicht arbeiten wollen, gekennzeichnet sei. Der Mönch arbeite für seinen Lebensunterhalt selber und nehme niemandem etwas weg und erhalte auch keine Pensionen; im Gegenteil gebe er im Rahmen der Nächstenliebe anderen Menschen ab. Somit sei der Mönch ein produktives Mitglied der Gesellschaft. Es geht Johannes Cassian weniger darum, die soziale Ungleichheit aus der Welt zu

eine neue Welt, die jedem Menschen eine sinnvolle und, basierend auf dem Gleichheitsideal, freiheitliche Lebensperspektive ermöglicht. Die Institution des Koinobion erweist sich nicht nur dem Anachoretentum als überlegen, weil sie sich nicht in Weltflucht und solitärer Lebensweise erschöpft, sondern auch der säkularen Welt, weil sie das Zusammenleben der Menschen auf eine neue Basis stellt. Das Kloster ist ein Modell für eine neue Welt.

Johannes Cassians Konzept des Koinobion kommt gerade zur rechten Zeit. Angesichts der sich verschärfenden wirtschaftlichen und sozialen Not, die (nicht nur, aber auch) infolge der Barbareneinfälle um sich greift und weite Teile der westlichen Bevölkerung erfasst, erweist es sich als attraktive Lebensperspektive. Statt Not, Verelendung und Abhängigkeit von den Launen der Mächtigen und von Zufällen ermöglicht es ein angstfreies Leben in Sicherheit und Gleichheit, und damit in Freiheit, und gibt dem einzelnen eine Lebensperspektive unter gleichgesinnten und einander wohlgesinnten Menschen, welche es ermöglicht, die eigenen Talente in positiver Weise zu pflegen und auszubauen und sich persönlich spirituell weiterzuentwickeln. Die Klöster werden zu Inseln der Freiheit und Gleichheit in einem Meer der Unfreiheit und Ungleichheit. Das Kloster ist nicht nur attraktiv für die unteren sozialen Schichten, sondern auch für die Oberschicht.[1688] Die Anziehungskraft des Klosters ist gross und hat in einzelnen Landstrichen sogar eine Magnetwirkung. Aufgrund der steigenden Anzahl von Klostereintritten von Sklaven sieht sich die Kirche schliesslich gezwungen, darauf zu reagieren: Das Konzil von Chalkedon von 451 beschliesst, dass ein Sklave nur mit Zustimmung seines Herrn in ein Kloster eintreten könne.[1689] Johannes Cassians Schriften finden in kurzer Zeit weite

---

schaffen, denn diese wird gem. Coll. 1.10 bestehen bleiben, aber wenigstens zu glätten. Innerhalb des Klosters soll sie jedoch nicht existieren. Damit setzt er der altmodischen pelagianischen Debatte über den Reichtum („De divitiis") ein Ende, denn der alte Unterschied zw. gutem Reichtum und schlechtem findet im Kloster keine Anwendung mehr, denn im Kloster gibt es keinen individuellen Reichtum. Vgl. Brown, 607.

1688 Vgl. Brown, 601 ff.

1689 Konzil von Chalkedon, can. 4. Vgl. Puzicha, RB-Komm., 107. Diese Zustimmung bedeutet letztlich Eigentumsverzicht des Sklavenhalters am Sklaven und somit dessen Freiheit. Dieser Konzilsbeschluss ist wichtig, damit die Klöster nicht zur Massenflucht von Sklaven Anlass bieten und somit keine Angriffe des Staates oder der Sklavenhalter provozieren. Gleichzeitig wird der rechtliche Status eines Mönchs innerhalb und ausserhalb der Klostermauern durch Vereinheitlichung geklärt. Die Bischöfe versuchen auf dem Konzil von Chalkedon, die Klöster, die es in grosser Zahl gibt, unter ihre Kontrolle zu bringen, was ihnen nur zum Teil

Verbreitung und werden zur Hauptquelle des abendländischen Möchtums.[1690] Seine Schriften werden sehr früh auch im griech. Osten gelesen, so dass sie sich schon in den ältesten Ausgaben der Apophthegmata Patrum gegen Ende des 5. Jhdt. finden.[1691]

1.2. Bei Benedikt von Nursia

Benedikt von Nursia folgt in RB 1 den vier Arten der Mönche, die Johannes Cassian beschrieben hat. Wie für diesen ist die erste und beste Form das Koinobitentum. In RB 1.13 beschreibt er die Koinobiten als die stärkste Mönchsart („coenobitarum fortissimum genus").

Klarer als noch bei Johannes Cassian beschreibt Benedikt in RB 1.2 die Koinobiten als Mönche, die (i) in einer klösterlichen Gemeinschaft sowie (ii) unter (a) einer Regel und (b) einem Abt leben.[1692] Benedikt beschreibt in RB 1.3 die Anachoreten, die nach Bewährung im Klosterleben hinreichend geschult den Einzelkampf in der Einsamkeit bzw. Wüste („ad singularem pugnam heremi") führen können und keinen Beistand anderer Mönche mehr brauchen. Dann erwähnt er in RB 1.6 die Sarabaiten, die in kleinen Gruppen leben, keine Regel kennen und unerfahren sind.[1693] Die vierte Mönchsart, die Benedikt erwähnt und beim Namen nennt, sind die Gyrovagen (RB 1.10).[1694] Damit ist eine Form des Wandermönchtums gemeint. Das Wandermönchtum verfolgt ursprünglich die asketische Heimatlosigkeit, die peregrinatio ad Christum. Es gibt aber viele Mönche, die ziellos umherziehen, sich weder in eine Gemeinschaft einfügen noch die Last des einsamen Lebens auf sich nehmen wollen und sich jeweils für drei oder vier Tage in verschiedenen Klöstern beherbergen lassen und dann weiterziehen.[1695] Ihr Lebenskonzept ist gem. Puzicha, „nie standzuhalten,

---

gelingt. Die Klöster leben in gewisser Weise in Konkurrenz zu den Bischöfen. Vgl. Grabner-Haider/Maier, 166.

1690 Walkens, 382, unter Verweis auf Cristiani: „Cassien est devenu la source principale du monachisme occidental."

1691 Dahlman, Fluidity, 288 ff.; Dahlman, Cassian, 97 ff. Auszüge seiner Schriften finden sich bereits in den ersten Ausgaben der Apophthegmata des 5. Jhdt.

1692 RB 1,2: „Primum coenobitarum, hoc est monasteriale, miltans sub regula vel abbate."

1693 RB 1.8 f.: „… pro lege eis est desideriorum voluptas, cum, quidquid putaverint vel elegerint, hoc dicunt sanctum est, quod noluerint, hoc putant non licere". Dt.: „… Gesetz ist ihnen, was ihnen behagt und wonach sie verlangen. Was sie meinen und wünschen, das nennen sie heilig, was sie nicht wollen, das halten sie für unerlaubt."

1694 Von griech. „γύρος", rund, Erdkreis, und lat. „vagare", umherziehen.

1695 Puzicha, RB-Komm., 94.

immer zu flüchten, so dass sie nie zur Reife kommen, sich nirgends engagieren, niemals bei sich selbst sind".[1696] Ihre Unbeständigkeit ist Zeichen der Acedia, der geistlichen Ruhelosigkeit, dem Mönchslaster schlechthin.[1697] Für Benedikt sind die Gyrovagen schlimmer als die Sarabaiten.[1698]

Benedikt verwendet wie Johannes Cassian den „Abba"-Begriff, verwendet ihn aber nicht für jeden vollendeten Mönch, sondern ausschliesslich für den Klostervorsteher: „abbas".[1699] Der Abt ist im Kloster Stellvertreter Christi[1700] und hat die Aufgabe, die Mönche zum Heil zu führen und dient als Vorbild.[1701] Er unterliegt der Klosterregel.[1702]

Für Johannes Cassian wie für Benedikt ist das Koinobion die „Kampfschule", wo man gestählt wird für den Einzelkampf des Anachoreten. Johannes Cassian nennt in Coll. 18.11 den Begriff „palaestra", die Kampfes- und Ringerschule. Der Begriff bezeichnet die Art des Handwerks („qualitas") und die Lehrinhalte bzw. die Regeln dieser Kunst („disciplina").[1703] Benedikt hat das direkt übernommen. Er bezeichnet das Kloster ausdrücklich als „Schule für den Dienst am Herrn" („dominici schola servitii"[1704]) und als „Werkstatt, in welcher das monastische Leben sorgfältig verwirklicht werden soll" („officina, ubi haec omnia opperetur"[1705]).

Im 5. und 6. Jhdt. wächst die Bedeutung einer schriftlich niedergelegten Regel. Die „regula", die das Leben der Mönche einer Gemeinschaft ordnet, wird zum Terminus technicus.[1706] Durch normative Texte, welche die Intention des Mönchtums weitergeben, kann man Auswüchsen, subjektiven Einschätzungen von Äbten und divergierenden geistlichen Strömungen begegnen; sie überleben den einzelnen Abt und ermöglichen eine langfristige einheitliche Praxis und Tradition. Soweit ersichtlich, wird erst bei Benedikt von Nursia eindeutig klar, dass auch der Abt unter der für alle Mönche verbindlichen Regel steht.[1707]

1696 Puzicha, RB-Komm., 94.
1697 Inst. 10.5 f.; Puzicha, ebda.
1698 RB 1.11: „... per omnia deteriores sarabaites".
1699 RB 1.2, 2, 63.13. Aus dem „abbas" entwickeln sich die Begriffe „abate" (Ital.), „abbé" (Franz.), „abbot" (Engl.) und „Abt".
1700 RB 63.13.
1701 RB 2.
1702 RB 3.7.
1703 Ziegler, Überlieferungen, 15.
1704 RB Prol. 45.
1705 RB 4.78.
1706 Ziegler, Überlieferungen, 15.
1707 Ziegler, Überlieferungen, 15; vgl. RB 3.7.

Bereits Johannes Cassian hat in den Inst. Kritik an schlechten Äbten geübt: „... dass den Klöstern meist Männer vorstehen, die die Regel der Väter nicht kennen und Äbte werden, bevor sie, wie es doch in der Ordnung wäre, sich als Schüler bekannt und bewährt hatten. Solche sind eben leichter geneigt, auf die Einhaltung ihrer eigenen Einfälle zu dringen, als sich einfach an die bewährten Grundsätze der Vorfahren zu halten."[1708] Dieses Risiko wird durch eine schriftliche Regel, die auch für den Abt gilt, reduziert.

Benedikt nimmt die Konzeption des Koinobion des Johannes Cassian auf und gibt ihr mit der RB Normcharakter. Somit erhält das Koinobion klare institutionelle Kontur nach aussen und nach innen. Das ist Benedikts Innovation. Er regelt das Leben im Kloster, gibt klare Ziele, Wertmassstäbe, Verantwortlichkeitsbereiche und Strukturen. Für die spirituelle Weiterentwicklung des Menschen verweist er auf Johannes Cassian. Mit der RB normiert er wesentliche Grund- und Verhaltensprinzipien für die Klostergemeinschaft, die im Laufe der Zeit Eingang in das säkulare Recht gefunden haben bzw. dort übernommen worden sind.[1709]

1.3. Fazit

In spiritieller Hinsicht halten sowohl Johannes Cassian[1710] als auch Benedikt[1711] die Anachorese zwar für eine gute mönchische Lebensform. Aber sie hat ihre Tücken darin, dass man äusserst diszipliniert mit sich umgehen muss (z.B. Tagesstrukturen, geistige Übungen, Gebet) und einen inneren Kampf führen muss, denn äussere Störung gibt es wenig; es gibt vielmehr die innere Störung durch negative Gefühle, Leidenschaften und Gedanken, mit denen man alleine fertigwerden muss. Das Eremitenleben ist deshalb gefährlich. Das Risiko zu versagen, ist beträchtlich. Erst wenn man eine lange Erfahrung im Koinobion gesammelt hat, kann man sich erlauben, die Anachorese zu leben, ohne zu versagen oder selber Schaden zu nehmen. Exemplarisch für die Schwierigkeit des Eremitenlebens gibt Johannes Cassian in Coll. 19 das Gespräch mit Abbas

1708 Inst. 2.3.5; Dt.-Übersetzung bei Puzicha, RB-Komm., 89 f.; Originaltext: „... quod plerumque seniorum institutionis expertes monasteriis praeesse audemus et abbates nos ante quam discipulos professi quod libitum fuerit statuimus, promptiores nostrorum inventorum exigere custodiam quam examinatam maiorum servare doctrinam".

1709 Das betrifft das moderne Verfassungs-, Verwaltungsrecht, Zivil- und Strafrecht.

1710 Coll. 18 und 19.

1711 RB 1.

Johannes wieder. Dieser Abbas Johannes hat dreissig Jahre in einem Kloster verbracht und schliesst sich dann einer Gemeinschaft von Eremiten in der Wüste an, wo er den Ruf der Heiligkeit erwirbt. Nach zwanzig Jahren geht er wieder zurück ins Koinobion mit der Begründung: „Doch weil die Reinheit der Einsamkeit, die ich genoss, manchmal unterbrochen durch die Sorge um die Dinge des Fleisches beschmutzt wurde, schien es mir vorteilhafter, ins Koinobion zurückzukehren, um die Erfüllung des einmal gefassten Entschlusses auf ebener Bahn zu erreichen, und weil Demut die Gefahr der Anmassung, zu Höherem berufen zu sein, verringert. Es ist ja besser, treu in kleinen als untreu in grossen Versprechungen zu sein".[1712] Die lat. Schüler des Johannes Cassian können die Moral der Geschichte kaum missverstehen: Wenn sich nicht einmal ein heroischer Ägypter der Einsamkeit in der Wüste gewachsen fühlt, wie soll dann ein Gallier annehmen können, dass er nach einem kurzen Training der Herausforderung des Eremitenlebens gewachsen sei.[1713]

In institutioneller und spiritueller Hinsicht ist das Koinobion der Anachorese überlegen, weil es sich nicht in Weltflucht und solitärer Lebensweise erschöpft, sondern ein Zuhause bietet, das sich Menschen mit einer gleichen Zielausrichtung zur gemeinsamen Zielerreichung geben. Das Gemeinschaftsleben bietet gegenseitigen Ansporn und Kontrolle, Hilfe, Schutz und Trost. Es ermöglicht trotz oder wg. einer genügsamen Lebensweise eine gewisse materielle Sicherheit, so dass sich die Mönche der Lektüre, dem spirituellen Wachstum widmen können. Das Zusammenleben im Koinobion ist daher das probate Mittel, gleichsam der Schlusspunkt des monastischen Lebens. Benedikt schreibt, man solle am besten bis zum Tod im Kloster bleiben („usque ad mortem in monasterio perseverantes").[1714] Diese Erfahrung

---

1712 Coll. 19.3: „[S]ed quia degustata eius puritas sollicitudine interdum carnalium rerum interpolate sordebat, recurrere ad coenobium commodius summatio consequeretur et minus de praesumptae sublimioris professionis humilitate periculum. melius enim est devotum in minoribus quam indevotum in maioribus promissionibus inveniri."

1713 Chadwick, 54.

1714 RB Prol. 49–50: „Wer aber im klösterlichen Leben und im Glauben fortschreitet, dem wird das Herz weit, und er läuft in unsagbarem Glück der Liebe den Weg der Gebote Gottes. Darum wollen wir uns seiner Unterweisung niemals entziehen und in seiner Lehre im Kloster ausharren bis zum Tod. Wenn wir so in Geduld an den Leiden Christi Anteil haben, dann werden wir gewürdigt, auch mit ihm sein Reich zu erben." (übers. bei Faust, RB, 13) – Im Original: „Processu vero conversationis et fidei dilatato corde inenarrabili dilectionis dulcedine curritur via mandatorum dei,

zeigt erst den Wert einer geistigen Gemeinschaftsinstitution wie jene des Klosters.[1715]

2. Äusserliche Begriffselemente

Benedikt verwendet in seiner RB die äusserlichen Begriffselemente, die auch Johannes Cassian beschreibt, z.B. die drei Grundpfeiler des monastischen Lebens (i) Gebet, (ii) Arbeit und (iii) Schriftlesung.[1716] In der RB präzisiert und verfeinert er sie und passt sie auf sein Kloster Montecassino an. Zusammenfassend kann Folgendes festgehalten werden:

1. *Kleidung*: Benedikt hat sie von Johannes Cassian übernommen. Er sieht aber Schuhe statt Sandalen vor sowie Hosen für Mönche, die auf Reisen sind. Die Materialien sind witterungsbedingt an Italien angepasst (RB 55).
2. *Verbindlichkeit der Regel*: Dies ist bei Benedikt klar geregelt. Auch der Abt muss die Regel einhalten. Die Regel als solche ist verschriftlicht und bleibt damit unverändert (statisches Element), während bei Johannes Cassian die Klosterregel nicht verschriftlicht ist, sondern der Abt als „lebende Regel" gilt. Damit kann die Regel immer Veränderungen unterliegen (dynamisches Element) (RB 3.7/11, RB 62.20).[1717]
3. *Struktur*: Bei Benedikt gibt es eine detaillierte Tages- und Nachstruktur, weil alle Mönche zusammenleben und auch ein in einem gemeinsamen Schlafsaal nächtigen. Bei Johannes Cassian verbringt der Mönch den Tag und die Nacht in seiner Zelle, was auch eine individuelle Struktur ermöglicht (RB 8, RB 41, RB 48).
4. *Tagesablauf* (Gebetszeiten, Arbeit, Lesung, Mahlzeit, Schlafen): Der Tagesablauf ist bei Benedikt sauber durchorganisiert (RB 8–18, RB 48).

---

ut ab ipsius numquam magisterio discidentes in eius docrinam usque ad mortem in monasterio perseverantes passionibus Christi per patientiam participemur, ut et regno eius mereamur esse consortes."

1715 Vgl. RB Prol. 46: „In qua institutione…".

1716 Ebenso Schütz, Profil, 36.

1717 Die RB bietet genügend Offenheit und Flexibilität für situations- und sachgerechte Entscheidungen. Der Abt muss sich aber an der verschriftlichten RB messen lassen. Bei Johannes Cassian gibt es eine klare Tradition und Gewohnheitsrecht. Der Abt ist nicht frei. Es geht aber Johannes Cassian darum, dass der Abt lebendes Vorbild ist und selber vorlebt, was er von anderen verlangt.

5. *Armut und Eigentumsverzicht*: Während bei Johannes Cassian der Novize bereits schon *vor* Klostereintritt arm sein muss („regelrecht sterilisiert vom Reichtum“[1718]) und das Kloster keine Schenkungen des Novizen akzeptiert, muss bei Benedikt der Novize erst *bei* Klostereintritt arm sein, weshalb das Kloster Schenkungen des Novizen akzeptiert (RB 58.24 bzw. RB 59.2–3, RB 33.3).
6. *Stabilitas*: Das Verbleiben in einer Gemeinschaft ist für beide Autoren wichtig. (RB 58.17). Benedikt erhebt das Prinzip der Stabilität zum Professinhalt.
7. *Funktionen / Ämter*: Benedikt und Johannes Cassian beschreiben die Ämter bzw. Funktionen Laienabt, Mönchspriester (RB 60, RB 62), Cellerar (RB 31), Dekane (RB 21), Pförtner (RB 66) und Mönchsversammlung (RB 3.3). Benedikt kennt aber, anders als Johannes Cassian, den Prior (RB 65), die Senpekten (RB 27.2), den Ältestenrat (RB 3.12) und den Rat gottesfürchtiger Mönche (RB 65.15).
8. *Gleichheit / Rangordnung*: Auch bei Benedikt sind alle Mönche einander gleichgestellt (RB 2.16, RB 3.7, RB 3.11, RB 64.20), hingegen kennt er ausdrücklich eine Rangordnung nach Klostereintrittt (RB 63).
9. *Mönchspriester*: Beide Autoren beschreiben das Mönchspriestertum. Allerdings erlässt Benedikt detaillierte Regelungen dazu (RB 60, RB 62).
10. *Gastfreundschaft*: Gleich wie Johannes Cassian kennt Benedikt die Gastfreundschaft. Er erlässt aber detaillierte Vorschriften (z.B. Fusswaschung RB 53.13, eigene Gästeküche RB 53.16).
11. *Aufnahme / Novizen* (Aufnahme von Novizen, freie Willensentscheidung, Lebensentscheidung des Individuums und der Gemeinschaft): Die Prinzipien sind gleich (vor Kloster warten, Gästebereich, Probejahr, Einkleidung). Bei Benedikt ist neu die Gestaltung des Noviziats (dreimaliges Vorlesen der Regel) und die Aufnahme, die in einem feierlichen Versprechen (RB 58.17) im Oratorium besteht. Das feierliche Versprechen bezieht sich auf Beständigkeit in der Klostergemeinschaft, klösterlichen Lebenswandel und Gehorsam. Benedikt erlässt auch spezielle Vorschriften für die Aufnahme von Kindern, Priestern und fremden Mönchen (RB 58–61).
12. Anleitung / Unterweisung (des jüngeren durch einen erfahrenen Mönch): Das Prinzip ist bei beiden Autoren gleich (RB 58.6); wie bei Johannes Cassian kann ein erfahrener Mönch u.U. zehn Schüler haben (Dekan: RB 21).

1718 Inst. 4.4; Brown, 604.

13. *Geistlicher Vater* (Seelenführer und Begleiter): Die Funktion ist bei beiden Autoren gleich (RB 46.5).
14. *Lesung / Weiterbildung*: Beide Autoren kennen die Lesung und das Prinzip der spirituellen Weiterbildung. Benedikt kennt die persönliche Lesung und, wie bei Johannes Cassian für die syrischen Klöster beschrieben, die Tischlesung. Er führt aber neu die gemeinsame obligatorische Abendlesung ein. Benedikt baut Zeit für die persönliche und gemeinsame Lesung in den Tagesablauf ein (RB 38, RB 42.2/5, RB 73.5).
15. *Dienst*: Das Prinzip, dass die Mönche einander dienen sollen, ist bei beiden Autoren gleich (RB 35, RB 38).
16. *Arbeit*: Den Grundsatz, dass der Mönch arbeiten soll (zum Erwerb des Lebensunterhaltes, zur Demutsschulung, zur spirituellen Erbauung und zur Unterstützung beim persönlichen Gebet) liegt bei beiden Autoren vor, Benedikt baut aber die Arbeitszeiten in den Tagesablauf ein (RB 48).
17. *Handwerk*: Die Prinzipien zum Handwerk stimmen bei beiden Autoren überein, Benedikt erlässt dazu detaillierte Regeln, die auch spirituelle Elemente umfasst. So hat der Handwerker demütig zu sein und sich auf sein handwerkliches Geschick nichts einzubilden (RB 57). Benedikt äussert sich ausdrücklich zur Höhe des Verkaufspreises landwirtschaftlicher und handwerklicher Produkte: Damit sich nicht das Laster der Habgier einschleiche, solle der Mönch das Erzeugnis immer leicht unter dem üblichen Marktpreis verkaufen (RB 57.7–8). Benedikt verbietet damit ausdrücklich das ökonomische Prinzip der Profitmaximierung.
18. *Werkzeug*: Die Anordnung, dass das Werkzeug und die Gerätschaften Eigentum des Klosters sind und sorgfältig gebraucht werden müssen, liegt bei beiden Autoren vor. Benedikt erlässt detaillierte Vorschriften (RB 32).
19. *Schlafen*: Gem. Johannes Cassian und Benedikt hatte jeder Mönch seine eigene Schlafstatt und nächtigt angezogen und umgürtet. Während bei Johannes Cassian der Mönch auf einer Matte auf dem Boden in seiner Zelle (oft in einem eigenen Raum) schläft, kennt Benedikt das eigene Bett, das Schlafen im gemeinsamen Schlafsaal (Dormitorium), die Nachtlampe im Schlafsaal und eine dezidierte Nachtordung (RB 22).[1719]

1719 Man könnte aus heutiger Sicht vom Schlafen im gemeinsamen Raum vielleicht überrascht sein. Das Schlafen in einem gemeinsamen Raum ist aber bis in die Neuzeit hinein für viele Menschen in Europa der Normalfall, v.a. im landwirtschaftlichen Milieu. Unter einem Dach leben mehrere Generationen. In Häusern mit nur einem Raum wird um den Herd herum geschlafen, auf Strohsäcken oder getrocknetem Laub, auf Matten und mit Wolldecken oder Tierfellen bedeckt.

20. *Sanktionen*: Die Sanktionsprinzipien sind bei beiden Autoren gleich (wesentliche Vergehen: Ungehorsam, Trotz, Murren, Unpünktlichkeit, Nachlässigkeit, Stolz, Unfrieden stiften; Ziel der Bestrafung: Besserung; Strafmass: leichte und schwere Strafen, zunächst die mildere Strafe; Busse/Strafe: Abbitte vor allen, Prostration, Vergebung, Segen, Ermahnung, Ausschliessung, Körperstrafe, Ausstossung). Insbesondere kennen beide das Prinzip, dass die Strafe stets zur Besserung verhelfen soll. Neu ist bei Benedikt das detaillierte Sanktionensystem zu den Tischregeln, zur Anmassung wie der Eigenmacht (RB 69, 70), dem Ungehorsam (RB 71.7 ff.) und zum Strafmass: Tadel (zunächst unter vier Augen, dann öffentlich, RB 23), leichte Strafe, schwere Strafe, Ausschluss und Ausstossung (RB 28.6, 71.9) und die Einführung des Schuldprinzips (Strafmass nach Schwere der Schuld, RB 24, und Einsichtsfähigkeit, RB 30).
21. *Austritt*: Beide Autoren kennen ähnliche Prinzipien zum Austritt aus dem Kloster (RB 29).

3. Innerliche Begriffselemente

Die innerlichen Begriffselemente des Johannes Cassian sind bei Benedikt praktisch alle gleichermassen vorhanden. Dazu zählt die Achtlasterlehre, die Askese, der „puritas cordis"-Begriff für die innere Haltung beim Gebet, die Stundengebetszeiten des Orients, das Ruhegebet und insb. die „formula pietatis" (Ps. 70.2). Die „formula pietatis" ist Benedikt so wichtig, dass er sie dreimal erwähnt (in RB 17.3, RB 18.1, RB 35.17) und zweimal vollständig zitiert (in RB 18.1, RB 35.17). Die „formula pietatis" wird zum obligatorischen Einleitungsps. zum Stundengebet erhoben und bei Antritt des Wochendienstes gebetet. Die zehn Demutsmerkmale („indicia humilitatis") des Johannes Cassian erweitert Benedikt zu zwölf Demutsstufen („gradus humilitatis").

Des Weiteren verweist Benedikt auf die Schriften des Johannes Cassian dreimal (in RB 42.3, RB 42.5, RB 73.5): dreimal erwähnt er die Coll. (in RB 42.3, RB 42.5, RB 73.5) und einmal die Inst. (in RB 73.5). Die Werke des Johannes Cassian bilden für Benedikt die Grundlektüre der monastischen Unterweisung.[1720] Er integriert sie, v.a. die Coll., in die Abendlesung (d.h. bei der Komplet,

---

Oft schlafen die Familienmitglieder nahe beieinander. Ein eigenes Bett gibt es i.d.R. nicht. Vgl. dazu z.B. Popovic/Marjianovic-Dusanovic/Popovic, 72 f. Insofern bietet das benediktinische Kloster, wo der Mönch ein eigenes Bett hat, höheren Komfort und grössere Privatsphäre.

1720 Puzicha, RB-Komm., 481.

RB 42.3–5).[1721] Benedikt verfolgt die Idee der intellektuellen und spirituellen Mönchsausbildung im Rahmen der kontinuierlichen menschlichen und geistigen Reifung.[1722] An Fastentagen wird in der Abendlesung ausschliesslich aus den Coll. gelesen (RB 42.5).

Benedikt folgt damit der bereits etablierten Praxis, Johannes Cassians Werke zu studieren, wie es z.B. in Lérins, in den cassianischen Klöstern Sankt Viktor und Sankt Salvator in Marseille, in den Juraklöstern von Roman, Lupizin und Eugend sowie im Kloster St. Maurice d'Agaune der Fall ist.

Zusammenfassend kann Folgendes festgehalten werden:

1. Askese und Einübung der *Tugend* durch Vermeidung der Hauptlaster schreiben beide Autoren vor. In RB 4.22–24 und RB 4.34–40 nimmt Benedikt die Lasterlehre des Johannes Cassian auf,[1723] die auf jene des Euagrios Pontikos zurückgeht (RB 4.22–24, RB 4.34–40, RB 4.51–54):[1724]
   - 1.1. Gaumenlust (gastrimargia)
   - 1.2. Unzucht (fornicatio)
   - 1.3. Habgier (filargyria)
   - 1.4. Zorn (ira)
   - 1.5. Traurigkeit (tristitia)
   - 1.6. Trägheit (acedia)
   - 1.7. Ruhmsucht (cenodoxia)
   - 1.8. Stolz (superbia).
2. *Discretio:* Das Prinzip ist bei beiden Autoren wichtig. Benedikt baut sie zur Richtschnur für Entscheidungen aus, ganz besonders für Entscheidungsträger und v.a. den Abt (RB 3, RB 64).
3. *Gebet:* Die Überlegungen zum Gebet sind bei beiden Autoren gleich. Benedikt bestimmt das cassianische Ruhegebet, die „formula pietatis" (Ps. 70.2), zum obligatorischen Einleitungsps. zum Stundengebet und als Hilfsgebet zum Wochendienst (RB 17.3, RB 18.1, RB 35.17).

1721 Benedikt sieht den Mönch in einem dynamischen Prozess, der Mönch als Lernender im Leben und im Glauben: „Processu vero conversationis et fidei dilatato …" (RB Prol. 48); vgl. auch Puzicha, RB-Komm., 80.

1722 Puzicha, RB-Komm., 81.

1723 So ausdrücklich Puzicha, RB-Komm., 143 f.

1724 Einzelne Laster finden sich auch in bestimmten Kontexten der RB. In Bezug auf die Askese unterscheidet sich die RB von den von Johannes Cassian als vorbildlich angeführten Bsp. einer radikalen Askese.

4. *Gebetszeiten:* Benedikt kennt das Stundengebet und seine Zeiten, wie es von Johannes Cassian für das orientalische Modell (Palästina, Mesopotamien) beschrieben wird.[1725] Dazu führt Benedikt weitere Regeln zu den Gebetszeiten ein (RB 8–18, RB 16.2).
5. *Äussere Haltung beim Gebet:* Wie Johannes Cassian schreibt auch Benedikt vor, dass man beim Psalmodieren im Oratorium steht (RB 18.6). Beim Gebet ist man gefasst und zeigt Ruhe, Ernst und Bescheidenheit (RB 22.6). Betet der Mönch ausserhalb des Klosters, soll er gem. Benedikt dazu die Kniebeuge machen (RB 50).
6. *Innere Haltung beim Gebet:* Beide Autoren verlangen beim Gebet die innere Haltung der Demut, Ehrfurcht und der „puritas cordis" (RB 19–20[1726]).
7. *Reines Herz:* Das reine Herz bzw. die Reinheit des Herzens ist bei beiden Autoren zentral (RB Prol. 49–50).
8. *Demut:* Wie bei Johannes Cassian ist bei Benedikt die Demut zentral. Benedikt baut die zehn cassianischen Kennzeichen („indicia") zu zwölf Stufen („gradus") der Demut aus (RB 7).
9. *Gottesfurcht, Gottesliebe und Nächstenliebe:* Diese Prinzipien sind beiden Autoren wichtig (z.B. RB 3.11, RB 7.10).
10. *Pünktlichkeit:* Wie Johannes Cassian ist Pünktlichkeit auch Benedikt wichtig. Benedikt erlässt dazu detaillierte Regeln (RB 43).
11. *Beharrlichkeit:* Beharrlichkeit ist beiden Autoren wichtig (RB 58).
12. *Kein Eigenwille:* Wie Johannes Cassian ist auch Benedikt wichtig, dass der Mönch keinen (schädlichen) Eigenwillen hat. Benedikt erlässt dazu detaillierte Anweisungen (z.B. keine Anmassung ["praesumptio"], RB 69–70).
13. *Gehorsam:* Gehorsam gegenüber dem Vorgesetzten und den anderen Mönchen ist bei beiden Autoren zentral (RB 5, RB 71).[1727]
14. *Dienen:* Das gegenseitige Dienen ist beiden Autoren wichtig (RB 71).
15. *Kein Murren:* Wie Johannes Cassian verbietet auch Benedikt das Murren, hingegen führt Benedikt das „berechtigte Murren" ein („iusta murmuratio", RB 41.5) zur Behebung offensichtlicher Missstände.[1728]

1725 In Ägypten wird gem. Johannes Cassian das immerwährende Gebet gepflegt, weshalb es – abgesehen vom Abend- und Morgengebet – keine Stundengebete gibt.

1726 RB 20.3 zur inneren Haltung beim Gebet. Benedikt verwendet auch Begriffe wie „devotio puritatis" (RB 20.2), „compunctio cordis" (RB 49.4) und „intentio cordis" (RB 52.4). Vgl. auch RB Prol. 10, 49; RB 3.7, 4.73, 5.17, 7.18, 19.7, 49.4, 52.4, 64.1.

1727 Benedikts Gehorsamsvorstellungen unterscheiden sich aber von jenen von Johannes Cassian als vorbildlich dargestellten Bsp. radikalen Gehorsams.

1728 Vgl. auch RB 34.4, 68.2. Dies ist in der gesamten Mönchstradition singulär. Vgl. Puzicha, RB-Komm., 474.

16. *Keuschheit:* Bei beiden Autoren ist Keuschheit wichtig. Damit ist nicht nur Absage an die Unzucht gemeint – nicht nur körperlich, sondern auch geistig (RB 4.59, 64; RB 22.5–7).[1729] Sie meint aber in erster Linie die lautere Gesinnung.[1730]
17. *Schweigsamkeit:* Für beide Autoren ist das Prinzip der Ruhe wichtig. Benedikt erlässt detaillierte Vorschriften („silentium“: RB 38.5, 48.5; „taciturnitas“: RB 6.2).
18. *Masshalten:* Bei Benedikt ist wie bei Johannes Cassian das Masshalten zentral; er erlässt detaillierte Regeln (RB 39, RB 40).
19. *Fasten:* Bei Benedikt ist wie bei Johannes Cassian das Fasten wichtig; er erlässt detaillierte Regeln (RB 41, RB 49).
20. *Kranke:* Während Johannes Cassian sich nur am Rande zur Krankenpflege äussert, erlässt Benedikt eine klare Verpflichtung zur Krankenpflege, bezeichnet Verantwortlichkeiten wie z.B. den Krankenpfleger, sieht ein spezielles Krankenzimmer vor und erlässt Regeln zur Nahrung und Waschung (RB 36, RB 39.11).
21. *Alte und Kinder:* Benedikt erlässt dazu eine Regelung (RB 37), während sich Johannes Cassian diesbezüglich nur allgemein äussert.
22. *Freude:* Das Prinzip der Freude ist für beide Autoren wichtig; Benedikt ruft ausdrücklich zur Freude auf (z.B. RB Prol. 49).
23. *Frieden:* Das Prinzip des Friedens ist für beide Autoren wichtig; Benedikt macht dazu eine klare Aussage, dass das Kloster ein Ort des Friedens ist (RB Prol. 17).

4. Benedikt verweist auf Johannes Cassian

An mehreren Stellen verweist die RB auf Johannes Cassians Werke als Grundlektüre.[1731] Für die tägliche Lesung am Abend schreibt Benedikt der Mönchsgemeinschaft die Lesung der Coll. vor, und zwar an Fastentagen immer.[1732] An normalen Tagen können neben den Coll. auch die Viten der Väter oder sonst etwas Erbauliches gelesen werden.[1733] Generell fordert er jeden Mönch zur Lektüre der Inst. und der Coll. auf.[1734]

1729 Vgl. Puzicha, RB-Komm., 156, 313, 317.
1730 Puzicha, RB-Komm., 156.
1731 Puzicha, RB-Komm., 770.
1732 RB 42.5.
1733 RB 42.3.
1734 RB 73.5.

Johannes Cassians Werke stellen die „Summe der östlichen Mönchsspiritualität“[1735] dar, bieten dem Mönch Hinweise zur täglichen Korrektur und erinnern ihn, wie er zu leben habe.[1736] Es kommen bei Johannes Cassian Themen einer asketischen und koinobitischen Mönchstheologie zur Sprache, die unmittelbar auf die RB eingewirkt haben.[1737] Benedikt schätzt Johannes Cassian nicht nur als Organisator, sondern als spirituellen Lehrer. Wie gezeigt, greift er an vielen Stellen auf Prinzipien zurück, die Johannes Cassian erwähnt.

Aus heutiger Sicht fällt auf, dass Benedikt in der RB die Werke von Johannes Cassian nennt, aber nicht den Autoren selbst, denn die Nennung des Autoren wäre nach heutigen Regeln üblich. Aber im 6. Jhdt. gelten andere Regeln.[1738] Die Inst. und Coll. des Johannes Cassian sind zum Zeitpunkt des Verfassens der RB bzw. schon davor so bekannt und geläufig, dass sie „offensichtlich zum Repertoire im 6. Jhdt.“[1739] im lat. Westen (aber auch im Osten)[1740] gehören und auch bei anderen Autoren und Klostergründern im Westen schon vor Benedikt direkte Beachtung und Verwendung finden, wie z.B. bei den Klostergründungen der Juraväter Roman und Lupizin gegen 450 – 20 Jahre nach Johannes Cassians Hinschied und 90 Jahre vor Benedikts Abfassung der RB – oder auch bei der königlich-burgundischen Klostergründung von St. Maurice d’Agaune im Jahre 515 – mithin 15 Jahre vor Benedikts Gründung seines Klosters Montecassino.[1741] Johannes Cassians Werke

1735 Puzicha, RB-Komm., 770.

1736 Puzicha, RB-Komm., 770.

1737 Puzicha, RB-Komm., 770.

1738 Vgl. dazu Dahlman, Fluidity, zur Übernahme von Texten, Zitierungen, Korrekturen von publizierten Texten usw.

1739 Puzicha, RB-Komm., 771, m.w.H.; so sind diese Werke wichtig für Fulgenz, Cassiodor oder die Juraväter Roman, Lupizin und Eugend und auch für Honorat, Klostergründer und Abt von Lérins und späterer Bischof von Arles, dem Johannes Cassian die Coll. 11–17 widmet (vgl. Vorw. dazu). Vgl. auch Chadwick, 39 und Puzicha, Lérins, 40.

1740 Vgl. Dahlman, Fluidity, und Dahlman, Cassian.

1741 Chadwick, 39; Puzicha, Lérins, 40; Frank, Juraväter, 20, Fn. 25 und 26. Auch der Verfasser der Vita Patrum Iurensium kennt Johannes Cassians Schrifttum, verwendet er doch teilweise dessen Material; vgl. Frank, Juraväter, 30 f., Fn. 16 und 48. Dieser Verfasser ist anonym. Die Forschung hat bislang ergeben, dass er die Vita um 520 verfasst haben dürfte, kurz nach dem Tode des Eugend und nach der Gründung des Klosters St. Maurice d’Agaune durch den Burgunderkönig Sigismund. Mönche aus dem Kloster Romainmôtier dislozieren bei der Gründung des Klosters St. Maurice dorthin, um das Klosterleben zu etablieren und dort zu leben.

sind so bekannt und geläufig, dass die Nennung des Autors völlig unnötig ist.[1742]

Allerdings mag vielleicht noch ein anderer Grund mitgespielt haben: An der lokalen Synode von Arausio (Orange) im Jahr 529, knapp hundert Jahre nach Johannes Cassians Tod und ein Jahrzehnt vor Benedikts Abfassung seiner Regel, kommt der Semipelagianismus zu Sprache und wird verurteilt. Johannes Cassian waren ein Jhdt. zuvor vom streitlustigen („nervosus")[1743] Prosper von Aquitanien semipelagianische Ansichten unterschoben worden. Johannes Cassian ist kein Semipelagianer, sondern steht Augustinus theologisch wesentlich näher als Pelagius. Auch ist es Johannes Cassian – und nicht Augustinus –, der von Papst Coelestin im Nestorstreit 430 gebeten wird, den römischen Standpunkt gegen Nestor und Pelagius zu schärfen, worauf er zu diesem Zweck die Schrift „De incarnatione Christi contra Nestorium" verfasst. Johannes Cassian betrachtet Nestor als Pelagianer und verwirft dessen Theologie stellvertretend für die lat. Kirche. Schliesslich beruft Kaiser Theodosios II. 431 das Ökumenische Konzil nach Ephesos ein, wo Nestors Christologie entsprechend verurteilt wird, worauf Nestor als Patriarch von Konstantinopel zurücktritt.

Die Ostkirche hingegen erkennt die Synode von Orange nicht an – und betrachtet Johannes Cassian auch nicht als „Semipelagianer", sondern ganz einfach als Vertreter der für die orthodoxe Theologie bedeutenden Lehre der Synergeia („συνέργεια"), die das Zusammenwirken der Gnade Gottes mit dem Willen des Menschen als selbstverständlich erachtet. Zudem wird Augustinus Prädestinationslehre im Osten abgelehnt, sofern und soweit man sie überhaupt zur Kenntnis nimmt. Die theologische Auseinandersetzung mit dem Pelagianismus oder Semipelagianismus ist auf die Westkirche begrenzt und in der Ostkirche kein Thema.

Obwohl Johannes Cassians Werke für das westliche Mönchtum und die kirchliche Spiritualität bereits zum damaligen Zeitpunkt zentral, massgebend und nicht mehr wegzudenken sind, kann Benedikt aus vielleicht opportunistischen Gründen darauf verzichtet haben, Johannes Cassian als Autor in der RB selbst zu nennen. Naheliegender erscheint aber, dass nur die Werknennung

---

Der Verfasser widmet die Vita den beiden Mönchen Johannes und Armentarius aus dem Kloster St. Maurice. Er dürfte um 490 wohl als puer oblatus in eines der Juraklöster aufgenommen worden sein; vgl. Frank, Juraväter, 7.

1742 Johannes Cassian wird mit seinem Werk identifiziert und sein Werk mit ihm. Man muss eigentlich nur noch das eine nennen, und das andere ist klar. Zudem sind die Inst. und die Coll. faktisch Gattungsnamen für das Klosterprogramm geworden.

1743 Brown, 620.

notwendig war, um den Autor zu meinen. Zudem differenziert Benedikt bei Johannes Cassians Werken: Die Inst. erwähnt er einmal (RB 73.5), die Coll. dreimal (RB 42.4, RB 42.3, RB 73.5), so dass es zu kompliziert erschienen wäre, jedes Mal auch noch den Autor ausdrücklich zu nennen, obwohl es jedem Leser klar ist, wer gemeint ist.

Immerhin ist in diesem Zusammenhang festzustellen, (i) dass Benedikt Johannes Cassian in der RB namentlich nicht erwähnt, nur seine Werke – obwohl der Autor aufgrund der fundamentalen Bedeutung seiner Schriften für das westliche Mönchtum eindeutig klar und damit eine Namensnennung für den Leser zwar unnötig und für Benedikt und seine Regel unschädlich ist und (ii) dass Johannes Cassians Schriften bereits Jahrzehnte zuvor in die wichtige ostkirchliche Anthologie „Apophthegmata Patrum" („Ἀποφθέγματα Γερόντων") aufgenommen worden sind – und zwar als einziger Autor aus dem lat. Westen und notabene unter Nennung des Autors.

5. Neue Elemente bei Benedikt

5.1. Allgemeine Elemente

Während die RB viele Themen enthält, die auch in den Schriften von Johannes Cassian wichtig sind, weist sie auch neue Elemente und andere Gewichtungen auf. Folgendes lässt sich festhalten:

1. Formal handelt es sich bei der RB nicht um eine Abhandlung, sondern um eine Regel mit klaren Normsätzen sowie Denk- und Handlungsmaximen. Diese tragen Vorschriftscharakter, obwohl in einzelnen Bereichen die RB auch programmatischen, reflektiven oder erklärenden Inhalt hat.
2. Benedikt verpflichtet den Mönch zum Studium der Schriften des Johannes Cassian.[1744]
3. Die Regel ist verbindlich nicht nur für alle Mönche,[1745] sondern auch für den Abt.[1746]
4. Die „formulat pietatis" des Johannes Cassian wird als Einleitungsps. für das Stundengebet und den Antritt des Wochendienstes verwendet.[1747]

1744 RB 73.
1745 RB 3.7, 7.55.
1746 RB 3.11, 64.20.
1747 RB 17.3, 18.1, 35.17.

5. Das Oratorium wird exklusiv als Ort des Betens gebraucht. Es gibt keine Mischnutzung des Raumes. Somit erhält das Oratorium eine spezielle sakrale Aura, die nicht durch andere Aktivitäten beeinträchtigt wird.[1748]
6. Bei Benedikt ist der Tagesablauf (Gebetszeit, Lesezeit, Arbeitszeit) durchstrukturiert. Die Zeiten für Gebet, Mahlzeit und Arbeit werden nach (allerdings verschiedenen) Jahreszeiten vorgegeben.[1749]
7. Profess und handschriftliche Urkunde des Novizen im Zusammenhang mit der Einkleidung als Mönch finden sich erst bei Benedikt.[1750]
8. Für die Novizen ist ein eigener Bereich („cella noviciorum") zum Lernen, Essen und Schlafen eingerichtet.[1751]
9. Zur guten Ausübung der Gastfreundschaft sieht Benedikt einen eigenen Speiseraum, eine eigene Gästeküche, zwei qualifizierte Gästeköche mit einjähriger Amtszeit und den Dispens vom Fastengebot für die mit den Gästen speisenden Mönche vor.[1752] Der Abt muss immer mit den Gästen essen, wenn es ihm möglich ist.
10. Für den Umgang mit der Aussenwelt sieht Benedikt vor, dass (i) die Gebetszeiten ausserhalb des Klosters die gleichen bleiben, (ii) zum Gebet ausserhalb des Klosters die Kniebeuge erfolgt,[1753] (iii) Mahlzeiten ausserhalb des Klosters grundsätzlich nicht eingenommen werden dürfen,[1754] (iv) Mönche für Reisen Hosen erhalten[1755] und (v) wie von einer Reise zurückkehrende Mönche durch Absolvierung eines Rituals zu ihrer spirituellen Reinigung wieder in die Gemeinschaft integriert werden.[1756] Als wichtiger Kontaktmann zur Aussenwelt wird ein älterer und weiser Mönch mit der Funktion des Pförtners betraut.[1757]

1748 Mischnutzung von Räumen ist sonst durchaus möglich und üblich. Vgl. ausdrücklich die „cella noviciorum", die für alles andere ausser Arbeit und Gebet genutzt wird, also u.U. für Lesung, Essen und Schlaf. Vgl. Puzicha, RB-Komm., 598 und 617.

1749 RB 8–18, 48.

1750 RB 58.17–19.

1751 RB 58.5. Benedikt ist der erste Regelverfasser, der die Novizen für die ganze Zeit ihres Noviziats von den Mönchen separiert; vgl. Puzicha, RB-Komm., 598 und 617.

1752 RB 53.10–17.

1753 RB 50.

1754 RB 51.

1755 RB 55.13.

1756 RB 67.3–6.

1757 RB 66.

11. Es gibt ein allgemeines Fasten, abhängig von der Jahreszeit, und nicht tägliches Fasten.[1758] Der Mönch soll während der Quadragesima ein zusätzliches persönliches Fastenziel verfolgen (d.h. ein Fastenopfer darbringen), das aber zur Vermeidung von Übertreibungen vom Abt bewilligt werden muss.[1759]
12. Zur Hauptmahlzeit werden täglich zwei gekochte Speisen und ein Becher Wein bzw. Wasser pro Mönch gereicht.[1760] Der Verzehr von Fleisch vierfüssiger Tiere ist untersagt und als Ausnahme den ganz Schwachen gestattet.[1761]
13. Benedikt kennt ein ausgebautes Sanktionensystem. Die Sanktionen bemessen sich nach persönlichem Verschulden („culpa"), Alter und Einsichtsfähigkeit („aetas vel intellectus") und zielen auf Besserung („emendatio") ab.[1762] Der Abt muss bei der Bestrafung stets Unterscheidungskraft („discretio"), Mässigung („moderatio") und Barmherzigkeit („misericordia") üben.
14. Benedikt regelt das Aufnahmeverfahren von neuen Mönchen, Kindern (Oblaten), Priestern und fremden Mönchen.[1763]
15. Obwohl die Mönche einander gleichgestellt sind, haben sie eine Rangordnung, die z.B. für ihren Gebetsplatz im Oratorium wichtig ist. Diese Rangordnung wird durch Eintrittsdatum bzw. -zeit bestimmt, kann aber vom Abt aufgrund von verdienstvoller Lebensführung verändert werden.[1764]
16. Bei Benedikt wird der Abt durch die Mönchsgemeinschaft gewählt und nicht wie noch bei Johannes Cassian vom amtierenden Abt designiert.[1765]
17. Benedikt kennt das Amt des Priors als Stellvertreter des Abtes.[1766]
18. Von Vorgesetzten verlangt Benedikt, dass sie die Regel vorbildlich und umso mehr einhalten (Quanto-magis-Prinzip).

1758 RB 41.

1759 RB 49.

1760 RB 39, 40.

1761 RB 39.11.

1762 RB 24.1: Nach der Schwere der Schuld („secundum modum culpae"); RB 30.1: Nach Alter und Einsicht gelten unterschiedliche Massstäbe („Omnis aetas vel intellectus proprias debet habere mensuras.").

1763 RB 58–61.

1764 RB 63. Vgl. aber schon Johannes Cassian in Coll. 16.14.

1765 RB 64.1.

1766 RB 65.

19. Benedikt verbindet Gottesfurcht („timor dei“) mit Rechenschaftsablage („rationem reddere“).[1767] Wer eine Vorgesetztenfunktion ausübt, muss gottesfürchtig sein, d.h. den Massstab Gottes bei seinen Entscheiden und seinem Verhalten berücksichtigen, und sich dessen bewusst sein, dass er für seine Entscheidungen, sein Tun und Unterlassen sowie für die ihm unterstellten Menschen vor Gott letztlich Rechenschaft ablegen muss.
20. Obwohl die Mönche sich zum Gehorsam verpflichtet haben und diesen pflegen, erlaubt Benedikt, dass dem Abt berechtigte Klagen und Wünsche vorgebracht werden können („iusta murmuratio“).[1768]
21. Bei Missständen im Kloster ist der Diözesanbischof zum Eingreifen verpflichtet.[1769]

5.2. Spezielle Elemente

Die säkulare Welt zeichnet sich aus durch die fortschreitende Verarmung ganzer Bevölkerungsschichten v.a. im lat. Westen. In der 2. Hälfte des 5. Jhdt. verfestigen sich die neuen germanischen Herrschaftsstrukturen in Britannien (angelsächsische Kleinkönige), Hispanien (Westgoten), Gallien (Franken und Burgunder), Italien und Dalmatien (Ostgoten) und Afrika (Vandalen). Italien wird im 6. Jhdt. von zwei grösseren Kriegen heimgesucht, dem Gotenkrieg (534–554), der zu Benedikts Lebzeiten stattfindet, und der langobardischen Invasion und Eroberung (568–605) Nord- und Mittelitaliens, d.h. zu Lebzeiten Papst Gregors d. Gr., des Autors der Benediktsvita.

Basierend auf den Werten des Johannes Cassian legt Benedikt Rechts- und Verfahrensprinzipien fest, die institutionenrechtlich fundamentale Bedeutung haben. Es ist eine seiner grossen Innovationen zur Gestaltung des langfristigen friedlichen Zusammenlebens von Menschen. Diese Prinzipien haben Wirkung auf die Mönche des Klosters. Die Regeln erweisen sich als innovativ und robust. Sie strahlen aus dem Kloster in die Welt hinaus. Sie bleiben bestehen, auch wenn sich die feudalen bzw. staatlichen Verhältnisse verändern. Im Laufe der Zeit werden diese Regeln über das kanonische Recht von säkularen Organisationen wie dem Staat in die eigene Normsetzung übernommen und über dessen Rechtsprechung verfeinert. Es entwickelt sich langsam der moderne Rechtsstaat. Dieser Prozess der Übernahme dauert Jahrhunderte. Erst der moderne

1767 RB 2.34/37–39.

1768 RB 41.5. Vgl. auch RB 34.4, 68.2. Dies ist in der gesamten Mönchstradition singulär. Vgl. Puzicha, RB-Komm., 474.

1769 RB 64.4.

Verfassungs- und Rechtsstaat übernimmt diese Prinzipien. Es handelt sich um Prinzipien und Regeln, die heute zu zentralen Grundsätzen des modernen Staats-, Verwaltungs-, Zivil- und Strafrechts gehören und teilweise sogar Verfassungsrang geniessen. Benedikt ist mit seiner Klosterregel indirekt einer der Wegbereiter zur Entwicklung des modernen Verfassungs- und Rechtsstaats.

5.2.1. Verbindlichkeit der Regel für alle Mönche – Gleichheit vor dem Gesetz

Die Regel ist gem. RB 3.7 und RB 7.55 verbindlich für alle Mönche[1770] – auch für den Abt, für den diese Maxime gleich zweimal separat erwähnt wird (in RB 3.11 und RB 64.20).[1771] Erst bei Benedikt wird, soweit ersichtlich, eindeutig klar, dass auch der Abt *unter* der Regel steht und nicht darüber.[1772] Dass der Abt die Regel einhalten muss, ist ein grosser Unterschied zum Verfassungsrecht des Römischen Reiches der damaligen Zeit (Dominat), wo der römische Kaiser dem Gesetz und der Rechtsprechung selber nicht unterworfen ist, sondern umgekehrt den Untertanen als Gesetzgeber („legislator") das Gesetz („lex") gibt (Gesetzgebung, „legislatio") und ihnen als oberster Richter („iudex") das Recht („ius") spricht (Rechtsprechung, „iurisdictio").[1773] Die RB gibt allen Mönchen gleichermassen Rechte und Pflichten auf; das gilt in noch stärkerem Masse für

1770 RB 3.7: „In omnibus igitur omnes … sequantur regulam …"; RB 7.55: „… nihil agat monachus nisi quod communis monasterii regula vel maiorum cohortantur exempla".

1771 RB 3.11: „Ipse tamen abba cum … observatione regulae omnia faciat…"; RB 64.20 „et praecipe ut praesentem regulam in omnibus conservet".

1772 Ziegler, Überlieferungen, 15; vgl. RB 3.7.

1773 Nach den einprägsamen Verfassungsgrundsätzen „princeps legibus solutus" (der Prinzeps ist von den Gesetzen befreit) bzw. „quod principi placuit, legis habet vigorem" (was dem Prinzeps gefällt, hat die Kraft eines Gesetzes). Vgl. eingehend dazu Behrend. Ein gutes Bsp. ist Kaiser Justinians Einführungskonstitution zu den Digesten, die constitutio „Tanta", wo steht: „Nemine audente comparare ea quae antiquitas habebat et quae nostra auctoritas introduxit" (zit. bei Kroppenberg, 121). – Auf Dt.: „Es wage niemand, das alte Recht mit dem zu vergleichen, was unsere kaiserliche Amtsgewalt eingeführt hat." Das ist ein klarer Normgeltungsbefehl, der verbindlicher und nachdrücklicher nicht sein kann. Ebenso Kroppenberg, 121. Nebenbei sei bemerkt, dass Athanasios von Alexandrien als einer der ersten Autoren die Trennung von Kirche und Staat forderte, Hamman/Fürst, 84. Ambrosius von Mailand ist demgegenüber der Meinung, dass der Kaiser nicht über der Kirche steht, sondern in der Kirche („imperator intra ecclesiam non supra ecclesiam est."), Hamman/Fürst 151, m.w.H.

die Verantwortungsträger. Die RB gibt dem Abt die Kriterien für seine Entscheidungen vor. Damit besteht Gleichheit vor dem Gesetz, d.h. der RB. Die RB ist getragen von Respekt vor dem Mitmenschen, der in Freude und Frieden in der Gemeinschaft leben können muss. Damit sind Prinzipien grundgelegt, die sich im modernen säkularen Recht als die Verfassungs- und Rechtsstaatsprinzipien der Menschenwürde (Art. 7 BV), der Gleichheit vor dem Gesetz (Art. 8 Abs. 1 BV), den Persönlichkeitsrechten des Menschen (Art. 27 ff. ZGB) und der Rechtsfähigkeit des Menschen (Art. 11 ZGB) manifestieren.

5.2.2. Das Verhältnismässigkeitsprinzip

Die RB lässt dem Abt einen grossen Entscheidungsspielraum. Bei seinen Entscheiden muss der Abt gem. RB 64.12 und RB 64.17 Discretio üben, also klug handeln und nicht zu weit gehen[1774] bzw. „vorausschauend und besonnen sein. Bei Entscheiden unterscheide er genau und halte Mass."[1775] Damit ist das Verhältnismässigkeitsprinzip des modernen Staats- und Verwaltungsrechts vorweggenommen (Art. 5 Abs. 2 BV).[1776]

5.2.3. Das Gleichbehandlungsgebot

Benedikt schreibt das Gleichbehandlungsgebot und das Willkürverbot vor. Das Gleichbehandlungsprinzip findet sich in RB 2.16–17 und RB 2.22. Begründet wird diese Gleichheit und Gleichwertigkeit der Mönche unter Verweis auf das NT durch ihre Gleichheit und Gleichwertigkeit vor Gott.[1777] Es spielt im Kloster keine Rolle, ob ein Mönch Freigeborener („ingenuus", „liber"), Freigelassener („libertus", „libertinus") oder Sklave („servus") ist bzw. war: Es sind alle gleich. Dies umfasst auch Themen der persönlichen Freiheit. Das Kloster ist für alle Schichten und Völker interessant. So treten in Benedikts Klöster in Subiaco und Montecassino nicht nur Römer ein – z.B. bringen vornehme Römer ihre

1774 RB 64.12: „... prudenter agat et ne quid nimis ...".

1775 RB 64.17: „in ipsis imperiis suis providus et consideratus, et ... opera, quam iniungit, discernat et temperet."

1776 Art. 5 Abs. 2 BV.

1777 RB 2.20: „... omnes in Christo unum sumus et sub uno domino aequalem servitutis militiam baiulamus, quia non est apud deum personarum acceptio." („... in Christus sind wir alle eins, und unter dem einen Herrn tragen wir die Last des gleichen Dienstes. Denn bei Gott gibt es kein Ansehen der Person.") Benedikt zitiert Gal. 3.28 und Röm. 2.11.

Söhne zu Benedikt[1778] –, sondern auch Goten.[1779] Goten und Römer leben als Gleiche unter derselben Regel, während sonst für die Römer römisches Recht und für die Goten ihr eigenes gilt.[1780] Auch für Angehörige der unteren Gesellschaftsschichten und für Sklaven ist der Eintritt in ein Kloster attraktiv, denn zumindest innerhalb des Klosters sind sie so frei wie jeder andere und gleichermassen ausgestattet mit Rechten und Pflichten. Das Konzil von Chalkedon von 451 beschliesst, dass ein Sklave nur mit Zustimmung seines Herrn in ein Kloster eintreten könne.[1781] Allerdings kann angesichts der allgemeinen sozialen Not und der Armut, die durch die Verheerungen des Landes und infolge der Hungersnot während des Gotenkrieges noch verstärkt werden und durch den damit einhergehenden allgemeinen faktischen Kontrollverlust nicht ausgeschlossen werden, dass, um zu überleben und ein neues Leben beginnen zu können, auch schollengebundene freie Kolonen und entlaufene Sklaven Zuflucht im Kloster suchen und finden, ohne ein Erlaubnisschreiben ihres Landverpächters bzw. einen Freibrief ihres Eigentümers, wie es das Konzil von Chalkedon 451 verlangt, vorweisen zu können.[1782]

1778 So bringt Euthicius seinen Sohn Maurus und der Patrizier Tertullus seinen Sohn Placidus. Vgl. Gregor d. Gr., Dial. 2, 3.14.

1779 Vgl. Gregor d. Gr., Dial. 2, 6. Benedikt nimmt einen Goten, der Mönch werden möchte, sehr bereitwillig („libentissime") auf. Diesem Goten, den Gregor d. Gr. in seiner Benediktsvita aber nicht beim Namen nennt, gibt Benedikt den Auftrag, Dornengestrüpp auszuhauen, um einen Garten pflanzen zu können. Dem Goten fällt aber das Sicheleisen in den See bei Subiaco. Als Benedikt dieses findet und ihm gibt, sagt er ihm den berühmten Satz: „Ecce, labora, et noli contristari." („Nun also, arbeite und sei nicht betrübt.") Ob er es ihm auf Lat. oder Gotisch gesagt hat, ist nicht überliefert. Es ist aber eher davon auszugehen, dass der Gote Lat. konnte. Die Episode zeigt eindrücklich auf, wie die beiden Völker bei Benedikt zusammenfinden. Vgl. dazu auch Puzicha, Vita-Komm., 184 ff.

1780 Das sog. Personalitätsprinzip, vgl. Kaser, Rechtsgeschichte, 135, 236.

1781 Konzil von Chalkedon, can. 4. Vgl. Puzicha, RB-Komm., 107. Diese Zustimmung bedeutet für den Sklavenhalter letztlich Eigentumsverzicht am Sklaven und somit dessen Freiheit. Dieser Konzilsbeschluss ist wichtig, damit die Klöster nicht zur Massenflucht von Sklaven Anlass bieten und so Vergeltungsmassnahmen seitens des Staates oder der Sklavenhalter provozieren. Gleichzeitig wird der rechtliche Status eines Mönchs innerhalb und ausserhalb der Klostermauern durch seine Vereinheitlichung geklärt.

1782 Der Beschluss can. 4 des Konzils von Chalkedon zeigt, dass die Rechtslage mit Sklaven einer Klärung bedarf. Bei einem entlaufenen Sklaven, der Mönch geworden ist, präsentiert sich die Rechtslage wohl so, dass er innerhalb des Klosters frei wie

Das Prinzip der Gleichheit vor Gott ist Türöffner für die Entwicklung der Menschenwürde („dignitas humana"), der Gleichheit des Menschen und der Freiheitsrechte.[1783] Damit ist auch das moderne verfassungsmässige Gleichbehandlungsgebot (Art. 8 Abs. 2–4 BV) grundgelegt.

5.2.4. *Das Willkürverbot*

Das Willkürverbot ist ausdrücklich vorgesehen in RB 63.2 („nec quasi libera utens potestate iniuste disponat aliquid"). Damit ist das moderne Willkürverbot des Staats- und Verwaltungsrechts vorweggenommen (Art. 9 BV).

5.2.5. *Das Differenzierungsprinzip*

Benedikt schreibt dem Abt (und damit den anderen Entscheidungsträgern) vor, bei Entscheidungen die Discretio, die Fähigkeit, genau zu unterscheiden, anzuwenden (RB 64.12, RB 64.17). Ungleichbehandlung ist u.U. gerechtfertigt; es braucht dafür aber immer einen vernünftigen Grund („rationabilis causa").[1784] Benedikt gibt auch Kriterien für eine mögliche Ungleichbehandlung vor, so sei für den Rang eines Mönchs sein Eintrittsdatum ins Kloster („conversionis tempus") oder seine verdienstvolle Lebensführung („vitae meritum") nach Massgabe des Abtes entscheidend.[1785] Damit ist das moderne Differenzierungsprinzip vorweggenommen, das sich durch höchstrichterliche Rechtsprechung zur Differenzierungsmaxime „Gleiches nach Massgabe seiner Gleichheit gleich behandeln, Ungleiches nach Massgabe seiner Ungleichheit ungleich behandeln" entwickelt hat.[1786]

5.2.6. *Die Entscheidbegründungspflicht*

Die Entscheidungen des Abtes müssen vernünftig,[1787] nachvollziehbar[1788] und ausgewogen sein, damit die Mönchsgemeinschaft nicht verwirrt wird und in

---

jeder andere Mönch ist, hingegen ausserhalb des Klosters seinen Sklavenstatus nicht verloren hat, ausser sein Eigentümer schenkt ihm die Freiheit.

1783 Vgl. zur historischen Entwicklung, Loretan, 57 ff., welcher darauf hinweist, dass „die Verteidigung der Menschenrechte als genuin christliches Anliegen" begriffen wird, 134. Vgl. auch Baumgarten, Freiheitsrechte, 163.

1784 RB 2.18.

1785 RB 63.1.

1786 Z.B. BGE 136 I 1 E. 4.1 S. 5 f.

1787 RB 2.18: „rationalis causa".

1788 RB 63.2: „Qui abbas non conturbet gregem sibi commissum".

Unruhe gerät.[1789] RB 63.2 spricht deutlich von ungerechten Anordnungen des Abtes („iniuste disponat"), die unbedingt zu vermeiden seien.[1790] Im modernen Staats- und Verwaltungsrecht sowie Zivilprozess- und Strafprozessrecht müssen Verwaltungsverfügungen und Gerichtsentscheide vernünftig begründet werden (Begründungspflicht, vgl. Art. 5 Abs. 2–3 BV, Art. 8–9 BV).

5.2.7. Das strafrechtliche Legalitätsprinzip

Die RB enthält einen Tat- und Strafkatalog, der zwar nicht als separater Strafteil konzipiert ist. Die Vergehen und Strafen finden sich über die RB verteilt. Das Legalitätsprinzip („nulla poena sine lege") des modernen Strafrechts (Art. 1 StGB) findet sich bereits im Ansatz in RB 3.10: „Quod si praesumpserit, regulari disciplinae subiaceat."[1791]

5.2.8. Das strafrechtliche Verschuldensprinzip

Das Strafmass ist nach Schwere der Schuld („culpa), Alter und Einsichtsfähigkeit („aetas vel intellectus") abzuwägen.[1792] Strafinstanz ist der Abt. Damit ist das moderne Schuldprinzip „nulla poena sine culpa" (Art. 47 Abs. 1 StGB) vorweggenommen.

5.2.9. Das strafrechtliche Besserungsprinzip

Das benediktinische Sanktionensystem ist differenziert und zielt stets auf Besserung („emendatio") des Täters ab.[1793] Der Abt soll als Strafinstanz stets uneigennützig („castum"), nüchtern („sobrium") und barmherzig („misericordem") entscheiden.[1794] Damit ist gleichzeitig gesagt, dass die mildere Strafe zu wählen ist, wenn diese zur Besserung führt. Dies ist gleichzeitig Ausdruck des Verhältnismässigkeitsprinzips. Programmatisch schreibt Benedikt in RB Prol. 36: „Deshalb sind uns die Tage dieses Lebens als Frist gewährt, damit wir

---

1789 RB 3.6, 63.3, 64.17; vgl. Puzicha, RB-Komm., 475.

1790 Puzicha, RB-Komm., 474 f.

1791 RB 3.10: „Geht aber einer in seiner Anmassung so weit, dann treffe ihn die von der Regel vorgesehene Strafe." Dieses Prinzip wird wiederholt in RB 32.5, RB 48.20, RB 65.19, RB 67.6 und RB 70.6.

1792 RB 24.1: Nach der Schwere der Schuld („secundum modum culpae"); RB 30.1: Nach Alter und Einsicht gelten unterschiedliche Massstäbe („Omnis aetas vel intellectus proprias debet habere mensuras.")

1793 RB 23.3: „Si non emendaverit…".

1794 RB 64.9.

uns von unseren Fehlern bessern."[1795] Nach der Busse oder Bestrafung muss der Mönch wieder Teil der Gemeinschaft sein können. Damit ist das Prinzip der Resozialisierung des modernen Strafrechts (Art. 75 Abs. 1 StGB), das auf Reintegration des Täters in die Gesellschaft abzielt,[1796] vorweggenommen.

5.2.10. *Institutionelle Selbstkontrolle*

Gemäss der RB dürfen die Mönche ihre Klagen und Wünsche dem Abt vortragen.[1797] Wie Puzicha erwähnt, könnte sich eine Klage auf eine dilettantische oder autoritäre Amtsführung, auf unausgewogene und intransparente Regelungen, auf mangelnde Hilfen, auf vermeidbare Belastungen und unkluge Forderungen, auf ungenügende Versorgung oder auf allgemeinen Gesprächs- und Klärungsbedarf richten.[1798] Damit kennt Benedikt einen Mechanismus der institutionellen Selbstkontrolle, d.h. dass es ein Instrument innerhalb des Klosters gibt, durch welches auf Missstände aufmerksam gemacht werden und Korrektur möglich werden kann.

Bei Unternehmen der Moderne zeigt sich das Prinzip der institutionellen Selbstkontrolle im Vorhandensein eines adäquaten internen Kontrollsystems (IKS), Compliance-Abteilungen und Whistleblower-Regelungen.[1799] Dies ist einerseits durch die Aufsichtsgesetzgebung verlangt, wie z.B. im Finanzmarktrecht (vgl. Art. 9 Abs. 1–2 FINIG,[1800] Art. 21 Abs. 1 FINIG[1801]), andererseits wird

1795 RB Prol. 36: „Ideo nobis propter emendationem malorum huius vitae dies ad indutias relaxantur." Vgl. auch RB Prol. 47.

1796 Besserung und Resozialisation des Täters sind Grundprinzipien des modernen Schweizer Strafrechts, vgl. Baumgarten, Strafrecht.

1797 RB 41.5: „Et sic omnia temperet adque disponat, qualiter et animae salventur et, quad faciunt fratres, absque iustam murmurationem faciant."

1798 Puzicha, RB-Komm., 474.

1799 Letztere Entwicklungsstufe ist der Schutz der Whistleblower: Die EU kennt seit dem 23. Oktober 2019 mit der EU-WB-RL einen Whistleblower-Schutz, die Schweiz hingegen nicht, da die Schweizer Vorlage zur Revision des Arbeitsvertragsrechts am 5. März 2020 im Parlament gescheitert ist (Parlamentsgeschäft Nr. 13.094).

1800 Art. 9 Abs. 1–2 FINIG: „Das Finanzinstitut muss angemessene Regeln zur Unternehmensführung festlegen und so organisiert sein, dass es die gesetzlichen Pflichten erfüllen kann. Es identifiziert, misst, steuert und überwacht seine Risiken einschliesslich der Rechts- und Reputationsrisiken und sorgt für wirksame interne Kontrollen."

1801 Art. 21 Abs. 1 FINIG: „Vermögensverwalter und Trustees müssen über ein angemessen ausgestattetes Risikomanagement und eine wirksame interne Kontrolle verfügen, die unter anderem die Einhaltung der rechtlichen und unternehmensinternen Vorschriften gewährleistet (Compliance)."

es durch Eigeninitiative einer Unternehmung eingeführt. Ziel ist es, allfällig bestehende Missstände oder Regelverstösse innerhalb einer Unternehmung zu verhindern, aufzudecken und zu korrigieren, dies zur Vermeidung bzw. Verminderung von Aufsichts- oder Haftungsrisiken.[1802]

5.2.11. *Externe Institutsaufsicht*

Bei Missständen in einem Kloster muss der Diözesanbischof gem. RB 64.4–5 von aussen eingreifen und die Ordnung wiederherstellen.[1803] Benedikt erwähnt in RB 64.3 sogar den Fall, dass die Mönchsgemeinschaft einmütig einen schwachen oder charakterlosen Abt wählt.[1804] In diesem Fall sind der Bischof, die Nachbaräbte und die Christen der Nachbarschaft zum Handeln aufgerufen.[1805] Das Handeln muss aus selbstlosen Motiven („caste et zelo")[1806] und darf nicht in Verfolgung eigener Machtansprüche erfolgen.[1807] Benedikt integriert die disziplinäre Gewalt des Ortsbischofs über den Abt in die RB – eine Kompetenz, die ein paar Jahre, bevor Benedikt die RB verfasst, per Konzilsbeschluss festgelegt worden ist (zunächst am 1. Konzil von Orléans von 511 und bestätigt am 2. Konzil von Orléans von 533).[1808] Damit spricht Benedikt auch die Beziehung

1802 Zentrale Begriffe der Compliance sind „prévention", „détection" und „réaction".

1803 Puzicha, RB-Komm., 684. RB 64.4–5: „et vitia ipsa aliquatenus in notitia episcopi, ad cuius diocesim pertinet locus ipse, vel ad abbates aut Christianos vicinos claruerint, prohibeant …, sed domui dei dignum constituant dispensatorem." („Kommen etwa solche Missstände dem Bischof der betreffenden Diözese zur Kenntnis oder erfahren die Äbte oder Christen der Nachbarschaft davon, so sollen sie [diese] verhindern; vielmehr sollen sie für das Haus Gottes einen würdigen Verwalter bestellen.") RB 64.6: „peccatum, si neglant". (Wer nicht handelt, macht sich mitschuldig).

1804 RB 64.3: „omnis congregatio vitiis suis … consentientem personam pari consilio elegerit".

1805 Vgl. das Bsp. bei Lepori, der über die regelwidrigen Zustände berichtet, die in der Abbaye d'Hauterive, eine Zisterzienserabtei in der Schweiz, im 15 Jhdt. existiert haben. Diese Zustände haben eine Untersuchung durch zwei Äbte des Zisterzienserordens erforderlich gemacht, deren Ergebnisse in einem Untersuchungsbericht (Visitationscharta) von 1486 festgehalten sind.

1806 RB 64.6.

1807 Puzicha, RB-Komm., 685.

1808 Puzicha, RB-Komm., 684. Bereits das Konzil von Chalkedon versucht, die Klöster unter die Kontrolle der Bischöfe zu stellen, was aber nur zum Teil gelingt. Vgl. Grabner-Haider/Maier, 166.

des Klosters zur Ortskirche, zu den Nachbarklöstern sowie die Verantwortung der Gemeinden füreinander an.[1809]

Das Prinzip der externen (staatlichen) Aufsicht findet sich im modernen säkularen Recht etwa im Finanzmarkt- und Revisionsaufsichtsrecht.[1810] Danach üben staatliche Behörden die Aufsicht über Finanzunternehmen (Finanzmarktaufsichtsrecht), Buchprüfungsfirmen (Revisionsaufsichtsrecht) und Verwertungsgesellschaften (Urheberrecht) aus. Diese Behörden sind dafür verantwortlich, dass alle Marktteilnehmer richtig organisiert sind, nach den gleichen Regeln handeln und die entsprechenden Gesetze einhalten. Sie können auf eigene Initiative oder auf Anzeige hin aktiv werden, Untersuchungen einleiten und Massnahmen verfügen, um den ordnungsgemässen Zustand wiederherzustellen.[1811]

5.3. „Liberté, Egalité, Fraternité"

Art. 2 Abs. 4 der Verfassung der Französischen Republik v. 4. Oktober 1958 lautet: „La devise de la République est 'Liberté, Egalité, Fraternité'."

Zumindest die Begriffe „Egalité" („aequalitas") und „Fraternité" („fraternitas") sind einzeln und als Begriffspaar klösterlichen Ursprungs.[1812] Darauf,

---

1809 Puzicha, RB-Komm., 684 f.

1810 Art. 1 Abs. 1 FINMAG: „Der Bund schafft eine Behörde für die Aufsicht über den Finanzmarkt nach folgenden Gesetzen …"; Art. 1 Abs. 1 RAG: „Dieses Gesetz regelt die Zulassung und die Beaufsichtigung von Personen, die Revisionsdienstleistungen erbringen."

1811 Im modernen weltlichen Recht findet sich das Prinzip der externen Aufsicht und Kontrolle im Finanzmarkt- und Revisionsaufsichtsrecht. Als Bsp. kann die Schweizer Finanzmarktgesetzgebung erwähnt werden, z.B. das Versicherungsaufsichtsgesetz, das Bankgesetz oder das FINIG, das Versicherungsvertragsgesetz, Finanzdienstleistungsgesetz, das Finanzinfrastrukturgesetz oder das Kollektivanlagegesetz (Gesetze, die die Voraussetzung für eine Bewilligung und den Betrieb eines Finanzinstituts sowie die Regeln für die Teilnahme am Finanzmarkt festlegen), das Finanzmarktaufsichtsgesetz (ein Gesetz, das die Kompetenz und Organisation der Aufsichtsbehörde und Grundsätze der Finanzierung, der Unabhängigkeit und der Zusammenarbeit mit anderen Behörden [z.B. Straf- oder Steuerbehörden] festlegt) oder das Verwaltungsverfahrensgesetz (ein Gesetz, das Bestimmungen zum Verfahren vor einer Aufsichtsbehörde) regelt. Interessant ist die Feststellung, dass die meisten Gesetze in diesen Rechtsbereichen erst in den ersten beiden Jahrzehnten des 21. Jhdt. eingeführt oder zumindest erheblich revidiert worden sind. Das FINIG ist z.B. in Kraft seit dem 1. Januar 2020, das RAG seit dem 1. Januar 2007. Das URG ist etwas älter und in Kraft seit dem 1. Juli 1993.

1812 Vgl. „aequalitas" in RB 2.22 und „fraternitas" RB 72.8.

dass das Kloster ein Ort der Freiheit ist, ist schon eingegangen worden. Das Motto „Liberté, Egalité, Fraternité" wird während der franz. Revolution von revoltierenden Bevölkerungskreisen beschworen, allerdings als eine von vielen Revolutionsdevisen. Es erstaunt nicht, dass diese Devise während beider franz. Kaiserreiche verpönt gewesen ist. Oft in Frage gestellt, hat sie sich schliesslich während der Dritten Französischen Republik (1870–1940) durchgesetzt. Der klösterliche Beigeschmack der „fraternité" ist im 18. und 19. Jhdt. im laizistisch gedachten Staat nach franz. Façon allerdings nicht unumstritten gewesen.[1813]

5.4. „Verklösterlichung" der säkularen Welt

Die oben beschrieben Institutsregeln der allgemein Regelverbindlichkeit, der Verhältnismässigkeit, des Gleichheitsgebotes und des Willkürverbotes usw. aber auch das Schuldstrafrecht und Besserungsziel einer Bestrafung haben sich im Kloster entwickelt, in einer Institution, die als Gegenwelt zur säkularen Welt errichtet worden ist. Die Institutsregeln bewähren sich über Jhdt. in der klösterlichen Lebenspraxis. Sie strahlen aus.[1814] Der moderne Rechtsstaat hat diese klösterlichen Prinzipien als Rechts- und Verfahrensprinzipien übernommen, allerdings nicht sofort, sondern erst nach langer Zeit. In diesem Sinne hat die säkulare Welt einen Prozess der „Verklösterlichung"[1815] durchlaufen. Indem der Staat schliesslich in der Lage und willens ist, wichtige Prinzipien des Klosters zu kopieren und zu verinnerlichen, hat er diese Prinzipien in seinem Zuständigkeitsbereich allen Menschen zugänglich machen können.[1816]

Es wäre interessant, im Detail zu untersuchen, warum der Übertragungsprozess dieser wichtigen Grundregeln vom Kloster auf den Staat so lange, etwa

---

1813 Vgl. weitere Informationen auf der Website des franz. Ministère de l'Europe et des Affaires étrangères.

1814 Müller, 50, spricht von einem osmotischen Prozess der gegenseitigen Beeinflussung des säkularen und kirchlichen Regelsystems.

1815 Notabene nicht Verkirchlichung, denn das Kloster ist nicht Weltkirche.

1816 Umgekehrt kann das staatliche Recht auch auf das klösterliche Leben einwirken. Vgl. Loretan, 195 ff.; Baumgarten, Freiheitsrechte, 163, spricht von Rückkopplungseffekten. Die Trennung von Kirche und Staat ist vordergründig und vielfach gar nicht oder nur teilweise erfolgt. Der franz. Staat ist laizistisch (vgl. Art. 1 S. 1 der franz. Verfassung vom 4. Oktober 1958: „La France est une République indivisible, laïque, démocratique et sociale."). Gem. Art. 72 Abs. 1 BV sind für die Regelung des Verhältnisses zw. Kirche und Staat die Kantone zuständig. Eine echte formale Trennung von Kirche und Staat ist aber nur in den Kantonen Genf und Neuenburg verwirklicht. Vgl. Müller, 100; Baumgarten, Rechtsstaat, 84 ff.

eineinviertel Jahrtausend (vom 6. Jhdt. bis zum 19./20. Jhdt.), gebraucht hat und erst ab dem 19. Jhdt. richtig Fahrt aufgenommen hat – wobei sich diese Prinzipien in vielen europäischen Staaten erst nach dem 2. Weltkrieg durchgesetzt haben. Es kann wohl nicht an der klösterlichen Abgeschottetheit gelegen haben, sondern eher an den politischen und rechtlichen Entwicklungen in der säkularen Welt (z.B. Feudalstaat, Absolutismus, Diktaturen). Während dieser langen Zeit ist die Welt im Kloster eine völlig andere als ausserhalb; sie ist wesentlich moderner, gleicher, freiheitlicher, solidarischer, friedlicher. Es lässt sich mit Fug und Recht konstatieren, dass bereits im 6. Jhdt. Menschen nach Rechtsgrundsätzen, welche man als durch und durch modern bezeichnen muss, gelebt haben: die Mönche.

Es ist festzuhalten, dass vorliegende Gedanken nicht als abschliessend zu betrachten sind. Vielmehr stellen sie ein Denkmodell dar, das einer noch genaueren Betrachtung wohl wert ist.

Teil VI. Ergebnisse

Zentral für das christliche Mönchtum ist das Jesuswort: „Wenn du vollkommen sein willst, geh und verkaufe, was du hast, und gib es den Armen, und du wirst einen Schatz im Himmel haben; dann komm und folge mir nach“ (Mt. 19.21).[1817]

Vollkommen („τέλειος“, „perfectus“) wird, wer Jesus nachfolgt. Wer Jesus nachfolgen möchte, soll daran arbeiten, ein reines Herz zu bekommen („puritas cordis“) und innerlich ausgeglichen und gut zu werden. Dies kann erlangt werden, indem man sein Leben auf Gott ausrichtet und dadurch spirituell wächst. Zunächst soll man sich frei machen von körperlichen und geistigen Abhängigkeiten. Diese Unabhängigkeit oder Freiheit kann man erlangen durch asketische (genügsame) Lebensweise, demütige (dankbare, bescheidene) und positive (freudige) Lebenseinstellung, Vermeidung böser Gedanken (z.B. Habgier, Stolz), Worte (z.B. Prahlerei, Lügen) und Taten (z.B. Diebstahl, Misshandlung anderer) und eine regelmässige Kommunikation (Gebet) mit Gott. Gott unterstützt den Menschen in diesem Prozess; er muss es nicht, aber er tut es gnadenhalber, weil er den Menschen liebt. Durch Gottes Unterstützung wird man innerlich gestärkt und frei von körperlichen und gedanklichen Abhängigkeiten. Das wiederum gibt Raum für spirituelles Wachstum und die stärkere Ausrichtung auf Gott. Ein reines Herz zu haben, ist das erste Ziel („destinatio“, „scopon“), mit welchem das Endziel („finis“, „telos“), nämlich das ewige Leben mit Gott, erreicht werden kann.[1818]

1817 Mt. 19.21 griech.: „ἔφη αὐτῷ ὁ'Ιησοῦς· εἰ θέλεις τέλειος εἶναι, ὕπαγε πώλησόν σου τὰ ὑπάρχοντα καὶ δὸς [τοῖς] πτωχοῖς, καὶ ἕξεις θησαυρὸν ἐν οὐρανοῖς, καὶ δεῦρο ἀκολούθει μοι.“ – „Ait illi Iesus: 'Si vis perfectus esse, vade, vende quae habes, et da pauperibus, et habebis thesaurum in caelo; et veni, sequere me.'“ (Vulgata).

1818 Coll. 1.5: „Euer erstes Ziel besteht gewiss in der Reinheit des Herzens, euer letztendliches Ziel aber ist das ewige Leben“ (Ziegler, Coll. Trad., 67). Im Originaltext: „habentes quidem scopon vestrum in cordis puritate, finem vero vitam aeternam.“ Johannes Cassian verwendet in Coll. 1.2 die griech. Begriffe, allerdings Lat. geschrieben, „telos“ für das Endziel („finis“) und „scopon“ für das Etappenziel („destinatio“): „Omnes… artes ac diciplinae scopon quendam, id est destinationem, et telos, hoc est finem proprium habent …“ – „Alle Künste und Wissenschaften haben ein bestimmtes erstes, vorläufiges Ziel und ein letztes höchstes Ziel.“ (Ziegler, Coll. Trad., 64).

Um das zu erreichen, leben die Mönche nach einem neuen Wertekanon. Dazu gehören Demut, Askese (Besitz, Nahrung, Kleidung, Arbeit, Wohnung), Armut, Keuschheit, Masshalten, Gebet, Tugendhaftigkeit, Dienen und Gehorsam, Ernsthaftigkeit, Beharrlichkeit, Hingabe, Sorgfalt, Vertrauen und Respekt, einfache Arbeit, Beständigkeit in der Gemeinschaft.

Die spirituelle Weiterentwicklung ist in erster Linie eine geistige Angelegenheit. Um sich spirituell entwickeln zu können, bedarf es der Fokussierung auf ein Ziel. Störende Ablenkung muss vermindert und bestenfalls ausgeschlossen werden. Ablenkung kann sich ergeben durch äussere Faktoren wie z.B. Lärm oder Bewegung und durch innere Faktoren wie z.B. störende Gedanken. Um die äussere Ablenkung zu reduzieren, verlässt der Mönch die Stadt oder das Dorf und begibt sich in die Einsamkeit. Aber auch in der Einsamkeit ist Ablenkung möglich, nämlich durch störende Gedanken. Es geht darum, die eigenen Gedanken unter Kontrolle zu bringen. Dabei hilft das Gebet. Aus der Welt zurückgezogen, kann der Mönch ganz alleine für sich leben, als Eremit bzw. Anachoret, oder in Gemeinschaft mit anderen Mönchen. Das Leben in der Anachorese bietet Gefahren, die sich z.B. im Verlust der Gedankenkontrolle und in schlechten Stimmungen wie Trägheit („acedia"), Traurigkeit („tristitia") oder im Stolz („superbia") zeigen, die unkontrolliert wuchernd letztlich den einsamen Mönch übermannen, verrückt werden lassen und zerstören können. Um sich diesem erheblichen Risiko nicht auszusetzen, ist es zielführender, sich mit anderen Mönchen zusammenzutun und in Gemeinschaft zu leben. Das erhöht den Schutz vor äusseren Gefahren wie Naturgewalt und Überfall und vor inneren Gefahren des Kontrollverlustes. Das Gemeinschaftsleben bietet gegenseitigen Ansporn und Kontrolle, Hilfe, Schutz und Trost. Es ermöglicht trotz oder wg. einer genügsamen Lebensweise eine gewisse materielle Sicherheit, so dass sich die Mönche der Lektüre, dem spirituellen Wachstum widmen können. Das Zusammenleben im Koinobion ist daher das probate Mittel, gleichsam der Schlusspunkt des monastischen Lebens.

Die Mönche im Koinobion verfolgen das gleiche Ziel und leben nach dem gleichen ethischen Wertemassstab (Content). Um diesen Wertmassstab zu perpetuieren, braucht es innere Ausbildung und Übung. Dies wird durch einen äusseren Rahmen (Setting) garantiert. Dafür werden Regeln für die Ordnung des Koinobions erlassen. Diese Ordnung hat zwei Wirkungen: (i) Sie ermöglicht das spirituelle Wachstum des Mönchs in der Gemeinschaft und (ii) schützt (a) den einzelnen Mönch innerhalb der Gemeinschaft und (b) die Gemeinschaft nach aussen.

Das Koinobion wird nach dem Modell der Jerusalemer Urgemeinde, insb. nach dem Prinzip der Gleichheit, der individuellen Armut und des gemeinschaftlichen Besitzes aufgebaut. Das Koinobion ist eine Gegenwelt zur säkularen. Es gelten andere Massstäbe und Werte. Johannes Cassian erschafft die wesentlichen Grundlagen des klösterlichen Zusammenlebens (Gleichheit, Brüderlichkeit, Armut, Askese usw.) sowie den spirituellen Lehrplan (z.B. Achtlasterlehre, Tugendlehre). Die Idee und das Programm des Koinobitenklosters ist damit definiert.

Darauf basierend, gibt Benedikt dem Koinobitenkloster mit einer schriftlichen Regel normative Struktur. Er verfestigt damit einerseits den Rahmen: Er erschafft z.B. klare Tagesstrukturen und geregelte Abläufe und legt die Kompetenzen des klösterlichen Führungspersonals fest. Andererseits kommen bestimmte ethische Prinzipien nun besser zur Geltung: Seine Regel hat eine programmatische Zielsetzung, lässt Ermessensspielraum für konkrete Entscheidungen, gibt aber dafür ethisch motivierte Leitplanken bzw. Entscheidungsrichtlinien vor. Damit werden die allgemeinen ethischen Grundsätze für die Praxis im Gemeinschaftsleben konkretisiert. Das macht die Regel beständig und geschmeidig zugleich.

Benedikt verdeutlicht die Prinzipien der Gleichheit, gibt Massstäbe für Entscheidungen. Dazu zählen das Verhältnismässigkeitsprinzip, das Gleichbehandlungsgebot, das Willkürverbot, das Differenzierungsprinzip, die Entscheidbegründungspflicht, Prinzipien der Institutskontrolle (institutionelle Selbstkontrolle und bischöfliche Institutsaufsicht), das strafrechtliche Legalitätsprinzip, das Schuldstrafrecht und das Prinzip, dass Strafen der Besserung dienen müssen. Diese Prinzipien gelten innerhalb der Mönchsgemeinschaft und werden über die Zeit durch die Praxis verfeinert. Schliesslich strahlen sie aus dem Kloster in die säkulare Aussenwelt hinaus: Wichtige Prinzipien der klösterlichen Lebens- und Friedensordnung werden als Rechtsgrundsätze ins Staats-, Verwaltungs- und Strafrecht übernommen und ausgebaut. Allerdings braucht es für diesen Übernahmeprozess viele Jhdt. Damit erweist sich die RB als eine der ersten Normtexte der westlichen Welt, der als modern gelten kann. Umgekehrt ist die RB als heutiger Normtext einer der ältesten der westlichen Welt, der als solcher ununterbrochen und unverändert seit dem 6. Jhdt. bis heute in Rechtskraft ist. Somit ist die von Johannes Cassian entwickelte und von Benedikt strukturierte Gegenwelt gegenüber der damaligen säkularen spät- und poströmischen Welt zur Normwelt von heute geworden. Damit ist aber nicht eine Weiterentwicklung der Klosterregeln gemeint, denn diese bestehen unverändert seit dem 6. Jhdt., vielmehr eine Anpassung der säkularen Welt an die rechtlich-spirituellen Prinzipien des Klosters bzw. eine Übernahme derselben. Die säkulare Welt hat sich im Laufe der Zeit an die normativen Klosterprinzipien angepasst bzw. diese kopiert und in weltliches Recht integriert und dem Staat und der Allgemeinheit zunutze gemacht. Das Verdienst der Klosterinstitution ist es, diese cassianischen und benediktinischen Prinzipien in die Praxis umzusetzen und zu verfeinern. Das Verdienst des modernen Rechtsstaates ist es, diese Prinzipien allen Menschen in seinem Zuständigkeitsgebiet zugänglich zu machen. Allerdings ist diese Wirkung erst in der Zeit nach dem 2. Weltkrieg eingetreten.

Rein organisatorisch dient das Kloster als Modell für andere Organisationen, wo Menschen über längere Zeit zur gemeinsamen Tätigkeit zusammenkommen (z.B. zu Ausbildungs-, Forschungs-, Heilungs- oder Arbeitszwecken).

Im Einzelnen

Das Konzept des Instituts des Koinobitenklosters für den Westen stammt von Johannes Cassian. Die Klostergemeinschaft ist eine Einheit mit klarer Kontur nach innen und nach aussen. Von Benedikt stammt die Normierung der Klosterinstitution durch eine schriftliche Klosterregel. Die Konturierung der Klosterinstitution (Content und Setting) wird damit verfestigt und perpetuiert. Die ethisch motivierten Prinzipien entfalten ihre Wirkung im Kloster und strahlen über das Kloster hinaus in die säkulare Welt, wo sie schliesslich in ihre Normen rezipiert werden.

Der lat. Westen hat von der Institutionenlehre des Johannes Cassian aus dem Osten Entscheidendes gelernt. Als Oströmer hat Johannes Cassian in Palästina und Ägypten das Mönchtum kennengelernt, in den Metropolen Konstantinopel und Rom als Kleriker gewirkt und schliesslich in Marseille zwei Klöster gegründet und geleitet. Er gehört damit in einer stark heidnisch geprägten römischen Welt zur christlichen Avantgarde.[1819] Erst auf Anfrage hat er seine Werke schriftlich verfasst, notabene auf Lat. und somit für jedermann im Westen lesbar, und damit das Mönchtum vom griech. Osten in den lat. Westen transferiert und im Westen sowohl institutionell als auch spirituell auf ein tragfähiges Fundament gestellt, auf welchem seither das westliche Mönchtum basiert. Johannes Cassian ist zweisprachig. Er ist tief im griech. Denken der Theologie und Philosophie verwurzelt und vermag mit seinen lat. Schriften, (i) nicht nur für den Westen neue Lebensakzente und spirituelle Zielvorgaben (Mönchtum) zu setzen, sondern auch (ii) Bekanntheit und Anerkennung im wesentlich weiter entwickelten Osten zu finden. Er ist der einzige Schriftsteller

---

1819 Nicht zu vergessen ist, dass die Gebiete Nord- und Mittelgalliens sowie Britanniens in dieser Zeit von heidnischen Germanen verheert werden, die von Jesus von Nazareth und dem Christentum noch nie etwas gehört haben.

aus dem lat. Schrifttum, der Aufnahme in die wichtigen orthodoxen Anthologien „Apophthegmata Patrum" („'Αποφθέγματα Γερόντων" bzw. „Gerontikon", „Γεροντικόν") und Philokalie („Φιλοκαλία") gefunden hat. Er ist eine Brücke zw. griech. Ostrom und lat. Westrom. Johannes Cassian gilt als das Fundament des westlichen Mönchtums: „Because of his familiarity with both East and West and their theological developments, Cassian became a bridge to connect the two traditions and was an instrumental translator of … some of the important Eastern ascetical works into Latin.", führt Nguyen aus.[1820] Und Beasley-Topliffe erklärt: „John Cassian lived for many years among the monks and hermits of the desert, absorbing their wisdom. Then he summarized it and arranged it for the benefit of Christians attempting to live in community in western Europe. In this way he became a living bridge between the mothers and fathers of the desert and the nuns and monks of medieval Christendom."[1821]

Benedikt übernimmt die wesentlichen Punkte von Johannes Cassian. Die Mönchsgemeinschaft wird gem. Benedikt von einem Vorsteher (Abba, Abt) verantwortlich geführt. Der Abt untersteht selber der Regel[1822] und muss durch seine Lebensführung als Vorbild dienen, wie es in RB 2.12 vom Abt gefordert ist („Er mache alles Gute und Heilige mehr durch sein Leben als durch seine Reden sichtbar.").[1823] Für ihn gelten sogar noch höhere Anforderungen, wie RB 2.30 festhält: „Wem mehr anvertraut ist, von dem wird mehr verlangt" (Quanto-magis-Prinzip).[1824] Die Gemeinschaft lebt in einer klaren Struktur: Tagesablauf, Pünktlichkeit, gemeinsame Gebete, gemeinsame Mahlzeiten, Arbeit und Aufgabenverteilung. Gewisse Aufgaben sollen berufenen und fähigen Personen zur

---

1820 Nguyen, xii.

1821 Beasley-Topliffe, 5.

1822 RB 3.11, 64.20.

1823 RB 2.12: „id est omnia bona et sancta factis amplius quam verbis ostendat".

1824 RB 2.30: „quia cui plus committitur, plus ab eo exigitur". Das Quanto-magis-Prinzip bedeutet, dass, wer über andere gestellt ist, sich umso mehr um die Einhaltung der Regel befleissigen und als Vorbild für die anderen dienen müsse. Benedikt schreibt dies ausdrücklich in RB 65.17 auch für den Prior vor: „quia, quantum praelatus est ceteris, ita eum oportet sollicitius observare praecepta regulae." Vgl. Puzicha, RB-Komm., 181. Dieser Grundsatz findet sich in der RB auch an anderen Orten wie in 60.5 (Priester) oder 62.3 (Priester). RB 2.30 ist ein allgemeiner Grundsatz, der sich auf alle Führungspersonen bezieht. Auch wenn man der Ansicht wäre, dieser Satz gelte nur für den Abt, dann könnte der Abt dieses Prinzip immer noch innerhalb des Klosters auf alle anderen Führungspersonen zur Anwendung bringen, z.B. bei der Auswahl, Amtsführung, Kontrolle und Sanktionierung des Führungspersonals.

verantwortlichen Ausübung übertragen werden. So kennt Benedikt verschiedene Funktionen wie den Abt, Prior, Cellerar, Pförtner, Gastbruder, die beiden Gästeköche, Krankenbruder, die Dekane, Wochendienst für alle Brüder (in der Küche, am Tisch, als Tischleser), den Rat der Brüder. Der Abt und die anderen Entscheidungsträger müssen bei ihren Entscheidungen so entscheiden, wie Gott nach seinen Massstäben entscheiden würde (Prinzip der Gottesfurcht, „timor dei"),[1825] und letztlich ihm Rechenschaft für das eigene Tun und Unterlassen sowie der ihnen unterstellten Menschen abgeben („rationem reddere").[1826] Der Abt wird zunächst vom Gründer oder Amtsinhaber designiert (so noch bei Johannes Cassian[1827]), dann von den Mönchen gewählt (bei Benedikt[1828]). Im Rahmen ihrer Askese leben die Mönche in Gütergemeinschaft, persönlich arm, enthaltsam, in Gehorsam gegenüber dem Abt und untereinander,[1829] sind an die Gemeinschaft gebunden („stabilitas") und dienen einander.[1830] Der Mönch verrichtet seine Aufgabe mit Hingabe, Sorgfalt[1831] und Eifer im Guten.[1832] Die Mönche sind einander gleichgestellt („aequalis"),[1833] haben aber einen Rang („ordo") gem. dem Zeitpunkt ihres Klostereintritts.[1834] Zum spirituellen Ausbildungsprogramm gehören Tischlesungen bei den Mahlzeiten,[1835] zur Komplet,[1836] das Einzelstudium,[1837] der Unterricht und die Lebensbegleitung durch einen erfahrenen Mönch (geistlicher Vater, „spiritalis senior"[1838]) sowie die Beichte. Unterrichtet werden die Bibel, die Bibelkommentare, die Viten der Kirchen- und Wüstenväter und die Texte von Johannes Cassian und Basileios d. Gr.[1839] Die

---

1825 RB 7.10.

1826 Vgl. RB 2.34/37–39, 64.7.

1827 Inst. 4.28; Coll. 4.1; vgl. Puzicha, RB-Komm., 680 ff.

1828 RB 64.1.

1829 RB 58.7/17; 68.1; 71; 72.6.

1830 RB 2.31; 35.1/6/13; 36.1/4/7/10; 38.11; 53.18.

1831 RB 2.33; 21.2; 27.1/5; 31.9; 36.7; 47.1; 53.15; 71.4.

1832 RB 72.

1833 RB 2.16 ff. und insb. 2.22; vgl. Puzicha, RB-Komm., 105 ff. Der Abt kann aber Veränderungen in der Rangfolge vornehmen (RB 61.11/12, 62.6, 63.1). Kleriker haben ausserhalb des liturg. Bereiches keine Bevorzugung und haben den Rang ihres Eintritts. Vgl. RB 60.7 und vgl. Puzicha, RB-Komm., 649 f.

1834 RB 63; vgl. Puzicha, RB-Komm., 668 ff.

1835 RB 38.

1836 RB 42.3/5.

1837 RB 48.13.

1838 RB 46.5.

1839 RB 42.3/5, 73.2–5.

Klöster werden zu einer Schule für Spirituelles,[1840] eine Bildungsstätte für Wissenschaftliches (Theologie, Philosophie, Literarisches, Naturwissenschaften)[1841] und eine Werkstätte für Handwerkliches.[1842] Die spirituelle Bildung und Weiterbildung richtet sich nach der Anleitung des Johannes Cassian auf: Demut,[1843] Askese, regelmässiges („Stundengebet")[1844] oder permanentes Gebet (Ruhegebet, „formula pietatis"),[1845] Ausgeglichenheit und Herzensreinheit („puritas cordis"),[1846] Gehorsam und Dienen,[1847] Vertrauen und Respekt, Gottesliebe („amor" und „dilectio")[1848] und Menschenliebe („dilectio" und „caritas").[1849]

Das Koinobitenkloster ist nicht nur im Osten eine äusserst erfolgreiche Institution geworden, sondern wird es dank Johannes Cassian und Benedikt auch im Westen. Das Koinobitenkloster prägt im Westen die Spätantike, das Mittelalter und die Moderne. Wesentlich dazu beigetragen hat Benedikt von Nursia mit seiner für seine letzte Klostergründung Montecassino lat. verfassten Klosterregel. Mit der RB verfeinert er den normativen Rahmen (Setting), den er von Johannes Cassian übernimmt, und gibt wesentliche neue Impulse, während er im Hinblick auf den spirituellen Unterricht (Content) den Anregungen Johannes Cassians nichts hinzufügt, sondern direkt auf ihn verweist. Über die Benediktsvita des Papstes Gregor d. Gr. findet die RB weite Verbreitung. Schliesslich bewährt sich die RB und kann sich gegenüber anderen Klosterregeln durchsetzen, indem sie an den Aachener Synoden (816–819) unter dem Einfluss des Benedikt von Aniane zur verbindlichen Klosterregel für alle Klöster im Fränkischen Reich und später zur massgebenden Klosterregel für den gesamten Westen wird.

Die Institution des Klosters als eine Stätte, in der Gleichgesinnte zusammenkommen, um in Gemeinschaft ihr Ziel zu verfolgen und zu erreichen, und

---

1840 Prol. RB, RB 4–20.

1841 Vgl. das Kloster Vivarium des Cassiodor, in welchem griech. Texte ins Lat. übersetzt und alte Schriften kopiert werden. Grabner-Haider/Maier, 168.

1842 RB 57.

1843 RB 4/7.

1844 RB 8–18.

1845 RB 17.3, 18.1, 35.17.

1846 RB 19–20; RB 20.3 zur inneren Haltung beim Gebet. Benedikt verwendet auch Begriffe wie „devotio puritatis" (RB 20.2), „compunctio cordis" (RB 49.4) und „intentio cordis" (RB 52.4). Vgl. auch RB Prol. 10, 49; RB 3.7, 4.73, 5.17, 7.18, 19.7, 49.4, 52.4, 64.1.

1847 RB 2.31, 35.1/6/13, 36.1/4/7/10, 38.11, 53.18, 58.7/17, 68.1, 71, 72.6.

1848 RB Prol. 49, RB 4.21.

1849 RB 4.2/31, 35.6, 53.3, 64.3, 66.4, 71.4, 72.10.

um Anregungen, Austausch, Hilfe und Kontrolle zu erhalten, erweist sich von Anfang an bis heute als äusserst erfolgreich. Mit der Klosterregel hat sich das Kloster eine eigene Verfassung, ein eigenes Regelwerk gegeben. Das Regelwerk der Klöster und deren Umsetzung, die ethisch-spirituellen Wertmassstäbe, die über lange Zeit eingeübte und verfeinerte Praxis, das intellektuelle Vermögen der Mönche, die Unterscheidungsfähigkeit (Discretio) und die Managementfähigkeit der klösterlichen Amtsträger sowie die damit einhergehende respektvolle Behandlung der Menschen erweisen sich angesichts der politischen Verrohung im Westen mit seinen Wirrnissen in der Spätantike, den Fehden kleiner oder grösserer Feudalleute im Mittelalter und dem Absolutismus über viele Jhdt. als ein Segen für die Menschen im Kloster sowie für jene, die das Glück haben, von einem Kloster abhängig zu sein. Die Institution des Klosters erweist sich gegenüber den staatlichen Strukturen als weit überlegen, da die Klosterregel die Ambition hat, den Menschen respektvoll und willkürfrei zu behandeln, so dass willkürliche oder missbräuchliche Behandlung in einem oder durch ein Kloster viel seltener stattgefunden haben dürfte als durch feudalherrliche bzw. staatliche Behörden. Denn dort besteht nicht einmal die Ambition, die Menschen respektvoll zu behandeln, sie sind ja Untertanen und werden als Ressource gesehen. Während im Kloster Gleichheit der Menschen besteht, existiert in der säkularen Welt Ungleichheit, rechtlich sanktioniert durch Formen der Ständegesellschaft, durch rechtliche Abhängigkeiten wie Hörigkeit, Leibeigenschaft oder Sklaverei. Auch ist der Rechtsgrundsatz „Stadtluft macht frei“ aus dem 11. Jhdt. symptomatisch für bestehende staatliche Unfreiheitssysteme. Für den Mönch erweist sich das Kloster als ein Ort bescheidener materieller Sicherheit, der äusseren und inneren Freiheit und des Lernens, ein Ort ohne Knechtung und Drangsal. Das heisst umgekehrt natürlich nicht, dass im Kloster immer alles bestens funktioniert.[1850]

Interessant ist festzuhalten, dass die Klosterregel als solche und die Institution des Klosters an sich von praktisch sehr vielen säkularen Machthabern in Europa in ihren jeweiligen politischen Einflusssphären (räumlich und zeitlich) bis in die moderne Zeit respektiert worden sind.[1851] Das Kloster als ein Zuhause

1850 Wie Lepori unter Verweis auf einen Untersuchungsbericht von 1486 über die Missstände in der Abbaye d'Hauterive, eine Zisterzienserabtei in der Schweiz, zeigt.

1851 Staatliche Klosterauflösungen gibt es aus unterschiedlichen Gründen (Reformation, Josefinismus, Revolutionen, Kulturkampf im 19. Jhdt.). Als Ergebnis des Kulturkampfes hatte die alte BV in Art. 52 die Errichtung neuer und die Wiederherstellung aufgehobener Klöster oder religiöser Orden verboten. Diese Bestimmung ist 1973 ersatzlos gestrichen worden.

für Menschen mit gleicher Zielausrichtung und gemeinsamer Zielverfolgung hat Ausstrahlungskraft in zweierlei Hinsicht:

(i) Als Institution, wo Menschen dauerhaft zusammenkommen, um sich gemeinsam einer bestimmten Tätigkeit zu widmen, hat das Kloster Modell- und Vorbildcharakter für Errichtung, Organisation und Betrieb anderer Institutionen wie z.B. im Bildungsbereich (Gymnasien, Konvikte, Colleges, Boarding Schools, Universitäten), im Spital- und Pflegebereich (Hospize, Beginenkonvente, Spitäler, Pflegeheime) und im Wirtschaftsbereich (Manufakturen, Werkstätten, Fabriken, Verwaltungsgebäude). Einige dieser Einrichtungen sind aus dem Kloster selbst erwachsen, betreiben doch Klöster seit alters Schulen, Herbergen, Hospize und Spitäler;[1852] für andere ist das Kloster ein Modell (z.B. für die Universitäten). Prägend dafür ist bereits Basileios d. Gr., der nicht nur zwei Mönchsregeln, die für die Entwicklung der östlichen Koinobitenklöster grundlegend geworden sind, verfasst hat, sondern auch in Caesarea sozial-karitative Einrichtungen wie ein Hospiz (Heim für Fremde und Durchreisende), ein Altenheim, ein Spital mit einer Abteilung für ansteckende Krankheiten und ein Schulinternat errichtet hat.[1853]

(ii) Die Verfahrens- und Rechtsprinzipien, die Benedikt – basierend auf den Ethik-Standards von Johannes Cassian – in die Klosterregel aufnimmt, dienen als Vorbild für säkulare Organisationen wie z.B. den Staat. Wie aktuell und wirkmächtig die Ideen Johannes Cassians und Benedikts sind, zeigt sich daran, dass erst der moderne Rechtsstaat, der sich nach dem 2. Weltkrieg in Europa durchzusetzen beginnt, willens und in der Lage ist, die benediktinischen Rechts- und Verfahrensprinzipien nicht nur ins säkulare Recht zu übernehmen, sondern sie auch um- und durchzusetzen. Dabei ist zu denken an (a) verfassungsmässige Grundregeln wie Gleichheit vor dem Gesetz, Rechtsfähigkeit, Verhältnismässigkeitsprinzip, Gleichbehandlungsgebot, Willkürverbot, Differenzierungsprinzip,

---

1852 Grabner-Haider/Maier, 1268.

1853 Diese Einrichtungen werden vom Volk „Basilias" genannt. Vgl. Hamann/Fürst, 102 und 107 und Puzicha, RB-Komm., 640. Mit der 2020 erfolgten Gründung des Thinktanks „The New Institut" in Hamburg verweist der Gründer Erck Rickmers auf das Modell des Klosters, wenn er auf der Website ausführt: „But from the outset I had envisaged a new institute, a kind of secular monastery, a place to congregate and share ideas. We needed a home." Vgl. https://thenew.institute/en/who#founder, besucht am 21.03.2021.

Begründungspflicht von Entscheidungen,[1854] (b) Instrumente der betriebsinternen Aufsicht und Kontrolle, die Missstände zur Sprache und dann zur Korrektur bringen kann wie der Mechanismus der institutionellen Selbstkontrolle[1855] und die externe Institutsaufsicht durch Aufsichtsbehörden, wie sie im Finanzmarktrecht, im Revisionsaufsichtsrecht und im Urheberrecht existiert, und (c) Strafrechtsprinzipien wie die Resozialisierung als Ziel der Bestrafung des Täters, das Legalitätsprinzip „nulla poena sine lege" („keine Strafe ohne Gesetz") und das Schuldprinzip „nulla poena sine culpa" („keine Strafe ohne Schuld"). Alle diese Rechtsstaatsprinzipien sind bereits in der Klosterregel des Benedikt grundgelegt. Einzelne dieser Grundprinzipien gehen sogar auf Basileios d. Gr. zurück wie das Gleichheitsprinzip, die Menschenwürde oder das Legalitätsprinzip.[1856]

Die nachhaltige Wirkung der Institution des Koinobitenklosters auf die säkulare Aussenwelt liegt in der Erarbeitung und Anwendung von Lebens- und Rechtsprinzipien, die auf dem ethisch-spirituellen Fundament des gegenseitigen Respekts der Menschen untereinander und der inneren und äusseren Gleichheit und Freiheit jedes Menschen beruhen. Die Institution Kloster ist, nachdem sie sich einmal etabliert und im Lebensalltag bewährt hat, als Modell kopierfähig geworden. Allerdings braucht die säkulare Welt noch viele Jhdt., bis sie selber im rechtlichen Bereich so weit entwickelt ist, um diese Grundprinzipien in das staatliche Recht zu integrieren. Der feudale und absolutistische Staat ist dazu nicht in der Lage gewesen. Als ein berühmtes Bsp. für übergriffiges Verhalten durch feudalherrliche Behörden noch Jhdt. nach Abfassung der RB kann der Schweizer Befreiungsmythos angefügt werden: Gegen 1291 – ein Dreivierteljahrtausend nach der Niederschrift der RB durch Benedikt um 540 – werden die Menschen immer noch schlecht behandelt: Conrad Baumgarten und Wilhelm Tell, zwei berühmte Helden der Schweizer Befreiungsliteratur, haben keine Lust, die Übergriffe der landesherrlichen Behörden wie Hausfriedensbruch und Belästigung der Frauen[1857] zu erdulden bzw. einen auf eine Stange gesteckten Hut des Vogtes mit Kniebeuge und barhäuptig zu grüssen.[1858] Sie

---

1854 Prinzipien, die im Staat teilweise Verfassungsrang haben, vgl. Art. 5, 8 und 9 der BV.

1855 Die Schweiz kennt keinen Whistleblower-Schutz, weil die Gesetzesvorlage zur Revision des Arbeitsvertragsrechts am 5. März 2020 im Parlament gescheitert ist (Parlamentsgeschäft Nr. 13.094). Die EU kennt seit dem 23. Oktober 2019 mit der EU-WB-RL einen Whistleblower-Schutz.

1856 Hamman/Fürst, 103.

1857 Schiller, V. 90–97, 128–133.

1858 Schiller, V. 393–401.

wehren sich.[1859] Und selbst noch Jhdt. später werden Menschen vom Staat entehrt und respektlos behandelt oder eine solche Behandlung toleriert. Dies trifft auch auf die negativen Effekte der industriellen Revolution zu, wo der Staat für den Schutz der Arbeiter (z.B. Kinderarbeit, Arbeitnehmerschutz, Arbeitszeiten, Ferien, Unfallversicherung usw.) zunächst lange Zeit nichts unternimmt. Während im Kloster jedes Mitglied, d.h. jeder Mönch bzw. Nonne, gleichberechtigt ist, ist demgegenüber bis in die jüngste Vergangenheit nicht jedes Mitglied eines Staatsvolkes gleichberechtigt gewesen. Der Amerikanische Bürgerkrieg von 1861–1865 entzündet sich an der Frage der Sklaverei. Das Frauenstimmrecht ist in der Schweiz auf Bundesebene erst 1971[1860] eingeführt worden. 1981 folgte die generelle Gleichberechtigung von Mann und Frau[1861]. Bis 1981[1862] sind in der Schweiz „[z]ehntausende von Kindern und Jugendlichen in Heimen fremdplatziert, in landwirtschaftliche und gewerbliche Betriebe verdingt oder im Rahmen administrativer Massnahmen in geschlossene Anstalten, zum Teil sogar ohne Gerichtsbeschluss in Strafanstalten, eingewiesen worden“, schreibt der Bundesrat in seiner Botschaft v. 4. Dezember 2015 zur Wiedergutmachungsinitiative.[1863] Mit dem AFZFG ist am 1. April 2017 ein Gesetz in Kraft getreten,

1859 Es geht hier nicht um die Frage der Historizität der behördlichen Übergriffe, sondern um deren Plausibilität. Schiller hat das Drama „Wilhelm Tell“ in den Jahren 1803/1804 verfasst. Das Drama ist am 17. März 1804 am Weimarer Hoftheater uraufgeführt worden. Der Erfolg des Dramas zeigt, dass Schiller mit dem Stoff den Nerv der Zeit und das Interesse des Publikums des frühen 19. Jhdt. getroffen hat.

1860 Der im Rahmen der eidg. Abstimmung v. 7. Februar 1971 angenommene neue Verfassungsart. 74 Abs. 1 aBV lautet: „Bei eidgenössischen Abstimmungen und Wahlen haben Schweizer und Schweizerinnen die gleichen politischen Rechte und Pflichten.“; AS 1971 325; BBl 1970 I 61; BBl 1971 I 482.

1861 Der im Rahmen der eidg. Abstimmung v. 14. Juni 1981 angenommene neue Verfassungsart. 4 Abs. 2 aBV lautet: „Mann und Frau sind gleichberechtigt. Das Gesetz sorgt für ihre Gleichstellung, vor allem in Familie, Ausbildung und Arbeit. Mann und Frau haben Anspruch auf gleichen Lohn für gleichwertige Arbeit.“; AS 1981 1243; BBl 1980 III 701, 775; BB 1980 I 69; BBl 1981 II 1266.

1862 BBl 2016 108.

1863 BBl 2016 106; Botschaft vom 4. Dezember 2015 zur Volksinitiative „Wiedergutmachung für Verdingkinder und Opfer fürsorgerischer Zwangsmassnahmen (Wiedergutmachungsinitiative)” und zum indirekten Gegenvorschlag (Bundesgesetz über die Aufarbeitung der fürsorgerischen Zwangsmassnahmen und Fremdplatzierungen vor 1981), BBl 2016 101–154. Die Botschaft beschreibt die Absicht: „Eine Wiedergutmachung sollen betroffene Personen erfahren wie insbesondere die Verding- und Heimkinder sowie administrativ versorgte, zwangssterilisierte oder zwangsadoptierte Personen, die aufgrund von solchen Massnahmen Unrecht

das den Opfern dieser behördlichen Massnahmen einen Anspruch auf Wiedergutmachung gewährt.[1864]

Die RB erweist sich in vieler Hinsicht als modern und wegweisend, so dass die Prinzipien der institutionellen Selbstkontrolle[1865] und der externen (staatlichen) Institutsaufsicht in einzelnen wichtigen Wirtschaftsbereichen[1866] erst in den letzten wenigen Jahrzehnten eingeführt bzw. ausgebaut worden sind. Wie die politische Debatte z.B. zum Schutz von Whistleblowern[1867] zeigt, ist der Prozess nicht abgeschlossen.[1868] Nach dem Zusammenbruch des Herrschaftssystems in der Sowjetunion und in den sog. sowjetischen Satellitenstaaten von 1990 ist es eigentlich erst die Generation von heute, die wirklich ermessen kann, wie aktuell, topmodern und wegweisend die Klosterregel des Benedikt ist, denn diese Generation ist in Europa die erste, die nach benediktinischen Rechtsprinzipien, d.h. in Freiheit, in Gleichheit und in gegenseitigem Respekt, ohne Angst vor obrigkeitlicher Willkür leben und sich entfalten kann.

---

erlitten haben. Auch Fahrende, die aufgrund fürsorgerischer Zwangsmassnahmen oder Fremdplatzierungen Unrecht erlitten haben, und Personen, an denen Medikamentenversuche vorgenommen wurden, gehören dazu."; BBl 2016 113. Das Initiativkomitee hat am 10. Oktober 2016 die Wiedergutmachungsinitiative zugunsten des AFZFG zurückgezogen; BBl 2017 773.

1864 Gem. Art. 7 Abs. 1 AFZFG besteht die Wiedergutmachung in Form einer einmaligen Zahlung eines sog. Solidaritätsbeitrages in der Höhe von CHF 25'000 pro Opfer.

1865 Zu denken ist an Compliance, IKS und Whistleblower-Regeln.

1866 Z.B. im Finanz-, Versicherungs- und Revisionswesen.

1867 Ein Whistleblower ist eine Person, die bei ihrem Arbeitgeber Unregelmässigkeiten wie z.B. unerlaubte Handlungen oder Gesetzesverstösse entdeckt und meldet. Im Allgemeinen betrifft dies Vorgänge in der Politik, in Behörden und in Wirtschaftsunternehmen. Durch eine Meldung direkt an die Behörden und insb. an die Medien werden die Interessen des Arbeitgebers unter Umständen in schwerwiegender Weise beeinträchtigt. Ausserdem wird durch die Meldung die Persönlichkeit der verdächtigten Mitarbeiter verletzt. Die Meldung einer Unregelmässigkeit kann auch zu Spannungen und Konflikten am Arbeitsplatz selbst führen. Der Whistleblower befindet sich somit in einem Konflikt. Die Whistleblower-Gesetzgebung umfasst die Voraussetzungen der Meldung zunächst an die zuständige Stelle innerhalb der Organisation des Arbeitgebers, des vertraulichen Umgangs mit der Information, des Kündigungsschutzes des Whistleblowers und die Voraussetzungen und Konsequenzen für eine Meldung an die zuständigen Behörden (z.B. Strafverfolgung). Vgl. BBl 2013 9513.

1868 Die EU kennt seit dem 23. Oktober 2019 mit der EU-WB-RL einen Whistleblower-Schutz. In der Schweiz ist die Gesetzesvorlage der Regierung am Widerstand des Parlaments am 5. März 2020 gescheitert (Parlamentsgeschäft Nr. 13.094).

Anhang 1: Tabelle: Textvergleich Johannes Cassian – Benedikt

Thema	Aussage Cassian	Fundstelle	Aussage Benedikt	RB
ALLGE-MEINES				
Quellen	Basileios, Hieronymus	Inst. Praef. 5	Tradition, Väterlehren, Vitae Patrum[1869] AT & NT Coll./Inst. (Cassian) Regel des Basileios	73.1/73.2 73.3 73.5.
Tradition	Vorbild ist das östl. Mönchtum (Alter und lange Praxis)	Inst. Praef. 1 und 9; Inst. 2.2 Coll. 18	Normativ (östl. Mönchtum und gem. Cassian) maiorum exempla	7.55 18.25/42.3–5/48.8
Möncharten	Koinobiten, Anachoreten, Sarabaiten, Gyrovagen Beste Form: Koinobiten, Anachorese nur nach Training im Kloster	Coll. 18	Koinobiten, Anachoreten, Sarabaiten, Gyrovagen Beste Form: Koinobiten (coenobitarum fortissimum genus) Anachorese nur nach Training im Kloster	1 1.13 1.3
Vorbild	Orientierung an solchen Mönchen, die Vollendung (perfectio)[1870]	Inst. 12.15.1	Vorbild: maiorum exempla instrumenta virtutum	7.55 18.25/42.3–5/48.8 73.6

1869 Antoniosvita des Athanasios von Alexandrien, Martinsvita des Sulpicius Severus, Honorat von Lérins, Mönchsbiographien des Hieronymus, Historia monachorum des Rufinus von Aquileia, Historia Lausiaca des Palladios, Vitae Patrum Jurensium über Roman, Lupizin und Eugend; vgl. Puzicha, RB-Komm., 768.

1870 Johannes Cassian verwenden den Begriff der perfectio mehr als 400 mal. Puzicha, RB-Komm., 764. Dieser Begriff fasst das gesamte monastische Leben zusammen und richtet es ganz auf Christus aus. Diese Vollkommenheit hat wenig mit der Leistung des Menschen zu tun, sondern wird von Gott verliehen. Vgl. Puzicha, RB-Komm., 764. Coll. 3.10: „et consummationem perfectionis ac puritatis ab eodem similiter tribui…".

Thema	Aussage Cassian	Fundstelle	Aussage Benedikt	RB
	umsetzen (nicht nur davon reden)[1871]		Abt muss sich an die Regel halten und Vorbild sein (Quanto-magis-Prinzip)[1872] Auch Mönchspriester und Priore sollen die Regel vorbildlich einhalten[1873]	2.12/2.30/ 3.6/3.11/64 6.2/20.2/ 60.5/ 62.3/ 65.17
Inneres und Äusseres	Inneres und Äusseres sollen stets übereinstimmen.[1874] – Kleidung	Inst. 1 Inst. 2.7	Mens concordet voci.[1875] Nicht nur im Herzen demütig sein, sondern	19.6–7 7.62

1871 Inst. 12.15: „Ideoque si ad veram consummationem virtutum volumus effectu et opere pervenire, illis debemus adquiescere magistris ac ducibus, qui hanc non vaniloqua disputatione somniantes, sed re atque experimentis adprehendentes nos quoque docere atque ad eam dirigere similiter possunt…"“

1872 Die Quanto-magis-Prinzip bedeutet, dass, wer höher stehe, sich umso mehr um die Einhaltung der Regel befleissigen und als Vorbild für die anderen dienen müsse. Benedikt schreibt dies ausdrücklich vor für den Abt (RB 2.30: „Meminere debet semper abbas, quod est, … et scire, quia cui plus committitur, plus ab eo exigitur.“), den Mönchspriester (RB 60.5: Vorbild in Demut: „magis humilitatis exempla omnibus“, RB 62.3: Sich-an-die-Regeln-Halten: „multo magis disciplinae subdendu[s]“) und den Prior (RB 65.17: „quia, quantum praelatus est ceteris, ita eum oportet sollicitius observare praecepta regulae.“). Vgl. Puzicha, RB-Komm., 181. Dieser Grundsatz findet sich auch in RB 6.2, RB 20.2, RB 60.5, RB 62.3 und RB 65.17.

1873 Das Quanto-magis-Prinzip gilt implizit auch für andere Mönche, die eine höhere Funktion haben und Verantwortung übernehmen. Als Basis dienen die allgemeinen Äusserungen in RB 2.30 („quia cui plus committitur, plus ab eo exigitur“) und RB 65.17 („quia, quantum praelatus est ceteris, ita eum oportet sollicitius observare praecepta regulae“).

1874 Seine Kleidung zeigt dem Mönch und der Aussenwelt, dass er ein Streiter Christi (miles Christi) ist; Inst. 1. Die Übereinstimmung von äusseren Gesten und innerer Haltung stellt Johannes Cassian als Ideal des Mönchs dar. Inst. 2.7; Puzicha, RB-Komm., 289.

1875 Dt.: „Herz und Stimme sind im Einklang.“ Es geht nicht um ein äusseres Verhalten, sondern darum, dass Herz und Stimme übereinstimmen, im Einklang sind; Puzicha, RB-Komm., 294 f. Im Gebet ist das besonders wichtig, da man im Angesicht Gottes und seiner Engel ist. Vgl. RB 19.6: „… consideremus, qualiter opporteat in conspectu divinitatis et angelorum eius esse“ oder RB 58.18: „coram Deo et

Thema	Aussage Cassian	Fundstelle	Aussage Benedikt	RB
	- Gesten/Haltung - innere Einstellung		auch in der Körperhaltung.[1876]	
Koinonia	Ein Herz und eine Seele, alles gehört allen, Ort der Brüderlichkeit, wo Frieden herrscht und der geprägt ist durch ein ethisches Milieu und Kohärenz der Mitglieder[1879]	Inst. 2.5 und Coll. 18.5 (zit. Apg. 4.32)[1877] Coll.12.2 Coll. 16.6 Coll. 18.5	Kloster als domus dei[1878] Hausherr ist Gott; die Mönche sind Hausgenossen. Alles ist allen gemeinsam. Kloster ist eine Schule für den Dienst am Herrn Kloster ist Werkstatt (officina) zur Ausübung der Werkzeuge der geistl. Kunst (instrumenta artis spiritalis)[1880]	31.19/53.22/ 64.5 Prol. 39 33.6[1881] Prol. 45[1882] 4.75–78

---

sanctis eius“ und Inst. 4.36.: „coram deo et angelis eius“. Dies gilt aber über den Gottesdienst hinaus, da uns Gott überall sieht; RB 19.1. Die Übereinstimmung von Innen und Aussen ist eine Zielvorstellung benediktinischer Lebenshaltung über den Gottesdienst hinaus; Salzburger Äbtekonferenz, 46.

1876 Inneres und Äusseres sollen im Einklang sein. RB 7.62: „Duodecimus humilitatis gradus est, si non solum corde monachus, sed etiam ipso corpore humilitatem videntibus semper indicet.“ – „Die zwölfte Stufe der Demut: Der Mönch sei nicht nur im Herzen demütig, sondern seine ganze Körperhaltung werde zum ständigen Ausdruck seiner Demut für alle, die ihn sehen.“

1877 Johannes Cassian zitiert in Inst. 2.5 und Coll. 18.5 Apg. 4.32: „Multitudinis autem credentium erat cor et anima una nec quisquam eorum quae possidebant aliquid suum esse dicebat sed erant illis omnia communia.“ In Inst. 2.5 schreibt er „multitudinis scilicet credentium…“ und in Coll. 18.5 „multitudinis autem credentium…“.

1878 Der Begriff „domus dei“ (in RB 31.19, RB 53.22 und RB 64.5) findet sich sonst in keiner Klosterregel und keinem vergleichbaren monastischen Text als Selbstbezeichnung für die Klostergemeinschaft. „Der Begriff bedeutet Bekehrungs- und Glaubensgemeinschaft, Gebets- und Gütergemeinschaft, ein Ort, wo Friede herrschen soll und das Ideal der Einheit und Einmütigkeit - nicht Einstimmigkeit - verwirklicht wird auch bei unterschiedlichen Meinungen und Ansichten“; Puzicha, RB-Komm., 393.

1879 Vgl. auch die Äusserungen zur Bekehrungsgemeinschaft bei Puzicha, RB-Komm., 407.

1880 Vgl. Puzicha, RB-Komm., 160.

1881 RB 33.6 („Omniaque omnium sint communia“) verweist auf Apg. 4.32 („omnia communia“).

1882 RB Prol. 45: „Constituenda est ergo nobis dominici scola servitii.“

Thema	**Aussage Cassian**	**Fundstelle**	**Aussage Benedikt**	**RB**
ÄUSSERES				
Kleidung	Exterior ornatum[1883] – interior cultus Askese muss im Äusseren sichtbar sein.[1884] Rauhes Gewand; angepasst an geografische Lage und örtlichen Brauch. Kutte, Schnur, Ärmel, Kukulle, Col, Mantel, Lederjacke, Schuhe, Rute, Sandalen,	Inst. 1.1/2[1885] Inst. 2.2/2 Inst. 1.10/4.10[1886] Inst. 1/4.13[1887]	2 Kukullen und Tuniken pro Mönch (im Winter wollig, im Sommer leicht), Überwurf (scapulare), Socken und Schuhe (caliga), Reisen: Hosen, Kukulle, Tunika aus vestiario (Kleiderkammer) Kukulle, Tunika, Sandalen, Socken, Schuhe, Gürtel,	55.4–6, 10 55.18–19 55.13

1883 Inst. 1.1: „itaque monachum ut militem Christi in procinctu semper belli positum accinctis lumbis iugiter oportet incendere."

1884 Leinen, Wolle, Tierfelle wie Ziegenhaarfell („cilicium", Inst. 1.2) dienen als Stoff, ungefärbt, oder dunkel, schwarz, aber auch weiss; Puzicha, RB-Komm., 583. Einfachheit, Gleichheit und Erkennbarkeit des Mönchsgewandes sind massgeblich. Johannes Cassian schreibt, die Kleider sollen „sich weder durch auffallende Farben noch durch kunstvollen Schnitt… auszeichnen, ohne ausgesuchte Sorgfalt, andererseits aber auch wieder nicht verunreinigt durch Schmutz, der wie aus anscheinender Sorglosigkeit zur Schau getragen wird. Schliesslich sollen sich die Kleider der Mönche darin von denen der Weltleute unterscheiden, dass sie in ihrer Form stets unverändert bleiben, und dass sie bei dem einen genau dieselben sind wie bei den anderen." (Inst. 1.2, übers. v. Puzicha, RB-Komm., 584).

1885 Johannes Cassian führt die Mönchskleidung auf biblische Figuren wie Elia und Elisa, Johannes den Täufer, Petrus und Paulus, die als eigentliche Vorbilder des Mönchtums gelten, zurück; Inst. 1.1. Der Ritus der Einkleidung eines Novizen zeigt, dass zu Zeiten des Johannes Cassian das Mönchsgewand bereits eine eindeutig erkennbare Kleidung ist; Inst. 4.5; vgl. Puzicha, RB-Komm., 581 f.

1886 Inst. 1.10: „Wir sind daher der Ansicht, dass wir von all dem oben Erwähnten nur das übernehmen, was unserem demütigen Stand und unseren klimatischen Verhältnissen entspricht. Unsere gesamte Kleidung soll deshalb nicht von neuartiger Absonderlichkeit gekennzeichnet sein, die bei den Menschen dieser Welt Ärgernis hervorruft, sondern von bescheidener Armut."

1887 Inst. 4.13: „quos ita novimus omni ex parte nudos existere, ut praeter colobium, maforte, gallicas, meloten ac psiathium nihil amplius habeant".

Thema	Aussage Cassian	Fundstelle	Aussage Benedikt	RB
	Unterkleid (colobium)[1888] Schultertuch (mafors), Schuhe (gallicae), Fellumhang (melotis), Stab (baculum) Der Mönch bekommt die Kleidung vom Abt Der Dekan (praepositus suae decaniae) muss für seine Mönche genügend Kleider zum Umkleiden haben.	Inst. 1.7 Inst. 4.6 Inst. 4.7/10	Spez. Kleider für Reise (Hosen, „femoralia") Mönch soll vom Abt alles Notwendige bekommen	55.3/18
Verbindlichkeit der Regel[1889]	Ägypt. Mönchtum hat ungeschriebene Regeln „communis regula vel maiorum exempla"; Abt muss vorher Gehorsam und die Regeln erlernt haben[1890]	Inst. 4.39.2 Inst. 2.3	Mönche Abt sub regula vel abbate[1891]	3.7/7.55 3.11 64.20 1.2

1888 Das „colobium" ist eine Tunika mit kurzen oder keinen Ärmeln; Ramsey, Inst. Trad., 31.

1889 Unterscheidendes Kriterium zur Anachorese; Salzburger Äbtekonferenz, 27.

1890 Wie Johannes Cassian in Inst. 2.3 bemerkt, sind Äbte, die die Regeln nicht selber als Schüler kennengelernt haben, „leichter geneigt ..., auf die Einhaltung ihrer eigenen Einfälle zu dringen, als sich einfach an die bewährten Grundsätze der Vorfahren zu halten." (übers. v. Puzicha, RB-Komm., 90).

1891 Der Abt ist an die Regel gebunden und untersteht dieser (ausdrücklich: RB 3.11: „abba cum ... observatione regulae omnia faciat") und hat diese einzuhalten (RB 64.20: „regulam in omnibus conservet"). Dies ist für die Zeit atypisch und ein Unterschied zum Verfassungsverständnis des Dominats, wo der römische Kaiser den Untertanen als Gesetzgeber („legislator") das Gesetz („lex") gibt („legislatio", Gesetzgebung) und ihnen als Richter das Recht spricht („iurisdictio", Rechtsprechung). Der Kaiser selber unterliegt dem Gesetz und der Rechtsprechung nicht, gem. den einprägsamen Verfassungsgrundsätzen „princeps legibus solutus" (der Prinzeps ist von den Gesetzen befreit) bzw. „quod principi placuit, legis habet vigorem" (was dem Prinzeps gefällt, hat die Kraft eines Gesetzes). Vgl. eingehend dazu Behrend. Ein gutes Bsp. ist Kaiser Justinians Einführungskonstitution zu den Digesten, die constitutio „Tanta": „Nemine audente comparare ea quae antiquitas

Thema	**Aussage Cassian**	**Fundstelle**	**Aussage Benedikt**	**RB**
			„abba cum … observatione regulae omnia faciat“[1892]	1.2/3.7, 8, 11/63.2/ 64.20/64.20
Struktur und Tagesablauf	Stundengebete im Orient Keine Stundengebete in Ägypten Leben und Arbeit in Zelle	Inst. 3.2–7 Inst. 2, Inst. 3. Coll. 7	Klar durchstrukturiert; klare Zeiten für Gebet, Lesung, Arbeit, Mahlzeit und Schlafen. Wechsel gem. Kirchenkalender.	RB 8 RB 48 RB 41
Armut und Eigentums-verzicht	Verzicht / nichts Eigenes (peculiaris) Kloster nimmt Spende des Novizen nicht an[1893] Besitzaskese	Inst. 1. Inst. 2.5 Inst. 4.4 Inst. 4.13[1894] Coll. 1.6[1895]	Kein Eigentum (opus peculiaris) Eigentum ist ein Laster Kloster akzeptiert Spende des Novizen Briefe Diebstahl alles Notwendige wird zugeteilt (inkl. Messer, Nadel, Tuch, Schreibtafel)[1896] Durchsuchung der Betten zur Kontrolle	33.2–4/58.25 55.18 58.24/ 59.2–3 54 55.17 34/55.18–21 55.16

habebat et quae nostra auctoritas introduxit“ (zit. bei Kroppenberg, 121). – Auf Dt.: „Es wage niemand, das alte Recht mit dem zu vergleichen, was unsere kaiserliche Amtsgewalt eingeführt hat.“ Das ist ein klarer Normgeltungsbefehl, der verbindlicher und nachdrücklicher nicht sein kann. Ebenso Kroppenberg, 121.

1892 Willkür seitens des Abtes ist ausgeschlossen, was der Gedanke der Rechenschaftsabgabe vor Gott („timor dei“, „rationem reddere“) verdeutlicht. Vgl. RB 2.34, 37–39. Vgl. Puzicha, RB-Komm., 12.

1893 Der Novize muss bereits arm sein, „sterilisiert vom Reichtum“; Brown, 604.

1894 Inst. 4.13: „magnumque sit crimen ex ore monachi processisse ‘codicem meum’, ‘tabulas meas’, ‘grafium meam’, ‘tunicam meam’, ‘gallicas meas’,…“ – „Hier wagt keiner auch nur mit einem Wort etwas sein eigen zu nennen, und das Wort aus seinem Mund: ‚mein Buch, meine Tafeln, meine Feder, mein Mantel, meine Schuhe‘ ist ein grosses Vergehen, für das er eine entsprechende Busse übernehmen muss“ (übers. v. Puzicha, RB-Komm., 405, Fn. 48).

1895 Coll. 1.6: Messerchen („scalpellum“), Griffel („graphium“), Nadel („acus“) oder Schreibrohr („calamus“), Buch („codex“). Selbstenteignung reicht nicht; es braucht überdies dazu ein reines Herz.

1896 RB 55.18–19: „Et ut hoc vitium peculiaris radicitus amputetur, dentur ab abbate omnia quae sunt necessaria, id est cuculla, tunica, pedules, caligas, bracile, cultellum, graphium, acum, mappula, tabulas.“

Thema	**Aussage Cassian**	**Fundstelle**	**Aussage Benedikt**	**RB**
Stabilitas	In der Gemeinschaft bleiben (keine Sarabaiten, keine Gyrovagen)[1897]	Coll. 18.4/7/8	stabilitas in congregatione[1898] Kloster ist Werkstatt (officina) zur Ausübung der Werkzeuge der geistl. Kunst (instrumenta artis spiritalis)[1899] Keine Sarabaiten, keine Gyrovagen Profess: stabilitas[1900] Reisen: Reiserückkehrer bitten um Vergebung für Fehler auf der Reise durch Prostration	4.78/1/ 58.15–17 4.75–78 58.17 67.3–4[1901]

1897 Coll. 18.4: Die Anachoreten waren in Klöstern unterrichtet worden und hatten sich in der monastischen Lebensführung bereits voll bewährt: „in actuali conversatione perfecti".

1898 Die „stabilitas in congregatione" ist wichtiger als die „stabilitas loci". Vgl. RB 4.78 und 5.12, aber auch RB 58.15 und RB 58.17; Vgl. Puzicha, RB-Komm., 613, 631. Sie fördert die Einübung in die Grundhaltungen der geistlichen Kunst (Tugenden, „ars spiritalis"; RB 4.75). Stabilitas ist ein Lernprozess. Die Beständigkeit in der Gemeinschaft ermöglicht eine innere Stabilität. Salzburger Äbtekonferenz, 32. Die Gyrovagen demgegenüber leben mit ihrer negativen Charakterisierung in RB 1.11. „semper vagi, numquam stabiles" („sie sind immer unterwegs, nie beständig") ohne Verbindlichkeit. Puzicha, RB-Komm., 631.

1899 Puzicha, RB-Komm., 160.

1900 RB 58.17: Benedikt sieht eine Promissio/Profess für jeden Neuling bei seiner Aufnahme vor: Ein Versprechen im Oratorium in Gegenwart aller: Beständigkeit, klösterlicher Lebenswandel und Gehorsam („in oratorio coram omnibus promittat de stabilitate sua et conversatione morum suorum et obedientiam"). Ausser der RB kennt keine zeitgenössische Klosterregel Aufnahmeriten und ausdrückliche Professinhalte; Puzicha, RB-Komm., 612.

1901 Am Tag der Rückkehr sollen sich die Reiserückkehrer bei allen festgesetzten Gebetszeiten am Schluss des Gottesdienstes im Oratorium zu Boden legen und alle um das Gebet bitten wg. (i) Fehler, die vielleicht unterwegs vorgekommen sind, (ii) wenn sie Böses gesehen und gehört oder (iii) Unnützes geredet haben (RB 67.3–4). Auch sollen sie nicht einem anderen darüber alles erzählen, was er gesehen oder gehört hat, denn dies kann grossen Schaden anrichten (RB 67.5). Es geht um die Wahrung der inneren Sammlung der anderen Mönche und der Gemeinschaft und um die Abwehr von Neugier, Klatsch und Wichtigtuerei. Puzicha, RB-Komm., 720 f.

Thema	Aussage Cassian	Fundstelle	Aussage Benedikt	RB
Funktionen / Ämter	Abt (abbas)[1902] Abt wird vom Vorgänger designiert Verwalter (oeconomus) Pförtner (Pforte, Reisende, Gäste, Anleitung des Novizen im 1. Jahr) Dekan (senior, qui decem iunioribus praeest; praepositus suae decaniae)	Inst. 2.3.5/ 2.16.1/4.15–16 4.28 Coll. 4.1 Inst. 4.6 Inst. 4.7 Inst. 4.7/10	Abt (abbas)[1903] (Stv. Christi) Anrede: „abba pater“[1904], „dominus“ oder „abbas“[1905] Abtwahl mehr helfen als herrschen; er sei selbstlos (castus), nüchtern (sobrius), barmherzig (misericordis) Barmherzigkeit > Urteil[1906] Kritikfähigkeit[1907] Führung zum Heil der Mönche (salus animarum) Gottesfurcht und	2.3/2.30/ 27.1/27.5–9/2.2/63.13 2.3/63.13 64 64.8 64.9 64.10 61.4 2.33/41.5 3.11/64.7/ 65.22 65

1902 „Abbas“ wird von Johannes Cassian verwendet für Altväter (Coll.) und Klostervorsteher (Inst.). Der „Abbas“-Begriff wird im westl. Mönchtum übernommen und bürgert sich im 5. Jhdt. in den Mönchschriften ein. Rufinus gibt mit „is qui praeest“ stets den Begriff „προεστος“ („Vorsteher“) der Basiliusregel wieder. Augustinus spricht ausschliesslich vom „praepositus“. Vgl. Puzicha, RB-Komm., 100, Fn. 47. In der griech. Tradition wird der Klostervorsteher „Hegumen“ („ἡγούμενος“) genannt.

1903 „Abbas, qui praeesse dignus est monasterio“ (RB 2.1); „vices Christi“ (RB 2.3; 63.13). Vgl. Puzicha, RB-Komm., 114.

1904 RB 2.3.

1905 RB 63.13. Die Anrede „dominus“ gilt in der patristischen Christologie sonst für Christus. Vgl. Puzicha, RB-Komm., 676.

1906 „[E]t semper superexaltet misericordia iudicio“ (RB 64.10).

1907 RB 61.4 ist in der monastischen Tradition einmalig, wenn der Abt in der Kritik eines fremden Mönchs den Hinweis Gottes erkennen soll: „tracted abbas prudenter, ne forte pro hoc ipsud eum dominus direxerit“.

Thema	Aussage Cassian	Fundstelle	Aussage Benedikt	RB
			Rechenschaft vor Gott	
			Prior	31
			Cellerar (Kranke,	
			Kinder,	
			Gäste, Arme, Alte)	53.17
			Gästeköche[1908]	52.21
			Gästebruder	36.7
			Krankenbruder	66
			Pförtner	21/65.12
			Dekane	62
			Priester	27.2–3
			Senpekten	
			Consilium Fratrium	3.1–5
			(alle Brüder, auch die Jüngeren: quia saepe iuniori dominus revelat quod melius est)[1909]	
			-> Abt entscheidet, was er für heilsamer hält[1910]	
				3.12
			Consilium Seniorum	
				65.15
			Consilium Fratrum Timentium Deum (Rat gottesfürchtiger Brüder)	

1908 Die beiden Gästeköche müssen „gut geeignet" sein und den Kochdienst für je ein Jahr übernehmen (RB 53.17).

1909 RB 3.3 ist in der monastischen Tradition singulär. Die Jüngeren werden nicht nur um Rat gefragt, sondern mit einer besonderen geistlichen Kompetenz ausgestattet. Benedikt rechnet damit, dass der Hl. Geist einem Jüngeren unmittelbar etwas eingibt bzw. offenbart. Der Jüngere ist der altersmässig jüngere oder professmässig jüngere, aber auch der unerfahrene, ungebildete, sprachlich nicht gewandte. Benedikt überwindet damit die natürlichen Altersstufen und sieht die Gleichheit der Lebensalter als Ideal. Das Charisma des Rates wird von Gott unabhängig von Alter und Ansehen verliehen. Vgl. Puzicha, RB-Komm., 123.

1910 „et magis in abbatis pendat arbitrio, ut quod salubrius esse iudicaverit …" (RB 3.5). Die Entscheidung kommt nicht durch demokratischen Mehrheitsbeschluss oder durch Minderheitsvoten zustande, sondern der Abt spricht als Ausdruck der Einigung und Einmütigkeit, nicht unbedingt der Einstimmigkeit, aus, was er für heilsamer hält. Erst aus der Fülle (nicht aus der Summe) des Mitgeteilten scheint das Heilsame auf. Puzicha, RB-Komm., 125.

Thema	Aussage Cassian	Fundstelle	Aussage Benedikt	RB
Gleichheit/ Rangordnung	Gleichheit der Mönche Verhältnis Altvater-Schüler (senior–iunior, bzw. praepositus–iunior) Rangordnung nach Eintritt	Inst. 2.3 Inst. 4.7/10 Inst. 4.24 ff.	Gleichheit der Mönche und Rangordnung nach Eintritt (gilt auch für Priester); u.U. Weisungsbefugnis gegenüber Nachfolgenden[1911] Rangerhöhung Abt	2.16–22 63 60.5/62.5 61.11–12/63.1 2.1
Mönchspriester	Problematisch wg. Ruhmsucht[1912] Vorbildliches Verhalten verlangt	Inst. 11.14 Coll. 4.20	Problematisch wg. Stolz nec quicquam praesumat (Quanto-magis-Prinzip) Priester haben nur liturg. Funktion	60.2/62.2 62.3[1913] 60.5 60.4/62.5
Gastfreund-schaft	Beherbergung von Gästen & Reisenden ist Aufgabe des Pförtners	Inst. 4.7	Gäste – caritas[1914] Speisen am Tisch[1915] des Abtes (eigene Küche) Fusswaschung Fastenbrechen[1916] Fremde Mönche	53/31.9 56.1 53.13 53.10 61

1911 Puzicha, RB-Komm., 669.

1912 Inst. 11.14: „Nonnumquam vero clericatus gradum et desiderium presbyterii vel diaconatus inmittit.“

1913 In engem Zusammenhang mit dem Stolz steht die Anmassung („praesumptio“, „praesumare“), eine der schwerwiegendsten Fehlhaltungen, vor der Benedikt immer wieder warnt (z.B. RB 60.5, RB 67.5–6, RB 69.1–3, RB 70.1). Sie bedeutet, ohne Auftrag und ohne Absprache nach eigenem Gutdünken zu handeln. Vgl. Puzicha, RB-Komm., 664.

1914 Benedikt verwendet das Wort „caritas“ für die Beziehung unter den Brüdern und zu den Gästen; Puzicha. RB-Komm., 157, Fn. 224.

1915 Das Mahl mit den Gästen, die Benedikt „hospes“ (Gäste) und „peregrini“ (Pilger) nennt und die ganz Armen „pauperes et peregrini“ (RB 53.15) mitmeint, findet wohl nicht im Speisesaal der Mönche statt, wie der Hinweis in RB 56.3 auf die Aufsicht der Mönche bei Tisch durch die „seniores“ nahelegt.

1916 Dem Gast zuliebe ist für den Abt/Oberen das Fasten aufgehoben, nur nicht an einem allgemein vorgeschriebenen Fastentag; das betrifft auch die Stunde der Mahlzeit. Vgl. Puzicha, RB-Komm., 598.

Thema	Aussage Cassian	Fundstelle	Aussage Benedikt	RB
Aufnahme / Novizen	Wartezeit (10 Tage) vor Kloster, Prüfung der Ernsthaftigkeit	Inst. 4.3[1918]	Wartezeit (4–5 Tage) vor Kloster; Gäste-Unterkunft;	58
	Angabe seiner Habe	4.5	Novizenraum,[1919]	
	und Einkleidung durch Abba vor allen Mönchen / Versprechen des Gehorsams / 1 Jahr Gehilfe des Pförtners, danach Anleitung durch einen Dekan (Götti-System)[1917]	4.7/10	Regeln werde vorgelesen und erklärt (nach 2, 8, 12 Monaten)[1920]	58.9/12/13
			Einkleidung im Oratorium	58.26
			Feierl. Versprechen und Urkunde[1922]	58.17
	Kein Verlassen der Zelle[1921]		Aufnahme von Kindern	59
			Aufnahme von Priestern	60
			Aufnahme fremder Mönche	61
			Aufnahme Ehemaliger	29
Anleitung / Unterweisung	Götti-System (Meister-Schüler-System) (senior–iunior)	Inst. 4.7–10 Inst. 4.24 ff. Inst. 2.3	Götti-System (Meister-Schüler-System) (senior–iunior)	58.6
Geistlicher Vater	Altvater-Schüler Beichte und Führung	Inst. 4.24 ff. Inst. 4.9 Coll. 2.10–13	Geistl. Vater (spiritalis senior), Beichte	46.5 23.2/27.3

1917 Der „Götti" ist ein Deutschweizer Begriff für einen Paten.

1918 Vgl. auch Inst. 4.32; Coll. 20.1.

1919 Benedikt ist der erste, der einen eigenen Bereich für Novizen schafft, zum Lernen, Essen und Schlafen (RB 58.: „cella noviciorum ubi meditent et manducent et dormiant"). Puzicha, RB-Komm., 598 und 617.

1920 Puzicha, RB-Komm., 627. Mit den Zeitperioden von zwei, sechs und vier Monaten, wo die Regeln dem Novizen durch den Novizenmeister vorgelesen und erklärt worden sind, sind nicht, wie man meinen könnte, ab Eintritt zu berechnen, sondern meinen die zeitlichen Abstände zw. den Regellesungen, so dass sich für den Novizen eine Probezeit von zwölf Monaten ergibt.

1921 Der Novize darf die Zelle ohne Bewilligung nicht verlassen, Inst. 4.10.

1922 Vgl. Puzicha, RB-Komm., 612. Ausser der RB kennt keine zeitgenössische Klosterregel Aufnahmeriten und ausdrückliche Professinhalte.

Thema	**Aussage Cassian**	**Fundstelle**	**Aussage Benedikt**	**RB**
Lesung / Meditation / Weiterbildung	Vigilia Meditatio Oratio	Coll. 10.14	Tägl. Individuelle Lesung In Fastenzeit: Bibel komplett lesen	48.1–4 48.15
	Schweigen beim gemeinsamen Essen bei Ägyptern, aber Tischlesung gem. den Kappadokiern[1923]	Inst. 4.17	Tischlesung beim Essen aus der Bibel (lectio; codicem leggere)[1925]	38.1
	U.U. bei Lesung gew. Bibelstellen auslassen wg. der möglw. schädigenden Wirkung auf noch schwache und kranke Gemüter	Coll. 19.16.3[1924]	Bei Komplet nach Abendessen: allg. Lesung aus Coll., vitae patrum oder etwas anderes Erbauliches oder Bibel (ausser Heptateuch oder Bücher der Könige)	42.3 42.4[1926]
			Fastentage: Coll.	42.5
			Generell: Inst., Coll., vitae patrum, Basiliusregel	73.5[1927]

1923 Inst. 4.17: Die Tischlesung wurde „nicht so sehr zum Zweck der geistlichen Übung getroffen, als vielmehr zur Einschränkung des überflüssigen und müssigen Geplauders und besonders zur Verhütung von Streitigkeiten, die beim Essen nicht selten entstehen…" (Puzicha, RB-Komm., 446 f.).

1924 Coll. 19.16.3: „satis enim perniciosum est adhuc infirmis aegrisque pectoribus vel tenuissimam recordationem huius passionis admittere, ita ut nonnumquam eis etiam sub recordatione sanctarum feminarum vel sub sacrae lectionis historia noxiae titillationis stimulus excitetir. cuius causa seniores nostri huiuscemodi lectiones sub praesentia iuniorum solent consultissime praeterire."

1925 RB 38.1. Gem. Puzicha, RB-Komm., 446 f., ist für Benedikt der entscheidende Grund für die Tischlesung letztlich die Beachtung des Schweigens.

1926 RB 42.5. „quia infirmis intellectibus non erit utile illa hora hanc scripturam audire". Benedikt nimmt dabei den Gedanken von Johannes Cassian in Coll. 19.16.3. auf.

1927 Vgl. Puzicha, RB-Komm., 768 ff.; Puzicha, RB-Komm., 481 zu RB 42.3: „[Cassians Werke] bilden die Grundlektüre der monastischen Unterweisung, wie auch die Lebensbeschreibungen der Väter, den *vitae patrum*."

Thema	Aussage Cassian	Fundstelle	Aussage Benedikt	RB
Dienst	Wochendienst in Mesopotamien, Palästina und Kappadokien (bis Abendessen am Sonntag); nicht in Ägypten (dort: ein Mönch als Koch und Cellerar auf unbestimmte Zeit)[1928] Fusswaschung	Inst. 4.19 Inst. 4.22	Wochendienst – in der Küche, am Tisch – Tischleser (lector) – Beginn am Sonntag Ritual der Fusswaschung bei Beginn/Ende[1929] Krankendienst (Pfleger/ servitor)	 35 38 35.15/38.1 35.9 36
Arbeit	Notwendige Arbeit geht der Lesung vor[1930] Mittel gegen Akedia	Inst. 4.12/16 Inst. 2.2/3.3 Inst. 10.7–24	Tägliche Handarbeit[1931] Lebensunterhalt Verherrlichung Gottes[1932]	48 48.8 57.9
Handwerk	Ist ein Ideal	Inst. 10.23 Inst. 2.5	Handwerker Preise	57 57.7–8
Werkzeug	Gehört dem Kloster achtsamer Umgang	Inst. 4.19	Gehört dem Kloster achtsamer Umgang	32
Schlafen / Bett	Schlafmatte (psiathium); jeder in seiner Zelle	Inst. 4.13 Inst. 2.12 Inst. 4.16	Eigenes Bett (lectum) im Schlafsaal (dormitorium) Bettzeug: Matte, Tuch, decke, Kopfkissen[1933] Schlafen angekleidet und umgürtet mit einem Gürtel oder Strick[1934]	22.1/3[1935] 22.2/55.15 22.5

1928 Inst. 4.22: „sed uni probatissimo fratrum cellarii vel coquinae cura committitur, qui perpetuo … opus istud exerceat."

1929 RB 39.9: „Pedes… omnibus lavent." Das Ritual zum Ende bzw. zum Beginn des Wochendiensten erfolgt sowohl durch die abtretende als auch durch die übernehmende Crew. Vgl. Rosenberger, 186 f. Puzicha, RB-Komm., 425.

1930 Dass das Martinsmönchtum keine Arbeit kennt, hält Johannes Cassian für einen der Gründe für dessen Niedergang. Inst. 10.23; Inst. 2.5.

1931 Benedikts Sorge geht dahin, dass die Brüder ihren Dienst ohne Murren, ohne Traurigkeit und ohne Überforderung tun können. Sie sollen aber auch nicht unterfordert sein. Man verliert ohne Arbeit die Spannkraft und wird nachlässig. Salzburger Äbtekonferenz, 49. Vgl. auch „frater acediosus" in RB 48.18.

1932 RB 57.9: „ut in omnibus glorificetur deus".

1933 RB 55.15: „Stramenta autem lectorum sufficiant matta, sagum et lena et capitale."

1934 RB 22.5: „Vestiti dormiant et cincti cingulis aut funibus…"

1935 RB 22.1: „Singuli per singula lecta dormiant". Benedikt verwendet das Wort „lectum" für „Bett"; im klassischen Latein heisst „Bett" „lectus" oder „lectulus", vgl. Georges, 2846, und Stowasser, 260. RB 22.3: „Si potest fieri, omnes in uno loco dormiant …".

Thema	Aussage Cassian	Fundstelle	Aussage Benedikt	RB
			Dormitorium mit Lampe Aufsicht durch seniores Sep. Krankenzimmer	22.2–4 22.7 36.7
Sanktionen	Ziel aller Massnahmen ist Besserung (emendatio / emendare)[1936] Reue (paenitentia) Busse (satisfactio, Ausgleich, Genugtuung) Ausschluss vom gemeinsamen Gebet (suspensio)[1937] Nachlässigkeit (neglegentia) und Trägheit, unnützes Tun (superfluo), hartherziges (durius) od. trotziges (contumacius) Sprechen, Murren, Schwatzen, Verweilen, Händehalten, vom Abbas nicht erlaubter Briefverkehr, Familie	Inst. 3.7 Inst. 4.16 Inst. 4.16–18 Inst. 2.15	Ziel ist Besserung (emendatio) Die von der RB vorgesehene Strafe[1938] Busse (satisfactio, Ausgleichshandlung)[1939] Tiefe innere Reue (paenitentia)[1940] Unterschied nach Alter und Einsicht Schwere der Schuld (modus culpae): – Leicht (levior culpa) -> Ausschluss (excommunicatio) von gemeinsamer Mahlzeit – Schwer (gravior culpa) -> Ausschluss vom gemeinsamen Tisch und Stundengebet + Einzelarbeit	Prol. 36[1941] Prol. 47/ 4.58; 3.10; 32.5; 48.20; 65.19; 67.6; 70.6 29.1; 43.7. 9.15.16; 5.19; 24.7; 43.16 31.1[1942] 24.1 24.3 25/46.4

1936 Johannes Cassian verwendet den Begriff gem. Puzicha, RB-Komm., 331 und 485, vierundvierzigmal.

1937 Inst. 2.15; 2.16; 4.16; 4.20 („ab oratione suspensus", Inst. 2.16; vgl. auch 4.16 und 4.20).

1938 Benedikt verwendet die Begriffe „disciplina regularis" und „correptio regularis" (vgl. RB 65.19).

1939 Die Besserung erweist sich in einem äusseren Zeichen des Ausgleichs, der satisfactio. Der Begriff meint die altkirchliche Busspraxis i.S.d. äusseren Ausdrucks der Reue und inneren Umkehr. In der RB findet er sich siebzehnmal, gem. Puzicha, RB-Komm., 485. Ein solches Zeichen macht sichtbar, dass der Mönch sein Fehlverhalten einsieht und wiedergutmachen möchte. Vgl. Puzicha, RB-Komm., 485.

1940 Vgl. Puzicha, RB-Komm., 485.

1941 RB Prol. 36: „Ideo nobis propter emendationem malorum huius vitae dies ad indutias relaxantur." Vgl. zum Sanktionensystem der RB Jakobs, 103 ff.

1942 RB 31.1: „Omnis aetas vel intellectus proprias debet habere mensuras."

Thema	Aussage Cassian	Fundstelle	Aussage Benedikt	RB
	und Freuden ohne seinen Vorgesetzten treffen, lesen statt arbeiten oder gehorchen -> animadversio spiritalis, increpatio spiritalis[1943] Bei schweren Vergehen: Züchtigung (plagis emendantur) oder Rauswurf (expulsione purgantur)[1944]		Ermahnung Private Ermahnung, öff. Zurechtweisung, Ausschluss (excommunicatio), Rute (vindicta corporalis, plaga)[1945] Rangänderung Ausstossung[1946] (expulsio) Fasten Unverbesserliche Minderjährige	23/28.3 23.2–3 24/25 23.5/28.3/ 30.3/ 45.3 2.19 28.6/58.28/ 62.10/65.21/ 71.9/28.6 30.3 28 30/45.3
Sanktionen	Unpünktlichkeit beim Gebet -> vor Gebetsraum draussen warten	Inst. 3.7;[1947] 4.2; 4.16	Unpünktlichkeit – bei Gebet – bei Tisch	43/24.4 – Letzter Platz/Stehen – Allein essen

1943 Inst. 4.16: Bei der spirituellen Busse kennt Johannes Cassian folgende Elemente: Bekenntnis der Schuld vor der ganzen Versammlung, öffentlich geleistete Busse, Ausschluss vom gemeinsamen Gebet („suspensio"), Wiederaufnahme des vom Gebet ausgeschlossenen Bruders. Der schuldig gewordene Bruder legt sich in der gottesdienstlichen Versammlung der Gemeinschaft auf den Boden („in synaxi fratribus congregatis tamdiu prostratus in terram") und bittet durch diese Geste so lange um Vergebung, bis das Gebet („solemnitas orationum") beendet ist und ihm der Abba zum Zeichen der Vergebung befiehlt, sich zu erheben.

1944 Inst. 4.16: Körperliche Züchtigung („plaga") oder Rauswurf aus der Gemeinschaft („expulsio") folgt etwa auf: Zänkerei, lauter Streit, Kontakt zu Frauen („familiaritas apud feminas"), Habgier („filargyriae contagio"), Verlangen nach und Besitz von unnützen Dingen („affectus atque possessio rerum superfluarum"), exzessives und klandestines Essen („extraordinaria ac furtiva cibi refectio").

1945 RB 23.5: „vindictae corporali subdatur."; RB 28.3: „plagarum virga".

1946 Die Ausstossung ist etwa dann gegeben, wenn ein Mönch sich nicht in die Gemeinschaft einfügen und unterordnen kann, keine Friedensbereitschaft zeigt. Die Ausstossung kann ausdrücklich in folgenden Situationen erfolgen: bei Unverbesserlichkeit (RB 28.6), bei unerlaubtem Verlassen des Klosters (RB 58.28), bei einem trotzigen Priester (RB 62.10), bei einem trotzigen Prior (RB 65.21), bei einem Unruhestifter (71.9).

1947 Bussschweigen: Inst. 3.1: „… non audet nec semet ipsum admiscere psallentibus…" – Wenn einer zu spät kommt, darf er sich den Psalmierenden nicht anschliessen, sondern muss draussen schweigend bis zum Ende warten.

Thema	Aussage Cassian	Fundstelle	Aussage Benedikt	RB
Busse	Verzeihung erbitten durch Prostration vor der Mönchsversammlung (in synaxi) Beichte	Inst. 3.7 Inst. 4.16 Inst. 4.9	Ausgeschlossene – vom Gebet – vom Tisch Zeigen Reue und erbitten Vergebung durch Prostration Beichte	44/45 46 46.5
INNERLICHES				
Kein Laster (vitium), sondern Tugend (virtus) Askese[1948]	Askese = Einübung der Tugend (Stoa) destinatio/ scopon = **puritas cordis** finis/telos = **vita aeterna** **Achtlasterlehre:**[1950]	Coll. 1.2 Coll. 1.5[1949]	Verweise auf Coll. Lesen von Inst. und Coll. keine Traurigkeit bereiten (gilt für alle [Führungsleute])	42.3–5 73.5 31.6

1948 Das Gebet richtet die Gedanken auf Gott aus und hilft so, die Laster abzulegen und die Versuchungen zu vermeiden und peu à peu die Reinheit des Herzens zu erlangen.

1949 Coll. 1.5: „Euer erstes Ziel besteht gewiss in der Reinheit des Herzens, euer letztendliches Ziel aber ist das ewige Leben" (Ziegler, Coll. Trad., 67). Im Originaltext: „habentes quidem scopon vestrum in cordis puritate, finem vero vitam aeternam." Johannes Cassian verwendet in Coll. 1.2 die griech. Begriffe, allerdings Lateinisch geschrieben, „telos" für das Endziel („finis") und „scopon" für das Etappenziel („destinatio"): „Omnes… artes ac diciplinae scopon quendam, id est destinationem, et telos, hoc est finem proprium habent …" – „Alle Künste und Wissenschaften haben ein bestimmtes erstes, vorläufiges Ziel und ein letztes höchstes Ziel." (Ziegler, Coll. Trad., 64).

1950 Die Lehre der acht Laster („λογίσμοι") des Euagrios Pontikos findet sich in seinem Werk Praktikos, Bücher 6–14. Johannes Cassian übernimmt sie und erklärt sie in Inst. 5–12: gastrimargía („γαστριμαργία", Gaumenlust, „gourmandise", „gluttony"), 6. Buch: fornicatio („πορνεία", Unzucht, „fornication", „fornication"), 7. Buch: filargyria („φιλαρυρία", Habgier, „avarice", „avarice"), 8. Buch: ira („οργή", Zorn, „colère", „anger"), 9. Buch: tristitia („λύπη", Traurigkeit, „tristesse", „sadness"), 10. Buch: acedia („ἀκηδία", Trägheit, „acédie", „boredom"), 11. Buch: cenodoxia („κενοδοξία", Ruhmsucht, „vaine gloire", „vainglory") und 12. Buch: superbia („ὑπερηφανία", Stolz, „orgueil", „pride"); in den Klammern stehen die euagrischen griech. Begriffe, dann die Übersetzungen ins Dt., Franz. und Engl. Die Lehre der Laster geht über Johannes Cassian, dann über Benedikt in die westliche Ethik und Moral ein (in der östlichen ist sie es seit Euagrios Pontikos).

Thema	Aussage Cassian	Fundstelle	Aussage Benedikt	RB
	gastrimargia (Gaumenlust) fornicatio (Unzucht) filargyria (Habgier) ira (Zorn) tristitia (Traurigkeit) acedia (Trägheit) cenodoxia (Ruhmsucht) superbia (Stolz) „vitiorum purgatio et virtutum custodia“ (Reinigung von den Lastern und Bewahrung der Tugenden)	Inst. 5[1951] Inst. 6 Inst. 7 Inst. 8 Inst. 9 Inst. 10 Inst. 11 Inst. 12 Coll. 4–5 Inst. 4.39	Werkzeuge der geistl. Kunst (instrumenta bonorum operum; instrumenta artis spiritalis)	 4, Titel 4.75
Discretio	Discretio ist Quelle und Wurzel aller Tugenden, ja, sie ist Mutter, Hüterin und Lenkerin aller Tugenden.[1952]	Coll. 2.4.4	Discretio ist Mutter aller Tugenden. Abt soll vorausschauend und besonnen sein. Klug unterscheiden (discerere) und massvoll regeln (temperare)	64.19[1953] 64.17[1954] 64.17–18[1955] 48.9

1951 Eine Auflistung aller acht Laster findet sich in Inst. 5.1: „… nunc arripere conluctationem adversus octo principalia vitia … disponimus, id est primum gastrimargiae, quae interpretatur gulae concuspiscentia, secundum fornicationis, tertium filargyriae, quod intellegitur avaritia, vel ut proprius exprimatur, amor pecuniae, quartum irae, quintum tristitiae, sextum acediae, quod est anxietas sive taedium cordis, septimum cenodoxiae, quod sonat vana seu inanis gloria, octavum superbiae.“

1952 Coll. 2.4: „Haec est discretio… omnium namque virtutum generatrix, custos moderatrixque discretio est.“

1953 RB 64.19: „testimonia discretionis, matris virtutum“; vgl. Jakobs, 147 ff., zur Diskretio als grundlegendes Rechtsprinzip der RB.

1954 RB 64.17: „providus et consideratus“.

1955 RB 64.17: „discernat et temperet“, „dem Erkennen folgt die Entscheidung“, Salzburger Äbtekonferenz, 42; Discretio und aequitas.

Thema	Aussage Cassian	Fundstelle	Aussage Benedikt	RB
Gebet	Stundengebet im Orient Immerwährendes Gebet (orare sine intermissione) in Ägypten beim Arbeiten in der eigenen Zelle. Ruhegebet: **formula pietatis** Gebet hilft (neben Wachsamkeit und Meditation) bei der Fokussierung des Geistes.[1956] Gemeinsames Gebet sehr wichtig[1961]	Inst. 3.3[1957] Inst. 2.1 Inst. 3.2 Coll. 10.10[1958] Coll. 9/10 Coll. 10.10 Inst. 3.7.1	Stundengebet **formula pietatis** als Einleitung zum Stundengebet und bei Dienstantritt Halleluja Oratorium Fehler im Oratorium Dem Gottesdienst soll nichts vorgezogen werden.	16/43.3 17.3/18.1–3[1959] 35.17 15 50/52 45 43.3[1960]
	Psamlieren am Tag (Terz: 3 Ps, Sext: 6 Ps, Non: 9 Ps)	Inst. 2.2 Inst. 3.2–3	Morgengebet Anzahl Psalmen Reihenfolge Zur Komplet: Ps. 4, 90, 133	12/13/16 17 18 18.19[1962]
	Psalmieren in der Nacht	Inst. 2	Gottesdienst in der Nacht	8/9/10/11/14

1956 Coll. 10.14: „Tria sunt quae vagam mentem stabilem faciunt, vigiliae, meditatio et oratio, quarum adsiduitas et iugis intentio conferunt animae stabilem firmatem."

1957 Inst. 3.3: „in Palaestinae vel Mesopotamiae monasteriis ac totius Orientis".

1958 Coll. 10.10: „Deus in adiutorium meum intende: domine ad adiuvandum mihi festina." (ist Ps. 70.2).

1959 RB 18.1 und RB 35.17: „Deus in adiutorium meum intende: domine ad adiuvandum me festina." (ist Ps. 70.2).

1960 RB 43.3: „Ergo nihil operi die praeponatur."

1961 Lumma, 29 f.

1962 Die Komplet ist entstanden aus dem persönlichen Gebet der Mönche im Dormitorium und wird bei Benedikt zum ersten Mal als gemeinsame Gebetszeit fassbar. Vgl. Puzicha, RB-Komm., 482. An der Komplet werden die gleichen Ps. gebetet, die psalmi completorii: Ps. 4, 90 und 133. Vgl. RB 18.19.

Thema	Aussage Cassian	Fundstelle	Aussage Benedikt	RB
Gebetszeiten	Morgengebet 12 Ps Abendgebet 12 Ps Terz 3 Ps Sext 6 Ps Non 9 Ps	Inst. 3.2–8[1963] Inst. 2.5 Coll. 21.26	Laudes/Matutin (bei Tagesanbruch) 8 Ps Prim 3 Ps Terz 3 Ps Sext 3 Ps Non 3 Ps Vesper 4 Ps Komplet 3 Ps Vigil (2h)[1964] 12 Ps	12/13 16[1965]/17/18 8/10/11/14
Äussere Haltung beim Gebet	Stehen mit erhobenen Armen,[1966] Sitzen beim Zuhören des psalmierenden Kantors,[1967] Knien,[1968]	Inst. 2.7. Inst. 2.18	Stehen beim Psalmieren Ausserhalb Kloster mit Kniebeuge[1969]	19.7 50.3

1963 In Palästina und Mesopotamien treffen sich die Mönche zum Stundengebet an Terz, Sext und Non. Die ägyptischen Mönche beten am Tage während der Arbeit und versammeln sich nur zweimal: zum Morgen- und zum Abendgebet („matutina sollemnitas" und „lucernaris hora"; Inst. 3.3.11) und samstags und sonntags zum gemeinsamen Gottesdienst und Kommunion zur 3. Stunde. Inst. 3.2; Inst. 3.7. Das Abendgebet ist mit dem Morgengebet die älteste Gebetszeit. Wichtiger Bestandteil des Abendgebets ist der Ritus zum Anzünden des Lichts. Vgl. Puzicha, RB-Komm., 277.

1964 Benedikt verwendet für den Nachtgottesdienst verschiedene Begriffe: De officiis divinis in noctibus (RB 8), nocturnis horis (RB 9), nocturna laus (RB 10) und vigiliae (RB 11).

1965 RB 16.2: Siebenmal Beten am Tag: Laudes, Prim, Terz, Sext, Non, Vesper und Komplet.

1966 Dies ist die typische Gebetsstellung im frühen Christentum; Ramsey, Inst. Trad., 52. Puzicha, RB-Komm., 256, 283, 288, 295 f. Puzicha erwähnt, dass in der frühen syrischen Tradition sich die Mönche als „die Stehenden" bezeichnen. Sie ahmen damit die Haltung der Engel nach, die als die immer Wachenden in beständigem Lob vor Gott in der Haltung der Anbetung stehen.

1967 In Ägypten beim Psalmieren: Es singt ein Mönch zwölf Ps. in gleichbleibendem Ton („versibus parili pronuntiatione cantasset"); Inst. 2.5.

1968 Als Zeichen der Ehrerbietung, nicht der Busse. Puzicha, RB-Komm., 546.

1969 Als Zeichen der Ehrerbietung, nicht der Busse. Puzicha, RB-Komm., 546.

Thema	Aussage Cassian	Fundstelle	Aussage Benedikt	RB
	Liegen[1970] Kein Knien und Fasten am Sonntag und Pfingsten in Ägypten Totale Ruhe beim Gebet	Inst. 2.10		
Innere Haltung beim Gebet	Ausgerichtet auf Gott Reinheit des Herzen (**puritas cordis**)[1971] conpunctio lacrimarum[1972] Übereinstimmung von äusserer Haltung und innerer Einsicht Die Ausübung der instrumenta perfectionis bedeutet nicht perfectio,[1973] es	Coll. 1.5 Coll. 9 Coll. 10	Gottes Gegenwart Mens concordet voci: Übereinstimmung Innen und Aussen[1974] – Demut, Ehrfurcht (humilitas, reverentia) – Demut, Ernst, Ehrfurcht (humilitas, gravitas, tremor) – Demut, Hingabe (humilitas, devotio puritatis)	19.1 19.7 20.1 47.4 20.2

1970 Inst. 2.5 und 2.7: Die Mönche versammeln sich täglich zweimal, wie es Johannes Cassian aus Ägypten berichtet: am Abend und vor Tagesanbruch. Diese Tagzeitenliturgie ist mehr eine gemeinsame Schriftlesung als Gebet. In jeder Gebetszeit werden zwölf Psalmen von einem Kantor vorgesungen. Die anderen Mönche hören den Text, auf dem Boden sitzend; auf jeden Psalm folgte eine Zeit des Stillgebets im Stehen mit erhobenen Armen, dann Knien, kurz Prostrieren, dann Stehen, gefolgt von einem Gebet, das der Vorsteher spricht. Nach zwölfmaliger Wiederholung beschliesst eine Schriftlesung aus dem Alten und Neuen Testament die Gebetszeit. Vgl. auch Lumma, 29 f.

1971 Bei Euagrios Pontikos Apathie („απαθεια") genannt, der Zustand des Seelenfriedens.

1972 Coll. 9.27.

1973 Coll. 1.7: „igitur ieiunia, vigiliae, meditatio scripturarum, nuditas ac privatio omnium facultatum no perfectio, sed perfectionis instrumenta sunt, quia non in ipsis consistit disciplinae illius finis, sed per illa pervenitur ad finem. ... quidquid igitur potest istam mentis nostrae puritatem tranquillitatemque turbare, quamvis utile ac necessarium videatur, ut noxium devitandum est." – „Deshalb sind Fasten, Wachen, Nachsinnen über die heilige Schrift, Entblössung und Selbstenteignung von allem Besitz nicht die Vollkommenheit, sondern Werkzeuge zur Vollkommenheit; denn nicht mit ihnen wird schon das letzte Ziel verwirklicht, sondern mittels jener [Werkzeuge] gelangt man hindurch zum höchsten Ziel. ... Was immer also die Reinheit und Ruhe unseres Geistes stören kann, wie nützlich und notwendig es auch scheinen mag: es ist als schädlich zu meiden." (Ziegler, Coll. Trans., 70).

1974 Ist eine Zielvorstellung benediktinischer Lebenshaltung über den Gottesdienst hinaus. Salzburger Äbtekonferenz, 46.

Thema	Aussage Cassian	Fundstelle	Aussage Benedikt	RB
	braucht immer die Reinheit des Herzens, die innere Einstellung		- Lauterkeit des Herzens, Tränen der Reue (**puritas cordis**, compunctio lacrimarum) - Reue des Herzens (compunctio cordis) - Nicht mit lauter Stimme, aber mit Tränen und Aufmerksamkeit des Herzens (non in clamosa voce, sed in lacrimis et intentione cordis)	20.3 49.4 52.4
Reines Herz	Puritas cordis	Coll. 1.5 Coll. 9 Coll. 10	Liebe - puritas cordis - devotio puritatis - compunctio cordis - intentio cordis	Prol. 49/4 20.3 20.2 49.3 52.4
Demut	Humilitas[1975] 10 Kennzeichen der Demut:[1976] (i) keinen Eigenwillen haben, (ii) beichten, (iii) nicht selber entscheiden, sondern den Vater fragen, (iv) gehorsam sein und Geduld üben, (v) anderen kein Leid zufügen und bei erfahrenem Leid nicht betrübt sein, (vi) die Regeln	Inst. 4.2/ Inst. 4.39/ Coll. 18.15.8	Humilitas 12 Stufen der Demut[1977]: (i) Gottesfurcht & -liebe haben,[1978] (ii) keinen Eigenwillen haben, (iii) Gehorsam gegenüber Oberen sein, (iv) Geduld üben, (v) beichten, (vi) genügsam sein, (vii) an die eigene Geringheit glauben, (viii) die RB einhalten und dem Bsp. der	7 RB 7.10 ff. 3.4–10 3.11/65.15 31.13 36.7 53.21/66.4

1975 Inst. 11.10.3: „quam perniciosus, quam gravis elationis est morbus." – „Wie gefährlich, wie gravierend ist die Krankheit der Selbstüberhebung." Das Heilmittel ist die Demut, „humilitas".

1976 Inst. 4.39: „humilitas vero his indiciis conprobatur."

1977 RB 7.10 ff. „humilitatis gradus".

1978 Gottesfurcht: „timor dei" (RB 7.10; RB 53.21), timens deum (RB 31.2); Gottesliebe „amor dei" (RB 7.34); vgl. Puzicha, RB-Komm., 195 f. und 684 f.

Thema	**Aussage Cassian**	**Fundstelle**	**Aussage Benedikt**	**RB**
	befolgen und dem Bsp. der Väter nacheifern, (vii) mit dem Einfachen zufrieden sein, (viii) an die eigene Geringheit glauben (nicht nur behaupten), (ix) in der Rede zurückhaltend und nicht vorlaut sein und (x) nicht in Gelächter ausbrechen.		Väter folgen, (ix) schweigsam sein, (x) ernsthaft sein, (xi) wenig, ruhig, überlegt und ohne Gelächter sprechen und (xii) Demut in Körperhaltung verinnerlichen Keine Anmassung, insb. nicht von Priestern Gottesfurcht verlangt von Abt, Prior, Cellerar, Krankenbruder, Gastbruder, Pförtner, Reiserückkehrern	69/70 60.5/62.3/ 67.5–6
Gottesfurcht / Gottes-liebe / Nächstenliebe[1979]	timor domini -> compunctio cordis -> abrenuntiatio -> nuditas omnium facultatum -> humilitas -> mortificatio voluntatum -> expulsio vitiorum -> pullulation virtutum -> puritas cordis -> perfectio caritatis	Inst. 4.39.1 Inst. 4.43 i.f. Inst. 2.3 Coll. 15 Coll. 11	Gottesfurcht[1980] verlangt von Abt, Prior, Cellerar, Krankenbruder, Gastbruder, Pförtner Nicht aus Furcht, sondern aus Liebe (pro dei amore) Aber: Gottesfurcht = Rechenschaft vor Gott (se de omnibus iudiciis suis deo reddere rationem; rationem redditurus est)	3.11/65.15 31.2 36.7 53.21/66.4 Prol. 49/5.10 7.34/7.69 3.11/64.7/ 65.22

1979 Inst. 4.39: „Principium nostrae salutis eiusdemque custodia timor domini est. per hunc enim et initium conversationis et vitiorum purgation et virtutum custodia his qui inbuuntur ad vitam perfectionis adquiritur." Johannes Cassian bezeichnet die Gottesfurcht (vgl. Ps. 119.10; Spr. 1.7; 9.10) als grundsätzliche Haltung. Vgl. Puzicha, RB-Komm., 64. Chadwick, 100: „For Cassian all virtues are engulfed in charity, which is the obverse of the state of purity of heart."

1980 „In Gottesfurcht leben heisst, Gott zum Massstab aller Dinge zu machen. Wer nicht vor Gott wandelt, bemisst sein Tun und Lassen nach dem Mass der Welt." Salzburger Äbtekonferenz, 40.

Thema	Aussage Cassian	Fundstelle	Aussage Benedikt	RB
	Die Gottsfurcht (timor domini) ist der Anfang des Heils und der Demut.[1981]		Gottesfurcht ist die Basis für Demut.[1982] Liebe Begriffe in RB: Dilection, diligere, (willentliche Liebe) Amor (ganzheitliche Liebe) -> Christus Caritas (Dienen, Nächstenliebe)	 Kein eigenes Kap. zur Liebe, aber Grundtenor klar; vgl. 4.1./ 4.21/4.31/ 4.71/4.77/ 72.10–11 4.1–2/4.31/ 4.72 72.11 4.72/5.10/ 7.34/7.69/ 63.13/72.9 2.22/27.4/ 35.6/66.4/ 68.5/72.11
Pünktlichkeit	Pünktlichkeit[1983] Unpünktlichkeit zum gemeinsamen Gebet	Inst. 2.17 Inst. 3.7 Inst. 4.2	Gottesdienst Ergo nihil operi dei praeponatur.[1984]	43/43.3/5.1
Beharrlichkeit	Perseverentia – allgemein – im Gebet	Inst. 4.2 Coll. 9	Ausdauer, Geduld und Beharrlichkeit bei Kandidaten zu prüfen	58.3/58.9

1981 Inst. 4.43: „Principium nostrae salutis ac sapientiae secundum scripturas timor domini est." Inst. 4.39: „Principium nostrae salutis eiusdemque custodia timor domini est." Johannes Cassian verweist auf Ps. 36.2, Ps. 111.10 und Spr. 1.7. Der Begriff der Gottesfurcht meint nicht die kreatürliche Angst des Menschen, sondern bringt zum Ausdruck, dass der Mensch Gott anerkennt und anbetet und ihm mit Ehrfurcht begegnet. Der Begriff ist positiv bewertet: Die Furcht vor Menschen bringt die Sklaverei; die Furcht vor Gott befähigt zur Freiheit. Vgl. Puzicha, RB-Komm., 196.

1982 Salzburger Äbtekonferenz, 40. „Nur wer um die Verantwortung vor Gott weiss, kann Entscheidungen für andere treffen und ihnen dienen."; Puzicha, RB-Komm., 128.

1983 Johannes Cassian verlangt vom Bruder, der beauftragt ist, das Zeichen zum Gottesdienst zu geben, den richtigen Augenblick abzuwarten. Inst. 2.17.

1984 Dem Gottesdienst soll nicht vorgezogen werden. RB 43.3.

Thema	**Aussage Cassian**	**Fundstelle**	**Aussage Benedikt**	**RB**
Kein Eigenwille	Gottesfurcht (timor domini) und Demut (humilitas); Aufgabe des Eigenwillens Eifer[1985]	Inst. 4.39 Inst. 2.5	Gehorsam ohne Zögern (oboedientia sine mora) Einsatzbereitschaft / Eifer Aufgabe des Eigenwillens (propria voluntas)[1986]	5.1 3.8/7.19/22.6/35/72 4.60/7.55 33.4/58.25
Gehorsam	Verhältnis Abba/senior-Schüler[1987] ist auf Zeit beschränkt[1988] Abt muss Gehorsam vorher gelernt haben Gehorsam als Nachahmung Christi[1989] Gehorsam unter den Mönchen	Inst. 4.24–27 Inst. 2.3–5 Coll. 16.6/19.6/24.26 Coll. 16.16	Gehorsam gegen über Abt (oboedientia sine mora) (mox) (pro dei amore) Gehorsam untereinander Gegenseit. Dienen und Gehorchen Kein Streit, Vergebung Gegenseit. Vergebung an Laudes und Vesper Kloster nicht ohne Bewilligung des Abtes verlassen[1990]	5.1/5.4/7.34/7.71/68 71 53.17–20/71.7/72.6 3.9/4.25/4.73[1991]/71.7 13.12–13 58.28/67.7

1985 Inst. 2.5: „Eo enim fervore divinarum scripturarum lectionibus orationique et operi manuum diebus ac noctibus incubabant."

1986 In der RB bezieht sich die „propria voluntas" auf die Ausrichtung am eigenen Gutdünken und am Egoismus und ist ein entscheidendes Hindernis auf dem Weg zu Gott. Puzicha, RB-Komm., 201. In RB 33.4 und 58.25 wird angeführt, dass den Mönchen nicht erlaubt sei, nach eigener Entscheidung über ihre Körper und ihren Willen zu verfügen („nec corpora sua nec voluntates licet habere in propria voluntate").

1987 Die Weisung des Abba hat unmittelbare Gültigkeit für das Handeln des Schülers, der häufig um ein wegweisendes Wort bittet. Der Altvater verlangt grosse Entschlossenheit, seine Weisung zu erfüllen; zur Veranschaulichung sind auch heroische Gehorsamsprüfungen überliefert. Inst. 4.24–27; Puzicha, RB-Komm., 613 f.

1988 Das Wüstenmönchtum war etwas reserviert gegenüber den streng klösterlichen Lebensformen v.a. „in der Ablehnung des lebenslänglichen Gehorsams gegenüber einem Oberen und einer schriftlichen Regel. Das Gesetz der Wüste ist die Demut, das Gesetz der Koinobiten der Gehorsam." Puzicha, RB-Komm., 614.

1989 Die spirituelle Sicht des Gehorsams wird von Johannes Cassian mehrfach betont.

1990 Die Reise ist eine Ausnahme und bedarf des Auftrags durch den Abt, des täglichen Gebetes für die Reisenden bis zur Rückkehr, bei der Rückkehr ein kleines Bussritual und Schweigsamkeit der Rückkehrer; RB 67.

1991 RB 4.73: „com discordante ante solis occasum in pacem redire".

Thema	**Aussage Cassian**	**Fundstelle**	**Aussage Benedikt**	**RB**
Dienen	Dienen, Gehorchen	Inst. 4.39	Dienen, Gehorchen Abt (regere animas et multorum servire moribus) Krankenbruder	35.1/71-72 2.31/64.8 36.7
Kein Murren	Kein Murren; Laster; Ist Zeichen der Unzufriedenheit, kommt aus dem Stolz	Inst. 4.6/16 Inst. 7.1/8 Coll. 3.7 Coll. 5.2/16 Coll. 6.10 Coll. 19.1	Kein Murren[1992], kein Verleumden (vgl. auch Gehorsam)	4.39-40 5.14-19 23.1/34.6/ 35.13/40.8- 9/53.18
Keuschheit	Unterscheidung zw. Enthaltsamkeit und Keuschheit[1993] Schlaf in eigener Zelle angezogen schlafen[1994]	Inst. 6 Coll. 12 Coll. 22 Inst. 2.12 Inst. 4.16 Inst. 1.1	Keuschheit Einzelnes Bett und angezogen schlafen	4.59/64 22.1/5[1995]
Schweig-samkeit	Schweigsamkeit und Stillsein sind zentral	Inst. 10.3 Coll. 9.25 Inst. 4.17 Inst. 10.14	Generell (taciturnitas)[1996] Nach Komplet (taciturnitas) Bei Tisch (silentium) In der Nacht (silentium) Nach Sext und Essen: Ruhen in völligem Schweigen auf dem Bett.	6 4.51-54/7.56 42.9 38.5 42.1 48.5[1997]

1992 Vgl. aber die „iusta murmuratio“ in RB 41.5.

1993 Keuschheit ist für Johannes Cassian eine von mehreren Tugenden. Er hat drei Abhandlungen darüber geschrieben (Inst. 6, Coll. 12 und Coll. 22). Wenn ein Mönch noch gegen die sexuelle Lust ankämpft, nennt Johannes Cassian ihn „enthaltsam“ („continens“, „ἐγκρατής“), nicht als „keusch“ („castus“, „αγνός“). Nach Johannes Cassian hat der keusche Mensch „allen Ausdruck der Sexualität überwunden, ebenso alles erotische Denken und selbst das unbewusste Verlangen“, Kardong 42.

1994 Als Streiter Christi muss der Mönch immer in seiner Rüstung und gegürtet sein. Inst. 1.1.

1995 Der Einzelplatz zum Schlafen ist allgemein monastische Vorschrift. Das Bekleidetsein im Schlaf dient v.a. auch dem Schutz der Keuschheit, ist aber auch Forderung, dass der Mönch als Streiter Christi immer in seiner Rüstung und gegürtet sein soll. Puzicha, RB-Komm., 315, 317 f.

1996 Benedikt unterscheidet die Schweigsamkeit („taciturnitas“) als Grundhaltung des Schweigens von der Übung des Still-Seins („silentium“); Salzburger Äbtekonferenz, 38.

1997 RB 48.5: „pausent in lecta sua com omni silentio aut forte.“ – „sollen sie unter völligem Schweigen auf ihren Betten ruhen.“

Thema	Aussage Cassian	Fundstelle	Aussage Benedikt	RB
Masshalten	Essen / Trinken Discretio Moderatio Mahlzeit zur festgelegten Essenszeit, kein Naschen	Inst. 5 Coll. 2 Coll. 2.4 Inst. 5.23.1	Kein Fleischverzehr[1998] (vierfüssiger Tiere) (ausser ganz schwache Kranke) Essenszeiten (Kinder & Kranke) Essen, Trinken Kein Naschen	36.9/39.11 36.9/39.11 41/37.3 39/40 43.18
Fasten	Fasten täglich, ausser am Sonntag und an Ostern in Ägypten; Quadragesima[1999] Neben Fasten: Gebet, Nachtwachen, Meditation, Bibellesung, Zerknirschung des eigenen Herzens Ziel: Läuterung, Barmherzigkeit, Geduld, Liebe[2002]	Inst. 2.18[2000] Coll. 21 Coll. 1.17 Inst. 5.14 Inst. 12.16	Fastenzeiten Jeder möge in der Quadragesima freiwillig etwas mehr verzichten als normal (aliquid propria voluntate), Bewilligung des Abtes	49 49.6 49.8[2001]
Kranke[2003]	Pflege, Nahrung		Kranke Brüder in separatem Krankenzimmer	36.7

1998 Puzicha, RB-Komm., 438: „Der Verzicht auf Fleisch gehört seit den Anfängen zur christlichen Askese." Im Wüstenmönchtum wird Fleischgenuss abgelehnt.

1999 Gem. Johannes Cassian, Coll. 21.30, ist die Quadragesima der Urgemeinde und in den Anfängen des Mönchtums noch unbekannt, weil man immer gefastet habe.

2000 In der alten monastischen Tradition ist es üblich, das ganze Jahr über zu fasten und die Tagesmahlzeit zur neunten Stunde einzunehmen. Inst. 2.18.

2001 RB 49.8–10: Das persönliche Fastenopfer muss vom Abt bewilligt werden, zur Vermeidung von Übertreibungen.

2002 Puzicha, RB-Komm., 534.

2003 Krankheit oder Schwäche sind keine Strafe Gottes. Die Hinwendung zu Menschen in Not und zu Kranken ist Ausdruck der Nächstenliebe und ist v.a. durch die Gerichtsrede Mt. 25.36–40 begründet. Diese Aussage stellt den eigentlichen Kern neutestamentarischer Ethik dar und bleibt konstitutiv für die alte Kirche mit ihren Einrichtungen zu karitativer Hilfe und ihrer Einstellung zu Notleidenden. Für diesen Dienst werden bestimmte weibliche Gruppen in der christlichen Gemeinde ausersehen (z.B. Witwen, Diakonissen, Asketinnen). Im Wüstenmönchtum ergibt

Thema	Aussage Cassian	Fundstelle	Aussage Benedikt	RB
			Erlaubnis des Fleischverzehrs & Bad[2004] Krankenbruder,[2005] Cellerar, letzte Verantwortung beim Abt	36.8–9 39.11 36.7 36.10
Alte / Kinder	–		Berücksichtigung ihrer Schwäche Alte & Kinder (zwei Mahlzeiten, auch an Fastentagen); vorverlegte Essenszeit	37.2 31.9/37 3.3/64.2
Kinder[2006]	–		Aufnahme Strafen Essens (zwei Mahlzeiten, auch an Fastentagen);	59 30/45.3 37

sich der Krankendienst aus der Nächstenliebe; da man aufeinander achtet und einander Sorge trägt, bleiben genügend Möglichkeiten der Fürsorge. Der Altvater lebt normalerweise mit Schülern zusammen; falls ein Eremit, der in völliger Abgeschiedenheit lebt, am sonntäglichen Gottesdienst nicht erscheint, kümmern sich im Krankheitsfall die umliegenden Eremitenkolonien um ihn, oder er begibt sich in eine Eremitenkolonie. Vgl. Puzicha, RB-Komm., 429 f., m.w.H. zu den altkirchlichen Autoren und 441.

2004 Vgl. Puzicha, RB-Komm., 437 f., zu den Ansichten der alten Kirche zum Baden und insb. zum Besuch eines öffentlichen Bades. Die luxuriöse römische Badekultur mit Nacktbaden beider Geschlechter war für Christen anstössig. Für das Bad gibt es im Kloster einen gesonderten Bereich. Für junge und gesunde Mönche belässt es Benedikt beim asketischen Verzicht auf häufiges Baden (RB 36.8). Für Kranke und Schwache wird für die Dauer ihrer Krankheit und Schwäche allg. ein zeitlich befristeter Dispens zum Baden und zum Fleischverzehr gegeben. Vgl. Puzicha, RB-Komm., 438.

2005 Zur Betreuung der Kranken wird ein eigener Mönch („servitor") berufen, der auch Unterstützung von anderen Mönchen als Pfleger bekommt. Benedikt setzt als selbstverständlich voraus, dass dessen Eignung nicht einseitig durch medizinische oder pflegerische Kompetenz bestimmt sei. Puzicha, RB-Komm., 437.

2006 Nach damaliger Auffassung dauert die Kindheit bis etwa zum 7. Lebensjahr, das Jugendalter vom 8. bis mindestens zum 14. längstens bis zum 18. Lebensjahr; zw. dem 18. und dem 25. Lebensjahr erreicht man die Mündigkeit. Vgl. Puzicha, RB-Komm.,

Thema	Aussage Cassian	Fundstelle	Aussage Benedikt	RB
			vorverlegte Essenszeit[2007] Keine Bevorzugung[2008] aufgrund des Alters in der Rangfolge Schutz vor Strenge und Zorn eines Mönchs	 31.9 70.4–6
Freude	Traurigkeit vermeiden Gegenüber weltlichen Dingen gelassen sein Beten[2009] An sich selber arbeiten, die Fähigkeit zur Aussöhnung und zur Friedfertigkeit erlernen[2010]	Inst. 9 Coll. 16.16	In Freude leben / keine Traurigkeit bereiten (gilt insb. für alle Führungsleute) Dankbar sein Hilfe leisten Senpekten, die trösten	31.6/7/19 34.3 35.3; 53.20 27.2–3

639, Fn. 7. Es ist unklar, ab welchem Alter Kinder ins Kloster gegeben wurden (Oblation) bzw. gingen. Basileios nimmt in seinen Klöster basierend auf Mk. 10.14 Kinder jeden Alters auf. Diese werden nicht ins Noviziat, sondern in ein Schulinternat aufgenommen. Das gilt für Knaben und Mädchen, was vielleicht auf die Praxis in Frauenklöstern hinweist. Die Kinder essen und wohnen von den Mönchen separat. So kann man besser auf sie Rücksicht nehmen und den Ruf der Bruderschaft schützen. Die Kinder werden in einer Klosterschule unterrichtet. Zur Aufsicht und zum Unterricht wird ein Lehrer mit viel Erfahrung und grosser Geduld beauftragt, der auch fähig ist, in angemessener Weise zurechtzuweisen. Der Jugendliche kann, wenn er will, aus eigenem Willen und Urteilskraft ins Kloster als Mönch eintreten, aber erst nach gründlicher Prüfung und langer Überlegung. Wer nicht monastisch leben möchte, wird vor Zeugen entlassen. Vgl. dazu Puzicha, RB-Komm., 640.

2007 Dispens bzw. Milderung des Fastens für Kinder; Puzicha, RB-Komm., 444.

2008 Puzicha, RB-Komm., 677 f., vermutet, dass es bei Kindern und Jugendlichen („pueri parvi vel adulescentes") eine eigene Reihenfolge gegeben habe. Massgebend für die Festlegung könne etwa der Zeitpunkt der Oblation gewesen sein. Benedikt nimmt Rücksicht auf ihr Lebensalter, z.B. bei der Ordnung im Schlafsaal, bei der Bestrafung, in der Aufgabenzuteilung an den Cellerar, bei den Speisen, oder bei der Inschutznahme vor unvernünftiger Strenge oder Zorn eines Mönchs. Benedikt schreibt in RB 70.4 vor, dass die Aufsicht über Kinder („infantes") unter 15 Jahren allen Mönchen obliegt. Es scheint keine separate Funktion des Kindererziehers zu geben.
Vgl. insgesamt RB 22.7; RB 30; RB 45.4; RB 31.9; RB 37; RB 39.10; RB 70.4–6.

2009 Inst. 9.13: „… ut mentem nostrum spiritali meditatione …".

2010 Inst. 9.13: „hoc enim modo universa tristiarum genera … valebimus superare, cum aeternarum rerum ac futurarum untuitu semper laeti atque inmobiles perdurante…"

Thema	Aussage Cassian	Fundstelle	Aussage Benedikt	RB
	mit Menschen zusammensein[2011] Freude bereiten[2012]			
Frieden	Die Gemeinschaft soll eine friedfertige sein. Gem. der Urgemeinde: ein Herz und eine Seele.	Inst. 2.5/9 Coll. 16.16/ Coll. 18.5	amor: Beziehung zu Christus caritas: Beziehung unter Mönchen[2013] Suche den Frieden und jage ihm nach.[2014] Abt soll Ämter vergeben Kein Streit, alle sollen in Frieden sein Nach einem Streit vor Sonnenuntergang Frieden schliessen. Gegenseitige Vergebung an Laudes und Vesper Bei Streit durch Prostration um Vergebung bitten und Vergebung durch Segen erteilen Bei nachhaltiger Friedensstörung: Strafe bis Ausstossung (expulsio)	4.72/5.10/7.34/ 7.69/63.13/72.9 2.22/27.4/ 35.6/66.4/ 68.5/72.11 Prol. 17 65.11 34.5 4.68 4.25/73[2015] 13.12–13 71.6–8 71.9

2011 Inst. 9.8.

2012 Inst. 9.7: „sed deliniri iubet".

2013 Benedikt verwendet das Wort „caritas" für die Beziehung unter den Brüdern und zu den Gästen. Puzicha. RB-Komm., 157, Fn. 224.

2014 RB Prol. 17: „inquire pacem et sequere eam". Der Vers zitiert Ps. 34.15.

2015 RB 4.73: „com discordante ante solis occasum in pacem redire." Die Versöhnung soll zeitnah erfolgen; Unfriede darf nicht zum Dauerzustand werden. Puzicha, RB-Komm., 148. Ist der Friede gestört, liegt es in der Verantwortung des einzelnen, ihn wiederherzustellen; Puzicha, RB-Komm., 157. Das Zusammenkommen der Mönche zur Komplet dient auch der Eintracht, Einmütigkeit, Frieden und Zusammengehörigkeit; vgl. auch Puzicha, RB-Komm., 481.

Anhang 2: Tabelle: Vergleich Rechtsprinzipien Regula Benedicti – Schweizer Recht

Thema	Aussage Benedikt	RB	Aussage Recht	Fundstelle
Prinzip: Verbindlichkeit der Norm	Verbindlichkeit der Regel für alle inkl. Abt Gleichheit	3.7[2016] 7.55[2017] 3.11[2018] 64.20[2019] 2.22[2020]	Gleichheit vor dem Gesetz Persönlich-keitsrecht Rechtsfähigkeit Menschenwürde	Art. 8 Abs. 1 BV[2021] Art. 27 ff. ZGB[2022] Art. 11 Abs. 1 ZGB[2023] Art. 7 BV[2024]
Prinzip: Verhältnismässigkeitsprinzip	Mass halten	64.17[2025]	Verhältnismässigkeit des staatlichen Handelns	Art. 5 Abs. 2 BV[2026]

2016 RB 3.7: „In omnibus igitur omnes … sequantur regulam …".

2017 RB 7.55: „… nihil agat monachus nisi quod communis monasterii regula vel maiorum cohortantur exempla".

2018 RB 3.11: „Ipse tamen abba cum … observatione regulae amnia faciat…".

2019 RB 64.20: „Et praecipue ut praesentem regulam in omnibus conservet".

2020 RB 2.22: „Ergo aequalis sit ab eo omnis caritas, una praebeatur in omnibus secundum merita disciplina."

2021 Art. 8 Abs. 1 BV: „Alle Menschen sind vor dem Gesetz gleich."

2022 Art. 27 Abs. 1–2 ZGB: „Auf die Rechts- und Handlungsfähigkeit kann niemand ganz oder zum Teil verzichten. Niemand kann sich seiner Freiheit entäussern oder sich in ihrem Gebrauch in einem das Recht oder die Sittlichkeit verletzenden Grade beschränken."

2023 Art. 1 Abs. 1 ZGB: „Rechtsfähig ist jedermann."

2024 Art. 7 BV: „Die Würde des Menschen ist zu achten und zu schützen."

2025 RB 64.17: „temperet".

2026 Art. 5 Abs. 2 BV: „Staatliches Handeln muss … verhältnismässig sein."

Thema	Aussage Benedikt	RB	Aussage Recht	Fundstelle
Prinzip: Gleichbehandlungsgebot	Gleiche Behandlung	2.16–18[2027] 2.22[2028]	Gleiche Behandlung	Art.8Abs.2–4 BV[2029]
Prinzip: Willkürverbot	Willkürverbot	63.2[2030]	Willkürverbot	Art. 9 BV[2031]
Prinzip: Diffenzierungsprinzip	vernünftiger Grund und nachvollziehbar Discretio für Entscheidungen	2.18[2032] 63.2[2033] 64.17[2034]	Differenzierungsmaxime	z.B. BGE 136 I 1 E. 4.1 S. 5 f.[2035]
Sanktion: Legalitätsprinzip	Strafe gem. Regel	RB 3.10[2036]	Legalitätsprinzip: „nulla poena sine lege"	Art. 1 StGB[2037]

2027 RB 2.16–18: „Non ab eo persona in monasterio discernatur. Non unus plus ametur quam alius … Non convertenti ex servitio praeponatur ingenuus …".

2028 RB 2.22: „Ergo aequalis sit ab eo omnis caritas, una praebeatur in omnibus secundum merita disciplina."

2029 Art. 8 Abs. 2–4 BV: „Niemand darf diskriminiert werden, namentlich nicht wegen der Herkunft, der Rasse, des Geschlechts, des Alters, der Sprache, der sozialen Stellung, der Lebensform, der religiösen, weltanschaulichen oder politischen Überzeugung oder wegen einer körperlichen, geistigen oder psychischen Behinderung. Mann und Frau sind gleichberechtigt. Das Gesetz sorgt für ihre rechtliche und tatsächliche Gleichstellung, vor allem in Familie, Ausbildung und Arbeit. Mann und Frau haben Anspruch auf gleichen Lohn für gleichwertige Arbeit. Das Gesetz sieht Massnahmen zur Beseitigung von Benachteiligungen der Behinderten vor."

2030 RB 63.2: „nec quasi libera utens potestate iniuste disponat aliquid".

2031 Art. 9 BV: „Jede Person hat Anspruch darauf, von den staatlichen Organen ohne Willkür und nach Treu und Glauben behandelt zu werden."

2032 RB 2.18: „nisi alia rationalibis causa existat".

2033 RB 63.2: „nec quasi libera utens potestate iniuste disponat aliquid".

2034 RB 64.17: „in ipsis imperiis suis providus et consideratus, et … opera, quam iniungit, discernat et temperet."

2035 „Gleiches nach Massgabe seiner Gleichheit gleich behandeln, Ungleiches nach Massgabe seiner Ungleichheit ungleich behandeln."

2036 RB 3.10: „Quod si praesumpserit, regulari disciplinae subiaceat."

2037 Art. 1 StGB: „Eine Strafe oder Massnahme darf nur wegen einer Tat verhängt werden, die das Gesetz ausdrücklich unter Strafe stellt."

Thema	Aussage Benedikt	RB	Aussage Recht	Fundstelle
Sanktion: Verschul-densprinzip	Das Strafmass nach Schwere der Schuld und Alter und Einsichtsfähigkeit	RB 24.1[2038] RB 30.1[2039]	Verschul-densstrafrecht: „nulla poena sine culpa“	Art. 47 Abs. 1 StGB[2040]
Sanktion: Ziel der Bestrafung	Besserung	RB Prol. 36[2041] RB 23.3[2042]	Resozialisierung	Art. 75 Abs. 1 StGB[2043]
Institut: Mechanismus der institutionellen Selbstkontrolle	Missstände intern benennen	41.5[2044]	Internes Kontrollsystem, Compliance	z.B. Art.9Abs.1–2 FINIG[2045] Art. 21 Abs. 1 FINIG[2046]

2038 RB 24.1: „secundum modum culpae“.

2039 RB 30.1: „Omnis aetas vel intellectus proprias debet habere mensuras.“

2040 Art. 47 Abs. 1 S. 1 StGB: „Das Gericht misst die Strafe nach dem Verschulden des Täters zu.“

2041 RB Prol. 36: „Ideo nobis propter emendationem malorum huius vitae dies ad indutias relaxantur.“

2042 RB 23.3: „Si non emendaverit…“.

2043 Art. 75 Abs. 1 S. 1 StGB: „Der Strafvollzug hat das soziale Verhalten des Gefangenen zu fördern, insbesondere die Fähigkeit, straffrei zu leben.“

2044 RB 41.5: „Et sic omnia temperet adque disponat, qualiter et animae salventur et, quad faciunt fratres, absque iustam murmurationem faciant.“

2045 Art. 9 Abs. 1–2 FINIG: „Das Finanzinstitut muss angemessene Regeln zur Unternehmensführung festlegen und so organisiert sein, dass es die gesetzlichen Pflichten erfüllen kann. Es identifiziert, misst, steuert und überwacht seine Risiken einschliesslich der Rechts- und Reputationsrisiken und sorgt für wirksame interne Kontrollen.“

2046 Art. 21 Abs. 1 FINIG: „Vermögensverwalter und Trustees müssen über ein angemessen ausgestattetes Risikomanagement und eine wirksame interne Kontrolle verfügen, die unter anderem die Einhaltung der rechtlichen und unternehmensinternen Vorschriften gewährleistet (Compliance).“

Thema	**Aussage Benedikt**	**RB**	**Aussage Recht**	**Fundstelle**
Institut: Externe Aufsicht	Ortsbischof	RB 64.4–5[2047] 64.6[2048]	Aufsichtsbehörden	Art. 1 Abs. 1 FINMAG[2049] Art. 1 Abs. 1 RAG[2050] Art. 40 ff. URG[2051]

2047 RB 64.4–5: „et vitia ipsa aliquatenus in notitia episcopi, ad cuius diocesim pertinet locus ipse, … prohibeant …, sed domui dei dignum constituant dispensatorem."

2048 RB 64.6: „peccatum, si neglant".

2049 Art. 1 Abs. 1 FINMAG: „Der Bund schafft eine Behörde für die Aufsicht über den Finanzmarkt nach folgenden Gesetzen …".

2050 Art. 1 Abs. 1 RAG: „Dieses Gesetz regelt die Zulassung und die Beaufsichtigung von Personen, die Revisionsdienstleistungen erbringen."

2051 Art. 41 URG: „Wer Rechte verwertet, die der Bundesaufsicht unterstellt sind, braucht eine Bewilligung des Instituts für geistiges Eigentum (IGE)."

Literaturverzeichnis

Augustinus, Confessiones – Bekenntnisse, Lat./Dt., übers. v. Kurt Flasch und Burkhard Mojsisch, Stuttgart, 2009 (zit. Augustinus, Confessiones)

Augustinus, De civitate Dei, Corpus Christianorum, hrsg. v. Dombart Bernard/Kalb Alfons, Turnhout, 1955 (zit. Augustinus, De civitate Dei)

Baumgarten Mark-Oliver, Carl Stooss – Der Schöpfer des modernen Strafrechts, in: Zofingergeist. L'esprit zofingien. 1819–2019, Festschrift, Zofingen, 2020, 280 (zit. Baumgarten, Strafrecht)

Baumgarten Mark-Oliver/Burckhardt Peter/Roesch Alexander, Gewährsverfahren im Bankenrecht und Verhältnis zum Strafverfahren, in: Aktuelle Juristische Praxis, Februar 2006, 169–180

Baumgarten Mark-Oliver, Rezension – Loretan Adrian: Wahrheitsansprüche im Kontext der Freiheitsrechte, in: KuR, 2018, 163–165 (zit. Baumgarten, Freiheitsrechte)

Baumgarten Mark-Oliver, Rezension – Müller Markus, Religion im Rechtsstaat – Von der Neutralität zur Toleranz, in: KuR, 2019, 84–87 (zit. Baumgarten, Rechtsstaat)

Baumgarten Mark-Oliver, The Right to Die? – Rechtliche Probleme um Sterben und Tod, 2. überarb. Aufl., Peter Lang Verlag, Bern/Berlin/Bruxelles/Frankfurt am Main/New York/Oxford, 2000 (zit. Baumgarten, The Right to Die?)

Beasley-Topliffe Keith, Writings of John Cassian, Nashville, 1997

Behrends Okko, VIII. Princeps legibus solutus, in: Avenarius Martin/Möller Cosima: Okko Behrends, Zur römischen Verfassung – Ausgewählte Schriften, Göttingen, 2014, 493–512

Bertrand Pascal, Die Evagriusübersetzung der *Vita Antonii* – Rezeption – Überlieferung – Edition – Unter besonderer Berücksichtigung der *Vitas Patrum*-Tradition, Utrecht, 2005

Brown Peter, Der Schatz im Himmel – Der Aufstieg des Christentums und der Untergang des Römischen Reiches, Stuttgart, 2017

Bunge Gabriel, „Die Lehren der heiligen Väter" (RB 73.2). Aufsätze zu Evagrios Pontikos aus drei Jahrzehnten, hrsg. v. Kaffanke Jakobus, Weisungen der Väter, Bd. 11, Beuron, 2011 (zit. Bunge, Die Lehren)

Cain Andrew, The Greek Historia Monachorum in Aegypto: Monastic Hagiography in the Late Fourth Century, Oxford Early Christian Studies, Oxford, 2016

Cabaniss Alan, Benedict of Aniane, The Emperor's Monk, Ardo's Life, Kalamazoo, 2008

Casiday A. M. C., Tradition and Theology in St. John Cassian, New York, 2007

Cassianus Johannes, Collationes, hrsg. v. Petschenig Michael, CSEL 13, Editio altera supplementis aucta curante Gottfried Kreuz, Wien, 2004

Cassianus Johannes, De incarnatione contra Nestorium, hrsg. v. Petschenig Michael, in: CSEL 17, Editio altera supplementis aucta curante Gottfried Kreuz, Wien, 2004, S. 233–391

Cassianus Johannes, De institutis coenobiorum, hrsg. v. Petschenig Michael, in: CSEL 17, Editio altera supplementis aucta curante Gottfried Kreuz, Wien, 2004, S. 3–231

Cassian Johannes, De institutis coenobiorum et de octo principalium vitiorum remediis libri XII, übers. ins Engl. durch Ramsey Boniface, John Cassian, The Institutes, New York/Mahwah, 2000 (zit. Ramsey, Inst. Trad.)

Cassian Johannes, De institutis coenobiorum, übers. ins Franz. durch Guy Jean-Claude, Jean Cassien, Institutions Cénobitique, Paris, 1965 (zit. Guy, Inst. Trad.)

Cassian Johannes, Die Heilmittel der acht Hauptlaster – De octo principalium vitiorum remediis, übers. ins Dt. und erl. v. Gabriele Ziegler, Münsterschwarzach, 2019 (zit. Ziegler, Hauptlaster Trad.)

Cassian Johannes, Unterredungen mit den Vätern – Collationes Patrum, Teil 1: Collationes I–X, übers. ins Dt. und erl. v. Gabriele Ziegler, 2. Aufl., Münsterschwarzach, 2018 (zit. Ziegler, Coll. Trad.)

Cassian Johannes, Unterredungen mit den Vätern – Collationes Patrum, Teil 2: Collationes XI–XVII, übers. ins Dt. und erl. v. Gabriele Ziegler, Münsterschwarzach, 2014 (zit. Ziegler, Coll. Trad.)

Cassian Johannes, Unterredungen mit den Vätern – Collationes Patrum, Teil 3: Collationes XVIII–XXIV, übers. ins Dt. und erl. v. Gabriele Ziegler, Münsterschwarzach, 2015 (zit. Ziegler, Coll. Trad.)

Chadwick Owen, John Cassian, 2. Ausg., Cambridge, 1968

Clark Francis, Saint Benedict's biography and the turning tide of controversy, in: The American Benedictine Review 53 (2002), 305–325 (zit. Clark, Controversy)

Clark Francis, The „Gregorian" Dialogues and the Origin of Benedictine Monasticism, Leiden, 2003 (zit. Clark, Dialogues)

Clark Francis, The Pseudo-Gregorian Dialogues, 2 Bd., Leiden, 1987 (zit. Clark, Pseudo-Gregorian)

Clemens Lukas, Trier im Umbruch – die Stadt während des 5. bis 9. Jahrhunderts n. Chr., in: Rheinisches Landesmuseum Trier/Landesmuseum Württemberg: Ein Traum von Rom. Römisches Stadtleben in Südwestdeutschland, Ausstellungsbd., Stuttgart, Trier Darmstadt, 2014, 328–335

Cristiani Léon, Jean Cassien. La Spiritualité du Désert, 2 Bd., Wandrille, 1946

Dahlman Britt, Between East and West: Cassian the Roman in Greek and Latin, in: Ashbrook Harvey Susan/Arentzen Thomas/Rydell Johnsen Henrik/Westergren Andreas: Wisdom on the Move: Late Antique Traditions in Multicultural Conversation. Essays in Honor of Samuel Rubenson, Leiden/Boston, 2020, 97–118 (zit. Dahlman, Cassian)

Dahlman Britt, Textual Fluidity and Authorial Revision: The Case of Cassian and Palladius, in: Larsen Lillian I./Rubenson Samuel (Hrsg.), Monastic Education in Late Antiquity: The Transformation of Classical Paideia, Cambridge, 2018, 281–305 (zit. Dahlman, Fluidity)

Daniélou Joseph/Marrou Henri Irénée, Geschichte der Kirche, Bd. I: Von der Gründung der Kirche bis zu Gregor dem Grossen, Einsiedeln/Zürich/Köln, 1963 (zit. Marrou)

Davis Norman, Europe. A History, Oxford, 1996

Delius Walter: Rezension – Weber Hans-Oskar: Die Stellung des Johannes Cassianus zur ausserpachomianischen Mönchstradition. Eine Quellenuntersuchung, Münster, 1961, in: Theologische Literaturzeitung 1962, 124 f.

Descoeudres Georges, Gemeinschaft und Gedächtnis bei den Wüstenvätern, Einführung zu: Johannes Cassian, Unterredungen mit den Vätern – Collationes Patrum, Teil 3: Collationes XVIII–XXIV, übers. und erl. v. Gabriele Ziegler, Münsterschwarzach, 2018 (zit. Descoeudres, Gemeinschaft)

Descoeudres Georges, Johannes Cassian und die Diakonie bei den Wüstenvätern, Einführung zu: Johannes Cassian, Unterredungen mit den Vätern – Collationes Patrum, Teil 2: Collationes XI–XVII, übers. und erl. v. Gabriele Ziegler, Münsterschwarzach, 2014 (zit. Descoeudres, Diakonie)

Descoeudres Georges, Johannes Cassian und die Mönchssiedlungen in der nitrischen und sketischen Wüste, Einführung zu: Johannes Cassian, Unterredungen mit den Vätern – Collationes Patrum, Teil 1: Collationes I–X, übers. und erl. v. Gabriele Ziegler,, 2. Aufl., Münsterschwarzach, 2018 (zit. Descoeudres, Mönchssiedlungen)

Descoeudres Georges, Karolingische Klosteranlagen im archäologischen Befund oder: Die Suche nach einer geeigneten Form, in: Kaffanke Jakobus (Hrsg.), Benedikt von Nursia und Benedikt von Aniane, Weisungen der Väter, Bd. 26, Beuron, 2016, 82–107 (zit. Descoeudres, Klosteranlagen)

Drobner Hubertus R., Lehrbuch der Patrologie, 2. Aufl., Frankfurt am Main/Berlin/Bern/Brüssel/New York/Oxford/Wien, 2004

Drumm Joachim (Hrsg.), Martin von Tours, Ein Lebensbericht von Sulpicius Severus, München, 2018

Dyckhoff Peter, Ruhegebet, Stuttgart, 2015

Égron Agnèse, Jean Cassien, La vie spirituelle à l'école des pères du désert, Paris, 2010 (zit. Egron)

Evagrios Pontikos, Briefe aus der Wüste, hrsg. v. Bunge Gabriel, in: Weisungen der Väter, Bd. 18, Beuron, 2013, (zit. Euagrios, Briefe)

Evagrios Pontikos, Der Praktikos, hrsg. v. Bunge Gabriel/Kaffanke Jakobus, in: Weisungen der Väter, Bd. 6, 3. Aufl., Beuron, 2008 (zit. Euagrios, Praktikos)

Evagrios Pontikos, Über die acht Gedanken, hrsg. v. Bunge Gabriel, in: Weisungen der Väter, Bd. 3, Beuron, 2007 (zit. Euagrios, Gedanken)

Faust P. Ulrich (Hrsg.), Die Benediktsregel, Lat./Dt., Mit der Übersetzung der Salzburger Äbtekonferenz, Stuttgart, 2009 (zit. Faust, RB)

Flaig Egon, Weltgeschichte der Sklaverei, München, 2009

Foucault Michel, Sécurité, territoire, population, Paris, 2004

Frank Karl Suso, Ascetism and Style, The Example of the Rule of the Master, in: ABR 1980, 88–107

Frank Karl Suso, Mönchsleben II. Das Leben der Juraväter Romanus, Lupizinus und Eugendus, St. Ottilien, 2011 (zit. Frank, Juraväter)

Frank Karl Suso, Cassian: Vier Bücher der „Einrichtungen in den Klöstern", in: Frühes Mönchtum im Abendland, Bd. 1, Zürich, 1975, 109 ff.

Frank Karl Suso, Johannes Cassian und seine Schriften. Das ägyptische Mönchtum als spiritueller Mutterboden des abendländischen Mönchtums, in: Kaffanke Jakobus (Hrsg.) Zu den Quellen: Die Spiritualität der Wüstenväter und des hl. Benedikt, Beuron, 1997, 102–118

Frank Karl Suso, Asketischer Evangelismus. Schriftauslegung bei Johannes Cassian, in: Schöllgen G., Hrsg., Stimuli (FS E. Dassmann, JbAC Ergänzungsbd. 23), Münster, 1996, 435–443

Frank Karl Suso, Johannes Cassian – ein Vater der Kirche, in: Arnold Johannes/Berndt Rainer/Stammberger Ralf M. W., Hrsg., Väter der Kirche. Ekklesiales Denken von den Anfängen bis zur Gegenwart (FS H. J. Sieben), Paderborn, 2004

Freiberger Oliver, Prestige als Plage. Vergleichende Untersuchungen zu einem asketischen Dilemma, in: Zeitschrift für Religionswissenschaft 16, 2008, 83–103

Fried Johannes, Der Schleier der Erinnerung. Grundzüge einer historischen Memorik, München, 2004

Fuhrmann Malte, Konstantinopel–Istanbul. Stadt de Sultane und Rebellen, Frankfurt am Main, 2019

Georges Karl Ernst, Der Neue Georges. Ausführliches Lateinisch-Deutsches Handwörterbuch. Lateinisch–Deutsch, hrsg. v. Baier Thomas, bearb. von Dänzer Tobias, 16. Aufl., Darmstadt, 2019 (zit. Georges)

Gemeinhardt Peter, Antonius. Der erste Mönch. Leben – Lehre – Legende, München, 2013

Gibbon Edward, The History of the Decline and Fall of the Roman Empire (London 1776–1788), übers. ins Dt. v. Walter Michael, dt. Erstausg., München, 2003

Grabner-Haider Anton/Maier Johann, Kulturgeschichte des frühen Christentums. Von 100 bis 500 n. Chr., Göttingen, 2008

Gregor der Grosse, Vita Benedicti, Das Leben und die Wunder des verehrungswürdigen Abtes Benedikt, Lat./Dt., Stuttgart, 2015 (zit. Gregor d. Gr., Dial. 2)

Grün Anselm, Benedikt von Nursia, Meister des Masses – geerdete Spiritualität, Freiburg i. Br., 2017

Guy Jean-Claude, Introduction, in: Cassian Johannes, De institutis coenobiorum, übers. ins Franz. durch Guy Jean-Claude, Jean Cassien, Institutions Cénobitique, Paris, 1965 (zit. Guy, Introduction)

Guy Jean-Claude, Jean Cassien. Vie et doctrine spirituelle, Paris, 1961 (zit. Guy, Vie)

Habermas Jürgen, Auch eine Geschichte der Philosophie, Bd. I, Die okzidentale Konstellation von Glauben und Wissen, Berlin, 2019

Hamman Adalbert/Fürst Alfons, Kleine Geschichte der Kirchenväter, 3. Aufl., Freiburg i. Br., 2004Häfelin Ulrich/Müller Georg/Uhlmann Felix, Allgemeines Verwaltungsrecht, 8. überarb. Aufl., Zürich/St. Gallen, 2020

Harmless William, Desert Christians: An Introduction to the Literature of early Monasticism, Oxford, 2004

Hasse-Ungeheuer Alexandra, Das Mönchtum in der Religionspolitik Kaiser Justinians I., Die Engel des Himmels und der Stellvertreter Gottes auf Erden, Berlin/Boston, 2016

Häuptli Bruno W., Palladios von Helenopolis, in: BBKL, Bd. 24, Nordhausen (Verlag Traugott Bautz GmbH) 2005, Sp. 1149–1154

Heather Peter, Empires and Barbarians (London 2009), übers. ins Dt. durch Jendricke Bernhard/Seuss Rita/Wollermann Thomas/Kollektiv Druck-Reif, Stuttgart, 2011

Herrin Judith, Byzantium. The Surprising Life of a edieval Empire, Bury St. Edmunds, 2007

Hoch Alexander, Zur Heimat des Johannes Cassianus, in: Theologische Quartalsschrift, Bd. 82, 1900, 43–69

Holzherr Georg, Die Benediktsregel. Eine Anleitung zu christlichem Leben, 7. überarb. Aufl., Freiburg/Schweiz, 2007

Hörmann Joseph, Untersuchungen zur griechischen Laienbeicht. Ein Beitrag zur allgemeinen Bussgeschichte, Donauwörth, 1913

Hochloff Johanna, Regeln, Institutionen und Ordnungen. Die kulturelle Ökonomik von Friedrich A. von Hayek und Douglass C. North, Tübingen, 2019

Huber-Rebenich Gerlinde, Nachwort zu: Sulpicius Severus, Vita sancti Martini. Das Leben des heiligen Martin, Lat./Dt., Stuttgart 2010, 100–126

Huntington Samuel P., Political Order in Changing Societies, New Haven/London, 1968

Jacobs Uwe Kai, Die Regula Benedicti als Rechtsbuch. Eine rechtshistorische und rechtstheologische Untersuchung (Forschungen zur kirchlichen Rechtsgeschichte und zum Kirchenrecht, begr. von Feine H. E./Heckel J./ Nottarp H., hrsg. v. Buisson L./Heckel M., Landau P./Nörr K. W., Bd. 16), Köln/Wien 1987

Jaspert Bernd, Mönchtum und Kirchengeschichte. Gesammelte Aufsätze, St. Ottilien, 2019

Jirecek Konstantin, Geschichte der Serben, Gotha, 1911

Jonveaux Isabelle/Quartier Thomas/Sawicki Bernard/Trianni Paolo (Hrsg.), Monasticism and Economy: Rediscovering an Approach to Work and Poverty. Acts of the Fourth International Symposium Rome, June 7–10, 2016, Rom, 2019

Jungmeister Alexander, Reflexion und Innovation im Forschungsprozess, Eine Einführung für Juristen, Kirchenrechtler und Ökonomen, Wien, 2015

Kaffanke Jakobus (Hrsg.), Benedikt von Nursia und Benedikt von Aniane, Weisungen der Väter, Bd. 26, Beuron, 2016

Kardong Terrence G., Johannes Cassians Lehre von der vollkommenen Keuschheit, Einführung zu: Johannes Cassian, Unterredungen mit den Vätern – Collationes Patrum, Teil 2: Collationes XI–XVII, übers. und erl. v. Gabriele Ziegler, (Quellen der Spiritualität, Bd. 9), Münsterschwarzach, 2014

Kaser Max, Römische Rechtsgeschichte, 2. neuüberarbeitete Aufl., Göttingen, 1986 (zit. Kaser, Rechtsgeschichte)

Kaser Max, Römisches Privatrecht, 14. verbesserte Aufl., München, 1986 (zit. Kaser, Privatrecht)

Kettemann Walter, „Provocatively"? – Zu den Motivationen und historischen Kontexten für die Mönchwerdung Witiza-Benedikts von Aniane, in: Kaffanke Jakobus (Hrsg.), Benedikt von Nursia und Benedikt von Aniane, Weisungen der Väter, Bd. 26, Beuron, 2016, 10–59

Kleine Philokalie, Betrachtungen der Mönchsväter über das Herzensgebet, gesammelt und übers. v. Matthias Dietz, 2. Aufl., Ostfildern, 2013

Koetschau Paul, Einleitung: Vom Gebet. In: Origenes, Schriften vom Gebet und Ermahnung zum Martyrium. Aus dem Griechischen übers. v. Paul Koetschau (Bibliothek der Kirchenväter, 1. Reihe, Bd. 48), München, 1926

Krannich Torsten, Von Leporius bis zu Leo dem Grossen, Tübingen, 2005

Krawiec Rebecca, Monastic Literacy in John Cassian: Toward a New Sublimity, in: Church History, 81(4), 2012, 765–795

Kroppenberg Inge, Der gescheiterte Codex: Überlegungen zur Kodifikationsgeschichte des Codex Theodosianus, in: Rg, 2007, 112–126.

Kurer Peter, Legal and Compliance Risk, Oxford, 2015

Lauster Jörg, Die Verzauberung der Welt. Eine Kulturgeschichte des Christentums, 2. Aufl., München, 2015

Lepori Mauro-Giuseppe, Individuum und Gemeinschaft, Vortrag an der Konferenz der monastischen Orden Frankreichs, Paris, 4.11.2010

Lombard Joseph, Jean Cassien, Sa Vie, Ses écrits, Sa doctrine, Strassburg, 1863

Loretan Adrian, Wahrheitsansprüche im Kontext der Freiheitsrechte. Religionsrechtliche Studien, Zürich, 2017

Lumma Liborius Olaf, Liturgie im Rhythmus des Tages. Eine kurze Einführung in Geschichte und Praxis des Stundengebets, 2., durchgesehene und verbesserte Aufl., Regensburg, 2017

Miller Bonifaz (Hrsg.), Weisungen der Väter – Apophthegmata Patrum, auch Gerontikon oder Alphabeticum genannt, übers. v. Bonifaz Miller, 10., bearbeitete und ergänzte Aufl. 2018, Trier, 2018

Münkler Herfried, Imperien. Die Logik der Weltherrschaft – vom Alten Rom bis zu den Vereinigten Staaten, Berlin, 2005

Müller Andreas, Geistliche Väter als Lebensbegleiter, in: IKS, 1999, 209–251 (zit. Müller, Väter)

Müller Peter R., Columbans Revolution, Cuxhaven, 2008 (zit. Müller, Columban)

North Douglass C., Institutions, Institutional Change and Economic Performance, Cambridge, 1991

Nguyen Joseph H., Apatheia in the Christian Tradition, Eugene, 2018

Nyssen Wilhelm, Einleitung in Miller Bonifaz (Hrsg.), Weisungen der Väter – Apophthegmata Patrum, auch Gerontikon oder Alphabeticum genannt, übers. v. Bonifaz Miller, 10., bearbeitete und ergänzte Aufl. 2018, Trier, 2018

Meier Mischa/Patzold Steffen, August 410 – Ein Kampf um Rom, Stuttgart, 2010

Müller Markus, Religion im Rechtsstaat – Von der Neutralität zur Toleranz, Bern, 2017

Patterson Paul A., Visions of Christ – The Anthromorphite Controversy of 399 CE, Tübingen, 2012

Philokalie der heiligen Väter der Nüchternheit, 3. Aufl., Beuron, 2016

Popovic Marko/Marjianovic-Dusanic Smilja/Popovic Danica, Daily Life in Medieval Serbia, Belgrad 2016

Platon, Phaidros, hrsg. v. Paulsen Thomas/Rehn Rudolf, Hamburg, 2019.

Prinz Friedrich, Frühes Mönchtum im Frankenreich. Kultur und Gesellschaft in Gallien, den Rheinlanden und Bayern am Beispiel der monast. Entwicklung (4.–8. Jh.), Darmstadt, 1988 (zit. Mönchtum)

Prinz Friedrich, Papst Gregor der Grosse und Columban der Jüngere, in: NiChathain Proinseas/Richter Michael (Hrsg.), Irland und Europa. Die Kirche im Frühmittelalter, Stuttgart, 1984 (zit. Columban)

Privat Édouard (Hrsg.), Histoire de la Provence, Toulouse, 1969

Puzicha Michaela, Benedikt von Nursia begegnen, 2. Aufl., Augsburg, 2008 (zit. Puzicha, Begegnung)

Puzicha, Michaela, Die Bedeutung der „Väter" in der Benediktusregel. Berufung auf das Ideal und kritische Kontinuität, in: dies., Der Regel als Lehrmeisterin folgen. Aufsätze und Vorträge zur Benediktusregel (Regulae Benedicti Studia. Supplementa: Traditio et receptio 24), St. Ottilien, 2013, 213–256

Puzicha Michaela, Die heilige Schrift in der Regel Benedikts, in: Bunge Gabriel/Kaffanke Jakobus (Hrsg.), Weisungen der Väter, Bd. 7, Beuron, 2009

Puzicha Michaela, Kommentar zur Benediktusregel, Im Auftrag der Salzburger Äbtekonferenz, 2. Aufl., St. Ottilien, 2015 (zit. Puzicha, RB-Komm.)

Puzicha Michaela, Kommentar zur Vita Benedicti, Gregor der Grosse: Das zweite Buch der Dialoge – Leben und Wunder des ehrwürdigen Abtes Benedikt, Im Auftrag der Salzburger Äbetkonferenz, St. Ottilien, 2012 (zit. Puzicha, Vita-Komm.)

Puzicha Michaela, Mönchsregeln von Lérins, Regel der Vier Väter, Zweite Regel der Väter, Macarius Regel, Regula Orientalis, Dritte Regel der Väter, St. Ottilien, 2010 (zit. Puzicha, Lérins)

Ramsey Boniface, Introduction, in: Cassian Johannes, De institutis coenobiorum et de octo principalium vitiorum remediis libri XII, übers. ins Engl. durch Ramsey Boniface, John Cassian, The Institutes, New York/Mahwah, 2000, 3–8 (zit. Ramsey, Introduction)

Raupach Manfred in Zusammenarbeit mit Ekkehard Zöfgen, Glossographie der Regula Benedicti. Das Korpus der lateinischen RB-Glossierungen (KORB), Regulae Benedicti Studia. Traditio et Receptio, hrsg. v. Haering Stephan/Meier Dominicus M./Puzicha Michaela/Sonnenberg Beda Maria, Bd., 1. Aufl., St. Ottilien, 2020

Reuter Marcus, Abstieg auf Raten – der Niedergang des römischen Städtewesens, in: Rheinisches Landesmuseum Trier/Landesmuseum Württemberg: Ein Traum von Rom. Römisches Stadtleben in Südwestdeutschland, Ausstellungsbd., Stuttgart, Trier Darmstadt, 2014, 318–327

Rosenberger Michael, „Bei Tageslicht“ Essen und Trinken in der Regel Benedikts, in: GuL 2012, 182–198

Rütsche Bernhard, Die Rechtsgleichheit in Bewegung: Dogmatische Fortbildung von Art. 8 Abs. 1 BV, in: AJP 2013, 1321–1331

Salzburger Äbtekonferenz (Hrsg.), Die Benediktusregel, Lat./Dt., 5. Aufl., Beuron 2011 (zit. Salzburger Äbtekonferenz)

Sedmak Clemens/Bogaczyk-Vormayr Malgorzata (Hrsg.), Patristik und Resilienz. Frühchristliche Einsichten in die Seelenkraft, Berlin/Boston, 2012

Schiller Friedrich, Wilhelm Tell, Stuttgart, 1990

Smith Allyne, Philokalia: The Eastern Christian Spiritual Texts – Selections Annotated & Explained, komm. v. Smith Allyne, übers. v. Palmer G.E.H/ Sherrard Philip/Ware Kallistos, Woodstock, 2010

Smolitsch Igor, Einleitung, in: Kleine Philokalie, Betrachtungen der Mönchsväter über das Herzensgebet, gesammelt und übers. v. Matthias Dietz, 2. Aufl., Ostfildern, 2013

Schliesser Benjamin, Vom Jordan an den Tiber – Wie die Jesusbewegung in den Städten des Römischen Reiches ankam, in: ZThK 2019, 1–45

Schröer Simon, Das frühe Mönchtum und Benedikt von Nursia – Überlegungen zur Person Benedikts und zur Entstehung der Regel, Berlin, 2014

Schütz Christian, Grundsätze bei der Abfassung des Regelkommentars, in: Puzicha Michaela, Kommentar zur Benediktusregel, Im Auftrag der Salzburger Äbtekonferenz, 2. Aufl., St. Ottilien 2015 (zit. Schütz, Grundsätze)

Schütz Christian, Zum geistlichen Profil Benedikts, in: Puzicha Michaela, Kommentar zur Benediktusregel, Im Auftrag der Salzburger Äbtekonferenz, 2. Aufl., St. Ottilien, 2015 (zit. Schütz, Profil)

Sulpicius Severus, Vita sancti Martini. Das Leben des heiligen Martin, Lat./Dt., Stuttgart, 2010

Sœur Marie-Ancilla o.p., Saint Jean Cassien. Sa doctrine spirituelle, Marseille, 2002

Stowasser Joseph Maria/Petschenig Michael/Skutsch Franz, Der Kleine Stowasser. Lateinisch-Deutsches Schulwörterbuch, München, 1979 (zit. Stowasser)

Stelzenberger Johannes, Die Beziehung der frühchristlichen Sittenlehre zur Ethik der Stoa, Hildesheim/Zürich/New York, 1989

Vasiljevic Maxim, Theology as a Surprise, Yonkers, 2018

Vollmann-Profe Gisela, Kommentierung zu: Gregor der Grosse, Vita Benedicti, Das Leben und die Wunder des verehrungswürdigen Abtes Benedikt, Lat. / Dt., Stuttgart, 2015, 134–157

von Nell-Breuning Oswald, Institution, in: Brugger Walter (Hrsg.), Philosophisches Wörterbuch. Unter Mitwirkung der Professoren der Philosophischen Fakultät der Hochschule für Philosophie, München, und anderer, 14., neu überarb. Aufl., Freiburg/Basel/Wien, 1976, 184–185.

Waelkens Robert, Léon Cristiani, Jean Cassien. La spiritualité du désert, in: Revue Philosophique de Louvain, Troisième série, tome 45, n° 8, 1947, 382–384

Weber Hans-Oskar, Die Stellung des Johannes Cassianus zur ausserpachomianischen Mönchstradition, Münster, 1961

Wollasch Joachim, Benedikt von Nursia. Person der Geschichte oder fiktive Idealgestalt? In: Studien und Mitteilungen zur Geschichte des Benediktinerordens und seiner Zweige, Brunn/Würzburg, 2007, 7–30

Wrzol Ludwig, Die Psychologie des Johannes Cassianus, in: Divus Thomas, 1922, 269–294

Zalta Edward N., The Stanford Encyclopedia of Philosophy, Stanford, spring, 2021

Ziegler Gabriele, „Alle Überlieferungen und Bestimmungen der Väter" (coll. 24, 1) – Cassians Collationes 18–24, in: Cassian Johannes, Unterredungen mit den Vätern – Collationes Patrum, Teil 3: Collationes 18–24, übers. ins Dt. und erl. v. Gabriele Ziegler, Münsterschwarzach, 2015 (zit. Ziegler, Überlieferungen)

Ziegler Gabriele, Die Collationes des Johannes Cassian, in: Cassian Johannes, Unterredungen mit den Vätern – Collationes Patrum, Teil 1: Collationes 1–10, übers. ins Dt. und erl. v. Gabriele Ziegler, 2. Aufl., Münsterschwarzach, 2018 (zit. Ziegler, Die Collationes)

Ziegler Gabriele, Die Heilmittel der Hauptlaster, in: Cassian Johannes, Die Heilmittel der acht Hauptlaster – De octo principalium vitiorum remediis, übers. ins Dt. und erl. v. Gabriele Ziegler, Münsterschwarzach, 2019, 15–76 (zit. Ziegler, Heilmittel)

Ziegler Gabriele, Geistliches Leben konkret – Cassians Collationes 11–17, in: Cassian Johannes, Unterredungen mit den Vätern – Collationes Patrum, Teil 2: Collationes 11–17, übers. ins Dt. und erl. v. Gabriele Ziegler, Münsterschwarzach, 2014, 9–19 (zit. Ziegler, Leben)

Ziegler Gabriele, Was heisst eigentlich „Reform"? – Regula Benedikti 73, Benedikt von Aniane und Johannes Cassian, in: Kaffanke Jakobus (Hrsg.), Benedikt von Nursia und Benedikt von Aniane, Weisungen der Väter, Bd. 26, Beuron, 2016, 140–157 (zit. Ziegler, Reform)

Zöckler Otto, Die Tugendlehre des Christentums: geschichtlich dargestellt in der Entwicklung ihrer Lehrformen, Gütersloh, 1904

www.ingramcontent.com/pod-product-compliance
Ingram Content Group UK Ltd.
Pitfield, Milton Keynes, MK11 3LW, UK
UKHW041827290926
8980IPUK00002B/109

9 783034 347945